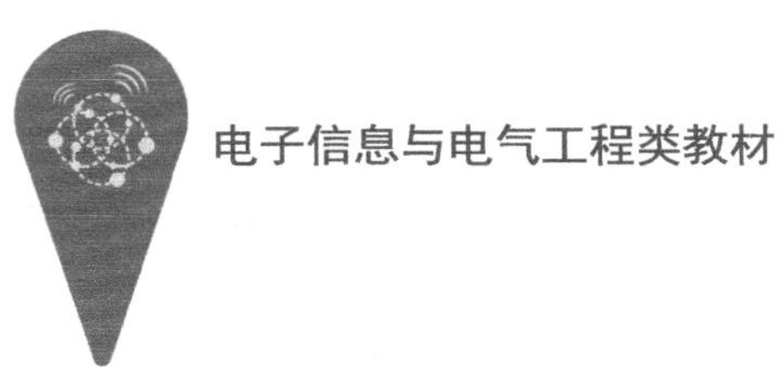

电子信息与电气工程类教材

信息论 经典与现代

Information Theory Classical and Modern

刘宴涛 王雪冰 秦 娜◎编著

電子工業出版社
Publishing House of Electronics Industry
北京 • BEIJING

内 容 简 介

本书主要包括两部分内容：经典香农信息论和现代网络信息论。经典香农信息论主要讨论信息的度量、表示和传输等问题，包括熵、信道容量、信源编码和信道编码等概念和理论，这部分内容分布在本书的前 11 章。第 12、13 章介绍现代网络信息论，主要讨论信息在网络中的有效传输问题，包括网络编码和网络容量域，这部分内容是近十几年来信息论研究的新课题。

本书内容自成体系，读者只需要具备高等数学、线性代数和概率论的数学基础即可，本书所使用的其他数学工具，如有限域、信息不等式等，均以附录的形式提供给读者，因此极大地提高了读者的学习效率。本书可作为高等学校电子信息工程、通信工程及相关专业的本科生、研究生教材，也可供工程技术人员参考使用。

图书在版编目（CIP）数据

信息论：经典与现代/刘宴涛，王雪冰，秦娜编著. —北京：电子工业出版社，2019.8（2025.8 重印）
普通高等教育“十三五”规划教材. 电子信息与电气工程类专业规划教材
ISBN 978-7-121-36110-4

Ⅰ. ①信… Ⅱ. ①刘… ②王… ③秦… Ⅲ. ①信息论 Ⅳ. ①G201

中国版本图书馆 CIP 数据核字（2019）第 041346 号

责任编辑：李 敏 特约编辑：刘 炯 毛俊权 肖 姝
印 刷：北京七彩京通数码快印有限公司
装 订：北京七彩京通数码快印有限公司
出版发行：电子工业出版社
北京市海淀区万寿路 173 信箱 邮编：100036
开 本：787×1 092 1/16 印张：19.25 字数：517 千字
版 次：2019 年 8 月第 1 版
印 次：2025 年 8 月第 11 次印刷
定 价：88.00 元

凡所购买电子工业出版社图书有缺损问题，请向购买书店调换。若书店售缺，请与本社发行部联系，联系及邮购电话：（010）88254888，88258888。

质量投诉请发邮件至 zlts@phei.com.cn，盗版侵权举报请发邮件至 dbqq@phei.com.cn。

本书咨询联系方式：limin@phei.com.cn 或（010）88254753。

前言

一、“信息论”的课程特点

“信息论”是通信工程、电子信息工程等相关专业的专业基础课，其重要性可以跟“信号与系统”“通信原理”等课程相比。但是，从课程特点上看，信息论比这些课程更抽象，在“信号与系统”“通信原理”等课程中涉及的概念或技术往往非常具体，例如，波形和频谱都是可观测的，采样、量化、调制、解调等技术也都很直观、具象；从数学工具上看，微积分、线性代数和概率论中比较简单的数学运算对于学习和理解这些课程已经足够。然而，在“信息论”中的概念往往非常抽象。例如，至今尚无法给出信息完美的或公理化的定义，熵和互信息等都是看不见、摸不着的抽象的量。此外，渐近等分割性等定理的证明需要用到概率极限理论，信道编码和网络编码又需要具备有限域等近世代数的数学基础，这些都是本科生学得比较差，甚至没有学习过的内容，这对有效地学习“信息论”构成了巨大障碍。

尽管抽象难懂，但“信息论”对于信息技术相关学科专业知识体系的构建是至关重要的。“信息论”是信息科学的奠基石，熵和信道容量等概念从认识论的层面帮助我们透过现象看本质，揭示了信息的根本特征和通信的关键问题，信源编码和信道编码则从方法论的层面帮助我们提高通信的有效性和可靠性，直接服务于工程应用。因此，学习信息论，了解其基本概念和理论，建立信息论的思维和视角对于通信工程和电子信息工程等专业的学生和从业者是非常必要的。

二、本书的目的

本书的目的之一是为读者展示和解释经典香农（Shannon）信息理论，搭建一座扶梯，帮助读者克服概念抽象、定理晦涩、推导烦琐等困难，在不破坏科学性和严谨性的前提下，用朴素的语言阐释“信息论”相关定理和定义背后的含义，以及在哪里和如何应用这套理论，把信息论与工程应用联系起来。

本书的目的之二是打开一扇门，引导读者走进网络信息论这个较新的研究领域。网络信息论研究的是信息在网络中传输、处理、存储、控制和利用的规律。虽然有很多著作把20 世纪 70 年代至 2000 年之前研究的多用户信息理论也称为网络信息论，但作者认为，真正意义上的网络信息论的诞生应该是以 2000 年提出的网络编码技术为标志和开端的。这段时间研究的网络通信问题在网络拓扑、传输机制和分析方法等方面更能体现网络信息论的内涵，因此，如果把多用户信息理论称为初等网络信息论的话，2000 年之后的网络信息论则可称为现代网络信息论。由于现代网络信息论从诞生至今还不到 20 年的时间，其理论体系的成熟度远不如经典香农信息理论，因此本书旨在起导引而非综述的作用，点到为止地介绍网络编码的基本概念及网络容量域分析等问题，还有很多课题，如网络传输的安全性[24,37]、网络存储编码[42]、网络纠错码[31]、网络层析和拓扑推断[43]、网络卷积码等，没有包括进来。

三、本书的主要内容

本书共 13 章，第 1 章为绪论，第 2～11 章为经典信息论部分，第 12 章和第 13 章为现代网络信息论部分，对各章具体内容概括如下。

第 1 章为绪论，介绍信息论的发展简史、信息论的研究对象和研究内容、信息的概念等。

第 2 章讨论离散随机变量及其相关的离散熵、联合熵、条件熵、平均互信息、熵率等概念，还介绍了马尔可夫信源。

第 3 章介绍信源编码、等长码和变长码等概念，以及渐近等分割性定理，并基于该定理引出香农第一定理，还介绍了 4 种离散信源编码方法。

第 4 章讨论离散信道和信道容量，介绍离散信道的数学模型和平均互信息的两种凸性，以及信道容量的概念和计算。

第 5 章介绍有噪信道编码理论，包括译码规则的概念、译码规则和译码错误概率的关系、降低译码错误概率的可行思路、联合渐近等分割性和香农第二定理等。

第 6 章介绍波形信源和波形信道，包括随机过程基础、连续信源的微分熵的定义和性质、最大熵分布、连续信道和波形信道。最后，作为波形信道的重要实例，分析了高斯信道的信道容量，并引出著名的香农公式。

第 7 章介绍率失真理论，这也是香农信息论体系的重要组成部分，具体包括失真度、失真矩阵、试验信道、率失真函数的定义、性质和计算，以及香农第三定理。

第 8 章介绍最经典的信道编码方法——线性分组码，包括线性分组码的定义、生成矩阵和校验矩阵。国内很多教材在介绍这部分内容的时候，大多以汉明码或别的实例为切入点，把生成矩阵和校验矩阵直接提供给读者，让读者明白线性分组码的编译码过程，但这种编排方式不利于读者理解生成矩阵和校验矩阵的由来，无法抓住线性分组码的本质特征。本章紧密围绕生成矩阵和校验矩阵的正交性展开，标准阵译码、伴随式译码、译码错误概率等问题都立足于这个正交性。根据多年的教学经验，笔者认为这种编排方式有利于帮助读者透过现象看本质，深刻理解线性分组码的内涵。

第 9 章介绍线性分组码的一个子类——循环码，包括循环码的定义、多项式表示、应用除法求余电路搭建系统循环码的编译码电路，以及 Meggit 译码器的工作原理等。

第 10 章介绍卷积码，包括：卷积码与分组码的区别，卷积码的电路图表示、多项式表示、状态图表示、网格图表示，著名的 Viterbi（维特比）译码方法。

第 11 章介绍多用户信息理论，包括相关信源编码、具有边信息的信源编码、多址接入信道、广播信道和中继信道的容量域。这部分内容可以看作初等网络信息论，其中的概念（如容量域）有助于理解第 13 章关于网络容量域的问题。

第 12 章介绍网络编码的概念、思想，以及相对传统路由传输体制的优缺点，并介绍了几种网络编码方法。

第 13 章介绍网络容量域的概念和分析方法。网络容量域可以类比于信道容量，但两者的数学模型、分析方法和问题复杂度都大相径庭。本章还介绍了几种具体的分析路由容量域和编码容量域或容量限的方法。

需要说明的是，在经典香农信息论的理论体系中还包括保密通信理论。香农在 1949 年发表的 *Communication Theory of Secrecy Systems*[19]中建立了保密通信的信息论框架，为保密通信理论和密码学的发展奠定了理论基础，但后来密码学和通信系统安全逐渐发展为一门独立的学科，其研究内容和研究方法越来越自成体系，而且已经有大量专门介绍密码学的著作存在，所以本书没有把密码学理论包括进来。

除上面 13 章内容外，为了帮助读者掌握本书使用的数学工具，本书还补充了 4 个附录。

附录 A 介绍了近世代数的基础知识，包括集合、代数系统、群、环、域等概念，重点讨论了有限域的运算规则，以及扩域、扩域元素的多项式表示、幂表示和向量表示等。有限域是编码学的数学基础，不学习有限域虽然也能理解线性分组码的编译码过程，以及循环码和卷积码的多项式表示（这也正是国内大部分现行教材的编排方式），但这种理解流于表面，不够深刻，当进一步学习如有限几何码、网络编码等编码方法时就会遭遇实质性的困难，因此学习有限域对透彻地理解信息论和编码学是非常必要的。

附录 B 介绍了向量空间和矩阵的基础知识。这部分内容在线性代数中学习过。介绍这部分内容是为了帮助读者理解线性分组码生成矩阵和校验矩阵的正交性。

附录 C 介绍了博弈论中矩形博弈的相关概念，包括博弈值、鞍点、Nash 均衡等。这部分内容主要用于第 13 章网络容量域分析。博弈论最初诞生于经济学领域，但近年来逐渐和其他学科交叉融合。博弈论的方法可以帮助解决通信中资源的优化配置和某些性能极限等问题，了解一些博弈论的基础内容有助于拓展工科学生的视野。

附录 D 介绍了信息不等式。这部分内容是近代信息论的重点研究课题，完全可以作为一章独立存在，但其中的概念，如熵空间、可熵化、熵区域、香农不等式、基本不等式和元不等式，对于本科生而言抽象程度较高、难度较大，因此以附录的形式提供给读者，可以作为选学内容。另外，这部分内容有助于理解和分析网络的编码容量域。

为了巩固每章的学习内容，本书为各章提供了一些习题，而且在习题答案中为绝大部分习题提供了详细的求解过程。这一方面补充、丰富了各章的例题，另一方面极大地帮助读者理解学习内容，掌握解题方法。

本书第 1～6 章及附录 B、附录 C 由王雪冰（中国石油大学胜利学院）完成，第 7～10 章由秦娜（嘉应学院）完成，第 11～13 章及附录 A、附录 D 由刘宴涛（嘉应学院）完成，全书由刘宴涛统稿。

四、本书的使用方法

本书的章节安排和学习顺序如下图所示。

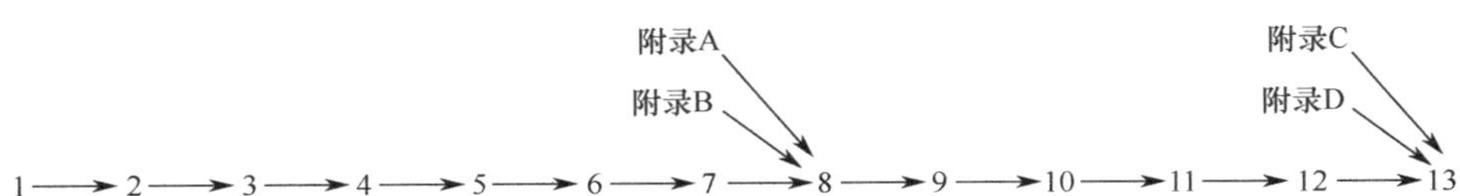

由于各院校开设“信息论”课程的学时不同，所以学习内容也应该有所取舍。以 68 个学时为例，可以学习全部 13 章和 4 个附录的内容（本科生附录 D 从简）。对于 51 个学时的课程安排而言，可以免去第 13 章和附录 C、附录 D，对于附录 A，只需要了解 GF(p)，尤其是 GF(2)上的四则运算规则和多项式运算规则即可，可免去对扩域的学习；对于第 12 章，简要介绍网络编码的基本思想即可。如果学时很紧张（如 34 个学时），则可以考虑免去第 7 章、第 11 章、第 12 章、第 13 章和全部附录，剩下的学习内容也可以帮助读者了解“信息论”课程的基本概念，建立信息论思维。

考虑到国内很多著作对国外科学家名字的音译不同，如 Shannon 被译成山农、仙农、香农等，这很容易造成读者的混淆，因此本书所涉及国外科学家的名字，除香农、马尔可夫外，大部分使用原名。

五、致谢

任何一本著作都不可能凭空产生，本书在编写过程中参阅了许多信息论方面的教材和专著，包括傅祖芸[2,3]、朱雪龙[4]、吴伟陵[5]、Cover[6]、Yeung[7]、田宝玉[8,9]、陈运[10]、冯桂[11]、曹雪虹[12]、王新梅[13]、冯克勤[15]等诸位老师的著作，这些著作为本书提供了宝贵的素材和思想源泉。此外，作者还阅读了大量的 IEEE、ACM、IET、Elsevier、Springer 等数据库的期刊和会议论文，这些学术成果不仅开阔了作者的眼界，促进了作者的科研工作，而且极大地助力了本书的完成。本书把这些引用源列于书后的参考文献中，在此谨向引用源的作者致以最诚挚的敬意和感谢！

其次，我要向我的恩师，北京理工大学的安建平老师和杨杰老师致以最诚挚的谢意！是恩师把我引入学术和科研的道路上来，为我打开了信息论的大门，我的科研工作和包括本书在内的科研成果都和恩师的指导密不可分。我还要感谢北京理工大学的刘珩老师，当年在一起的学习和科研岁月，以及博士毕业后的多次科研合作极大地帮助了我研究能力和科学水平的提升，在此深表感谢！

本书的成书、出版受到国家自然基金面上项目（No. 61471045）和辽宁省自然科学基金面上项目（No. 20170540008）的资助，在此一并致谢！

最后，限于编著者的水平，书中可能会有疏漏甚至错误之处，敬请读者批评指正。

刘宴涛
2019 年 5 月

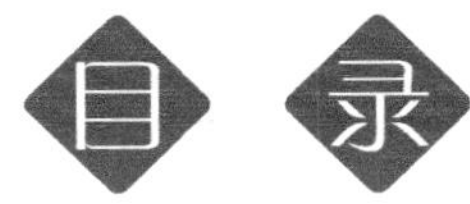

第1章

绪　论

1.1 从通信谈起

自然界每时每刻都在进行各种各样的通信活动，蜜蜂以跳舞的方式通知同伴蜜源的方向，蝙蝠、海豚和鲸鱼以声呐的方式进行定位、测距、辨别障碍物，以及发现食物和危险，绝大多数兽类和禽类的种群采用的更为普遍的通信方式则通过叫声。人是高级动物，伴随着人类不断地征服自然、改造自然的活动，人类发明了飞鸽传书、烽火示警、驿马传信、旗语、灯语等传递信息的方式，人类还创造了语言、文字，发明了造纸术和印刷术，极大地提高了通信的有效性、准确性和可靠性，使得大量的信息存储和大范围的信息流通成为可能。然而，在电通信方式出现之前，人类的通信活动依然是低效率、近距离的，无论是烽火示警，还是飞鸽传书，信息传递的时效性都是很低的。

狭义的现代通信方式是指近 200 年发展起来的电通信，即通过电磁波承载和传输信息的方式。电通信是伴随着电磁学理论和电子学理论的发展而发展起来的。1820—1830 年，Oersted 发现了电流的磁效应，Faraday 找到了电磁感应规律。1837 年，Morse 发明了电报，并于 1844 年在华盛顿和巴尔的摩之间成功实现了长途电报传输，虽然在 Morse 之前也有若干发明家致力于静电电报的研究，但 Morse 实现了电报技术的实用化。1876 年，Bell 发明了电话系统，开启了人类社会的话音通信时代。1855—1864 年，Maxwell 以 3 篇论文《论法拉第的力线》《论物理的力线》和《电磁场的动力学理论》建立了电磁场理论，他在 1865 年预言了电磁波的存在，并推导出电磁波的传播速度等于光速。1888 年，德国物理学家 Hertz 用实验验证了电磁波的存在；1899 年，意大利人 Marconi 完成了无线电通信实验，并在 1900 年让无线电信号穿过了英吉利海峡，从此人类社会进入无线通信时代。19 世纪的电通信主要解决的问题集中在如何把信息转换成电形式并把它们进行远距离传输，这个时期的技术发展缺乏理论支撑。进入 20 世纪后，电通信则从理论和技术两个层面向前推进。

一方面，电信技术和电信设备制造取得了突飞猛进的发展。1904 年，英国物理学家 Fleming 发明了真空电子二极管。1907 年，Forest 通过在二极管里加入栅极发明了能把电磁波进行放大的真空电子三极管，这不仅极大地推动了电台、雷达和收音机的技术进步，而且为计算机的诞生奠定了基础。在 20 世纪 20 年代大功率超高频电子管出现后，电视系统就建立起来了。紧接着，在第二次世界大战期间，微波通信和雷达系统被广泛使用。1937 年，英国人 Reeves 提出了脉冲编码调制（PCM）的概念，为数字通信的发展奠定了基础。1946 年，第一台计算机 ENIAC 在宾夕法尼亚大学诞生，把人类社会带入了智能时代。20 世纪 60 年代，伴随着激光和光纤技术的突破，光纤通信使人类社会驶入了通信的快车道。

20 世纪后半段到现在，伴随着集成电路突飞猛进的发展，计算机与通信技术、网络技术日趋融合，人类社会已经进入网络通信时代。

另一方面，伴随着通信技术的发展，许多理论问题逐渐被提出和解决。1924 年，Nyquist 在 *Certain Factors Affecting Telegraph Speed* 这篇文章中证明信号的传输速率和信道带宽成正比，该工作在 1928 年得到发展，提出了限带信号的采样定理。1928 年，Hartley 在 *The Transmission of Information* 一文中提出把消息看成等概的序列，并把消息数的对数定义为信息量，这是历史上首次对信息进行度量，但 Hartley 的工作没有考虑信源的统计特性，所以这种对信息的度量是有缺陷的。1936 年，Armstrong 在 *A Method of Reducing Disturbances in Radio Signaling by A System of Frequency Modulation* 一文中指出，可以用信号带宽换取信噪比增益。总之 20 世纪前 40 年，通信系统的设计目标是对抗信号失真，采用的分析方法是 Fourier 理论，信息等同于消息，被看作确定的过程或信号。20 世纪 40 年代之后，伴随着通信体制由模拟向数字的转变，通信系统的设计目标从对抗信号失真逐渐转变为对抗噪声和干扰，分析方法也从确定性分析转变为统计分析。这样一来，通信工程就和统计科学紧密结合起来了，信息的传递和恢复变成了 n 中选 1 的消息的选择、传递和判决。因此，需要发展一个关于信息量的统计理论，信息论正是在这样的背景下诞生的。下面通过比较模拟通信和数字通信来进一步阐释通信工程的统计特色。

1.2 模拟通信与数字通信

信息论及与之紧密相关的编码技术是在通信技术由模拟通信向数字通信转变的过程中诞生的。其实，最早的 Morse 电报系统就是一种数字通信系统，该系统采用持续时间不同的点、横线和空格为英文字母进行编码，并以电流脉冲的形式在电线中传输。但电报出现不久，采用模拟通信方式的电话系统为人们提供了更方便的话音通信，并逐步取代了电报系统成为主流通信方式。模拟通信以电话和广播为代表，模拟通信系统在概念和系统构成上很简单，其核心器件是调制解调器和放大器，系统设计的主要要求是线性性，即信宿收到的波形 $y(t)$应该是信源发送波形 $x(t)$的线性函数，即 $y(t) = kx(t)$，否则在信宿就会产生失真。然而，这种简单的系统设计要求在实现上却非常困难，由于放大器的线性范围有限，信号在传输过程中不可避免地会受到噪声干扰，再加上信源发送波形的不可预测性，在设计模拟通信系统时很难实现完美的线性性。

与模拟通信系统形成鲜明对比的是，数字通信系统在概念和系统构成上非常复杂，如图 1-1 所示，发收双方包括很多功能模块。尽管如此，数字通信系统的设计和实现却容易得多，系统性能也远远优于模拟通信。首先，数字通信系统在有限的时间间隔内发送有限波形集中的一个波形，而模拟通信系统则从无限个波形中选择一个进行发送。其次，与模拟通信系统不同，数字通信系统接收端的任务不是精确地再现被传输的波形，而是根据受到噪声干扰的接收信号判决发送端发送的是哪一个波形，因此，数字通信系统更关心判决差错概率，而不是信号波形的失真度，这极大地降低了对系统线性性的要求。再次，对于中继接力通信，模拟通信无法在中间节点纠正波形失真，因此具有失真累加效应；而在数字通信系统中，中继节点只要能正确判决出上一级发送的是哪个波形，就可以重生该波形向下一级传送，因此消除了失真累加。最后，数字通信可以使用编码技术，如密码、纠错码，这极大地提高了通信的安全性和可靠性。

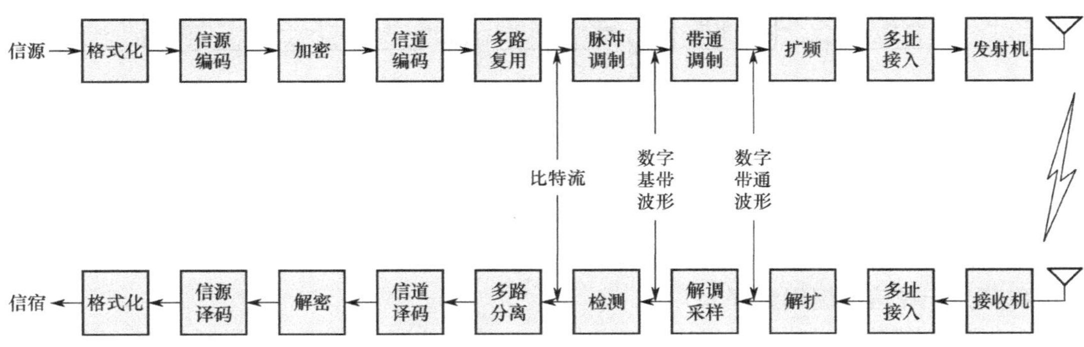

图 1-1　数字通信系统框架[44]

分析比较模拟通信和数字通信的技术特点可以发现，包括发送端、信道和接收端的数字通信系统呈现明显的统计特点。这就要求通信界研究者和工程师们既要对通信设备制造业做出重大的变革和更新换代，又要在理论层面，如信息的表示、传输、检测、估计、采样、量化和编译码等，建立一套能够反映通信系统统计特点的理论体系。信息论就诞生在这样的背景下。

1.3　信息论的诞生——香农 1948 年发表的论文

进入 20 世纪 40 年代后，随着人们越来越从统计科学的视角看待通信工程，以及越来越应用概率统计、随机过程的方法建模和分析通信问题，人们需要建立一套关于信息量的统计理论。然而，还有一些理论和概念问题亟待解决，包括：

（1）信息的本质是什么？

（2）对信息如何进行度量？

（3）信道的传输性能极限是什么？

在 Nyquist、Hartley 和 Reeves 等人工作的基础上，1948 年 7 月和 10 月，美国 Bell 实验室的香农在 *Bell System Technical Journal* 上分两次连载了一篇论文 *A Mathematical Theory of Communication*[18]。该文系统地解决了上述 3 个问题，搭建了信息理论框架，这标志着信息论的诞生。1949 年，该文被伊利诺伊大学出版社汇编成书，为了突出香农的贡献，该书被改名为 *The Mathematical Theory of Communication*。以下通过回顾这篇论文，一方面了解香农的工作和贡献，另一方面理解信息论的研究内容和理论框架。这篇论文的内容可以简要概括如下。

（1）建立了统一的香农通信系统框架，如图 1-2 所示。其中，信源发出的消息可以是像自然语言字母序列这样的离散信源，也可以是话音、图像、视频等形式的连续信源；发射机的作用是把信源发出的消息转变为适合信道传输的信号，例如，电报发射机把英文字母编码为“.”“-”和空格组成的序列，电话发射机则把声压成比例地转换成电流，PCM系统则包括采样、量化、编码等操作；信道包括各种形式的物理信道；接收机执行发射机的逆操作；信宿是指接收消息的人或物。

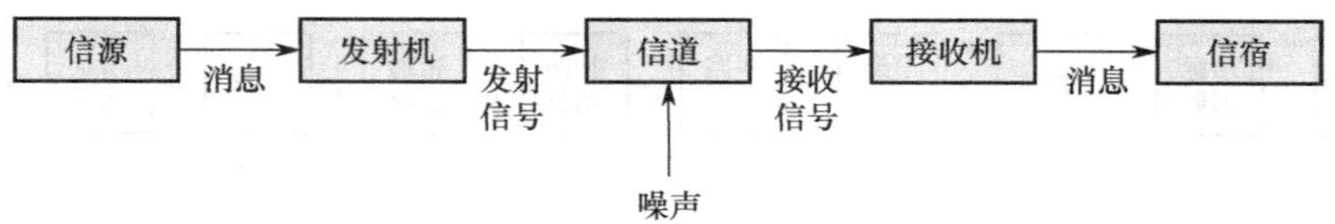

图 1-2　香农通信系统框架

（2）把离散信源建模为马尔可夫随机过程，定义信息为不确定性（Uncertainty），提出信息量的熵测度，提出香农第一定理，即无失真信源编码定理（香农 1948 年发表的论文中称其为无噪信道编码定理）。

（3）对于离散有噪信道，指出信息传输率 R 等于信源的熵减去信道疑义度，即

$$R=H(X)-H(X|Y)$$

定义信道容量等于 $\max(R)$，并提出香农第二定理，即有噪信道编码定理。

（4）对于连续信源，提出微分熵的定义。

（5）对于连续信道，给出峰值功率受限和平均功率受限两种情况的信道容量计算公式，后者即著名的香农（Shannon）公式。

（6）提出信源保真度（Fidelity）的概念，香农 1959 年发表的论文 *Coding Theorems for A Discrete Source with A Fidelity Criterion*[20]对保真度进行了更系统的研究，建立了率失真理论，并提出了香农第三定理，即保真度准则下的信源编码定理。

香农于 1948 年发表的论文基本涵盖了信息论的全部内容，香农三大定理构建了信息论的理论框架，因此香农被称为信息论的奠基人。香农 1948 年发表的论文掀起了人们对信息论的研究热潮，包括香农本人在内的众多研究者一方面不断完善香农理论体系，另一方面在包括信源编码、信道编码、率失真理论和多用户信息理论等方面不断开拓，取得了一个又一个理论成果，提出了多种信源压缩编码和信道纠错编码方案，从而构建了较完备的信息论大厦。

1.4　什么是信息

信息的含义可以从广义和狭义两个范畴来理解，前者不限于通信领域。广义上，信息是与物质和能量并列的基本概念，是物质世界的三大支柱。1948 年 Wiener 在其著作 *Cybernetics or Control and Communication in the Animal and the Machine* 中指出，“信息就是信息，既不是物质，也不是能量。”美国学者 Oettinger 说：“没有物质什么都不存在，没有能量什么都不发生，没有信息什么都没有意义。”然而，信息并不像物质和能量那样具象，信息是物质的一种属性，需要依附于事物而存在，但信息可以被复制和存储，还可以在事物之间传递和交换。我国学者钟义信教授把信息定义为关于事物运动的、千差万别的状态和方式的知识。基于该定义，可以把信息分成 3 个层次：语法信息、语义信息和语用

信息，分别反映事物运动的状态和方式的外在形式、内在含义和效用价值。

从通信工程的角度来看，上述对信息的广义理解过于宽泛，不利于系统设计，正如香农 1948 年发表的论文中讲到的，“通信中的语义信息是与工程问题无关的。”另外，语义信息和语用信息也无法度量，不同接收者对于同一条消息的理解和认定的价值可能是不同的。例如，一位音乐家和一位普通人在听钢琴曲时获得的信息量是不同的，同一个人在悲伤和欢乐两种心境下听“梁祝”小提琴曲的感受也是不同的。因此，从工程应用和系统设计的角度来看，我们应该对信息的含义加以约束，这就得到了狭义信息的概念。

狭义信息的概念产生并服务于通信工程，体现了信息的统计特点，因此又称其为统计信息。历史上有不同研究者提出过多种关于信息的定义。例如，Hartley 认为信息是发信者在通信符号表中选择符号的方式，并提出用选择符号的自由度来度量信息量；意大利学者 Longe 认为信息可以反映事物的形式及其关系和差别；香农 1948 年发表的论文用不确定性（Uncertainty）来描述信息，认为**信息是事物运动状态或存在方式的不确定性的描述**，这种理解更能体现信息的统计特色。由于在数学上具有不确定性的东西是随机变量或随机过程，因此可以把信源建模为随机变量或随机过程。基于这种理解，香农还继承和发展了 Hartley 的对数概率测度的思想，为信源的信息量定义了熵测度。熵的概念在信息论中起到了奠基石的作用。

在通信工程应用中，信息、消息和信号是 3 个容易混淆的概念，可以通过比较这 3 个概念来理解信息的含义：信息是事物运动状态或存在方式的不确定性的描述，是内涵；消息是信息的外在表现形式，如文字、图像、声音等，是外延；信号则是消息的物理表现形式，如声波、无线电波等。

1.5　信息论的研究内容

香农 1948 年发表的论文把通信系统概括为如图 1-2 所示的框架，信息论以这个统一的通信系统框架作为研究对象。但需要说明的是，信息论和编码学是紧密相关的，编码学的发展推动了信息论的诞生，信息论则给出了编码能达到的性能极限。为了体现编码学在信息论中的重要作用，把图 1-2 改造成如图 1-3 所示的统一通信系统框架。

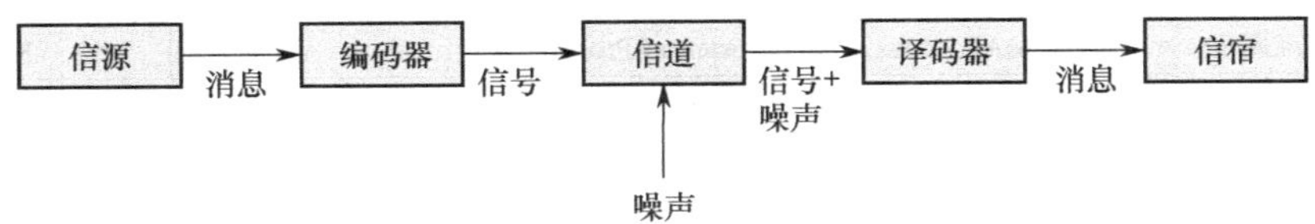

图 1-3　统一通信系统框架

其中，编码器包括信源编码器、信道编码器和调制器（模拟通信系统只有调制器），译码器包括信源译码器、信道译码器和解调器（模拟通信系统只有解调器）。

针对如图 1-3 所示的通信系统，信息论主要研究信息的度量、信道容量，信源编码（数据压缩）、信道编码等问题。信息论大师 Cover 在其著作 *Elements of Information Theory*[6] 中把信息论的研究内容高度概括为：“Information theory answers two fundamental questions in communication theory: What is the ultimate data compression?（answer: the entropy H）and what is the ultimate transmission rate of communication?（answer: the channel capacity C）”。

研究信息论的目的是提高通信系统的有效性和可靠性。有效性是指用尽可能少的比特去描述信源，从而减少传输次数和传输时间。信源编码通过压缩信源的冗余成分可以提高通信的有效性。可靠性是指消息传输是准确无误的，即信宿通过译码判决得到的消息等同于信源发送的消息，或者即使发生错误也能从错误的接收序列中恢复或解析出信源发送的消息。可靠性依靠信道编码来实现，信道编码又称为差错控制编码或纠错码。信道编码和信源编码的功能和工作原理完全不同。信道编码需要向信息比特中添加冗余比特，并在信息比特和冗余比特之间形成一定的制约关系，信宿通过检查这两种比特的制约关系来检错，如果发生错误则在其能力范围内加以纠正。虽然信源编码出现的历史早于信道编码（最早的 Morse 码就是一种信源编码，100 多年之后才出现 Hamming 码），但其发展却落后于信道编码。目前基于代数理论的信道编码已经形成了完整的理论体系和统一的构造方法，但信源编码还没有形成统一的构造理论；针对不同性质的信源（文字、声音、图像、视频）需要使用不同的信源编码方法。本书会陆续介绍几种信源编码方法和信道编码方法。随着信息论的发展，信源编码和信道编码逐渐发展成为两个相对独立的研究领域，研究者们还在继续耕耘，经常有新的编码方法被提出。

本章最后，为了方便读者阅读英文文献，特将本书中出现的信息论术语的中英文对照列于表 1-1。

表 1-1　重要信息论术语的中英文对照

中文术语	英文术语	定义之处
自信息	Self Information	2.2 节
熵	Entropy	2.2 节
联合熵	Joint Entropy	2.4 节
条件熵	Conditional Entropy	2.4 节
互信息	Mutual Information	2.5 节
渐近等分割性	AEP（Asymptotic Equipartition Property）	3.2 节
二元对称信道	BSC（Binary Symmetric Channel）	4.2 节
二元删除信道	BEC（Binary Erasure Channel）	4.3 节
信道容量	Channel Capacity	4.3 节
最大后验概率准则	MAP（Maximum A Posteriori Probability）	5.1 节
最大似然准则	ML（Maximum Likelihood）	5.1 节
微分熵	Differential Entropy	6.2 节
加性高斯白噪声	AWGN（Additional White Gaussian Noise）	6.4 节
率失真函数	Rate Loss Function	7.2 节
线性分组码	Linear Block Code	第 8 章
循环码	Cyclic Code	第 9 章
卷积码	Convolutional Code	第 10 章
边信息	Side Information	11.2 节
网络编码	Network Coding	12.1 节
容量域	Rate Region	第 13 章

习　题

1. 请查阅资料并简述模拟通信系统和数字通信系统的区别与联系。
2. 请查阅资料并简述信息论的研究对象、研究目的和研究内容。
3. 请查阅资料并简述通信技术的发展简史。
4. 请查阅资料并简述：电磁波的频段划分，电磁波的几种典型传播方式，各个频段电磁波的主要传播方式、传播信道和应用。
5. 请阅读香农 1948 年发表的经典论文 *A Mathematical Theory of Communication*，思考香农使用了什么方法，解决了什么问题。
6. 请回忆“信号与系统”“通信原理”的主要学习内容，思考这两门课程与“信息论”课程之间的区别和联系。

第2章

离散信源和离散熵

2.1 信源的数学模型及分类

信息是对事物运动状态或存在方式的不确定性的描述，信息的外在表现形式是消息，由消息承载并以消息的形式传输。那么，作为消息的产生者和发送者，信源的最本质特征是具有不确定性，所以可以用随机变量（Random Variable）来描述信源。在概率论中，随机变量被定义成在基本事件空间上的单值实函数[1]。但是该定义有些晦涩难懂。透彻地理解该定义需要有测度论基础，再加上这个定义对于理解信源和信息并没有太多帮助，因此对于初学者来说，只需要把随机变量理解成按照某种概率分布取某些值的变量即可。基于此，本书将不加区分地交替使用随机变量和信源这两个术语。

随机变量可以划分为离散型随机变量和连续型随机变量两种类型，其概率分布如下。

1. 离散型随机变量

有限取值
$$\begin{bmatrix} X \\ P(X) \end{bmatrix} = \begin{bmatrix} a_1 & a_2 & a_3 & \cdots & a_q \\ P(a_1) & P(a_2) & P(a_3) & \cdots & P(a_q) \end{bmatrix} \tag{2-1}$$

无限取值
$$\begin{bmatrix} X \\ P(X) \end{bmatrix} = \begin{bmatrix} a_1 & a_2 & a_3 & \cdots \\ P(a_1) & P(a_2) & P(a_3) & \cdots \end{bmatrix} \tag{2-2}$$

2. 连续型随机变量

$$\begin{bmatrix} X \\ P(x) \end{bmatrix} = \begin{bmatrix} (a,b) \\ p_X(x) \end{bmatrix} \tag{2-3}$$

可见，离散型随机变量可以取有限个或无限可列个值，或者说其值域是有限集或无限可列集；连续型随机变量取无限不可列个值，其值域是不可列集。常见的可列集包括自然数、整数和有理数，不可列集包括无理数和实数。

对信源可以从不同的角度加以分类。

（1）根据随机变量的类型可以把信源划分为离散信源和连续信源，分别对应于离散型随机变量和连续型随机变量。

（2）从产生消息的维数可以把信源划分为一维信源和多维信源。一维信源又称单符号信源，N 维信源又称 N 维符号序列信源，其输出的消息要用 N 维随机矢量 $\boldsymbol{X}=(X_1, X_2, \cdots, X_N)$ 来描述。

（3）对于 N 维信源而言，如果输出符号 X_1，X_2，X_3，…，X_N 之间不相互依赖，是统计独立的，即 $P(X_1, X_2, \cdots, X_N)= P(X_1)P(X_2)\cdots P(X_N)$成立，则称该信源为无记忆信源；反之，则称为有记忆信源。

例 2-1：一维离散信源 X 的 N 次无记忆扩展信源。

设在 N 维随机矢量 $\boldsymbol{X}=(X_1, X_2,\cdots, X_N)$中，每个变量 X_i 都独立同分布（Independent Identical Distribution，IID）于一维离散信源 X，假设 X 的概率分布如式（2-1）所示，另记 $\boldsymbol{X}$ 为 X^N，则 X^N 的概率分布为

$$\begin{bmatrix} X^N \\ P(\alpha_i) \end{bmatrix} = \begin{bmatrix} \alpha_1 & \alpha_2 & \cdots & \alpha_{q^N} \\ P(\alpha_1) & P(\alpha_2) & \cdots & P(\alpha_{q^N}) \end{bmatrix}$$

其中，$\begin{cases} \alpha_1 = \overbrace{a_1 \ a_1 \cdots a_1}^{N} \\ \alpha_2 = a_1 \ a_1 \cdots a_2 \\ \quad \vdots \\ \alpha_{q^N} = a_q \ a_q \cdots a_q \end{cases}$，则称 X^N 为一维离散信源 X 的 N 次无记忆扩展信源。■

（4）如果 N 维信源输出的随机矢量 $\boldsymbol{X}=(X_1, X_2,\cdots, X_N)$的各维概率分布不随时间的推移而改变，则称该信源为平稳信源；反之，则称为非平稳信源。

（5）更为一般地，在工程中常见的时间和取值都连续的信号，如语音、热噪声等，称这类信源为随机波形信源，简称波形信源。波形信源要由随机过程加以描述，在数字通信中，要通过采样（时间离散化）和量化（取值离散化）把波形信源转化成离散信源进行处理。

本书第 2～5 章讨论离散信源，第 6 章讨论连续信源和波形信源。

2.2　离散熵

按照由简单到复杂的顺序，我们首先讨论一维离散信源的信息度量问题。为简洁起见，以下假设一维离散信源 X 取有限值，其概率分布为

$$\begin{bmatrix} X \\ P(X) \end{bmatrix} = \begin{bmatrix} a_1 & a_2 & a_3 & \cdots & a_n \\ P(a_1) & P(a_2) & P(a_3) & \cdots & P(a_n) \end{bmatrix}$$

即对于任意一个基本事件 $X=a_i$，其概率 $P(X=a_i)=P(a_i)$。下面来考察事件 $X=a_i$ 包含的信息量，我们首先要思考一个问题：事件 $X=a_i$ 的信息量和其概率 $P(a_i)$之间存在什么关系？或者更简明地说：某个事件发生的概率越大，其所包含的信息量越大；还是某个事件发生的概率越小，其所蕴含的信息量越大？搞明白这个问题才能理解如何度量信息。

来看一个具体例子：设袋子里有 100 个大小相同的球，包括 1 个红色球和 99 个黑色球，随机地抓取 1 个球，以 $X=a_1$ 和 $X=a_2$ 分别表示抓到黑色球和红色球，则 X 的概率分布为

X	a_1	a_2
$P(X)$	0.99	0.01

对于 $X=a_1$ 和 $X=a_2$ 这两个事件，哪个事件包含的信息量更大呢？相信绝大多数人都会选择 $X=a_2$，也就是说小概率事件包含着更丰富的信息。这是符合直观感受的，在一次随机实验中，某个事件发生的概率越小，那么该事件一旦发生，就越让人感觉惊讶和不可思议；反之，对于发生概率很大的事件，比如上面实验中抽到黑色球，该事件的发生并不会让人感觉意外，只会感觉这是很平常的事情，这种事情的发生不会让人诧异。还有一个非常能够说明问题的例子就是，新闻界的一句名言“狗咬人不是新闻，人咬狗才是新闻”。因此，粗略地说，一个事件包含的信息量应该与该事件发生的概率成反比，或者说信息对概率具有递减性。

除递减性之外，信息对概率还应该满足可加性，即两个独立事件 E_1 和 E_2 同时发生所包含的信息量 $I(E_1 \cap E_2)$应该等于这两个事件各自信息量的和 $I(E_1)+I(E_2)$。此外，在学习概率时我们知道，在所有事件中，有两个特殊事件，一个是对应着空集$\varnothing$的不可能事件，其概率为 0；另一个是对应着全集的必然事件，其概率为 1。基于人们的习惯，我们认为不可能事件的信息量为无穷大，必然事件的信息量为 0。综上所述，基于信息对概率的递减性和可加性的要求，以及不可能事件信息量为无穷大，必然事件信息量为 0 等特征，人们提出信息量的对数形式的定义如下。

定义 2-1：称离散信源 X 的某个事件 $X=a_i$ 包含的信息量为该事件的自信息量，记为 $I(X=a_i)$，其计算公式为

$$I(X=a_i)=\log_b\left(\frac{1}{P(a_i)}\right) \tag{2-4}$$

在式（2-4）中，对数可以取不同的底，如果 $b=2$，则信息的单位为 bit（比特）；如果 $b=\mathrm{e}$，则信息的单位为 nat（奈特）；如果 $b=10$，则信息的单位为 Hatley（哈特莱）。本书中绝大多数时候都以 2 为底，因此为了行文简洁，在对数符号中略去底 b，默认底为 2。

$I(X=a_i)$度量了事件 $X=a_i$ 包含的信息量，那么 X 的信息量又该如何度量呢？一个很自然的想法就是采用概率中经常使用的统计平均的处理方法，即把所有基本事件 $X=a_i$ 的自信息量的期望作为 X 的信息量的度量。

定义 2-2：称离散信源 X 的基本事件 $X=a_i$ 包含的自信息量的期望为 X 的**信息熵或离散熵**，简称**熵**，记为 $H(X)$，其计算公式为

$$H(X)=E[I(X=a_i)]=E\left[\log\frac{1}{P(a_i)}\right]=-\sum_{i=1}^{n}P(a_i)\log P(a_i)\ \text{（bit/信源符号）} \tag{2-5}$$

熵 $H(X)$的单位是 bit/信源符号，含义是信源 X 所有符号的平均信息量。式（2-5）是香农 1948 年发表的论文中给出的，后来 Feinstein 等人证明，在要求信息满足对概率的递减性和可加性的条件下，信息熵的表达式是唯一的，只能如式（2-5）所示，这个结论被称为**熵函数形式的唯一性**，也被称为**熵的公理化结构**。本书略去对熵函数唯一性的证明，感兴趣的读者请参阅参考文献［2，4］。熵本身是统计热力学中的一个概念，用来描述分子热运动的混乱程度，因此被称为热熵。香农把这种混乱性的含义借用过来描述信源的平均不确定性。

式（2-5）隐含着熵的一个性质，即熵只与信源的概率分布 $P(a_i)$有关，与信源发出的符号 a_i 无关，也就是说，无论信源发出的是 $a_1, a_2, \cdots$，还是 $b_1, b_2, \cdots$，只要二者具有相同

的概率分布，这两个信源的熵就是相同的。

可以从以下几个方面理解熵的物理意义。

（1）熵 $H(X)$是单个随机变量 X 的信息测度。

$H(X)$度量了单个随机变量 X 的信息量，后面还会讨论联合熵、条件熵、平均互信息，这些信息量分别描述了不同情况的信息测度。

（2）熵描述了信源的先验不确定性。

就通信而言，先验和后验分别表示通信发生前和发生后。熵是信源本身的性质，只与信源本身的概率分布有关，与通信与否没有关系，因此熵描述信源的先验不确定性。如果一个信源向信宿传输了一系列符号，则这个符号序列的信息量（后验信息量）应该是各个符号自信息量的和，而不是信源的熵，请参考本章习题第 2 题。

（3）熵描述了信源输出符号的平均信息量。

由定义 2-2 可见，熵是自信息量的统计平均。

（4）熵 $H(X)$是描述信源 X 所需的最少的比特数。

这是熵很重要的一个意义。信源编码是经典信息论的主要研究内容之一，其主要作用就是进行数据压缩，也就是用尽可能少的比特去描述信源。此物理意义告诉我们熵是数据压缩的下限。如果用少于熵的比特去描述信源，则不可避免地会发生失真；如果比特数大于熵，则通过合理的编码设计还可以进一步压缩。让我们通过一个例子来说明。

例 2-2：信源 X 的概率空间为

X	1	2	3	4	5	6	7	8
$P(X)$	1/2	1/4	1/8	1/16	1/64	1/64	1/64	1/64

该信源的熵等于

$$H(X)=-\left[\frac{1}{2}\log\frac{1}{2}+\frac{1}{4}\log\frac{1}{4}+\frac{1}{8}\log\frac{1}{8}+\frac{1}{16}\log\frac{1}{16}+\frac{1}{64}\log\frac{1}{64}+\frac{1}{64}\log\frac{1}{64}+\frac{1}{64}\log\frac{1}{64}+\frac{1}{64}\log\frac{1}{64}\right]$$

$=2\text{bit}/$信源符号

为该信源给出两种编码方案如下。

编码方案 1：1→0 0 0；2→0 0 1；3→0 1 0；4→0 1 1；5→1 0 0；6→1 0 1；7→1 1 0；8→1 1 1；

编码方案 2：1→0；2→1 0；3→1 1 0；4→1 1 1 0；5→1 1 1 1 0 0；6→1 1 1 1 0 1；7→1 1 1 1 1 0；8→1 1 1 1 1 1；

定义**平均码长**为各符号码长的统计平均，则对于编码方案 1，平均码长等于$\overline{L_1}=3\text{bit}$；对于方案 2，平均码长等于$\overline{L_2}=\frac{1}{2}\times1+\frac{1}{4}\times2+\frac{1}{8}\times3+\frac{1}{16}\times4+\frac{1}{64}\times6+\frac{1}{64}\times6+\frac{1}{64}\times6+\frac{1}{64}\times6=2\text{bit}$。方案 1 是我们在学习数字电路时非常常见的一种编码方式，用 3bit 描述 8 种状态，属于**等长编码**。方案 2 给出的编码比较奇怪，为各符号分配了不同长度的比特串，属于**变长编码**。通过对平均码长的计算我们发现，方案 2 实现了在统计平均意义下用 2bit 描述 8 种状态，且平均码长等于信源的熵，因此编码方案 2 对信源进行了最大限度压缩。在第 3 章还将重点讨论等长码和变长码。■

为了进一步体会熵的含义，我们再看一个例子。

例 2-3：4 个信源 X、Y、Z、W 的概率分布为

$$\begin{bmatrix} X \\ P(X) \end{bmatrix}=\begin{bmatrix} a_1 & a_2 \\ 0.01 & 0.99 \end{bmatrix},\quad \begin{bmatrix} Y \\ P(Y) \end{bmatrix}=\begin{bmatrix} b_1 & b_2 \\ 0.4 & 0.6 \end{bmatrix},\quad \begin{bmatrix} Z \\ P(Z) \end{bmatrix}=\begin{bmatrix} c_1 & c_2 \\ 0.5 & 0.5 \end{bmatrix},$$

$$\begin{bmatrix} W \\ P(W) \end{bmatrix}=\begin{bmatrix} d_1 & d_2 & d_3 & d_4 & d_5 \\ 0.2 & 0.2 & 0.2 & 0.2 & 0.2 \end{bmatrix}$$

这 4 个信源的熵分别为：$H(X)=0.08$，$H(Y)=0.971$，$H(Z)=1$，$H(W)=2.32$。通过对这 4 个信源的比较发现，在符号个数相同的条件下，等概分布比不等概分布的不确定性大；在等概分布的前提下，可能的取值越多，不确定性越大，这也符合我们的直观感受。比较 X 和 Z，显然 Z 的结果更难猜中；比较 Z 和 W，显然 W 的结果更难猜中，这也验证了熵是对信源不确定性的度量。■

2.3 离散熵的性质

由离散熵的定义式（2-5）可知，熵仅与信源的消息数和概率分布有关，如果消息数 n 是固定的，则熵仅是概率分布的函数。为简洁起见，以下记信源的概率分布为

$$\boldsymbol{P}=(P(a_1),P(a_2),\cdots,P(a_n))=(p_1,p_2,\cdots,p_n) \qquad p_i \geqslant 0\ (i=1,2,\cdots,n),\quad \sum_{i=1}^{n} p_i=1$$

$\boldsymbol{P}=(p_1,p_2,\cdots,p_n)$称为概率分布矢量。由于熵 $H(X)$只和 $\boldsymbol{P}$ 有关，因此记

$$H(\boldsymbol{P})=H(p_1,p_2,\cdots,p_n)=-\sum_{i=1}^{n} p_i \log p_i \tag{2-6}$$

由于 $H(\boldsymbol{P})$是 $\boldsymbol{P}$ 的函数，所以称 $H(\boldsymbol{P})$为**熵函数**。需要说明的是，当某个 $p_i=0$ 时，会出现 0log0 型未定式，但因为 $\lim\limits_{\varepsilon\to 0}\varepsilon\log\varepsilon=0$，所以该未定式取值为 0，因此式（2-6）是合理的。

基于熵函数的定义式（2-6），可得离散熵的若干数学性质如下。

（1）对称性：当 $p_1,p_2,p_3,\cdots,p_n$ 的顺序任意互换时，熵 $H(\boldsymbol{P})$的取值不变。

（2）非负性：$H(\boldsymbol{P})=H(p_1,p_2,\cdots,p_n)\geqslant 0$。

（3）确定性：当且仅当某个 $p_i=1$ 时，$H(\boldsymbol{P})=0$，此时随机变量以概率为 1 取值 a_i，因此成为确定事件，没有不确定性。

（4）递增性：若某个 p_i 分割成 m 个概率 p_{i1}，$p_{i2},\cdots,p_{im}$之和，则新信源的熵递增，这是因为信源可能的取值增加，带来了不确定性的增加。

（5）极值性：当信源输出消息数 n 固定时，信源熵 $H(\boldsymbol{P})=H(p_1,p_2,\cdots,p_n)$在等概分布时取最大值，即

$$H(p_1,p_2,\cdots,p_n)\leqslant H\left(\frac{1}{n},\frac{1}{n},\cdots,\frac{1}{n}\right)=\log n$$

此极值性也被称为**最大离散熵定理**。

（6）上凸性：$H(\boldsymbol{P})$是 $\boldsymbol{P}$ 的上凸函数。

该性质的证明比较复杂，感兴趣的读者请参阅文献［2，4］，此处仅以二元信源为例给予直观性的解释说明。

二元信源 X 的概率分布为

$$\begin{bmatrix} X \\ p(x) \end{bmatrix} = \begin{bmatrix} 0 & 1 \\ 1-p & p \end{bmatrix}$$

该信源的熵 $H(X)=H(p,1-p)=-[p\log p+(1-p)\log(1-p)]$，$p\in[0,1]$，绘制 $H(X)$随 p 的函数曲线如图 2-1 所示，可见熵 $H(X)$是概率分布的上凸函数。

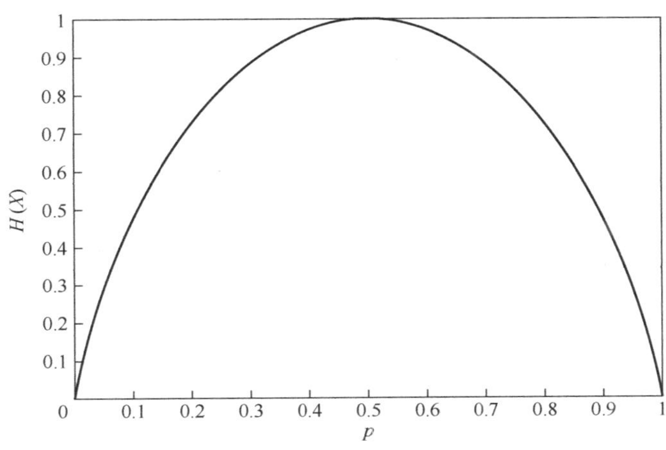

图 2-1　熵函数 $H(X)$的上凸性

2.4　二维信源的联合熵和条件熵

$H(X)$度量了单个随机变量 X 的信息量。进一步地，我们还需要度量由 N 维随机矢量 $\boldsymbol{X}=(X_1, X_2,\cdots, X_N)$构成的 N 维信源的信息量，这就要用到联合熵的概念。为了行文方便，以下仅以二维信源为例加以说明，相关的概念和计算公式可以自然推广到三维以上的信源。

定义 2-3：设二维信源(X_1,X_2)的联合概率分布为

X_1 \ X_2	b_1	b_2	$\cdots$	b_n
a_1	$p(a_1,b_1)$	$p(a_1,b_2)$	$\cdots$	$p(a_1,b_n)$
a_2	$p(a_2,b_1)$	$p(a_2,b_2)$	$\cdots$	$p(a_2,b_n)$
$\vdots$		$\vdots$		
a_m	$p(a_m,b_1)$	$p(a_m,b_2)$	$\cdots$	$p(a_m,b_n)$

定义(X_1,X_2)的**联合熵**为

$$H(X_1,X_2)=-\sum_i\sum_j p(a_i,b_j)\log p(a_i,b_j) \text{（bit/2 信源符号）} \tag{2-7}$$

可见，联合熵 $H(X_1,X_2)$表征了二维随机变量(X_1,X_2)的总不确定性，因此其单位为 bit/2 信源符号。把联合熵定义 2-3 由二维信源推广到 N 维信源，其联合熵定义为

$$H(X_1, X_2,\cdots, X_N)=-\sum_{i_1}\cdots\sum_{i_N} p(x_{i_1},\ldots,x_{i_N})\log p(x_{i_1},\ldots,x_{i_N}) \text{（bit/}N\text{ 信源符号）} \tag{2-8}$$

作为 N 维信源的一个典型例子，我们考察 N 次无记忆扩展信源的联合熵。

定理 2-1：一维离散信源 X 的 N 次无记忆扩展信源 X^N 的熵为 $H(X^N)=NH(X)$。

该定理的证明请参阅文献［2］，此处仅以一例示之。

例 2-4：一维信源 X 的概率分布为

$$\begin{bmatrix} X \\ P(X) \end{bmatrix}=\begin{bmatrix} a_1 & a_2 & a_3 \\ \frac{1}{2} & \frac{1}{4} & \frac{1}{4} \end{bmatrix}$$

则 X 的熵 $H(X)=-\frac{1}{2}\log\frac{1}{2}-\frac{1}{4}\log\frac{1}{4}-\frac{1}{4}\log\frac{1}{4}=1.5\text{ bit/信源符号}$

对 X 做 2 次无记忆扩展可得 X^2 的联合概率分布为

	a_1	a_2	a_3
a_1	$\frac{1}{4}$	$\frac{1}{8}$	$\frac{1}{8}$
a_2	$\frac{1}{8}$	$\frac{1}{16}$	$\frac{1}{16}$
a_3	$\frac{1}{8}$	$\frac{1}{16}$	$\frac{1}{16}$

计算 X^2 的熵，有 $H(X^2)=\frac{1}{4}\log4+\frac{4}{8}\log8+\frac{4}{16}\log16=\frac{1}{2}+\frac{3}{2}+1=3\text{ bit/信源符号}$，可见 $H(X^2)=2H(X)$。 ■

对于定义 2-3 中的二维随机变量(X_1, X_2)，当已知 $X_1=a_i$ 时，X_2 的不确定性为

$$H(X_2\mid X_1=a_i)=-\sum_j p(b_j\mid a_i)\log p(b_j\mid a_i) \tag{2-9}$$

式（2-9）描述了在 $X_1=a_i$ 的条件下，X_2 依然存在的不确定性。进一步，把式（2-9）对 a_i 取统计平均可得，当 X_1 已知时，X_2 存在的不确定性为

$$\begin{aligned} H(X_2\mid X_1)&=\sum_i p(a_i)H(X_2\mid X_1=a_i) \\ &=\sum_i p(a_i)\left[-\sum_j p(b_j\mid a_i)\log p(b_j\mid a_i)\right] \\ &=-\sum_i\sum_j p(a_i)p(b_j\mid a_i)\log p(b_j\mid a_i) \\ &=-\sum_i\sum_j p(b_j,a_i)\log p(b_j\mid a_i) \end{aligned}$$

定义 2-4：称 $H(X_2|X_1)$为在 X_1 已知的条件下 X_2 的**条件熵**，其计算公式为

$$H(X_2|X_1) = -\sum_i \sum_j p(b_j, a_i) \log p(b_j | a_i) \tag{2-10}$$

可见，条件熵 $H(X_2|X_1)$表示在 X_1 已知的条件下，X_2 仍然存在的不确定性。条件熵 $H(X_2|X_1)$与无条件熵 $H(X_2)$之间满足

$$H(X_2|X_1) \leqslant H(X_2) \tag{2-11}$$

其物理意义是，由于 X_1 的存在对 X_2 提供了一定信息量，使 X_2 的不确定性有一定程度的减小，式（2-11）中等号当且仅当 X_1 和 X_2 统计独立时成立。

定理 2-2（链式法则）：联合熵 $H(X_1,X_2)$、条件熵 $H(X_2|X_1)$和无条件熵 $H(X_1)$之间满足

$$H(X_1,X_2) = H(X_2|X_1) + H(X_1) \tag{2-12}$$

证明：

$$\begin{aligned} H(X_1,X_2) &= -\sum_i \sum_j p(a_i,b_j) \log p(a_i,b_j) \\ &= -\sum_i \sum_j p(a_i,b_j) \log[p(b_j | a_i) p(a_i)] \\ &= -\sum_i \sum_j p(a_i,b_j) \log p(b_j | a_i) - \sum_i \sum_j p(a_i,b_j) \log p(a_i) \\ &= -\sum_i \sum_j p(a_i,b_j) \log p(b_j | a_i) - \sum_i p(a_i) \log p(a_i) \\ &= H(X_2 | X_1) + H(X_1) \end{aligned}$$

■

推广到多个变量的情况，链式法则形如

$$\begin{aligned} & H(X_1, X_2, \cdots, X_N) \\ &= H(X_N | X_{N-1}, \cdots, X_2, X_1) + H(X_{N-1} | X_{N-2}, \cdots, X_2, X_1) + \cdots + H(X_2 | X_1) + H(X_1) \end{aligned}$$

链式法则又被称为**熵的强可加性**。特别地，当两个随机变量 X_1 和 X_2 统计独立时，由于条件熵 $H(X_2|X_1)$等于无条件熵 $H(X_2)$，所以有

$$H(X_1,X_2) = H(X_2) + H(X_1) \quad \text{当且仅当 } X_1 \text{ 和 } X_2 \text{ 统计独立时成立} \tag{2-13}$$

2.5　平均互信息

2.5.1　两个随机变量的平均互信息

对于一个通信系统，如果以 X 表示信源发出的消息符号，以 Y 表示信宿收到的消息符号，那么 X 的熵 $H(X)$描述了信源的先验不确定性。当信宿收到符号 Y 之后关于 X 的后验不确定性是条件熵 $H(X|Y)$，且总有 $H(X|Y) \leqslant H(X)$成立，这就说明信宿在接收到信道传送来的符号 Y 之后得到了一些关于 X 的信息量，使得对信源 X 的不确定性有所减少，把这部分由信源传递给信宿的信息量称为平均互信息。

定义 2-5：称 $I(X;Y) = H(X) - H(X|Y)$为 X 和 Y 的**平均互信息**，简称**互信息**。

以下简记 X 和 Y 的边缘概率分布和联合概率分布分别为 $p(x)$、$p(y)$、$p(x,y)$，则根据定

义 2-5 可得平均互信息的计算公式为

$$\begin{aligned} I(X;Y) &= H(X) - H(X|Y) \\ &= \sum_x p(x)\log\frac{1}{p(x)} - \sum_x\sum_y p(x,y)\log\frac{1}{p(x|y)} \\ &= \sum_x\sum_y p(x,y)\log\frac{1}{p(x)} - \sum_x\sum_y p(x,y)\log\frac{1}{p(x|y)} \\ &= \sum_x\sum_y p(x,y)\log\frac{p(x|y)}{p(x)} \\ &= \sum_x\sum_y p(x,y)\log\frac{p(x,y)}{p(x)p(y)} \end{aligned} \tag{2-14}$$

也有文献称 $I(x;y)=\log\dfrac{p(x,y)}{p(x)p(y)}$ 为符号 x 和 y 的互信息，所以平均互信息 $I(X;Y)$也是所有符号互信息 $I(x;y)$的统计平均。平均互信息的物理意义是，在平均意义下，每个信道输出符号 Y 携带的关于 X 的信息量，其单位是 bit/符号。

提醒读者注意的是，联合熵 $H(X,Y)$中各变量是以“,”分隔，但平均互信息 $I(X;Y)$中两个变量是以“;”分隔，这是信息论著作的标准表示法。这是因为平均互信息也可以定义在两个变量组之间，每个变量组由若干个变量构成，如 $I(X_1,X_2;Y_1,Y_2)$，其含义是 X_1,X_2 作为一个整体和 Y_1,Y_2 这个整体之间的平均互信息，很明显“;”和“,”的作用是不同的。

总结熵 $H(X)$、条件熵 $H(X|Y)$、联合熵 $H(X,Y)$和平均互信息 $I(X;Y)$这 4 种信息测度的含义列于表 2-1，它们之间的关系如图 2-2 所示。

表 2-1　4 种信息测度

熵	$H(X)$	一个随机变量的信息量
联合熵	$H(X, Y)$	多个随机变量的信息量
条件熵	$H(X\|Y)$	在 Y 已知的条件下，X 的信息量
平均互信息	$I(X;Y)$	Y 所包含的关于 X 的信息量，反之亦然

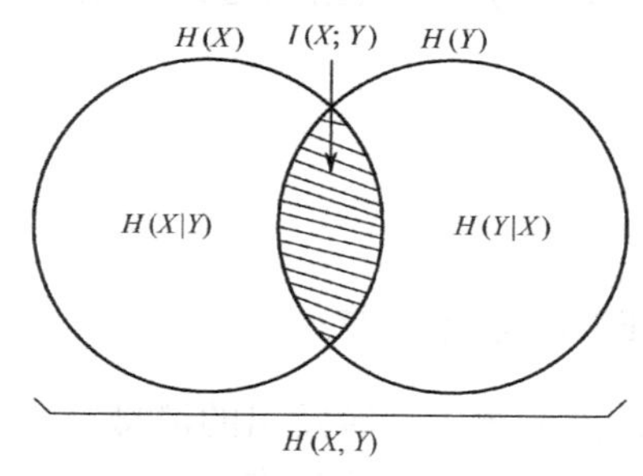

图 2-2　4 种信息测度的关系

根据图 2-2 可知，平均互信息满足如下等式：

$$I(X;Y) = H(X) - H(X|Y) = H(Y) - H(Y|X) = H(X) + H(Y) - H(X,Y) \tag{2-15}$$

平均互信息具有如下性质。

（1）非负性：$I(X;Y)\geqslant 0$。两个随机变量的平均互信息是非负的。注：两个符号 x 和 y

的平均互信息 $I(x;y)$可以为负值；另外，对于 3 个以上随机变量的平均互信息 $I(X;Y;Z)$可能取负值，请见附录 D 中例 D-3。

（2）极值性：$I(X;Y)\leqslant H(X)$。非负性和极值性可以根据平均互信息的定义 $I(X;Y)=H(X)-H(X|Y)$及 $H(X|Y)\leqslant H(X)$直接得到。

（3）对称性：$I(X;Y)=I(Y;X)$。这个性质可以通过观察图 2-2 得到。

（4）凸性。2.3 节离散熵的性质中有一条性质是，“离散熵是信源概率分布的上凸函数，当信源等概分布时，熵取最大值。”平均互信息也具有凸性，但它的凸性既和信源概率分布有关，也和信道转移概率有关，我们把平均互信息的凸性放在第 4 章具体分析。

2.5.2　多个随机变量的平均互信息

类似于熵和条件熵，平均互信息也可以推广到 3 个及 3 个以上变量。

定义 2-6：称

$$I(X;Y|Z)=\sum_{x}\sum_{y}\sum_{z}p(x,y,z)\log\frac{p(x,y|z)}{p(x|z)p(y|z)} \tag{2-16}$$

为在 Z 已知的条件下，X 和 Y 的平均互信息。

$I(X;Y|Z)$满足

$$I(X;Y|Z)=H(X|Z)-H(X|Y,Z) \tag{2-17a}$$

$$=H(Y|Z)-H(Y|X,Z) \tag{2-17b}$$

$$=H(X|Z)+H(Y|Z)-H(X,Y|Z) \tag{2-17c}$$

证明：以式（2-17a）为例，有

$$H(X|Z)=-\sum_{x}\sum_{z}p(x,z)\log p(x|z)=-\sum_{x}\sum_{y}\sum_{z}p(x,y,z)\log p(x|z)$$

$$H(X|Y,Z)=-\sum_{x}\sum_{y}\sum_{z}p(x,y,z)\log p(x|y,z)$$

$$=-\sum_{x}\sum_{y}\sum_{z}p(x,y,z)\log\frac{p(x,y,z)}{p(y,z)}$$

代入式（2-17a）可证。■

比较式（2-15）可以发现，条件平均互信息 $I(X;Y|Z)$只是在平均互信息 $I(X;Y)$的基础上增加了以 Z 为条件，其他形式都是相同的。条件互信息也满足非负性，即

$$I(X;Y|Z)\geqslant 0 \tag{2-18}$$

定义 2-7：称

$$I(X;Y,Z)=H(X)-H(X|Y,Z)=H(Y,Z)-H(Y,Z|X)=H(X)+H(Y,Z)-H(X,Y,Z) \tag{2-19}$$

为随机变量 X 和随机矢量(Y,Z)的联合平均互信息。

$I(X;Y,Z)$表示随机变量 X 和随机矢量(Y,Z)之间互相包含的信息量或统计依存度。$I(X;Y,Z)$也满足对称性和非负性，即

$$I(X;Y,Z)=I(Y,Z;X) \tag{2-20}$$

$$I(X;Y,Z)\geqslant 0 \tag{2-21}$$

联合平均互信息 $I(X;Y,Z)$ 和条件平均互信息 $I(X;Y|Z)$ 满足如下关系，即

$$I(X;Y,Z) = I(X;Y|Z) + I(X;Z) = I(X;Z|Y) + I(X;Y) \tag{2-22}$$

证明：$I(X;Y,Z) = H(X) - H(X|Y,Z)$

$= H(X) - H(X|Z) + H(X|Z) - H(X|Y,Z)$

$= I(X;Z) + I(X;Y|Z)$

同理可证，$I(X;Y,Z) = I(X;Z|Y) + I(X;Y)$ ■

式（2-22）也被称为**平均互信息的链式法则**，一般地，有

$$\begin{aligned} & I(X_1, X_2, \cdots, X_n; Y) \\ & = \sum_{i=1}^{n} I(X_i; Y \mid X_{i-1}, \cdots, X_1) \\ & = I(Y; X_n|X_{n-1}, \cdots, X_1) + I(Y; X_{n-1}|X_{n-2}, \cdots, X_1) + \cdots + I(Y; X_3|X_2, X_1) + I(Y; X_2|X_1) + I(Y; X_1) \end{aligned}$$

2.6 离散平稳信源的熵率

若信源发出的符号序列的各维概率分布与时间起点无关，即对于任意 $n\geqslant 1$，$l\geqslant 1$，$X_1, X_2, \cdots, X_n$ 和 $X_{1+l}, X_{2+l}, \cdots, X_{n+l}$ 具有相同的概率分布，也就是说任意维概率分布不随时间推移而改变，则称这种信源为**离散平稳信源**。

设一维离散信源 X 的概率分布为

$$\begin{bmatrix} X \\ P(X) \end{bmatrix} = \begin{bmatrix} a_1 & a_2 & a_3 & \cdots & a_n \\ P(a_1) & P(a_2) & P(a_3) & \cdots & P(a_n) \end{bmatrix}$$

由 X 进行 N 次扩展得到 N 维离散平稳信源 $(X_1, X_2, \cdots, X_N)$。

如果是无记忆扩展，则根据定理 2-1，生成的 N 维无记忆扩展信源 X^N 的熵满足 $H(X^N)=NH(X)$，那么平均到每个消息符号上的信息量为

$$\frac{H(X^N)}{N} = H(X) \text{（bit/信源符号）}$$

如果是有记忆扩展，则 N 维序列 $(X_1, X_2, \cdots, X_N)$ 的熵 $H(X_1, X_2, \cdots, X_N)$ 由联合概率分布 $P(X_1, X_2, \cdots, X_N)$ 决定，即

$$H(X_1, X_2, \cdots, X_N) = -\sum_{i_1} \cdots \sum_{i_N} p(x_{i_1}, \cdots, x_{i_N}) \log p(x_{i_1}, \cdots, x_{i_N}) \text{（bit/}N\text{ 信源符号）} \tag{2-23}$$

定义 2-8：称联合熵 $H(X_1, X_2, \cdots, X_N)$ 的算术平均值

$$H_N(X) = \frac{H(X_1, X_2, \cdots, X_N)}{N} \text{（bit/信源符号）} \tag{2-24}$$

为 N 维符号序列 $(X_1, X_2, \cdots, X_N)$ 的**平均符号熵**。

可见，平均符号熵近似度量了 N 维符号序列 $(X_1, X_2, \cdots, X_N)$ 中每个符号的信息。随着 N 取不同的值，可以得到一系列的平均符号熵 $H_N(X)$（N=1,2,3,⋯）。此外，还可以得到一系列的条件熵 $H(X_N|X_{N-1}, \cdots, X_2, X_1)$（$N$=2,3,⋯）。对于离散平稳信源来说，这些熵有一些非常有趣且有用的性质。

性质 1：平均符号熵 $H_N(X)$随着 N 的增加而非递增。

性质 2：条件熵 $H(X_N|X_{N-1},\cdots,X_2,X_1)$随着 N 的增加而非递增。

性质 3：$H_N(X)\geqslant H(X_N|X_{N-1},\cdots,X_2,X_1)$。

性质 4：对于离散平稳信源来说，有

$$\lim_{N\to\infty} H_N(X)=\lim_{N\to\infty} H(X_N\mid X_{N-1},X_{N-2},\cdots,X_1)=H_\infty$$

该极限一定存在，称 H_∞ 为**熵率或极限熵**。

证明：根据信源的平稳性可得

$$H(X_{N-1}|X_{N-2},\cdots,X_2,X_1)=H(X_N\mid X_{N-1},\cdots,X_2) \tag{2-25}$$

此外，条件熵具有性质

$$H(X_N|X_{N-1},\cdots,X_2)\geqslant H(X_N|X_{N-1},\cdots,X_2,X_1) \tag{2-26}$$

这是因为不等式右侧增加条件 X_1 会提供一定的信息，从而降低 X_N 的不确定性。联立式（2-25）和式（2-26）可得

$$H(X_{N-1}|X_{N-2},\cdots,X_2,X_1)\geqslant H(X_N|X_{N-1},\cdots,X_2,X_1) \tag{2-27}$$

即性质 2 成立。

此外，根据性质 2 和链式法则可得

$$\begin{aligned}NH_N(X)&=H(X_1,X_2,\cdots,X_N)\\&=H(X_N|X_{N-1},\cdots,X_2,X_1)+H(X_{N-1}|X_{N-2},\cdots,X_2,X_1)+\cdots+H(X_2|X_1)+H(X_1)\\&\geqslant NH(X_N|X_{N-1},\cdots,X_2,X_1)\end{aligned}$$

所以有 $H_N(X)\geqslant H(X_N|X_{N-1},\cdots,X_2,X_1)$，即性质 3 成立。又因为

$$\begin{aligned}NH_N(X)&=H(X_1,X_2,\cdots,X_N)\\&=H(X_N|X_{N-1},\cdots,X_2,X_1)+H(X_{N-1},\cdots,X_2,X_1)\\&=H(X_N|X_{N-1},\cdots,X_2,X_1)+(N-1)H_{N-1}(X)\\&\leqslant H_N(X)+(N-1)H_{N-1}(X)\end{aligned}$$

因此有 $H_N(X)\leqslant H_{N-1}(X)$，即性质 1 成立。

综上可知，$H_N(X)$是非负的、单调不增的有界数列，即 $0\leqslant\cdots\leqslant H_N(X)\leqslant H_{N-1}(X)\leqslant H_1(X)\leqslant H_0(X)=\log n$，所以 $H_N(X)$必然存在极限，即

$$\lim_{N\to\infty} H_N(X)=H_\infty$$

最后证明 $H(X_N|X_{N-1},\cdots,X_1)$的极限也等于熵率 H_∞。根据平均符号熵的定义和链式法则，对于任意的正整数 N 和 K，有

$$\begin{aligned}&(N+K)H_{N+K}(X)\\&=H(X_1,X_2,\cdots,X_{N+K})\\&=H(X_{N+K}\mid X_{N+K-1},\cdots,X_2,X_1)+H(X_{N+K-1}\mid X_{N+K-2},\cdots,X_2,X_1)+\cdots+\\&\quad H(X_N|X_{N-1},\cdots,X_2,X_1)+H(X_1,X_2,\cdots,X_{N-1})\\&\leqslant(K+1)H(X_N|X_{N-1},\cdots,X_2,X_1)+(N-1)H_{N-1}(X)\end{aligned}$$

由此推出

$$H_{N+K}(X)\leqslant\frac{K+1}{N+K}H(X_N\mid X_{N-1},\cdots,X_2,X_1)+\frac{N-1}{N+K}H_{N-1}(X)$$

固定 N，令不等式两端 $K\to\infty$，可得

$$H_\infty \leqslant \lim_{K\to\infty} H(X_N \mid X_{N-1},\cdots,X_2,X_1) \tag{2-28}$$

又根据性质 3 有 $H(X_N|X_{N-1},\cdots,X_2,X_1)\leqslant H_N(X)$，令 $N\to\infty$ 可得

$$\lim_{N\to\infty} H(X_N \mid X_{N-1},\cdots,X_2,X_1) \leqslant H_\infty \tag{2-29}$$

结合式（2-28）和式（2-29）可知，$H(X_N|X_{N-1},\cdots,X_1)$的极限也等于熵率 H_∞，即性质 4 也成立。 ■

对于性质 4 而言，如果不满足平稳性条件，则极限熵 H_∞ 有可能不存在，见例 2-5。

例 2-5：设$\{X_k\}$是一个信源，X_k相互独立，且 $H(X_k)=k$（$k\geqslant 1$），则

$$\frac{1}{n}H(X_1,X_2,\cdots,X_n)=\frac{1}{n}\sum_{k=1}^{n}k=\frac{n+1}{2}$$

可见该信源的平均符号熵随 $n\to\infty$ 而发散。 ■

对于一般的离散平稳信源，求极限熵 H_∞ 是很困难的。但对于大部分信源，当 N 不是很大时，$H_N(X)$和 $H(X_N|X_{N-1},\cdots,X_2,X_1)$就可以非常接近 H_∞。因此，可以用平均符号熵或条件熵作为 H_∞ 的近似值。

例 2-6：一维信源 X 的概率分布为

$$\begin{bmatrix} X \\ p(x) \end{bmatrix} = \begin{bmatrix} a_1 & a_2 & a_3 \\ \frac{11}{36} & \frac{4}{9} & \frac{1}{4} \end{bmatrix}$$

可得一维信源 X 的熵为 $H_1(X)=-\sum_{i=1}^{3}P(a_i)\log P(a_i)=1.542$（bit/信源符号）

把 X 进行二维有记忆扩展得到二维平稳信源(X_1, X_2)，假设二维信源的联合概率分布为

X_1 \ X_2	a_1	a_2	a_3
a_1	$\frac{1}{4}$	$\frac{1}{18}$	0
a_2	$\frac{1}{18}$	$\frac{1}{3}$	$\frac{1}{18}$
a_3	0	$\frac{1}{18}$	$\frac{7}{36}$

由 X 的边缘分布和联合分布不难得到条件概率分布为

X_1 \ X_2	a_1	a_2	a_3
a_1	$\frac{9}{11}$	$\frac{1}{8}$	0
a_2	$\frac{2}{11}$	$\frac{3}{4}$	$\frac{2}{9}$
a_3	0	$\frac{1}{8}$	$\frac{7}{9}$

条件熵 $H(X_2 \mid X_1) = -\sum_{i=1}^{3}\sum_{j=1}^{3} p(a_i, a_j)\log p(a_j \mid a_i) = 0.87$（bit/信源符号）

联合熵 $H(X_2, X_1) = -\sum_{i=1}^{3}\sum_{j=1}^{3} p(a_i, a_j)\log p(a_i, a_j) = 2.41$（bit/2 信源符号）

所以，平均符号熵 $H_2(X) = \frac{1}{2}H(X_2, X_1) = 1.205$（bit/信源符号）

可见，$H_2(X) \leqslant H_1(X) \leqslant H_0(X) = \log 3 = 1.585$，且 $H_2(X) \geqslant H(X_2|X_1)$。■

离散平稳信源熵的 4 个性质说明：当符号序列长度 N 趋于无穷大时，平均符号熵和条件熵都非递增地趋于熵率，因此下面的不等式成立。

$$0 \leqslant H_\infty \leqslant \cdots \leqslant H_N(X) \leqslant \cdots \leqslant H_1(X) \leqslant H_0(X) = \log n$$

其中，$H_0(X)$表示信源 X 的各符号取等概分布，这也是输出 n 个符号的信源可能达到的最大熵（见最大离散熵定理）。这个结论提示我们，对于离散平稳信源而言，实际的信息熵 H_∞ 与具有同样符号集的最大熵 $H_0(X)$之间存在冗余，这些冗余的产生原因有两方面：

（1）信源的一维概率分布非等概，造成了 $H_1(X)$和 $H_0(X)$之间的差异；

（2）信源输出的各符号之间不独立，存在统计依赖关系。

定义 2-9：定义离散平稳信源的冗余度为

$$\gamma = 1 - \frac{H_\infty}{\log n} \tag{2-30}$$

冗余度衡量了信源符号携带信息的有效性，冗余度越大，信源有效性越低，可压缩空间就越大。人类自然语言属于离散平稳信源，以英语为例，英语由 26 个英文字母和一个空格字符构成，共 27 个字符，则

$H_0(X) = \log 27 = 4.76$（bit/信源符号），$H_1(X) = 4.03$（bit/信源符号）

$H_2(X) = 3.32$（bit/信源符号），$H_3(X) = 3.1$（bit/信源符号），$H_\infty = 1.4$（bit/信源符号）

H_1、H_2、H_3、H_∞是基于统计得出的，因此英语的冗余度为 0.71。这说明英语中有 71%是由单词中字母的顺序、语句中单词的搭配关系、语法结构和语言习惯决定的，只有 29%是语言使用者可以自由支配的。因此，在存储或传输英语文字时，只需要保留全部篇幅的 29%即可，剩下的 71%可以根据英文的统计特性来恢复，这就是冗余度压缩的理论基础。

2.7　马尔可夫信源

2.7.1　马尔可夫链

马尔可夫随机过程是具有无后效性的随机过程[41,45]，马尔可夫性又称为无后效性。无后效性是指当过程 t 时刻的状态已知时，大于 t 时刻的随机过程所处状态的概率特性只与过程 t 时刻的状态有关，而与 t 时刻之前的状态无关。根据时间参数集合 T 和状态空间集合 E 类型的不同，马尔可夫过程可以分为 3 种类型：

（1）时间离散、状态离散的马尔可夫过程；

（2）时间连续、状态离散的马尔可夫过程；

（3）时间连续、状态连续的马尔可夫过程。

本书仅讨论第 1 种情况，即时间离散、状态离散的马尔可夫过程，又称马尔可夫链。其物理实验原型是直线上的随机游动，如图 2-3 所示，一点以概率 p 或 $1-p$ 分别向右或向左移动，一次移动一步，该点在某个时刻所处的位置仅与其前一时刻所处的位置有关，与更前面的时刻所处的位置无关。

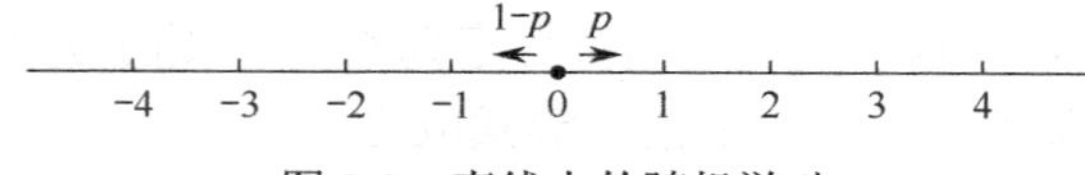

图 2-3　直线上的随机游动

不失一般性，设参数集合 $T=\{0,1,2,3,\cdots\}$；状态集合 $E=\{1,2,3,\cdots\}$或$\{1,2,3,\cdots,n\}$，则马尔可夫链 $X(t)$的无后效性可以表示为

$$P[X(t+k)=j|X(t)=i_t, X(t-1)=i_{t-1},\cdots, X(0)=i_0]= P[X(t+k)=j|X(t)=i_t] \tag{2-31}$$

其中，$t\in T$，$k\in T$，$j, i, i_t, i_{t-1},\cdots, i_0\in E$。

称 $P[X(t+k)=j|X(t)=i]=p_{ij}(t,t+k)$为马尔可夫链在时刻 t 由状态 i 到状态 j 的 k 步转移概率。若该转移概率与时刻 t 无关，即 $p_{ij}(t,t+k)=p_{ij}(t',t'+k)$，则称为**时齐马尔可夫链**，此时简记 $p_{ij}(t,t+k)$为 $p_{ij}(k)$。特别地，时齐马尔可夫链的一步转移概率 $p_{ij}(1)$常记为 p_{ij}。对于有限状态空间 $E=\{1,2,3,\cdots,n\}$，一步转移概率可以写成矩阵，即

$$\boldsymbol{P}=\begin{bmatrix} p_{11} & p_{12} & \cdots & p_{1n} \\ p_{21} & p_{22} & \cdots & p_{2n} \\ \vdots & \vdots & \vdots & \vdots \\ p_{n1} & p_{n2} & \cdots & p_{nn} \end{bmatrix} \tag{2-32}$$

式中，$\boldsymbol{P}$ 为时齐马尔可夫链的一步转移概率矩阵。如果状态空间 E 为无限集合，则该矩阵为半无限的。对于状态 i 来说，经过一步转移之后达到的状态一定属于$\{1,2,3,\cdots,n\}$，因此一步转移概率矩阵 $\boldsymbol{P}$ 一定满足$\sum_j p_{ij}=1$，即矩阵 $\boldsymbol{P}$ 的行取和为 1。同理，k 步转移概率也满足$\sum_j p_{ij}(k)=1$。k 步转移概率可以写成矩阵的形式，即

$$\boldsymbol{P}(k)=\begin{bmatrix} p_{11}(k) & p_{12}(k) & \cdots & p_{1n}(k) \\ p_{21}(k) & p_{22}(k) & \cdots & p_{2n}(k) \\ \vdots & \vdots & \vdots & \vdots \\ p_{n1}(k) & p_{n2}(k) & \cdots & p_{nn}(k) \end{bmatrix} \tag{2-33}$$

定理 2-3：对于一个时齐马尔可夫链，设 $m=k+l$，则有

$$p_{ij}(m)=p_{ij}(k+l)=\sum_r p_{ir}(k)p_{rj}(l) \tag{2-34}$$

式（2-34）被称为 Chapman-Kolmogorov 方程（简称 C-K 方程），写成矩阵的形式就是

$$\boldsymbol{P}(k+l)=\boldsymbol{P}(k)\boldsymbol{P}(l) \tag{2-35}$$

由此可得，$\boldsymbol{P}(2)=\boldsymbol{P}(1)\boldsymbol{P}(1)=[\boldsymbol{P}(1)]^2$，$\boldsymbol{P}(3)=[\boldsymbol{P}(1)]^3$。一般地，有

$$\boldsymbol{P}(m)=[\boldsymbol{P}(1)]^m \tag{2-36}$$

可见，时齐马尔可夫链的 m 步转移概率完全由其一步转移概率决定。

马尔可夫链在 t 时刻处于各个状态 i 的概率分布被称为绝对概率分布，记为

$$p_i^t = P\{X(t)=i\} \quad (i \in E) \tag{2-37}$$

特别地，在初始时刻（0 时刻）的概率分布称为初始概率分布，记为

$$p_i^0 = P\{X(0)=i\} \quad (i \in E) \tag{2-38}$$

根据概率的非负性和规范性，有 $p_i^0 \geqslant 0$，$\sum_i p_i^0 = 1$；$p_i^t \geqslant 0$，$\sum_i p_i^t = 1$。在已知初始概率分布和 k 步转移概率的条件下，应用全概公式不难得到 k 时刻的绝对概率分布，即

$$p_j^k = \sum_i p_i^0 p_{ij}(k) \tag{2-39}$$

若马尔可夫链转移概率的极限 $\lim_{k\to\infty} p_{ij}(k) = \pi_j$ 存在，且与 i 无关，则称该马尔可夫链具有**遍历性**，称 π_j 为马尔可夫链的极限概率分布。对于一个遍历的马尔可夫链，有

$$\lim_{k\to\infty} p_j^k = \lim_{k\to\infty}\sum_i p_i^0 p_{ij}(k) = \sum_i p_i^0 \lim_{k\to\infty} p_{ij}(k) = \pi_j \sum_i p_i^0 = \pi_j$$

可见其绝对概率的极限也等于极限概率分布 π_j。遍历性表示马尔可夫链经过一段时间的暂态过程后会进入稳态过程，概率分布会达到一种平稳状态，称平稳状态的概率分布为极限概率分布，概率分布不再随时间而改变，也不依赖于初始状态。

那么，对于一个马尔可夫链，如何判断其是否具有遍历性，又如何求得其极限分布呢？下面的定理给出了对这个问题的解答。

定理 2-4：对于有限状态马尔可夫链，如果存在正整数 k，使得由状态 i 到状态 j 的 k 步转移概率 $p_{ij}(k)$满足 $p_{ij}(k)>0$（$i,j=1,2,\cdots,n$），那么这个马尔可夫链是遍历的，即 $\lim_{k\to\infty} p_{ij}(k) = \pi_j$，其中 π_j 表示状态 j 的极限概率，且极限概率 π_j（$j=1,2,\cdots,n$）是方程组

$$\pi_j = \sum_{i=1}^{n} \pi_i p_{ij} \quad (j=1,2,\cdots,n)$$

满足条件 $\pi_j>0$ 和 $\sum_{j=1}^{n}\pi_j = 1$ 的唯一解。

2.7.2　马尔可夫信源概述

马尔可夫链在状态转移的同时可以伴随符号的输出，从而构成马尔可夫信源。如果某时刻 t 输出的符号 X_t 仅与之前输出的 m 个符号 $X_{t-1},X_{t-2},\cdots,X_{t-m}$ 有关系，而与 X_{t-m-1} 之前的所有符号都没有关系，则称该马尔可夫信源的记忆阶数是 m，或者说该马尔可夫信源是 m 阶的。为了突出马尔可夫信源的记忆阶数，可以用 m 重符号$(X_1,\cdots,X_m)$作为系统的状态表示，而忽略状态本身的物理意义。

例 2-7：如图 2-4（a）所示的移位寄存器电路的输入和输出相同，输入（输出）0 或 1bit 的概率取决于寄存器当前的状态，系统的 4 个状态为 S_0、S_1、S_2、S_3，由于每个时刻的输出符号仅与之前两个输出符号（寄存器内容）有关，与更前面的输出符号无关，所

以该系统构成一个 2 阶马尔可夫链，状态转移示意如图 2-4（b）所示，其中 x/p 表示在状态转移过程中以概率 p 输出符号 x。

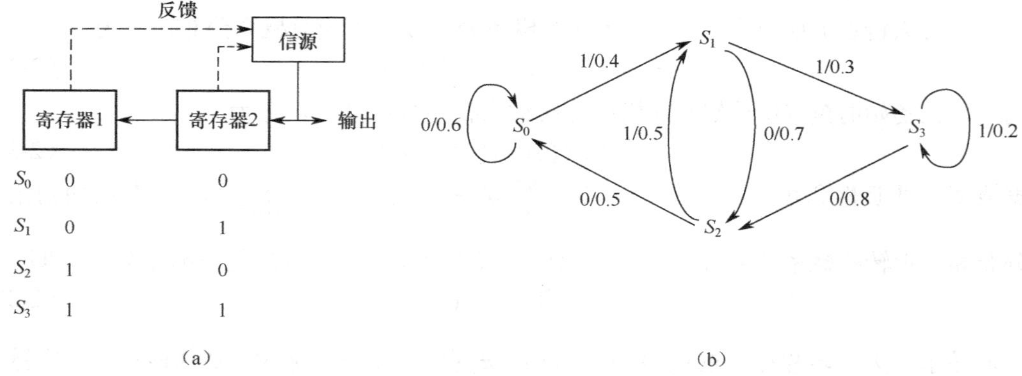

图 2-4　2 阶马尔可夫链 ■

显然，如果信源符号集为$(x_1,\cdots,x_q)$，那么 m 阶马尔可夫信源一共有 q^m 个状态。当马尔可夫链经过暂态过程，进入平稳状态后，马尔可夫信源成为离散平稳信源，其熵率为

$$H_\infty=\lim_{N\to\infty}H(X_N\mid X_{N-1},\cdots,X_1)$$

对于 m 阶马尔可夫信源而言，由于某时刻输出的符号仅与前面的 m 个符号有关，所以上式可改写为

$$H_\infty=H(X_{m+1}\mid X_m,\cdots,X_1)\tag{2-40}$$

可见，m 阶马尔可夫信源的熵率等于 m 阶条件熵。

进一步，根据 m 重符号$(X_1,\cdots,X_m)$和系统状态的一一对应关系，可以用 s_i 表示$(X_1,\cdots,X_m)$所对应的状态，以 $H(X|s_i)$表示系统从 s_i 出发下一个时刻存在的不确定性，则有

$$H_\infty=\sum_i H(X\mid s_i)\pi(s_i)\tag{2-41}$$

可以证明

$$H_\infty=-\sum_i\sum_j p(s_i,s_j)p(s_j\mid s_i)=-\sum_i\sum_j \pi(s_i)p(s_j\mid s_i)\log p(s_j\mid s_i)\tag{2-42}$$

其中，$\pi(s_i)$表示状态 s_i 的极限概率。

例 2-7（续）：应用定理 2-4 计算图 2-4 所示 2 阶马尔可夫链的极限概率，可列方程组如下：

$$\pi_0=0.6\pi_0+0.5\pi_2$$
$$\pi_1=0.4\pi_0+0.5\pi_2$$
$$\pi_2=0.7\pi_1+0.8\pi_3$$
$$\pi_3=0.3\pi_1+0.2\pi_3$$
$$\pi_0+\pi_1+\pi_2+\pi_3=1$$

解之得，$\pi_0=0.345$，$\pi_1=0.276$，$\pi_2=0.276$，$\pi_3=0.103$，代入式（2-41）可得

$H_\infty=0.345H(0.4,0.6)+0.276H(0.3,0.7)+0.276H(0.5,0.5)+0.103H(0.2,0.8)$=0.9286bit ■

2.8　本章小结

信息的本质是不确定性，信源是具有或表现出不确定性的事物，因此信源的恰当的数学模型是随机变量。为了度量离散随机变量的不确定性，香农提出了离散熵的概念和计算方法，离散熵是整个香农信息论的核心概念。基于离散熵派生出联合熵、条件熵、平均互信息等概念，这些概念代表了 4 种最典型的香农信息测度，具有不同的含义（见表 2-1），需要理解它们的相互关系（见图 2-2）。多维的离散平稳信源的不确定性用平均符号熵来描述，对于有记忆信源，平均符号熵随着符号序列长度 n 的增大而减少，基于离散熵的非负性，平均符号熵最终将趋于一个极限，称为熵率 H_∞。熵率是离散平稳信源的实际熵，由于熵率小于 $H_0(X)$，所以信源存在冗余，这就为信源压缩提供了可能。本章最后讨论了一类特殊的离散平稳信源——马尔可夫信源。马尔可夫信源的根本属性是无后效性，这种信源用转移概率、极限概率（平稳概率）和状态转移图来描述。一般的离散平稳信源的熵率 H_∞ 很难计算，但马尔可夫信源的熵率的计算比较容易。

习　题

1．请画图表示离散随机变量的熵、联合熵、条件熵、平均互信息之间的关系。

2．设离散无记忆信源

$$\begin{bmatrix} X \\ P(x) \end{bmatrix} = \begin{bmatrix} a_1 = 0 & a_2 = 1 & a_3 = 2 & a_4 = 3 \\ 3/8 & 1/4 & 1/4 & 1/8 \end{bmatrix}$$

发出的消息为(2 0 2 1 2 0 1 3 0 2 1 3 0 0 1 2 0 3 2 1 0 1 1 0 3 2 1 0 1 0 0 2 1 0 3 2 0 1 1 2 2 3 2 1 0)，求：

（1）此消息的自信息量；

（2）在此消息中平均每个符号携带的信息量。

3．请问每个 QPSK 和 16QAM 脉冲所含的信息量是多少比特（假设发送消息等概分布）？

4．从 0,1,2,⋯,9 这 10 个数字中，任意选出 3 个不同的数字，试求下列事件所含的自信息量：A_1=“3 个数字中不含 0 和 5”，A_2=“3 个数字中含有 0 和 5”，A_3=“3 个数字中含 0 但不含 5”。

5．有两个二元随机变量 X 和 Y，它们的联合概率如下图所示，并定义另一个随机变量 $Z = XY$。

$p(x,y)$	0	1
0	1/8	3/8
1	3/8	1/8

试计算：

（1）$H(X)$，$H(Y)$，$H(Z)$，$H(X,Y)$，$H(X,Z)$，$H(Y,Z)$，$H(X,Y,Z)$；

（2）$H(X|Y)$，$H(Y|X)$，$H(X|Z)$，$H(Z|X)$，$H(Y|Z)$，$H(Z|Y)$，$H(X|Y,Z)$，$H(Y|X,Z)$，$H(Z|X,Y)$；

（3）$I(X;Y)$，$I(X;Z)$，$I(Y;Z)$，$I(X;Y|Z)$，$I(Y;Z|X)$，$I(X;Z|Y)$。

6. 一个汽车牌照编号系统使用 3 个字母后接 3 个数字作为代码，问一个汽车牌照所提供的信息量是多少？如果所有 6 个符号任意选用字母、数字作为代码，问一个汽车牌照所提供的信息量是多少？假定有 26 个字母，10 个数字。
7. 袋中有 7 个球，其中，红球 5 个，白球 2 个，从袋中取球两次，每次随机地取 1 个球，且第 1 次取出的球不放回袋中，求下列事件包含的信息量：
   （1）第 1 次取得白球，第 2 次取得红球；
   （2）两次取得的球中 1 个白球，1 个红球；
   （3）取得两个球颜色相同。
8. 随机将 15 名新生分配到 3 个班级中去，在这 15 名新生中有 3 名优秀生，求下列事件包含的信息量：
   （1）每个班级各有 1 名优秀生；
   （2）3 名优秀生分在同一班级里。
9. 从 5 双不同的鞋子中任取 4 只，“其中至少有两只鞋子配成一双”这一事件包含的信息量是多少？
10. 将 C、C、E、E、I、N、S 共 7 个字母随机地排成一行，“恰好排成单词 SCIENCE”这一事件包含的信息量是多少？
11. 有 13 个形状、颜色均相同的小球，其中只有一个与其他的重量不同，使用一个没有砝码的天平，采用两边称重的方法找到该小球，问至少得称几次？
12. 在彩色电视传输中，每帧图像约有 5×10^5 个像素，为了能很好地重现图像，每像素分为 64 种不同的色彩，每种色彩分为 16 个亮度电平，并假设色彩和亮度均为等概分布，这帧图像包含的信息量是多少比特？
13. 设有一个信源，它在开始时以 $P(a)=0.6$，$P(b)=0.3$，$P(c)=0.1$ 的概率输出 X_1。当 X_1 为 a 时，则 X_2 为 a、b、c 的概率为 $1/3$；当 X_1 为 b 时，则 X_2 为 a、b、c 的概率为 $1/3$；当 X_1 为 c 时，则 X_2 为 a、b 的概率为 $1/2$；而且后面输出 X_i 的概率只与 X_{i-1} 有关，且 $P(X_i\mid X_{i-1})=P(X_2|X_1)\ (i\geqslant3)$。试利用马尔可夫信源的图示法画出状态转移图，并计算熵率 H_∞。
14. 黑白气象传真图的消息只有黑色和白色两种，即信源 $X=\{黑,白\}$，设黑色出现的概率为 $P(黑)=0.3$，白色出现的概率 $P(白)=0.7$。
   （1）假设图上黑白消息出现前后没有关联，求熵 $H(X)$；
   （2）假设消息出现前后有关联，其依赖关系为 $P(白|白)=0.9$，$P(黑|白)=0.1$，$P(白|黑)=0.2$，$P(黑|黑)=0.8$，求此一阶马尔可夫信源的熵 H_2；
   （3）分别求上述两种信源的剩余度，并比较 $H(X)$ 和 H_2 的大小，并说明其物理意义。
15. 在打靶实验中，假设单次打靶击中的概率为 p，脱靶的概率为 $q=1-p$，持续射击，直到射中为止，以随机变量 X 表示射击次数，求 $H(X)$。
16. X_1 和 X_2 是两个独立同分布的随机变量，概率分布如下表，计算 $H(2X_1)$和 $H(X_1+X_2)$，思考 $H(2X_1)$是否等于 $2H(X_1)$，$H(X_1+X_2)$是否等于 $H(X_1)+H(X_2)$？并对结果加以解释。

X	0	1
$P(X)$	p	q

17. X 是一个有限取值的随机变量，$Y=f(X)$是 X 的函数，证明 $H(X)\geqslant H(Y)$，$H(X\mid Y)\geqslant H(Y\mid X)$。另外，上述两个不等式成为等式的充要条件是什么？请分别用函数 $Y=2X$ 和 $Y=\cos X$ 检查这些不等式。
18. $H(p_1,p_2,\cdots,p_n)=H(\boldsymbol{P})$ 表示一个 n 维概率矢量所对应的熵，根据离散最大熵定理，当 $\boldsymbol{P}$ 为等概分布时，离散熵 $H(\boldsymbol{P})$ 取最大值 $\log n$，请思考当 $\boldsymbol{P}$ 取何种分布时，离散熵 $H(\boldsymbol{P})$ 取最小值？该最小值等于多少？

19. 有两个二元随机变量 X 和 Y，它们的联合概率分布为

X \ Y	0	1
0	1/3	1/3
1	0	1/3

请计算 $H(X)$、$H(Y)$、$H(X,Y)$、$H(X|Y)$、$H(Y|X)$、$I(X;Y)$。

20. 一阶齐次马尔可夫信源状态集为$\{S_1, S_2, S_3\}$，状态转移概率矩阵为

$$\boldsymbol{P}(S_j|S_i)=\begin{bmatrix}1/4 & 1/4 & 1/2\\ 1/3 & 1/3 & 1/3\\ 2/3 & 1/3 & 0\end{bmatrix}$$

（1）画出状态转移图；

（2）计算极限熵。

第3章

离散无失真信源编码

通信系统有两个重要的性能指标：一是**有效性**，即在不失真或允许一定失真的情况下，通过信源编码的方法用尽可能少的符号来表示和传送信源信息，以便提高信息传输率；二是**可靠性**，即在信道受干扰的情况下，用信道编码的方法提高信号的抗干扰能力和纠错能力。本章讨论信源编码。

3.1 信源编码的基本概念

信源编码实际上是对信源的原始符号按一定规则进行的一种变换，其作用表现在两个方面：一方面是匹配信道，使得信源输出的符号更适合信道传输，最典型的例子就是在数字通信系统中把信源符号（文字、语音、图像）等表示成 0 和 1 比特串的形式；另一方面是数据压缩，即用尽可能少的码符号（通常是 bit）表示信源符号，以提高编码和传输的效率。

3.1.1 信源编码的两种策略

以下假设信源的概率分布为

$$\begin{bmatrix} S \\ p(s) \end{bmatrix} = \begin{bmatrix} s_1 & s_2 & \cdots & s_q \\ p_1 & p_2 & \cdots & p_q \end{bmatrix} \tag{3-1}$$

假设信道的码符号集为$\{x_1, x_2,\cdots, x_r\}$，最常用的就是二元码符号集$\{0,1\}$。为了对信源 S 及其扩展信源进行编码，可以采用两种策略：其一是先对 S 的每个符号 s_i 进行编码，然后由 s_i 的码字级联得到 S 的扩展信源的码，其执行顺序是先编码后扩展，以下称这种策略为单符号编码；其二是首先得到 S 的扩展信源，然后直接对扩展信源中的各符号序列进行编码，其执行顺序是先扩展后编码，以下称这种策略为符号序列编码。

1. 单符号编码

单符号编码的编码方式如图 3-1 所示。信源编码器把信源的 q 个源符号$\{s_1, s_2,\cdots, s_q\}$一一映射成某个码符号序列$\{W_1, W_2,\cdots, W_q\}$，每个码符号序列 W_i 由 l_i 个码符号组成，记为 $W_i=\{x_{i_1},x_{i_2},\cdots,x_{i_{l_i}}\}$，称码符号序列 W_i 为码字，l_i 为该码字的码长，所有码字构成的集合$\{W_1, W_2,\cdots, W_q\}$为码或码书。可见，信源编码就是从信源符号到码字的一种映射。若要实现无失真编码，则这种映射必须是一一对应的、可逆的。此外，把各符号对应的码字级联起来，可以很容易得到 S 的扩展信源的码。例如，源符号序列(s_1, s_2, s_3)对应的码字为(W_1, W_2, W_3)，其码长等于 $l_1+l_2+l_3$。在单符号编码策略下，称 S 的 N 次扩展信源所对应的码为**码的 N 次扩展码**。

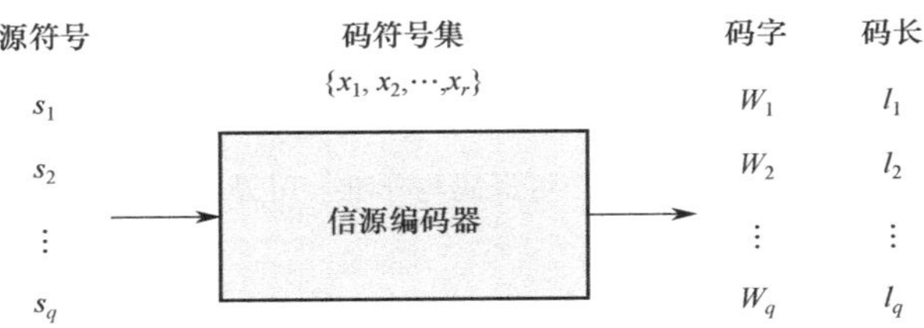

图 3-1　单符号编码的编码方式

2. 符号序列编码

符号序列编码的编码方式如图 3-2 所示。符号序列编码首先对信源 S 进行 N 次扩展，以无记忆扩展为例，生成 N 次无记忆扩展信源 S^N，然后对 S^N 中的每个符号序列进行编码。

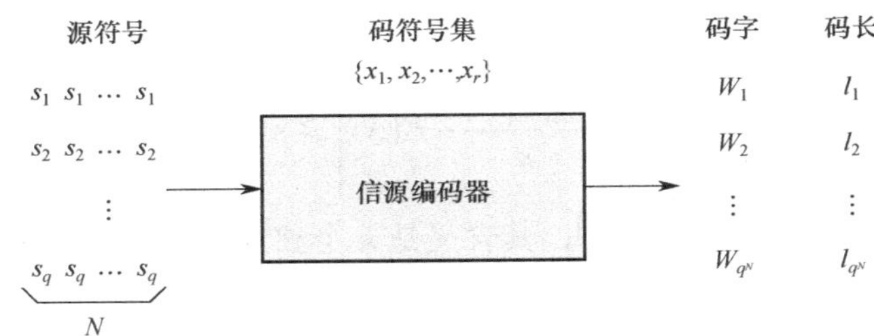

图 3-2　符号序列编码的编码方式

3.1.2　信源编码的分类

信源编码可以从不同的角度加以分类。

定义 3-1：所有码字 W_i 的长度都相等的码称为**等长码**，即 l_i 为定值；反之，称为**变长码**。

定义 3-2：码字 W_i 彼此不相同的码称为**非奇异码**；反之，称为**奇异码**。

定义 3-3：对于单符号编码的扩展码，若任意一串有限长的码符号序列只能被唯一地译成一组信源符号序列，则称这种码为**唯一可译码**。

码的唯一可译性是一个很重要的概念，因为实际信源（如文字）输出的往往不是单个符号，而是某个符号序列。该符号序列所对应的码字序列经过信道传输到达信宿后，信宿必须能够识别出该码字序列对应的源符号序列，这就要求任意有限长的信源序列所对应的码符号序列各不相同，即要求码的任意有限长的扩展码都是非奇异码。换句话说，唯一可译码不仅要求单符号编码本身是非奇异的，也要求码的任意次扩展码是非奇异的。

例 3-1：如图 3-3 所示为信源 S 的 4 个符号给出的两组编码方案，其中码 1 是唯一可译码，码 2 不是唯一可译码，因为码符号序列 0 0 1 既可以译成 s_3，也可以译成(s_1, s_2)。

	码1	码2
s_1	0 0	0
s_2	0 1	0 1
s_3	1 0	0 0 1
s_4	1 1	1 1 1

图 3-3　唯一可译码与非唯一可译码 ■

3.2　渐近等分割性定理

在概率论中我们学习过，若 $X_1, X_2, \cdots, X_n$ 是 n 个独立同分布的随机变量，其数学期望 $E(X)$ 和方差 $D(X)$ 存在，则对于任意小的正数 $\varepsilon>0$，根据切比雪夫不等式可得

$$P\left(\left|\frac{\sum_{i=1}^{n} X_i}{n} - E(X)\right| \geqslant \varepsilon\right) \leqslant \frac{D(X)}{n\varepsilon^2} \tag{3-2}$$

进一步，把式（3-2）两端令 $n\to\infty$ 可得

$$\lim_{n\to\infty} P\left(\left|\frac{\sum_{i=1}^{n} X_i}{n} - E(X)\right| \geqslant \varepsilon\right) = 0 \tag{3-3}$$

式（3-3）被称为辛钦大数定律[1]，其含义是 n 个独立同分布的随机变量 $X_1, X_2, \cdots, X_n$ 的算术平均值当 $n\to\infty$ 时依概率收敛于它们的统计平均值（数学期望）。在信息论中，应用辛钦大数定律可以得到 n 次无记忆扩展信源 $X^n=(X_1, X_2, \cdots, X_n)$ 的一个重要性质——渐近等分割性，以及由渐近等分割性衍生出来的一些有趣、重要的结论。以下假设离散随机变量 X 的概率分布为

$$\begin{bmatrix} X \\ P(X=a_i) \end{bmatrix} = \begin{bmatrix} a_1 & a_2 & \cdots & a_q \\ p_1 & p_2 & \cdots & p_q \end{bmatrix}$$

则在 X 的 n 次无记忆扩展信源 X^n 中共有 q^n 个符号序列。

定理 3-1（Asymptotic Equipartition Property，AEP）：$X_1, X_2, \cdots, X_n$ 是 n 个独立的、与 X 服从相同分布的随机变量，则

$$-\frac{1}{n}\log P(X_1, X_2, \cdots, X_n) \xrightarrow{\text{依概率}} H(X) \tag{3-4}$$

或等价地，有

$$P(X_1, X_2, \cdots, X_n) \xrightarrow{\text{依概率}} 2^{-nH(X)} \tag{3-5}$$

证明：因为 $X_1, X_2, \cdots, X_n$ 独立同分布，所以有

$$P(X_1, X_2, \cdots, X_n) = \prod_{i=1}^{n} P(X_i)$$

对上式两边取对数可得，$\log P(X_1, X_2, \cdots, X_n) = \sum_{i=1}^{n} \log P(X_i)$，应用辛钦大数定律可得

$$\frac{1}{n}\log P(X_1,X_2,\ldots,X_n)=\frac{1}{n}\sum_{i=1}^{n}\log P(X_i)\xrightarrow{\text{依概率}}E[\log P(X_i)]=-H(X)$$ ■

参照式（3-2）和式（3-3），式（3-4）也可以写成切比雪夫不等式的形式和极限的形式，即对于任意小的正数 $\varepsilon>0$，有

$$P\left(\left|-\frac{\log P(X_1,\cdots,X_n)}{n}-H(X)\right|\geqslant\varepsilon\right)\leqslant\frac{D(\log P(X))}{n\varepsilon^2} \tag{3-6}$$

$$\lim_{n\to\infty}P\left(\left|-\frac{\log P\left(X_1,\cdots,X_n\right)}{n}-H(X)\right|\geqslant\varepsilon\right)=0 \tag{3-7}$$

这说明对于任意小的正数 $\varepsilon>0$，在 n 次无记忆扩展信源 $X^n=(X_1, X_2,\cdots, X_n)$中的全部序列根据概率的不同可以划分为两大类，一类满足

$$\left|-\frac{\log P(X_1,\cdots,X_n)}{n}-H(X)\right|<\varepsilon \tag{3-8}$$

把这类序列构成的集合记为 A_ε^n，称 A_ε^n 中的每个序列为 ε **典型序列**。根据式（3-7）可知，ε 典型序列集合 A_ε^n 占据的总概率随着 $n\to\infty$而趋近于 1。与 A_ε^n 互补的另一类集合满足

$$\left|-\frac{\log P(X_1,\cdots,X_n)}{n}-H(X)\right|\geqslant\varepsilon \tag{3-9}$$

把这类序列构成的集合记为$\overline{A_\varepsilon^n}$，称$\overline{A_\varepsilon^n}$ 中的每个序列为非 ε 典型序列。根据式（3-7）可知，非 ε 典型序列$\overline{A_\varepsilon^n}$ 占据的总概率随着 $n\to\infty$而趋近于 0。进一步可得 ε 典型序列和非 ε 典型序列的一些性质。

定理 3-2：对于任意小的正数 $\varepsilon>0$，$\delta>0$ 及足够大的 n，有以下性质。

性质 1：每个 ε 典型序列满足

$$2^{-n[H(X)+\varepsilon]}\leqslant P(X_1,\cdots,X_n)\leqslant 2^{-n[H(X)-\varepsilon]} \tag{3-10}$$

性质 2：$P(A_\varepsilon^n)>1-\delta$；$P(\overline{A_\varepsilon^n})\leqslant\delta$。

性质 3：以$\|A_\varepsilon^n\|$表示所有 ε 典型序列的个数，则有

$$(1-\delta)2^{n[H(X)-\varepsilon]}\leqslant\left\|A_\varepsilon^n\right\|\leqslant 2^{n[H(X)+\varepsilon]} \tag{3-11}$$

证明：性质 1 可以由式（3-8）直接得到，有些著作也把式（3-10）作为 ε 典型序列的定义式。

对于性质 2，根据式(3-7)并应用极限理论中的 $\varepsilon-\delta$ 描述方式，对于任意小的正数 $\varepsilon>0$，$\delta>0$，存在正整数 n_0，使得对于所有的 $n\geqslant n_0$，有

$$P\left\{\left|-\frac{1}{n}\log P(X_1,X_2,\cdots,X_n)-H(X)\right|\geqslant\varepsilon\right\}\leqslant\delta \tag{3-12}$$

由式（3-6）可知

$$\delta=\frac{D(\log P(X))}{n\varepsilon^2} \tag{3-13}$$

为全部非 ε 典型序列所占的总概率，满足 $P\left\{\left|-\frac{1}{n}\log P(X_1,X_2,\cdots,X_n)-H(X)\right|<\varepsilon\right\}$ 的序列(X_1, $X_2,\cdots,X_n$)就是 ε 典型序列，所以有性质 2 成立。

最后，证明性质 3：由于 ε 典型序列集合 A_ε^n 占据的总概率不大于 1，即 $\sum_{A_\varepsilon^n}P(X_1,X_2,\cdots,X_n)\leqslant 1$，结合式（3-10）左侧不等式 $2^{-n[H(X)+\varepsilon]}\leqslant P(X_1,X_2,\cdots,X_n)$，可得

$$2^{-n[H(X)+\varepsilon]}\left\|A_\varepsilon^n\right\|\leqslant 1$$

由此可得式（3-11）右侧的不等式。另外，根据性质 2 和式（3-10）右侧不等式有 $1-\delta<P(A_\varepsilon^n)$ 和 $P(X_1,X_2,\cdots,X_n)\leqslant 2^{-n[H(X)-\varepsilon]}$ 成立，所以可得

$$1-\delta\leqslant P(A_\varepsilon^n)\leqslant 2^{-n[H(X)-\varepsilon]}\left\|A_\varepsilon^n\right\|$$

由此可得式（3-11）左侧的不等式。■

下面对 AEP 和 ε 典型序列的 3 个性质进行进一步解读：在 $X_1,X_2,\cdots,X_n$ 所有可能的取值构成的集合 X^n 中，全部 q^n 个序列可以划分为 ε 典型序列和非 ε 典型序列这两个互补的子集，根据式（3-10），随着 n 的增大，所有 ε 典型序列趋近于等概分布（约为 $2^{-nH(X)}$），即渐近等概。根据式（3-11），ε 典型序列的总数趋近于 $2^{nH(X)}$，因此所有 ε 典型序列占据的总概率趋近于 1；相反，作为互补集合的非 ε 典型序列占据的总概率则趋近于 0。这说明 ε 典型序列几乎占据了全部概率。需要说明的是，对于大多数信源，X 往往服从非等概分布，即 $H(X)<\log q$，所以 ε 典型序列的总数（$\approx 2^{nH(X)}$）通常远远小于 X^n 中全部序列的总数 q^n。上述性质总结如下。

（1）ε 典型序列：经常出现的序列，当 $n\to\infty$ 时，这些序列总的概率 $P(A_\varepsilon^n)\to 1$，每个序列接近等概分布 $P(X_1,\cdots,X_n)\approx 2^{-nH(X)}$，序列总数约为 $2^{nH(X)}$。

（2）非 ε 典型序列：不经常出现的序列，当 $n\to\infty$ 时，这些序列总的出现概率 $P(\overline{A_\varepsilon^n})\to 0$，但这些序列的总数却很多，约为 $q^n-2^{nH(X)}$。

把 X^n 中 q^n 个符号序列划分成 ε 典型序列和非 ε 典型序列，如图 3-4 所示。前者只包括很少的序列，却占据了绝大部分概率；后者序列个数很多，发生概率却几乎为 0。这就给了我们一个提示：在对这些序列进行编码时，不需要对全部 q^n 个符号序列进行编码，只需要对那些 ε 典型序列进行编码即可，这样并不会带来多大损失。由于 ε 典型序列的总数 $2^{nH(X)}\ll q^n$，因此这种编码方式所需要的码字个数可以大大减少，码长可以大大缩短，从而提高了编码效率。

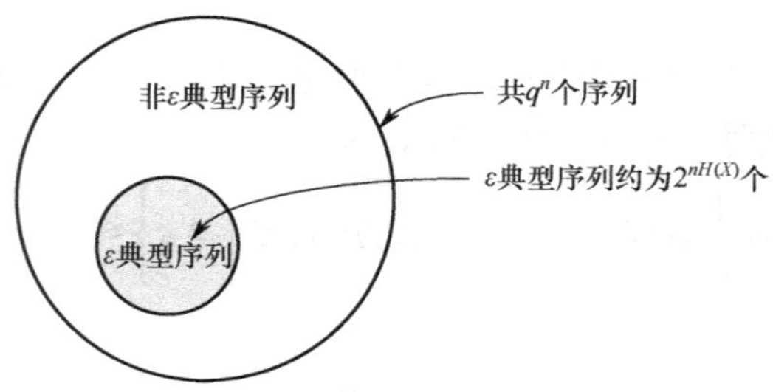

图 3-4　ε 典型序列和非 ε 典型序列

需要补充说明的是，ε 典型序列虽然占据了几乎全部概率，但每个 ε 典型序列并不一定是发生概率最大的序列，而应该是发生概率约为 $2^{-nH(X)}$ 的序列。以我们最常见的 Bernoulli 型随机变量为例，假设 X 的概率分布为

X	0	1
$P(X)$	q=1−p	p

则 $X_1, X_2, \cdots, X_n$ 共有 2^n 个可能的序列，从 0 0⋯0 到 1 1⋯1，其中 ε 典型序列是指序列中"1"的个数约为 np，"0"的个数约为 nq 的那些序列，只有这样的序列发生的概率（约为 $p^{np}q^{nq}$）才接近 $2^{-nH(X)}=p^{np}q^{nq}$。相反，发生概率最大的序列（当 p<0.5 时为 0 0⋯0，当 p>0.5 时为 1 1⋯1）并不是 ε 典型序列。

以一例示之，取 p=1/4，q=3/4，n=5，即考察 X 的 5 次扩展信源 X^5，计算可得 $H(X)$=0.811，取 ε=0.081（约为 $H(X)$的 10%），则根据式（3-10），ε 典型序列的概率应介于区间 $[2^{-n[H(X)+\varepsilon]}$，$2^{-n[H(X)-\varepsilon]}]$=[0.0454，0.0797]。

不难计算，只有在比特串中只包含 1 个"1"的时候，该序列才是 ε 典型序列，每个 ε 典型序列的概率为 $0.75^4\times0.25$=0.0791，所以 ε 典型序列占据的总概率为 0.0791×5= 0.3955。随着 n 的增大，ε 典型序列占据的总概率将会增大。例如，取 n=10，则通过计算可知当长度为 10 的比特串中包含 2 个或 3 个"1"时，该比特串属于 ε 典型序列，容易得到当 n=10 时，ε 典型序列占据的总概率为 0.5309。可见，随着 n 的增大，ε 典型序列占据的总概率越来越大。

3.3　等长信源编码

信源编码必须满足唯一可译性。对于等长编码来说，由于天然地具有同步和分组的功能，所以只要单符号编码是非奇异的，那么它的 N 次扩展码就一定是唯一可译的。假设信源符号集 $S=\{s_1, s_2,\cdots, s_q\}$，码符号集 $X=\{x_1,x_2,\cdots,x_r\}$，若要求单符号等长编码非奇异，设码长为 l，则必须要求 $q\leqslant r^l$；若对信源 S 的 N 次无记忆扩展信源 S^N 进行等长编码，信源符号序列集为 $S^N=\{\alpha_1,\alpha_2,\cdots,\alpha_{q^N}\}$，则要求 $q^N\leqslant r^l$，即

$$\frac{l}{N}\geqslant\frac{\log q}{\log r}$$

不等式左边 l/N 的含义是等长编码平均每个信源符号所需的码符号的个数。该不等式说明，在等长的唯一可译码中，每个信源符号至少要用 $\log q/\log r$ 个码符号来替换。

上面的分析并没有考虑 S 中各符号 s_i 出现的概率，而假设各信源符号是等概出现的，因此 q^N 个符号序列也是等概的。如果信源符号 s_1，$s_2,\cdots$，s_q 非等概分布，则根据 3.2 节定理 3-1 和关于 ε 典型序列的讨论可知，只需要为 A_ε^n 中的 ε 典型序列编码即可。根据定理 3-2 的性质 3，ε 典型序列的总数不大于 $2^{N(H(S)+\varepsilon)}$，因此要求

$$2^{N(H(S)+\varepsilon)}\leqslant r^l$$

整理得

$$\frac{l}{N}\log r \geqslant H(S)+\varepsilon \tag{3-14}$$

对于 r=2 的二进制编码，化简为

$$\frac{l}{N} \geqslant H(S)+\varepsilon \tag{3-15}$$

式（3-15）的物理意义是，对包含 q 个符号的源符号集的 N 长序列进行等长编码，平均每个信源符号所需要的二进制符号个数的理论下限等于信源的熵 $H(S)$。对于非等概分布信源，因为熵 $H(S)$小于 $\log q$，所以平均码符号个数 l/N 可以减少，从而实现数据压缩。进一步地，如果是有记忆扩展信源，符号之间存在统计依赖关系，则该理论下限应该是熵率 H_∞，就可以实现更进一步的数据压缩。这个结论可以概括为等长信源编码定理。

定理 3-3（**等长信源编码定理**）：对熵为 $H(S)$的离散信源的 N 次无记忆扩展信源进行等长编码，设码符号的个数为 r，码长为 l，对于任意的 $\varepsilon>0$，若满足

$$\frac{l}{N}\log r \geqslant H(S)+\varepsilon \tag{3-16}$$

则当 N 足够大时能够实现几乎无失真编码，译码错误概率能任意小。反之，若

$$\frac{l}{N}\log r \leqslant H(S)-2\varepsilon \tag{3-17}$$

则不可能实现无失真编码，当 N 足够大时，译码错误概率接近 1。

证明：首先考虑正定理，式（3-16）所对应的码字个数 $r^l \geqslant 2^{N(H(S)+\varepsilon)}$，后者是 ε 典型序列的总数上限，这意味着所有的 ε 典型序列都能分配不同的码字，无法得到码字分配的是那些非 ε 典型序列，因此译码错误概率就等于非 ε 典型序列占据的总概率，根据式（3-13），这部分概率为

$$\delta=\frac{D(\log P(X))}{N\varepsilon^2}$$

因此，当 N 足够大时，译码错误概率趋于 0。

再来看逆定理，式（3-17）所对应的码字个数 $r^l \leqslant 2^{N(H(S)-2\varepsilon)}$，把这些码字全部分配给 ε 典型序列。根据式（3-10），每个 ε 典型序列的概率不大于 $2^{-N(H(S)-\varepsilon)}$，所以获得编码的 ε 典型序列的总概率（译码正确的概率）满足

$$P（译码正确）\leqslant 2^{N(H(S)-2\varepsilon)} \times 2^{-N(H(S)-\varepsilon)} = 2^{-N\varepsilon}$$

所以，P(译码错误)$\geqslant 1-2^{-N\varepsilon}$，趋于 1。 ■

定义 3-4：$R=\dfrac{l}{N}\log r$ 称为等长编码的**编码信息率**。

定义 3-5：$\eta=\dfrac{H(S)}{R}=\dfrac{H(S)}{\dfrac{l}{N}\log r}$ 称为等长编码的**编码效率**。

可见，编码信息率度量了为每个信源符号分配的比特数，编码效率则度量了比特数与信源熵之间的接近程度，根据定理 3-3，无失真编码要求 $R>H(S)$，因此编码效率小于 1，而且编码效率越接近 1，无损数据压缩得越彻底。

高的编码效率对应较小的编码信息率，或较大的码长N，根据式（3-16），无失真信源

编码的编码信息率要求不小于 $H(S)+\varepsilon$，因此最佳编码效率为

$$\eta = \frac{H(S)}{H(S)+\varepsilon} \tag{3-18}$$

解之，得

$$\varepsilon = \frac{1-\eta}{\eta} H(S) \tag{3-19}$$

此外，当编码信息率等于 $H(S)+\varepsilon$ 时对应的译码错误概率为

$$P_E = \delta = \frac{D(\log P(X))}{N\varepsilon^2} \tag{3-20}$$

当编码效率 η 给定时，为了使译码错误概率低于给定值 δ，有

$$N \geqslant \frac{D(\log P(X))}{\delta\varepsilon^2} \tag{3-21}$$

把式（3-19）代入式（3-21）可得最佳编码效率 η、码长 N 和译码错误概率 δ 的关系，即

$$N \geqslant \frac{D(\log P(X))\eta^2}{H^2(S)\delta(1-\eta)^2} \tag{3-22}$$

例 3-2：二元信源两个符号的概率分别为 2/3 和 1/3，现对该信源的 N 次无记忆扩展信源进行等长编码，要求编码效率为 96%，译码错误概率不大于 10^{-5}，则码长 N 至少等于多少？

解：计算可得，该信源的熵 $H(S)$=0.918，概率对数函数 $\log_2 P(X)$的方差 $D(\log_2 P(X))$=0.22，代入式（3-22）可得，码长 N 至少等于 1.5×10^7。■

由例 3-2 可见，等长编码为了实现较高的编码效率，需要序列长度 N 非常大才行，而这极大地增加了系统的复杂性和编译码延时，因此等长编码的理论意义大于实际应用价值，3.4 节讲到的变长信源编码则不需要很长的码长就可以实现很高的编码效率。

3.4　变长信源编码

变长信源编码为每个符号或符号序列分配的码字的长度可以不同，因此需要用平均码长描述码的长度。以单符号编码为例，假设信源符号集为 $S=\{s_1, s_2,\cdots, s_q\}$，码符号集 $X=\{x_1,x_2,\cdots,x_r\}$，码字为$\{W_1,W_2,\cdots,W_q\}$，码字 W_i 对应的长度为 l_i。

定义 3-6：**平均码长**定义为各码字长度 l_i 的统计平均，即

$$\overline{L} = \sum_{i=1}^{q} P(s_i) l_i \tag{3-23}$$

其含义是平均每个信源符号所需要的码符号的个数。

信源编码必须要满足唯一可译性，即接收端收到任意长的码字序列后能唯一地译成某个信源符号序列。等长信源编码的唯一可译性很容易实现，只需要保证两点：第一，单符号编码本身非奇异；第二，保证在接收端完成对码字序列的正确分组和同步，这样就可以把码字序列一组一组地送进译码器译码。但是，变长信源编码要满足唯一可译性，不但单

符号编码本身必须是非奇异的，其码的 N 次扩展码也必须是非奇异的。

定义 3-7：对于某个信源符号集和码符号集，若存在多种唯一可译码方案，则称其中平均码长最短的码为**最佳码**。

定义 3-8：在唯一可译码中有一类码，它只需要参考本码字的码符号，无须参考后续码字的码符号就能立刻译码，这类码的特点是没有任何完整的码字是其他码字的前缀，因此称为**前缀码**或**即时码**。

例 3-3：图 3-5 所示为信源 S 的 4 个符号给出的 4 组编码方案，其中，码 1 和码 2 不是唯一可译的，码 3 和码 4 是唯一可译的，码 4 是前缀码，接收端每看到比特 1 就可以译码，无须参考后续符号。

	码1	码2	码3	码4
s_1	0	0	1	1
s_2	11	10	10	01
s_3	00	00	100	001
s_4	11	01	1000	0001

图 3-5　4 组编码方案　■

Kraft 在 1949 年证明前缀码的各码字长度 l_i 需要满足一定的约束条件才能构成前缀码，该约束条件被称为 Kraft 不等式。1956 年，McMillan 证明唯一可译码的码长也需要满足 Kraft 不等式。

定理 3-4（Kraft 不等式）：对于唯一可译码或前缀码，其码字长度 l_i、源符号个数 q 和码符号个数 r 需要满足

$$\sum_{i=1}^{q} r^{-l_i} \leqslant 1$$

证明：以二进制编码 $r=2$ 为例，即码符号集 $X=\{0,1\}$，一般的 r 进制码的证明与之类似（见图 3-6）。

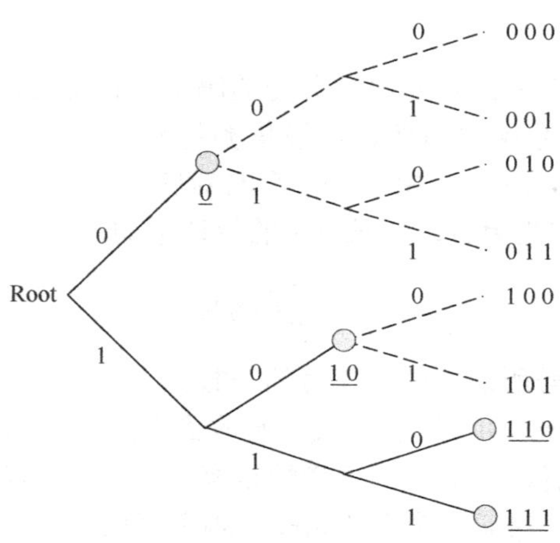

图 3-6　二进制前缀码相当于在二叉树选取节点

二进制前缀码的编码过程相当于在二叉树上选取节点，前缀码要求没有任何一个选中的节点是其他选中节点的上游节点，因此，如果二叉树上某个节点被选为码字，则该节点后面的所有子孙节点都不能作为码字，否则就违反了前缀码的要求。如图 3-6 所示，设最长的码长为 $l_{\max}$（本例中 $l_{\max}=3$），则对于任意一个码长为 l_i 的节点，其在二叉树的最后一级上（$l_{\max}$ 节点所在的级上）拥有的后代数为 $2^{l_{\max}-l_i}$ 个，又因为二叉树的最后一级上共有 $2^{l_{\max}}$ 个叶子节点，所以必然有

$$\sum_{i=1}^{q} 2^{l_{\max}-l_i} \leqslant 2^{l_{\max}}$$

成立，整理可得 $\sum_{i=1}^{q} 2^{-l_i} \leqslant 1$。 ■

等长无失真信源编码定理告诉我们，对离散无记忆扩展信源进行等长编码，为每个信源符号分配的比特数的下限是信源的熵，低于这个下限将会导致大量的译码错误。变长编码也有类似的结论，即变长编码的平均码长必须大于等于信源的熵才能够实现无失真编码。

定理 3-5：单符号信源 S 具有熵 $H(S)$，码符号集 $X=\{x_1,x_2,\cdots,x_r\}$，则存在一种唯一可译编码方案满足

$$\frac{H(S)}{\log r} \leqslant \bar{L} < 1+\frac{H(S)}{\log r} \tag{3-24}$$

虽然该定理同时给出了平均码长的上限和下限，但不是说超过右侧的上限就不能编出唯一可译码，而是因为我们希望平均码长尽可能短，所以式（3-24）的意义在于指出了最佳平均码长的区间。此定理的证明需要用到 Kraft 不等式和 Jensen 不等式。关于 Jensen 不等式的介绍和证明请参考文献［6］，其含义是对于随机变量 X 和∩型上凸函数 φ，下面的不等式成立，即

$$E[\varphi(X)] \leqslant \varphi(E[X]) \tag{3-25}$$

下面给出定理 3-5 的证明。

证明：首先看下限，即

$$\frac{H(S)}{\log r} \leqslant \bar{L} \tag{3-26}$$

这等价于证明 $H(S)-\bar{L}\log r \leqslant 0$，为此代入 $H(S)=-\sum_{i=1}^{q}[p(s_i)\log p(s_i)]$ 和 $\bar{L}=-\sum_{i=1}^{q}[p(s_i)l_i]$，可得

$$\begin{aligned} H(S)-\bar{L}\log r &= -\sum_{i=1}^{q}[p(s_i)\log p(s_i)] - \log r\sum_{i=1}^{q}[p(s_i)l_i] \\ &= \sum_{i=1}^{q}\left[p(s_i)\log\frac{r^{-l_i}}{p(s_i)}\right] \end{aligned}$$

把 $\frac{r^{-l_i}}{p(s_i)}$ 作为式（3-25）中的随机变量 X，并考虑对数函数的上凸性，对上式应用 Jensen 不等式和 Kraft 不等式可得

$$\sum_{i=1}^{q}\left[p(s_i)\log\frac{r^{-l_i}}{p(s_i)}\right]\leqslant\log\sum_{i=1}^{q}\left[p(s_i)\frac{r^{-l_i}}{p(s_i)}\right]=\log\left(\sum_{i=1}^{q}r^{-l_i}\right)\leqslant 0$$

其次看上限，需要证明存在平均码长 $\overline{L}\leqslant 1+\dfrac{H(S)}{\log r}$ 的唯一可译码，当每个信源符号的概率 $p(s_i)=p_i$ 给定后，令每个信源符号的码长满足

$$l_i=\lceil\log_r(1/p_i)\rceil \tag{3-27}$$

其中 $\lceil\cdot\rceil$ 表示向上取整函数，则有

$$\log_r(1/p_i)\leqslant l_i<\log_r(1/p_i)+1$$

左侧不等式可以变化为 $r^{-l_i}\leqslant p_i$，因此有 $\sum\limits_{i=1}^{q}r^{-l_i}\leqslant 1$ 成立，即式（3-27）给出的码长分配方案满足 Kraft 不等式，所以存在与之对应的唯一可译码。 ■

定理 3-5 可以很容易地推广到符号序列编码的情况。

定理 3-6（无失真变长信源编码定理）：离散信源 S 的 N 次无记忆扩展信源 $S^N=\{\alpha_1,\alpha_2,\cdots,\alpha_{q^N}\}$，码符号集 $X=\{x_1,x_2,\cdots,x_r\}$，对 S^N 进行编码，存在一种唯一可译编码方法，使信源 S 中每个信源符号所需的平均码长满足

$$\frac{H(S)}{\log r}\leqslant\frac{\overline{L}_N}{N}\leqslant\frac{H(S)}{\log r}+\frac{1}{N} \tag{3-28}$$

式中，$\overline{L}_N$ 是 S^N 中每个符号序列 α_i 的平均码长，$\dfrac{\overline{L}_N}{N}$ 是离散信源 S 中每个信源符号所需的平均码长。

证明：把 S^N 中每个符号序列 α_i 看成一个符号，则应用定理 3-5 可得

$$\frac{H(S^N)}{\log r}\leqslant\overline{L}_N\leqslant\frac{H(S^N)}{\log r}+1$$

因为是无记忆扩展，所以 $H(S^N)=NH(S)$，代入上式可证。 ■

定理 3-6 又称**香农第一定理**，是定理 3-5 的直接推论。在定理 3-6 中，若符号序列 S^N 是有记忆扩展，则应该使用熵率 H_∞。香农第一定理的意义是要做到无失真信源编码，变换每个信源符号平均所需最少的二进制（r=2）码元数就是信源的熵，若编码信息率 R 小于信源熵 $H(S)$，则唯一可译码不存在。概括为一句话就是：无记忆信源的熵 $H(S)$或有记忆信源的熵率 H_∞ 描述每个信源符号平均所需的最少比特数，或者说是无失真信源压缩的极限。

与定义 3-4 和定义 3-5 类似，可定义变长编码的编码信息率 R 和编码效率 η 如下

$$R=\frac{\overline{L}_N}{N}\log r$$

$$\eta=\frac{H(S)}{R}=\frac{H(S)}{\dfrac{\overline{L}_N}{N}\log r}$$

例 3-4：二元信源两个符号的概率分别为 $p(s_1)=2/3$ 和 $p(s_2)=1/3$，现对该信源的 2 次无记忆扩展信源进行二元变长编码，编码方案为$(s_1, s_1)=0$，$(s_1, s_2)=1\ 0$，$(s_2, s_1)=1\ 1\ 0$，$(s_2, s_2)=1\ 1\ 1$，则其平均码长为

$$\overline{L_2}=\frac{4}{9}+\frac{2}{9}\times 2+\frac{2}{9}\times 3+\frac{1}{9}\times 3=\frac{17}{9}$$

因此其编码效率为 97.6%。■

比较例 3-2 和例 3-4 可以发现，变长编码不需要对很长的信源序列进行编码就可以达到很高的编码效率，因此变长编码比等长编码更具实用性。

本节的最后总结一下信源编码或数据压缩的基本思想，对于一个单符号信源或其扩展信源而言，信源编码就是用码符号序列一一对应地表示每个信源符号或信源符号序列。为了提高有效性，信源编码总是希望使用尽可能短的码符号序列。那么对于任何一个信源，能对其进行数据压缩无外乎两种情况。

（1）单符号信源所对应的随机变量服从非等概分布。首先，只有在非等概分布的条件下，为单符号信源进行编码才有可能使用变长编码获得较短的平均码长，这一点可以从第 2 章例 2-2 和第 3 章 3.5 节将要讲到的离散信源编码方法得到印证；其次，也只有在非等概分布的条件下，对于单符号信源的 N 次无记忆扩展信源，才可能利用 AEP 为 ε 典型序列进行编码。

（2）假设一个单符号信源的符号个数是 q，对其进行 N 次有记忆扩展得到符号序列信源，则总的可能的符号序列个数是 q^N。但由于是有记忆扩展，在 q^N 个符号序列中必然有一些是无意义的，不需要为其分配码字，所以无论该单符号信源是等概分布还是非等概分布，都可以对其符号序列信源进行数据压缩。

可见，满足非等概分布和有记忆扩展二者之一，即可进行数据压缩。只有对于等概分布的单符号信源通过无记忆扩展得到的符号序列信源，才无法进行数据压缩。3.5 节将讨论几种具体的信源编码的方法。

3.5　离散信源编码方法

本节结合具体例子演示和介绍几种具有代表性的离散无失真变长信源编码方法。

3.5.1　Huffman 编码

Huffman 编码是最简单、最具代表性的一种离散无失真变长信源编码方法，生成的 Huffman 码是最佳码，其基本思想是“大概率，小码长”。虽然 Huffman 编码方案不唯一，但得到的平均码长是一致的。Huffman 编码具体操作步骤如下。

首先，把各符号 s_i 按照概率从大到小的顺序排成一列，把最下方概率最小的两个概率取和；其次，对概率重新排序，此时概率个数已经少了 1 个，重复这个概率取和及重新排序的过程，直到概率个数等于 2 为止；再次，为每个取和的上下两个概率及最右侧的两个

概率分配 0 和 1bit，如上 0 下 1；最后，找到每个符号 s_i 所位于的路径，并按照从右向左的顺序确定该路径上的 0 和 1 比特串，该比特串即为生成的码字。

例 3-5：对信源 $\begin{bmatrix} S \\ p(s) \end{bmatrix} = \begin{bmatrix} s_1 & s_2 & s_3 & s_4 & s_5 \\ 0.4 & 0.2 & 0.2 & 0.1 & 0.1 \end{bmatrix}$ 进行 Huffman 编码。

图 3-7 给出了对信源 S 进行编码的一种 Huffman 编码方案，编码结果为

$$s_1 \to 1,\ s_2 \to 01,\ s_3 \to 000,\ s_4 \to 0010,\ s_5 \to 0011$$

可以计算该 Huffman 编码的平均码长为 $\overline{L_1} = 1 \times 0.4 + 2 \times 0.2 + 3 \times 0.2 + 4 \times 0.1 + 4 \times 0.1 = 2.2\text{bit}$。需要说明的是，对同一个信源，Huffman 编码的编码方案不唯一。例如，当分配 0 或 1 比特时，也可以上 1 下 0；最小的两个概率取和后的结果也可以置于所有相等概率的最上方，如图 3-8 所示，这都会导致不同的编码结果。如图 3-8 所示的编码方案 2 的编码结果为

$$s_1 \to 00,\ s_2 \to 10,\ s_3 \to 11,\ s_4 \to 010,\ s_5 \to 011$$

平均码长为 $\overline{L_2} = 2 \times 0.4 + 2 \times 0.2 + 2 \times 0.2 + 3 \times 0.1 + 3 \times 0.1 = 2.2\text{bit}$。可见，不同的 Huffman 编码方案生成的平均码长是一致的。但比较这两个编码方案码长的方差，不难发现编码方案 2 的方差要小于编码方案 1，也就是说编码方案 1 的码长变化更大。从这个角度来看，编码方案 2 是更优的方案。本例中信源的熵 $H(S)=2.1219$，因此编码效率为

$$\eta = \frac{H(S)}{\overline{L}} = 96.45\%$$

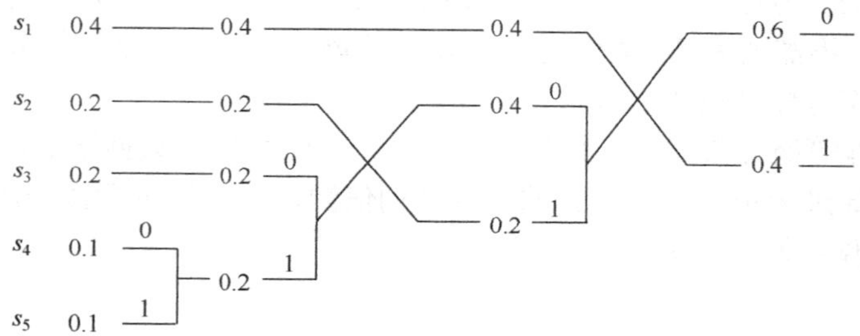

图 3-7 Huffman 编码方案 1

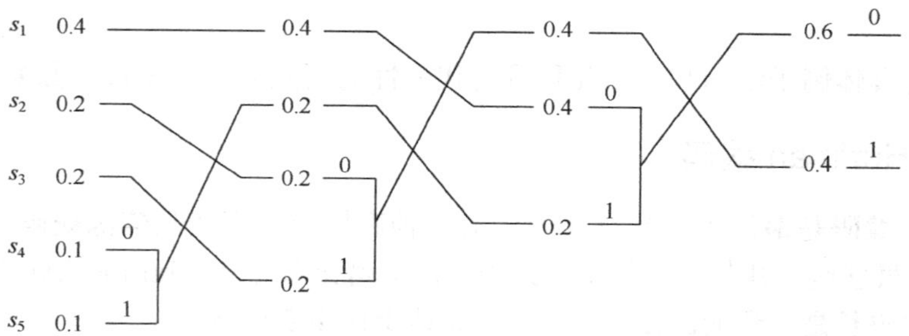

图 3-8 Huffman 编码方案 2

■

当码符号集为{0,1,2}时，也可以构造三元 Huffman 编码方案，如例 3-6 所示。依次类推，可以构造一般的 D 元 Huffman 编码，但是当 $D \geqslant 3$ 时，为了能一次合并 D 个符号，

需要信源符号的总数等于 $1+k(D-1)$。当信源符号的总数不满足这个要求时，可以为该信源补充概率为 0 的哑元符号参与编码过程，参考本章习题第 2 题。

例 3-6：对信源 $\begin{bmatrix} S \\ p(s) \end{bmatrix} = \begin{bmatrix} s_1 & s_2 & s_3 & s_4 & s_5 \\ 0.25 & 0.25 & 0.2 & 0.15 & 0.15 \end{bmatrix}$ 进行三元 Huffman 编码，如图 3-9 所示。

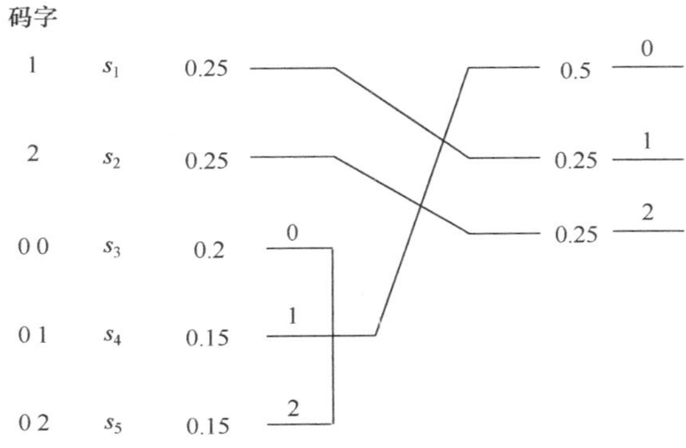

图 3-9　三元 Huffman 编码

以上介绍的 Huffman 编码是针对单个符号进行编码的。虽然就单符号编码而言，Huffman 编码实现了最佳码，但从例 3-5 可以看出，单符号编码的编码效率并不高。为了进一步提高编码效率，也就是说让平均码长 $\overline{L}$ 更逼近信源熵 $H(S)$，就要考虑对扩展信源进行 Huffman 编码。随着扩展次数的增加，编码效率也会提高，参考本章习题第 6 题。

更进一步，对于有记忆信源也可以进行 Huffman 编码。以马尔可夫信源为例，马尔可夫信源可以用状态转移图描述，系统包括有限个状态 $\{S_1,\cdots,S_m\}$ 和有限个输出符号 $\{a_1,\cdots,a_n\}$，状态之间以一步转移概率跳转并伴随某个符号的输出。下面举例说明如何对马尔可夫信源进行 Huffman 编码。

例 3-7：马尔可夫信源的状态转移图如图 3-10 所示，对该马尔可夫信源进行 Huffman 编码。

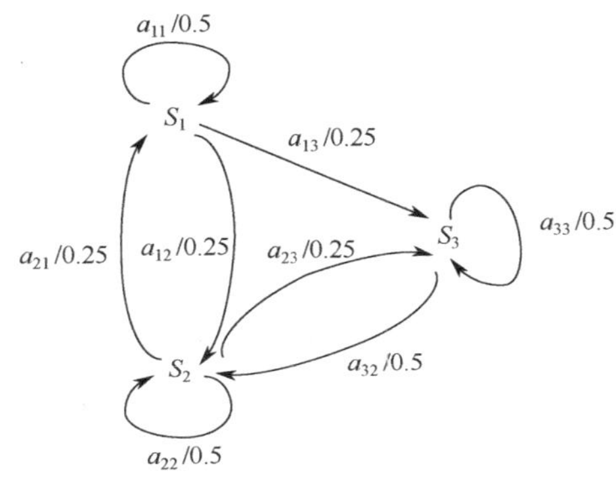

图 3-10　马尔可夫信源

应用第 2 章求马尔可夫链极限概率的方法可得，系统的平稳概率分布为 $\pi_1=2/9$，$\pi_2=4/9$，$\pi_3=1/3$。

在状态 S_1，系统下一时刻输出符号的概率分布为$[P(a_{11}),P(a_{12}),P(a_{13})]=[0.5,0.25,0.25]$，所以系统的条件熵为 $H(X|S_1)=H(0.5,0.25,0.25)=1.5$，此时的 Huffman 编码为 $a_{11}\to 0$，$a_{12}\to 1\ 0$，$a_{13}\to 1\ 1$，平均码长 $\overline{L(S_1)}=1.5$。

在状态 S_2，系统下一时刻输出的符号的概率分布为$[P(a_{21}),P(a_{22}),P(a_{23})]=[0.25,0.5,0.25]$，所以系统的条件熵为 $H(X|S_2)=H(0.25,0.5,0.25)=1.5$，此时的 Huffman 编码为 $a_{22}\to 0$，$a_{21}\to 1\ 0$，$a_{23}\to 1\ 1$，平均码长 $\overline{L(S_2)}=1.5$。

在状态 S_3，系统下一时刻输出的符号的概率分布为$[P(a_{32}),P(a_{33})]=[0.5, 0.5]$，所以系统的条件熵为 $H(X|S_3)=H(0.5,0.5)=1$，此时的 Huffman 编码为 $a_{32}\to 0$，$a_{33}\to 1$，平均码长 $\overline{L(S_3)}=1$。

综合系统的 3 个状态可得，系统 Huffman 编码的平均码长 $\overline{L}=\pi_1\times\overline{L(S_1)}+\pi_2\times\overline{L(S_2)}+\pi_3\times\overline{L(S_3)}=\dfrac{4}{3}$。另外，根据香农第一定理，信源压缩的极限是信源的熵率 H_∞，系统的熵率 $H_\infty=\pi_1\times H\left(X|S_1\right)+\pi_2\times H\left(X|S_2\right)+\pi_3\times H\left(X|S_3\right)=\dfrac{4}{3}$，因此该 Huffman 编码的编码效率为 1。 ■

可见，对马尔可夫信源进行 Huffman 编码需要对每个状态的输出符号分别进行编码，系统的平均码长等于各状态 Huffman 码的平均码长对系统状态平稳概率的统计平均。

3.5.2 Fano 编码

Fano 编码是通过构造编码树来实现的，生成的是前缀码，但与 Huffman 编码不同，Fano 编码不一定能实现最佳码。就二元编码而言，Fano 编码可类比于在二叉树上选节点的过程，该二叉树是通过对概率分组来构造的。具体操作过程如下。

首先，把各符号 s_i 按照概率从大到小的顺序排成一列；其次，把这些概率分成上下两组（相当于构造二叉树），分配依据是使上下两组的概率相等或尽可能相近，并为这两个概率组分配 0 和 1 比特；再次，对上下两组递归执行这个分组过程，直到不能分为止；最后，每个符号 s_i 都位于二叉树的某个节点上，由此可得其编码码字。

由该编码过程可见，由于分组依据是上下两组概率相近或相等，这是一个比较模糊的判据，所以可能会导致多种分组情况，即编码方案不唯一。此外，尽管在开始分大组时概率比较接近，但后面在分配小组时概率可能相差很大，导致平均码长增加，所以生成的 Fano 码不一定是最佳码。

例 3-8：对例 3-5 中的信源 S 进行 Fano 编码，分组和编码过程如表 3-1 所示，Fano 编码二叉树如图 3-11 所示，其平均码长 $\overline{L}=1\times0.4+3\times0.2+3\times0.2+3\times0.1+3\times0.1=2.2$bit。可见，对于这个信源来说，Fano 码和 Huffman 码的平均码长是相等的，因此 Fano 编码也实现了最佳码。 ■

表 3-1 Fano 编码

符 号	概 率	编 码			码 字
s_1	0.4	0			0
s_2	0.2	1	0	0	100
s_3	0.2			1	101
s_4	0.1		1	0	110
s_5	0.1			1	111

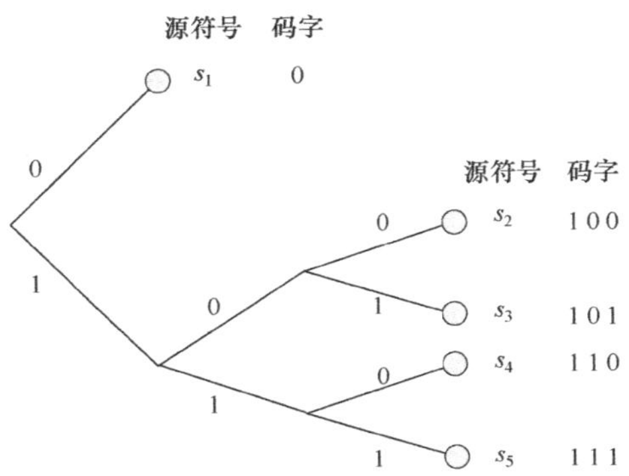

图 3-11 Fano 编码的二叉树表示

3.5.3 香农编码

Huffman 编码和 Fano 编码都是直接对信源符号进行编码，即把源符号和比特串建立一一对应关系。信源编码还可以采用另外一种策略：首先对信源符号通过某种可逆变换变为另一种符号，然后对变换后的符号进行编码。香农编码采用的就是这种策略，其基本思想是把每个信源符号一一对应于概率累积分布函数中彼此不重叠的一个取值区间，然后对这个区间进行编码。香农编码的具体操作过程如下。

把各符号 s_i 按照概率从小到大的顺序排成一列，并引入辅助符号 s_0，$P(s_0)=0$，计算累积概率分布函数为

$$F(s_j)=\sum_{i=0}^{j-1}P(s_i)\quad (j=1,2,\cdots,n) \tag{3-29}$$

把累积概率分布函数 $F(s_j)$表示成二进制数，并为每个 $F(s_j)$计算截短码长，有

$$k_j=\lceil -\log P(s_j)\rceil\quad (j=1,2,\cdots,n) \tag{3-30}$$

$\lceil\ \rceil$表示向上取整。最后，根据截短码长 k_j 截取 $F(s_j)$的二进制数，即得到符号 s_j 对应的码字。

对于离散信源来说，累积分布函数呈现阶梯形式，每个符号 s_j 都对应着一次阶跃，因此源符号一一对应于 $F(s_j)$的一个取值，所以可以通过为 $F(s_j)$编码来间接地为 s_j 进行编码。$F(s_j)$的二进制数本身就是对 $F(s_j)$的一种编码，但由于 $F(s_j)$的取值介于 0～1，其二进制数可能是无限长的，或者即使是有限长的，其长度也过长，不利于数据压缩，这就是为什么要对其截短。通过式（3-30）计算出的截短码长可以保证不会把 $F(s_j)$减小到等于或低于 $F(s_{j-1})$，因此就保证了每个信源符号都唯一地对应于累积分布函数的某个区间，而不会出现奇异性。

例 3-9：对例 3-5 中的信源 S 进行香农编码，如表 3-2 所示，其累积分布函数如图 3-12 所示，其平均码长为

$\overline{L}=2\times0.4+3\times0.2+3\times0.2+4\times0.1+4\times0.1=2.8\text{bit}$，可见香农编码生成的香农码并不是最佳码。■

表 3-2　香农编码

源符号	$P(s_j)$	$F(s_j)$	二进制 $F(s_j)$	截短码长	码　字	截短后累积概率	对应区间
s_5	0.1	0.9	0.11100110⋯	$\lceil -\log 0.1 \rceil = 4$	1110	0.875	(0.8,0.9]
s_4	0.1	0.8	0.11001100⋯	$\lceil -\log 0.1 \rceil = 4$	1100	0.75	(0.6,0.8]
s_3	0.2	0.6	0.10011001⋯	$\lceil -\log 0.2 \rceil = 3$	100	0.5	(0.4,0.6]
s_2	0.2	0.4	0.01100110⋯	$\lceil -\log 0.2 \rceil = 3$	011	0.375	(0,0.4]
s_1	0.4	0	0.00000000⋯	$\lceil -\log 0.4 \rceil = 2$	00	0	0

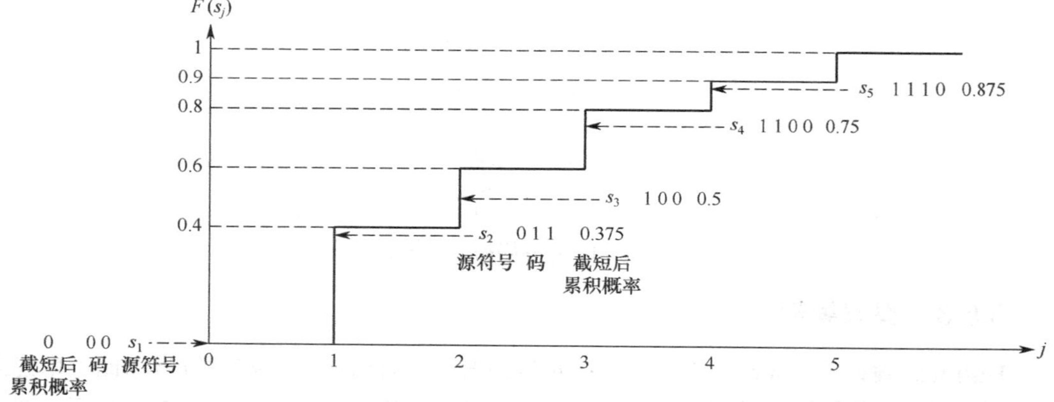

图 3-12　香农编码

与香农编码类似的一种信源编码方法是 Shannon-Fano-Elias 编码，其基本思想也是把源符号和累积分布函数的不相重叠的区间之间建立一一映射，并对该区间进行编码，其操作过程与香农编码大同小异。香农编码或 Shannon-Fano-Elias 编码针对单符号进行编码。进一步地，可以把这种基于累积分布函数区间划分的编码思想推广到对符号序列进行编码，就是 3.5.4 节要介绍的算术编码。

3.5.4　算术编码

基于累积分布函数进行信源编码的关键在于如何把累积分布函数的区间[0,1)划分成若干个互不重叠的子区间。下面以二元信源为例，介绍算术编码的基本思想，多元信源与之类似。

例 3-10：假设某二元信源 S 的概率分布为 $P(s_0=0)=p_0$，$P(s_1=1)=p_1$，对其 3 次无记忆扩展信源进行算术编码，3 次扩展信源有 8 个符号序列，需要把区间[0,1)分割成 8 个子区间，可以通过 3 次递归式分割来完成。

第 1 次，把[0,1)按照 p_0 和 p_1 分割成两个部分，分别对应符号 0 和 1，如图 3-13（a）所示，其累积概率为 $F(0)=0$，$F(1)=p_0$。

第 2 次，把两个子区间$[F(0), F(1))$和$[F(1),1)$再分为两个子区间，分别对应符号 00、01、

1 0、1 1，如图 3-13（b）所示，其累积概率为 $F(0\,0)=0$，$F(0\,1)=p_0p_0$，$F(1\,0)=p_0$，$F(1\,1)=p_0+p_1p_0$。

第 3 次，把第 2 次得到的每个子区间分别分割成两个子区间，如图 3-13（c）所示，序列、对应区间、区间宽度和累积概率如表 3-3 所示。依次类推，可以继续分割得到 N 次无记忆扩展信源的区间划分。

在上面的递归式分割过程中，相邻两次分割的累积概率满足如下递推公式，即

$$F(\boldsymbol{s}, b)=F(\boldsymbol{s})+P(\boldsymbol{s})F(b) \tag{3-31}$$

式中，$\boldsymbol{s}$ 表示前一次分割得到的符号序列，b 表示本次分割增加的比特。

经过 3 次分割，把[0,1)分割成 8 个互不重叠的子区间，一一对应于 8 个 3 重比特串。接下来，需要为每个子区间编码，依然可以通过把累积概率 $F(s_1, s_2, s_3)$表示成二进制数然后截短的方法，截短码长为

$$k_i=\lceil -\log P(\boldsymbol{s}_i)\rceil$$

但需要注意的是，算术编码的子区间划分得到的累积概率是子区间的下限，这一点与香农编码不同，后者的累积概率是子区间的上限。如果像香农编码那样直接截短的话，得到的截短累积概率会落到相邻的前一个子区间，造成错误。因此，算术编码采用的是进位截短，即截短的二进制位后面如果还有二进制数的话就向截短的二进制位进 1 位。例如，0.10010 按照码长为 3 进行进位截短，则截短后等于 0.101。进位截短可以保证截短后的数大于等于截短前的数，而直接截短得到的数小于等于截短前的数，这是二者的区别。

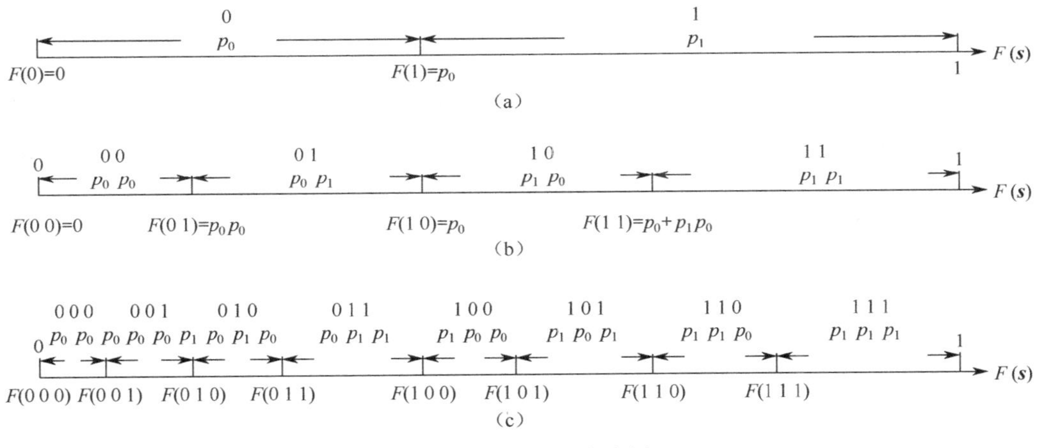

图 3-13　[0,1)的 3 次分割

表 3-3　二元信源的 3 次无记忆扩展信源的算术码

序　列	对应区间	区间宽度	累积概率
0 0 0	$[F(0\,0\,0), F(0\,0\,1))$	$p_0p_0p_0$	$F(0\,0\,0)=0$
0 0 1	$[F(0\,0\,1), F(0\,1\,0))$	$p_0p_0p_1$	$F(0\,0\,1)=F(0\,0)+P(0\,0)F(1)=p_0p_0p_0$
0 1 0	$[F(0\,1\,0), F(0\,1\,1))$	$p_0p_1p_0$	$F(0\,1\,0)=F(0\,1)+P(0\,1)F(0)=p_0p_0$
0 1 1	$[F(0\,1\,1), F(1\,0\,0))$	$p_0p_1p_1$	$F(0\,1\,1)=F(0\,1)+P(0\,1)F(1)=p_0p_0+p_0p_1p_0$
1 0 0	$[F(1\,0\,0), F(1\,0\,1))$	$p_1p_0p_0$	$F(1\,0\,0)=F(1\,0)+P(1\,0)F(0)=p_0$
1 0 1	$[F(1\,0\,1), F(1\,1\,0))$	$p_1p_0p_1$	$F(1\,0\,1)=F(1\,0)+P(1\,0)F(1)=p_0+p_1p_0p_0$
1 1 0	$[F(1\,1\,0), F(1\,1\,1))$	$p_1p_1p_0$	$F(1\,1\,0)=F(1\,1)+P(1\,1)F(0)=p_0+p_1p_0$
1 1 1	$[F(1\,1\,1),1))$	$p_1p_1p_1$	$F(1\,1\,1)=F(1\,1)+P(1\,1)F(1)=p_0+p_1p_0+p_1p_1p_0$

3.6 本章小结

本章讨论了对离散信源进行无失真编码的基本理论和概念，主要包括两种编码策略（单符号编码和符号序列编码）、等长码与变长码、唯一可译码。AEP 定理是信源压缩的理论基础，是大数定律的直接结果。由于这部分内容涉及概率极限理论，关于 ε 典型序列的定义和性质的推导过程对于初学者来说可能有些难度，读者只需要抓住 AEP 的近似结论："独立同分布的随机变量 $X_1, X_2, \cdots, X_n$ 所有可能的取值构成的集合 X^n 中的全部序列可以划分为 ε 典型序列和非 ε 典型序列这两个互补的子集。随着 n 的增大，每个 ε 典型序列的概率约为 $2^{-nH(X)}$，所有 ε 典型序列的总数约为 $2^{nH(X)}$，因此所有 ε 典型序列占据的总概率趋近于 1；相反，作为互补集合的非 ε 典型序列占据的总概率则趋近于 0。" 基于这个结论，只需要对所有 ε 典型序列进行编码，丢弃所有非 ε 典型序列，不会产生太大的失真。进一步，由于大多数信源都是非等概分布，所以 $2^{nH(S)} \ll q^n$，因此对 ε 典型序列编码所需要的码字个数可以大大减少，码长可以大大缩短，从而提高了编码效率，这就是等长信源编码定理、变长信源编码定理、香农第一定理的基本思想源泉。

本章还讨论了几种具体的离散无失真信源编码的方法，包括 Huffman 编码、香农编码、算术编码、Fano 编码等。这些编码方法在复杂程度、平均码长、编码效率等性能参数上表现不同，适用于不同的信源。需要说明的是，信源编码还没有形成统一的构造性理论，针对不同特点的信源需要使用不同的信源编码方法。本章讨论的无失真信源编码适用于对数字数据进行编码，对于波形信源的信源编码，如语音、图像、视频等，有多种多样的编码方法和标准，如子带编码、量化编码、CELP、MPEC、JPEG 等，本书没有提及这些编码方法和标准，感兴趣的读者请参阅文献［5，22］。

习　题

1．信源 S 的概率分布如下表，请计算 X 的熵，并给出一种 Huffman 编码方案。

S	1	2	3	4	5	6	7	8
$P(S)$	1/2	1/4	1/8	1/16	1/64	1/64	1/64	1/64

2．信源 S 的概率分布如下表，请给出一种三元 Huffman 编码方案。

S	s_1	s_2	s_3	s_4	s_5	s_6
$P(S)$	0.25	0.25	0.2	0.1	0.1	0.1

3．离散无记忆信源 S 的概率分布如下表，请计算 X 的熵和剩余度，对其进行二元 Huffman 编码，计算平均码长和编码效率。

S	1	2	3	4	5	6	7
$P(S)$	0.3	0.21	0.19	0.15	0.05	0.05	0.05

4. 信源 S 有 6 个符号$\{s_1, s_2, s_3, s_4, s_5, s_6\}$，对其进行 r 元单符号编码，若要求 6 个符号的码长分别为$\{1, 1, 2, 2, 3, 3\}$，则 r 的最小取值是多少？

5. 信源 S 的概率分布为$\begin{bmatrix} S \\ P(S) \end{bmatrix} = \begin{bmatrix} s_1 & s_2 \\ 0.9 & 0.1 \end{bmatrix}$，该信源每秒向外发出 3 个信源符号，有一个二元无噪无损信道，信息传输速率为 2bps，问该信源和信道相连接能否实现无失真传输？如果能，该如何进行编码？

6. 信源 S 的概率分布为$\begin{bmatrix} S \\ P(S) \end{bmatrix} = \begin{bmatrix} s_1 & s_2 \\ 0.9 & 0.1 \end{bmatrix}$，对该信源的 N=1 次、2 次、3 次、4 次扩展信源进行 Huffman 编码，计算各自的平均码长$\bar{L} = \dfrac{\overline{L_N}}{N}$和编码效率。

7. 信源 S 的概率分布为$\begin{bmatrix} S \\ P(S) \end{bmatrix} = \begin{bmatrix} s_1 & s_2 \\ 1/4 & 3/4 \end{bmatrix}$，考察 S 的 n 次无记忆扩展信源。

（1）求 N_0，使得当 $n > N_0$ 时，满足 $P\left(\left|-\dfrac{\log p\left(X_1,\cdots,X_n\right)}{n} - H(X)\right| \geqslant 0.05\right) \leqslant 0.01$；

（2）当 $n = N_0$ 时，估计 ε 典型序列的个数。

8. 信源 S 有 4 个符号$\{s_1, s_2, s_3, s_4\}$，用 BPSK 方式对其调制和带通传输，两个脉冲波形分别为$\{x_1, x_2\}$，脉冲宽度为 5ms，4 个信源符号被映射为波形$\{x_1x_1, x_1x_2, x_2x_1, x_2x_2\}$，假设信道为无噪无损信道。

（1）若 4 个符号等概出现，则信道的信息传输速率等于多少？

（2）若 $P(s_1)$=1/5，$P(s_2)$=1/4，$P(s_3)$=1/4，$P(s_4)$=3/10，则信道的信息传输速率等于多少？

（3）仍然是上述两个问题，假设调制方式变为 QPSK，4 个脉冲波形分别为$\{x_1, x_2, x_3, x_4\}$，脉冲宽度仍为 5ms，4 个信源符号分别被映射为波形$\{x_1, x_2, x_3, x_4\}$，则信道的信息传输速率等于多少？

9. 信源 S 有无穷多个符号$\{s_1, s_2, s_3, \dots\}$，概率分布为 $P(s_i)=1/2^i$，该信源的熵等于多少？如果对其进行 Huffman 编码，码字是什么？编码效率等于多少？

10. 设每个人的生日在星期一至星期日这 7 天中等概分布，现调查一个人的生日，对于每次提问，他只能回答“是”或“否”，那么至少问几个问题就可以确定他的生日？提问策略是什么？

11. 马尔可夫信源的状态转移图如下图所示，对该马尔可夫信源进行 Huffman 编码。

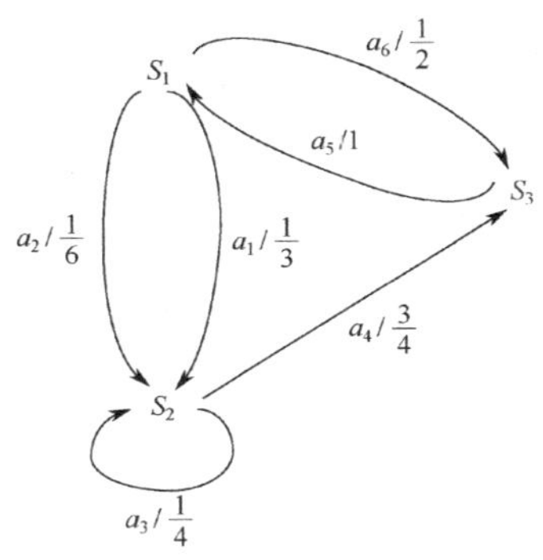

第 4 章

离散信道和信道容量

信道的任务是以信号的方式传输信息和存储信息，研究信道的核心问题是研究信道能传输的最大信息量——信道容量问题。

4.1 信道的分类和数学模型

信息论研究的信道不是具体的物理信道，如无线信道、有线信道、光纤、水声信道等，而是反映输入/输出统计依赖关系的数学信道模型。

4.1.1 信道的分类

信息论讨论的信道可以从不同的角度加以分类。

1．根据输入/输出信号在幅度和时间上取值的不同类型分类

（1）离散信道：幅度离散取值，时间离散取值，即输入序列$(X_1, X_2,\cdots)$和输出序列$(Y_1,Y_2,\cdots)$是离散型随机矢量，如文字、年龄等。

（2）连续信道：幅度连续取值，时间离散取值，即输入序列$(X_1, X_2,\cdots)$和输出序列$(Y_1,Y_2,\cdots)$是连续型随机矢量，如重量、长度等。

（3）波形信道：幅度连续取值，时间连续取值，即输入/输出是随机波形或连续随机过程$x(t)$和$y(t)$，如语音、图像、视频等。

2．对于离散信道和连续信道而言，根据输入/输出的符号个数分类

（1）单符号信道：输入X和输出Y是两个一维的随机变量。

（2）多符号信道：输入$(X_1, X_2,\cdots)$和输出$(Y_1,Y_2,\cdots)$是多维的随机矢量。

3．根据输入/输出有没有记忆性分类

（1）无记忆信道：某时刻的输出Y仅取决于该时刻的输入X，与其他时刻的输入无关。

（2）有记忆信道：某时刻的输出Y不仅取决于该时刻的输入X，还与之前的输入有关。

4．根据信道中是否存在干扰或噪声分类

（1）无噪信道——信道中没有噪声或干扰，表现为输出Y精确地等于输入X，或者输出Y是与输入X一一对应的可逆确定函数，后者也被称为失真。由于是可逆函数，信宿收到符号Y后依然很容易恢复出发送的符号X。

（2）有噪信道——信道中有噪声或干扰，表现为输出 Y 统计依赖于输入 X。由于 Y 不是 X 的确定函数，因此信宿在收到符号 Y 后需要判决发送的是哪一个符号 X，而这种判决就存在一定的正确概率和错误概率。

本章仅讨论离散信道，连续信道和波形信道留在第 6 章讨论。

4.1.2　信道的数学模型

按照从简单到复杂的次序，先讨论单符号离散信道，这种信道的输入/输出是两个离散型随机变量 X 和 Y，如图 4-1 所示。

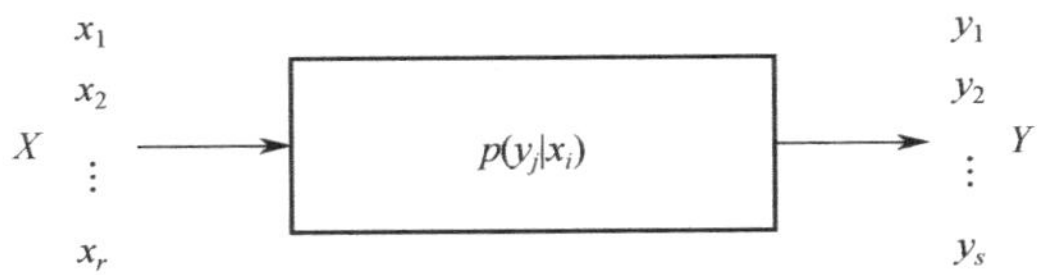

图 4-1　单符号信道的数学模型

其中，输入随机变量 X 的字符集为 $\{x_1, x_2, \cdots, x_r\}$，输出随机变量 Y 的字符集为 $\{y_1, y_2, \cdots, y_s\}$。由于噪声或干扰的存在，输入符号 x_i 和输出符号 y_j 之间没有确定的函数关系，而是一种统计依赖关系，用条件概率 $p(y_j|x_i)$ 来表示。因此，整个信道的统计特性就由下面的矩阵来描述，即

$$\boldsymbol{P}=\begin{bmatrix} p(y_1\mid x_1) & p(y_2\mid x_1) & \cdots & p(y_s\mid x_1) \\ \vdots & \vdots & \vdots & \vdots \\ p(y_1\mid x_r) & p(y_2\mid x_r) & \cdots & p(y_s\mid x_r) \end{bmatrix} \tag{4-1}$$

该矩阵被称为**信道矩阵**，也称为**转移矩阵**或**传递矩阵**。它完全地描述了信道的统计特性。信道矩阵的每行取和等于 1，即

$$\sum_{j=1}^{s} p(y_j\mid x_i)=1$$

其物理意义是发出符号 x_i 后收到的一定是 $y_1, y_2, \cdots, y_s$ 中的某一个。此外，有

$$\sum_{i=1}^{r} p(x_i\mid y_j)=1$$

说明收到符号 y_j 后发出的一定是 $x_1, x_2, \cdots, x_r$ 中的某一个。

定义 4-1：发送端信源符号 x_i 的概率 $p(x_i)$ 称为**先验概率**；$p(y_j|x_i)$ 称为**前向概率**；$p(x_i|y_j)$ 称为**后向概率**或**后验概率**。

可见，先验概率 $p(x_i)$ 描述了信源本身的统计特性，与是否通信没有关系；前向概率 $p(y_j|x_i)$ 被定义为以输入为条件、以输出为结果的条件概率，信道矩阵就是由前向概率构成的；后验概率 $p(x_i|y_j)$ 描述了在收到符号 y_j 时对应发送的是 x_i 的条件概率，这个概率对信宿译码尤其重要。

信道矩阵、先验概率、前向概率和后验概率是非常重要的概念，本章及第 5 章都是围绕这些概念展开的。

例 4-1：某二元信道传输如图 4-2（a）所示，该信道的特点是 0→1 和 1→0 的转移概率相等，因此称为二元对称信道（Binary Symmetric Channel），简称 **BSC 信道**。该信道的信道矩阵如图 4-2（b）所示。■

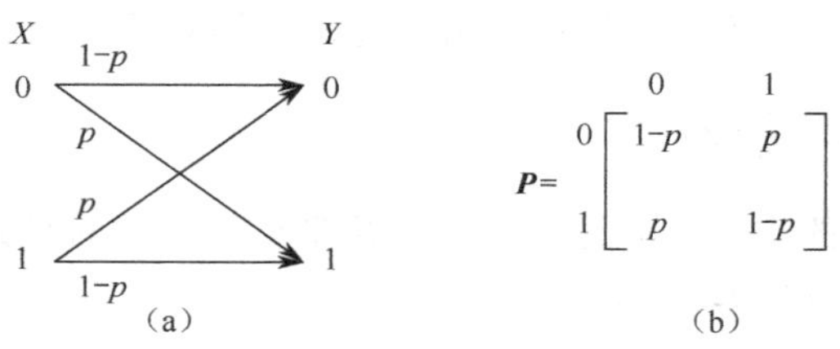

图 4-2 BSC 信道及其信道矩阵

由单符号离散信道可以推广到多符号离散信道，如图 4-3 所示。如果是无记忆信道，则某时刻的输出符号 Y_i 只取决于该时刻的输入符号 X_i，与其他时刻的输入符号无关，即

$$P(\boldsymbol{Y}\mid \boldsymbol{X})=P(Y_1,Y_2,\cdots,Y_N\mid X_1,X_2,\cdots,X_N)=\prod_{i=1}^{N}P(Y_i\mid X_i)$$

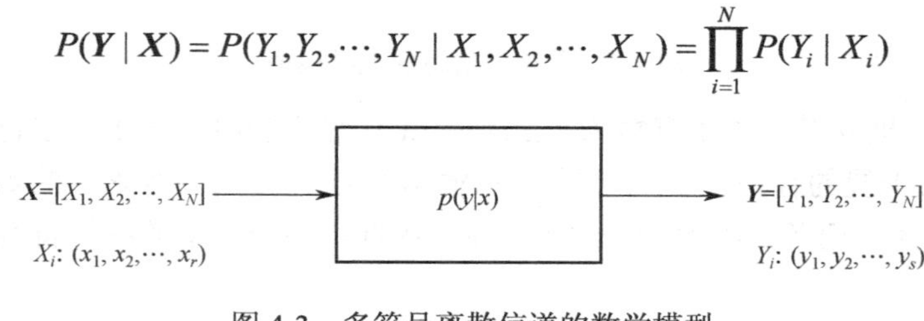

图 4-3 多符号离散信道的数学模型

4.2 平均互信息的凸性

第 2 章提到过平均互信息的概念，两个随机变量的平均互信息 $I(X;Y)$ 是指其中一个随机变量所含的关于另一个随机变量的信息量。在通信的应用背景中，随机变量 X 是指信源发出的输入信道的符号，随机变量 Y 是指信道输出的、由信宿接收的符号，平均互信息 $I(X;Y)$ 则是指输入符号 X 和输出符号 Y 之间互相包含的信息。正是由于有平均互信息的存在，信宿才能从收到的符号 Y 中获取关于信源的一定的信息量。如果在一次通信过程中平均互信息为 0，那么信宿没有获得任何关于信源的信息量，这样的通信将是完全没有意义的。

在第 2 章提到过熵、条件熵、联合熵和平均互信息这 4 种信息测度的关系如图 2-2 所示。此外，从信息传递过程上看，这 4 种信息测度之间的关系也可以如图 4-4 那样描绘。图 4-4 形象地描绘了信息由信源向信宿传输的过程，具体如下：信源信息 $H(X)$ 在信道传输过程中，其中的一部分 $H(X|Y)$ 损失在了信道中，没有到达信宿，因此也称条件熵 $H(X|Y)$ 为**损失熵**或**信道疑义度**，剩余部分 $I(X;Y)=H(X)-H(X|Y)$ 就是平均互信息，继续向信宿前进，在前进过程中，又增加了一部分不确定性 $H(Y|X)$，它是由噪声引起的，因此称为**噪声熵**或**散布度**。最后，平均互信息和噪声熵的和 $H(Y)=I(X;Y)+H(Y|X)$ 到达信宿，构成信宿接收的总信息量。需要说明的是，在信宿收到的信息量 $H(Y)$ 中，只有平均互信息 $I(X;Y)$ 是有用的信息量，信宿要依靠 $I(X;Y)$ 获得信源的信息；相反，噪声熵 $H(Y|X)$ 是由噪声引起的，不包

含关于信源的信息，只会干扰信宿对信源信息的获取和识别。

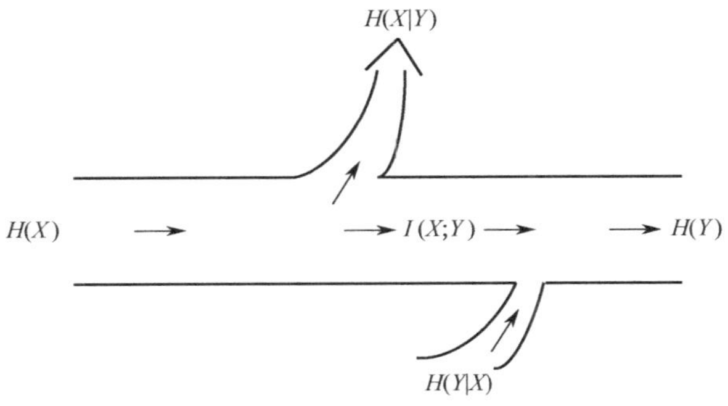

图 4-4　信息传递过程

根据图 2-2 和图 4-4，平均互信息为

$$I(X;Y)=H(X)-H(X|Y)=H(Y)-H(Y|X)=H(X)+H(Y)-H(X,Y)$$

由上式及图 2-2 可以看出，平均互信息的 3 个性质为非负性、极值性和对称性，这已经在第 2 章讨论过，此处不再赘述。

与熵类似，平均互信息也具有凸性，下面以二元对称信道为例考察平均互信息的凸性。

例 4-2：BSC 信道的转移矩阵如图 4-5（a）所示，设发送符号的先验概率为 $P(0)=\omega$，$P(1)=1-\omega$，计算该信道的平均互信息。

	$P(Y\|X)$	0	1
ω	0	$1-p$	p
$1-\omega$	1	p	$1-p$

（a）

$P(X,Y)$	0	1
0	$\omega(1-p)$	ωp
1	$(1-\omega)p$	$(1-\omega)(1-p)$

（b）

图 4-5　BSC 信道矩阵和联合概率分布

根据式 $I(X;Y)=H(Y)-H(Y|X)$求解，先计算熵 $H(Y)$和 $H(Y|X)$，为此先计算联合概率 $P(X,Y)$，如图 4-5（b）所示，进而求出 Y 的边缘概率 $P(Y)$为

$$P(Y=0)=\omega(1-p)+(1-\omega)p，P(Y=1)=\omega p+(1-\omega)(1-p)$$

采用第 2 章定义的熵函数可以简化表达，对于某个离散概率分布 $\boldsymbol{P}=(p_1,p_2,\cdots,p_n)$，$\sum_{i=1}^{n}p_i=1$，熵函数定义为

$$H(p_1,p_2,\cdots,p_n)=-\sum_{i=1}^{n}(p_i\log p_i) \tag{4-2}$$

基于熵函数，计算可得

$$H(Y)=H[\omega(1-p)+(1-\omega)p,\omega p+(1-\omega)(1-p)]，H(Y|X)=H(p,1-p)$$

$$I(X;Y)=H[\omega(1-p)+(1-\omega)p,\omega p+(1-\omega)(1-p)]-H(p,1-p)$$

由上式可见，BSC 信道的平均互信息不仅和信道转移概率 p 有关，还和信源的先验概率 ω 有关。为了讨论它的凸性，需要区分两种情况。

（1）固定 p，如 p=0.1，令 ω 充当自变量，则 $I(X;Y)$和 ω 的函数关系如图 4-6（a）所示，即 $I(X;Y)$是 ω 的上凸函数，当先验等概（ω=0.5）时，$I(X;Y)$能达到最大值 $1-H(p,1-p)$。

（2）固定 ω，如 ω=0.1，令 p 充当自变量，则 $I(X;Y)$和 p 的函数关系如图 4-6（b）所示，即 $I(X;Y)$是 p 的下凸函数，当 p=0.5 时，$I(X;Y)$取最小值 0。 ■

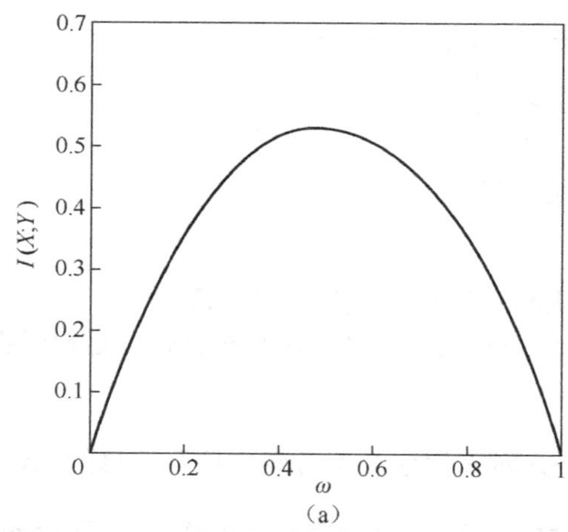

（a）

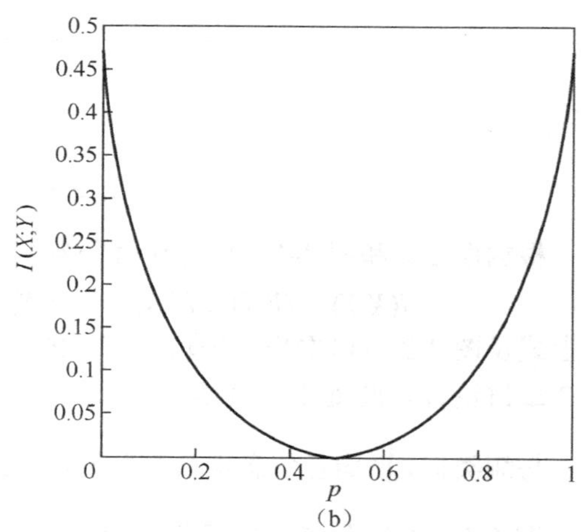

（b）

图 4-6　$I(X;Y)$是 ω 的上凸函数，是 p 的下凸函数

由图 4-6 可以总结平均互信息的两种凸性的物理意义：

（1）当信道固定时，存在某种信源的概率分布与该信道匹配，从而在信道输出端获得最大的信息量；

（2）当信源固定时，存在某种最差的信道，在信道输出端获得的信息量最少。

上面（1）尤为重要，在实际通信系统设计时，物理信道及其统计特性通常是固定的，即无法改变的，设计者需要合理设计信源。例如，通过编码找到某种具有最佳输入概率分布的信源与信道相匹配，实现信息传输率的最大化。此外，（1）还说明平均互信息具有一个最大值，在这个工作点每个信道符号携带的信息量能够取得最大值，这是该信道的极限性能，同时也是该信道非常重要的属性，这就是下面要讲的信道容量的概念。

4.3　信道容量

平均互信息 $I(X;Y)$表征了每个信道符号携带的关于信源的信息量，又被称为信道的**信息传输率**，其单位是 bit/信道符号，记为 R。为了帮助读者加深理解，对于信息传输率 R 有以下几点说明。

（1）在第 3 章，我们曾用 R 表示信源编码的编码信息率，其含义是平均为每个信源符号分配的比特数，其单位是 bit/信源符号。从提高信源表示的有效性的角度，希望编码信

息率 R 越小越好，但无失真编码要求 R 不能小于信源的熵 $H(S)$，否则会产生大量的失真。

（2）信道的信息传输率 R 表示每个信道符号携带的信息量（这一点在后面(n,k)线性分组码中表现得更明显），其单位是 bit/信道符号。从提高通信有效性的角度，希望信息传输率 R 越大越好，但信息传输率 R 不能大于信道容量，否则会有大量的译码错误。

（3）在信息传输率 R 的定义中并未涉及信号在信道中的传输速度，所以 R 并不是信息传输的速率，后者的单位应该是 bps，记为 R_t。

从提高通信的有效性来看，当然希望信息传输率越高越好，信息传输率 R 越高，则每个信道符号携带的关于信源的信息量就越大。但经过前文关于平均互信息凸性的分析可以发现，对于给定的信道而言，其平均互信息存在理论上限或最大值，超越这个最大值是不可能的，可见平均互信息的最大值反映了信道的极限传输能力，是信道的一个重要性能指标。

定义 4-2：对于某个给定的信道而言，其所能达到的平均互信息 $I(X;Y)$或信息传输率 R 的最大值称为**信道容量**（Channel Capacity），记为 C，用公式表示为

$$C=\max_{p(X)}(R)=\max_{p(X)}(I(X;Y)) \tag{4-3}$$

对定义 4-2 有两点需要加以说明。

（1）式（4-3）中 $I(X;Y)$的最大值是通过调整信源 X 的概率分布 $p(X)$得到的。通过前文关于平均互信息的凸性的分析可以知道，并不是所有的信源概率分布都能实现 $I(X;Y)$的最大值；对于给定信道来说，只有与之相匹配的最佳输入概率分布 $p(X)$才能实现 $I(X;Y)$的最大值，即信道容量。

（2）虽然只有最佳输入概率分布 $p(X)$才能实现信道容量，但并不是说信道容量是随着信源概率分布的变化而变化的。信道容量是信道本身固有的属性，只要信道矩阵给定了，信道的输入字符数、输出字符数和转移概率就给定了，信道容量就成为一个确定量，不会因信源概率分布的变化而变化。

信道容量是信息论的核心概念之一，计算信道容量是对信道研究的重要课题。从数学上讲，计算信道容量就是对平均互信息求最大值，但就一般的离散信道而言，计算其信道容量并非易事。下面介绍几种特殊信道，其信道容量比较直观、相对容易求解，对于离散信道的信道容量的一般性求解方法将在 4.3.1 节给出。

例 4-3：图 4-7（a）所示为一一对应信道，其输入符号和输出符号之间存在一一映射，其信道矩阵为单位矩阵。在已知输出符号 y_i 的条件下，对输入符号 x_i 没有不确定性；反之亦然。因此，这种信道的损失熵 $H(X|Y)$和噪声熵 $H(Y|X)$都为 0，所以有

$$I(X;Y)=H(X)-H(X|Y)=H(Y)-H(Y|X)=H(X)=H(Y)$$

如图 4-7（b）和图 4-7（c）所示，平均互信息的最大值等于信源熵 $H(X)$的最大值。根据最大离散熵定理，只有当信源 X 服从等概分布时，$H(X)$才取最大值 $\log r$，r 是信源符号的个数，因此该信道的信道容量为 $C=\log r$。可见，一一对应信道是最“好”的信道，但这仅是理想化的信道模型，实际的物理信道不可能达到这样好的性能。 ■

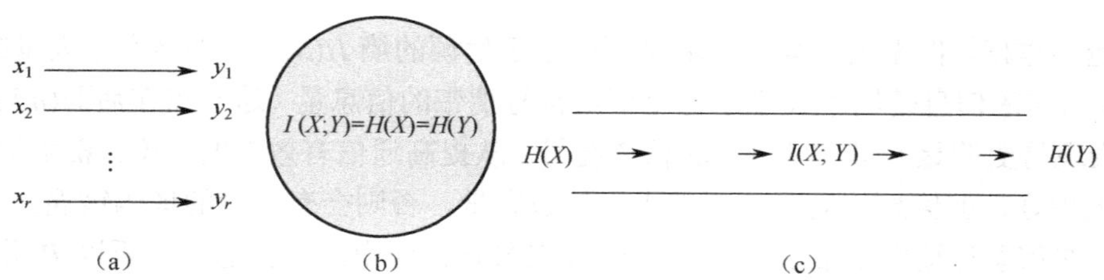

图 4-7　一一对应信道

例 4-4：输入/输出统计独立的信道称为**统计独立信道**。由于统计独立，所以条件熵等于无条件熵，即

$$H(X)=H(X|Y),\quad H(Y)=H(Y|X)$$

所以有

$$I(X;Y)=H(X)-H(X|Y)=0$$

本例的信息图如图 4-8 所示。可见，对于统计独立信道而言，信源的信息完全损失在了信道中，信宿没有获得任何关于信源的信息量，因此这是一种性能最“差”的信道，对于这种信道，无论输入为任何概率分布，平均互信息都为 0，因此信道容量等于 0。■

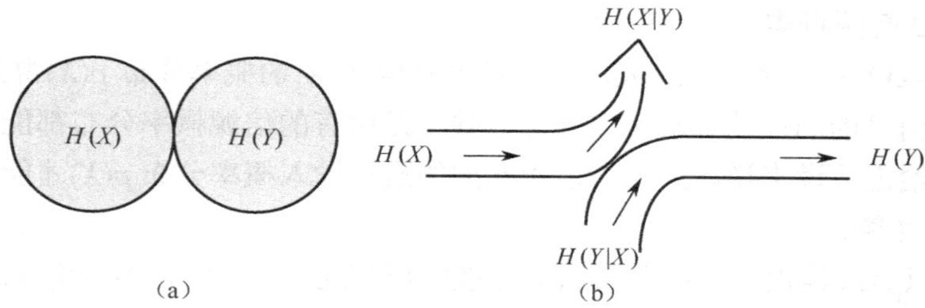

图 4-8　统计独立信道

例 4-5：如图 4-9（a）所示的信道在已知输出符号的条件下对输入符号没有不确定性，但在已知输入符号的条件下对输出符号有不确定性，也就是说 $H(Y|X)>0$，$H(X|Y)=0$，因此称为**有噪无损信道**。对于这种信道，各种信息测度之间的关系如图 4-9（b）和图 4-9（c）所示，由于 $I(X;Y)=H(X)-H(X|Y)=H(X)$，因此当输入等概时，互信息取最大值 $\log r$，也就是说信道容量 $C=\log r$。■

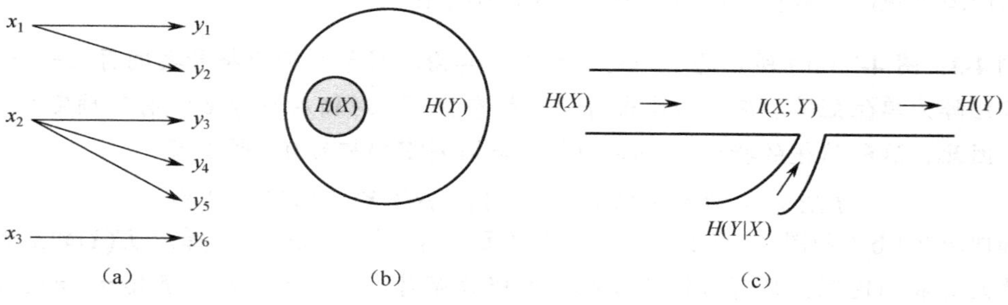

图 4-9　有噪无损信道

例 4-6：如图 4-10（a）所示的信道与图 4-9（a）相反，在已知输入符号的条件下对输出符号没有不确定性，但在已知输出符号的条件下对输入符号有不确定性，也就是说

$H(Y|X)=0$，$H(X|Y)>0$，因此称为**无噪有损信道**。对于这种信道，各种信息测度之间的关系如图 4-10（b）和图 4-10（c）所示，由于 $I(X;Y)=H(Y)-H(Y|X)=H(Y)$，所以互信息的最大值为 $\log s$ （s 表示输出符号的个数），也就是说信道容量 $C=\log s$。无噪有损信道的最佳输入分布应该是使输出呈现等概分布的某种输入分布，因此并不一定是等概分布。 ■

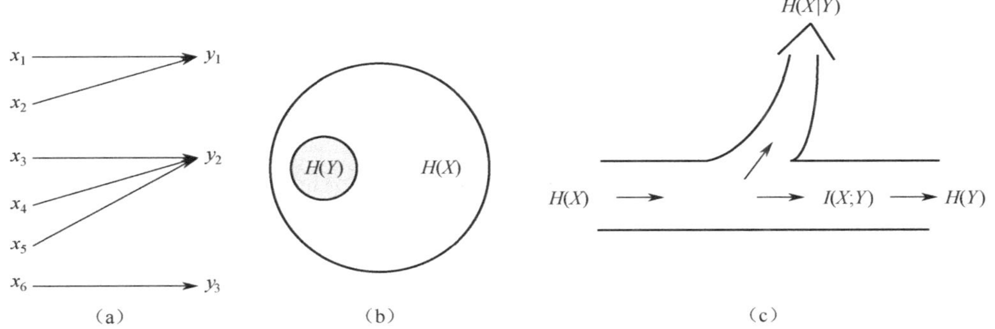

图 4-10　无噪有损信道

例 4-7：在例 4-2 中我们得到 BSC 信道的平均互信息为

$$I(X;Y)=H[\omega(1-p)+(1-\omega)p,\omega p+(1-\omega)(1-p)]-H(p,1-p)$$

当输入等概分布时，即当 $\omega=0.5$ 时，$I(X;Y)$能达到最大值，因此 BSC 信道的信道容量 $C=1-H(p,1-p)$。 ■

例 4-8：有一种二元信道，在传输过程中有一部分（比例为 $1-p$）比特被信宿正确接收，而剩余的比特（比例为 p）丢失在信道中，信宿知道有哪些比特丢失，但不知道丢失的比特是“0”还是“1”，因此记录这些丢失的符号为一个特殊符号“e”，称为删除符号。这种信道可以用图 4-11（a）描述，该信道被称为**二元删除信道**（Binary Erasure Channel），简称 **BEC 信道**，其信道矩阵如图 4-11（b）所示。

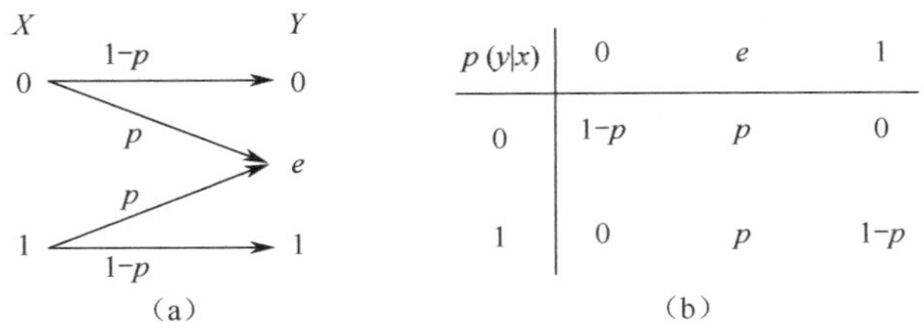

$p(y\|x)$	0	e	1
0	$1-p$	p	0
1	0	p	$1-p$

（b）

图 4-11　BEC 信道

计算可得，该信道的平均互信息为

$$I(X;Y)=H[\omega(1-p),p,(1-\omega)(1-p)]-H(p,1-p)$$

BEC 信道属于后面将要介绍的准对称信道，这种信道的最佳输入分布为等概分布，$I(X;Y)$取最大值，即 $C=1-p$。 ■

4.3.1　一般离散信道的信道容量

一般地，设信道的输入符号 X 的字符集为$\{x_1, x_2,\cdots, x_r\}$，输入符号 Y 的字符集为$\{y_1, y_2,\cdots, y_s\}$，信道矩阵

$$P=\begin{bmatrix} p(y_1|x_1) & p(y_2|x_1) & \cdots & p(y_s|x_1) \\ \vdots & \vdots & \vdots & \vdots \\ p(y_1|x_r) & p(y_2|x_r) & \cdots & p(y_s|x_r) \end{bmatrix}$$

$$\begin{aligned} I(X;Y) &= H(Y)-H(Y|X) \\ &= \sum_{i=1}^{r}\sum_{j=1}^{s}\left[p(x_i,y_j)\log p(y_j|x_i)\right]-\sum_{j=1}^{s}\left[p(y_j)\log p(y_j)\right] \\ &= \sum_{i=1}^{r}\sum_{j=1}^{s}\left[p(y_j|x_i)p(x_i)\log p(y_j|x_i)\right]-\sum_{j=1}^{s}\left\{\left[\sum_{i=1}^{r}p(y_j|x_i)p(x_i)\right]\log\left[\sum_{i=1}^{r}p(y_j|x_i)p(x_i)\right]\right\} \end{aligned}$$

信道容量是互信息的最大值，当信道矩阵给定后，所有的 $p(y_j|x_i)$ 都已经确定，因此互信息只是输入概率分布 $p(x_i)$的函数。那么，求信道容量从数学上来说是求一个多元函数在有界闭区域上的条件极值问题，即对上面的平均互信息 $I(X;Y)$在

$$\begin{cases} \sum_{i=1}^{r}p(x_i)=1 \\ p(x_i)\geqslant 0 \quad (i=1,2,\cdots,r) \end{cases}$$

约束条件下求最大值，该条件构成一个有界闭区域。为了推导信道容量的一般结果，首先介绍微分学中关于凸函数极值的一个定理。

定理 4-1：设 $f(\boldsymbol{x})$是所有分量均非负的可微的上凸函数，当 $\boldsymbol{x}=\boldsymbol{x}^*$时能达到 $f(\boldsymbol{x})$的极大值的充要条件是

$$\frac{\partial f}{\partial x_k}\Big|_{x=x^*}=0\text{，当 }x_k>0\text{ 时} \tag{4-4}$$

$$\frac{\partial f}{\partial x_k}\Big|_{x=x^*}\leqslant 0\text{，当 }x_k=0\text{ 时} \tag{4-5}$$

式（4-4）是有界闭区域内部的点 $\boldsymbol{x}^*$成为极大值点的充要条件，即偏导数为 0；式（4-5）对应有界闭区域边界上的点 $\boldsymbol{x}^*$成为极大值点的充要条件，因为 $f(\boldsymbol{x})$是上凸函数，当分量 $x_k=0$ 的边界点取最大值时，沿着 $x_k=0$ 的分量向内函数值应该减小，即偏导数小于等于 0。

为了求解互信息 $I(X;Y)$ 的最大值，应用拉格朗日乘数法化条件极值为无条件极值，即

$$J=I(X;Y)-\lambda\left[\sum_{i=1}^{r}p(x_i)-1\right] \tag{4-6}$$

函数 J 对 $p(x_k)$ 的偏导为

$$\begin{aligned} \frac{\partial J}{\partial p(x_k)} &= \sum_{j=1}^{s}p(y_j|x_k)\log p(y_j|x_k)-\sum_{j=1}^{s}[p(y_j|x_k)\log p(y_j)+p(y_j|x_k)\log \mathrm{e}]-\lambda \\ &= \sum_{j=1}^{s}p(y_j|x_k)\log\frac{p(y_j|x_k)}{p(y_j)}-\sum_{j=1}^{s}p(y_j|x_k)\log \mathrm{e}-\lambda \qquad (4\text{-}7) \\ &= \sum_{j=1}^{s}p(y_j|x_k)\log\frac{p(y_j|x_k)}{p(y_j)}-\log \mathrm{e}-\lambda \end{aligned}$$

式（4-7）中$\sum_{j=1}^{s}p(y_j|x_k)\log\frac{p(y_j|x_k)}{p(y_j)}$的含义是，当输入符号取 x_k 时，其对应的信道传输的互信息，简记为

$$I(x_k;Y)=\sum_{j=1}^{s}p(y_j|x_k)\log\frac{p(y_j|x_k)}{p(y_j)} \tag{4-8}$$

以下记 $P^*=\{p^*(x_1),\cdots,p^*(x_r)\}$为最佳输入概率分布，即对应互信息最大值的输入概率分布，根据定理 4-1，有

$$\left.\frac{\partial J}{\partial p(x_k)}\right|_{P=P^*}=0\text{，}\quad 当\ p(x_k)>0\ 时 \tag{4-9}$$

$$\left.\frac{\partial J}{\partial p(x_k)}\right|_{P=P^*}\leqslant 0\text{，}\quad 当\ p(x_k)=0\ 时 \tag{4-10}$$

把式（4-7）和式（4-8）代入式（4-9）和式（4-10），可得

$$I(x_k;Y)|_{P=P^*}=\sum_{j=1}^{s}p(y_j|x_k)\log\left.\frac{p(y_j|x_k)}{p(y_j)}\right|_{P=P^*}=\log\mathrm{e}+\lambda\text{，}\ 当\ p(x_k)>0\ 时$$

$$I(x_k;Y)|_{P=P^*}=\sum_{j=1}^{s}p(y_j|x_k)\log\left.\frac{p(y_j|x_k)}{p(y_j)}\right|_{P=P^*}\leqslant\log\mathrm{e}+\lambda\text{，}\ 当\ p(x_k)=0\ 时$$

进一步地，信道容量 C 是 $I(x_k;Y)$ 对输入概率分布 $p(x_k)$ 的统计平均，因此信道容量为

$$C=\sum_{i=1}^{r}p^*(x_k)I(x_k;Y)|_{P=P^*}=\sum_{i=1}^{r}p(x_k)(\log\mathrm{e}+\lambda)=\log\mathrm{e}+\lambda$$

把上述结论归纳为下面的定理。

定理 4-2：对于离散无记忆信道，其信道容量和能使其互信息达到最大值的最佳输入分布 $P^*=\{p^*(x_1),\cdots,p^*(x_r)\}$为

$$I(x_k;Y)|_{P=P^*}=\sum_{j=1}^{s}p(y_j|x_k)\log\left.\frac{p(y_j|x_k)}{p(y_j)}\right|_{P=P^*}=C=\log\mathrm{e}+\lambda\text{，}\ 当\ p(x_k)>0\ 时 \tag{4-11}$$

$$I(x_k;Y)|_{P=P^*}=\sum_{j=1}^{s}p(y_j|x_k)\log\left.\frac{p(y_j|x_k)}{p(y_j)}\right|_{P=P^*}\leqslant C=\log\mathrm{e}+\lambda\text{，}\ 当\ p(x_k)=0\ 时 \tag{4-12}$$

定理 4-2 说明对于达到信道容量的最佳输入概率分布，除概率等于 0 的信源符号外，所有概率非 0 的信源符号为输出端提供了相同的信息量。定理 4-2 虽然给出了最佳输入概率分布应该满足的条件，但没有给出如何求解最佳输入概率分布和信道容量 C，因此不是一个构造性定理。为了得到最佳输入概率分布 $P^*=\{p^*(x_1),\ldots,p^*(x_r)\}$和信道容量 C，需要求解下面的方程组

$$\begin{cases}\sum_{i=1}^{r}p(x_i)=1\\ I(x_k;Y)=\sum_{j=1}^{s}p(y_j|x_k)\log\dfrac{p(y_j|x_k)}{\sum_{i=1}^{r}p(y_j|x_k)p(x_k)}=C \quad (k=1,2,\cdots,r)\end{cases} \tag{4-13}$$

这是一个包括 r+1 个方程，以及$\{p^*(x_1),\cdots,p^*(x_r)\}$和 C 这 r+1 个未知量的方程组。当 $r<s$ 时，求解该方程组比较困难，需要反复试验或者借助于计算机迭代算法。当 $r=s$ 且信道矩阵 $\boldsymbol{P}$ 是可逆矩阵时，方程组一定有解，以下只讨论这种情况。把式（4-13）稍做变形，可得

$$\sum_{j=1}^{s}p(y_j|x_k)\log p(y_j|x_k)-\sum_{j=1}^{s}p(y_j|x_k)\log p(y_j)=C$$

根据信道矩阵具有行取和等于 1 的特点，即$\sum_{j=1}^{s}p(y_j|x_k)=1$，因此上式可变为

$$\sum_{j=1}^{s}p(y_j|x_k)\log p(y_j|x_k)=\sum_{j=1}^{s}p(y_j|x_k)[\log p(y_j)+C]$$

进行变量代换，令$\beta_j=\log p(y_j)+C$，则上式变为

$$\sum_{j=1}^{s}p(y_j|x_k)\log p(y_j|x_k)=-H(Y\,|\,x_k)=\sum_{j=1}^{s}p(y_j|x_k)\beta_j \quad (k=1,2,\cdots,r) \tag{4-14}$$

式（4-14）是一个包含 r 个方程，以及$\beta_1,\cdots,\beta_s$这 s 个未知量的方程组（注意 $r=s$）。式（4-14）可以写成矩阵的形式，即

$$-\begin{bmatrix}H(Y|x_1)\\H(Y|x_2)\\\vdots\\H(Y|x_r)\end{bmatrix}=\begin{bmatrix}p(y_1|x_1)&\cdots&p(y_s|x_1)\\\vdots&\vdots&\vdots\\p(y_1|x_r)&\cdots&p(y_s|x_r)\end{bmatrix}\begin{bmatrix}\beta_1\\\beta_2\\\vdots\\\beta_s\end{bmatrix} \tag{4-15}$$

当 $r=s$ 且信道矩阵 $\boldsymbol{P}$ 可逆时，可以解得$\beta_1,\cdots,\beta_s$为

$$\begin{bmatrix}\beta_1\\\beta_2\\\vdots\\\beta_s\end{bmatrix}=-\begin{bmatrix}p(y_1|x_1)&\cdots&p(y_s|x_1)\\\vdots&\vdots&\vdots\\p(y_1|x_r)&\cdots&p(y_s|x_r)\end{bmatrix}^{-1}\begin{bmatrix}H(Y|x_1)\\H(Y|x_2)\\\vdots\\H(Y|x_r)\end{bmatrix} \tag{4-16}$$

通过求解式（4-16）就可以求得$\beta_1,\cdots,\beta_s$的值。

因为$\beta_j=\log p(y_j)+C$ （$j=1,\cdots,s$），所以$p(y_j)=2^{\beta_j-C}$，又因为$\sum_{i=1}^{s}p(y_j)=1$，所以有$\sum_{i=1}^{s}2^{\beta_j-C}=1$，由此解得信道容量为

$$C=\log\sum_{i=1}^{s}2^{\beta_j} \tag{4-17}$$

此外，基于 β_j 和 $p(y_j)$ 的一一对应关系还可以求出 $p(y_j)$（j=1,⋯,s）的值，进而通过求解下面的方程组求出最佳输入概率分布 $P^*=\{p^*(x_1),\cdots,p^*(x_r)\}$。

$$[p^*(x_1),\cdots,p^*(x_r)]=[p(y_1)\quad\cdots\quad p(y_r)]\begin{bmatrix}p(y_1|x_1) & \cdots & p(y_s|x_1)\\ \vdots & \vdots & \vdots\\ p(y_1|x_r) & \cdots & p(y_s|x_r)\end{bmatrix}^{-1} \tag{4-18}$$

需要说明的是，应用上述方法求得的最佳输入概率分布 $P^*=\{p^*(x_1),\cdots,p^*(x_r)\}$并不一定满足概率的非负性，因为在使用拉格朗日乘数法时并没有加入 $p^*(x_i)\geqslant 0$ 的约束。如果所有的 $p^*(x_i)>0$都成立，那么这组解是正确的；否则，如果出现某些 $p^*(x_i)<0$，那么这组解是无效的。这说明互信息最大值没有出现在所有 $p^*(x_i)>0$ 的区域，即有界闭区域的内部，因此需要考虑最大值一定出现在有界闭区域的边界，可以令某些 $p^*(x_i)=0$ 重新计算，对此目前没有通用的有效解决办法，有时候可能需要多次试值才能找到最佳输入概率分布。

例 4-9： 应用上述逆矩阵的方法计算 BSC 信道的信道容量。BSC 信道的信道矩阵为

$$\boldsymbol{P}=\begin{bmatrix}1-p & p\\ p & 1-p\end{bmatrix}$$

通常情况下 p<0.5，因此 $\boldsymbol{P}$ 是可逆的。基于式（4-16）可得矩阵方程为

$$\begin{aligned}\begin{bmatrix}\beta_1\\ \beta_2\end{bmatrix}&=-\begin{bmatrix}1-p & p\\ p & 1-p\end{bmatrix}^{-1}\begin{bmatrix}H(Y|x_1)\\ H(Y|x_2)\end{bmatrix}\\ &=\frac{1}{1-2p}\begin{bmatrix}1-p & -p\\ -p & 1-p\end{bmatrix}\begin{bmatrix}(1-p)\log(1-p)+p\log p\\ (1-p)\log(1-p)+p\log p\end{bmatrix}\\ &=\begin{bmatrix}(1-p)\log(1-p)+p\log p\\ (1-p)\log(1-p)+p\log p\end{bmatrix}\end{aligned}$$

应用式（4-17）可得

$$C=\log 2\times 2^{(1-p)\log(1-p)+p\log p}=1-H(p,1-p)=1-H(p)$$

应用 $\beta_j=\log p(y_j)+C$　$(j=1,2)$，可求得 $p(y_0)=p(y_1)=0.5$，进而求得 $p^*(x_0)=p^*(x_1)=0.5$。■

例 4-10： 计算如图 4-12 所示 Z 信道的信道容量和最佳输入概率分布。

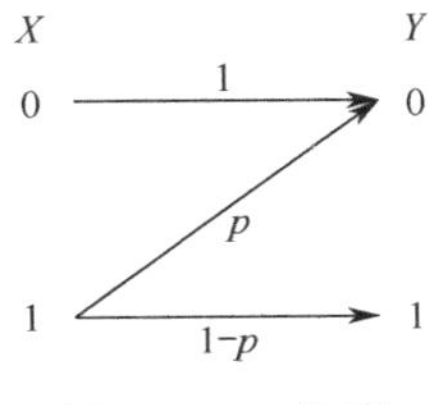

图 4-12　Z 信道

Z 信道的信道矩阵为 $\boldsymbol{P}=\begin{bmatrix}1 & 0\\ p & 1-p\end{bmatrix}$，$\boldsymbol{P}^{-1}=\begin{bmatrix}1 & 0\\ \dfrac{-p}{1-p} & \dfrac{1}{1-p}\end{bmatrix}$，有

$$\begin{bmatrix}\beta_1\\ \beta_2\end{bmatrix}=-\boldsymbol{P}^{-1}\begin{bmatrix}H(Y|x_0)\\ H(Y|x_1)\end{bmatrix}=-\begin{bmatrix}1 & 0\\ \dfrac{-p}{1-p} & \dfrac{1}{1-p}\end{bmatrix}\begin{bmatrix}0\\ H(p)\end{bmatrix}=\begin{bmatrix}0\\ -\dfrac{H(p)}{1-p}\end{bmatrix}$$

所以，信道容量 $C=\log[1+2^{-\frac{H(p)}{1-p}}]$，$p(y_0)=\dfrac{1}{1+2^{-\frac{H(p)}{1-p}}}$，$p(y_1)=\dfrac{2^{-\frac{H(p)}{1-p}}}{1+2^{-\frac{H(p)}{1-p}}}$，

$p(x_0)=1-\dfrac{p^{\frac{p}{1-p}}}{1+(1-p)p^{\frac{p}{1-p}}}$，$p(x_1)=\dfrac{p^{\frac{p}{1-p}}}{1+(1-p)p^{\frac{p}{1-p}}}$。 ■

4.3.2 对称信道的信道容量

BSC 信道的特点是信道矩阵具有很强的对称性。一般地，如果信道矩阵按列可以划分为若干互不相交的子集，每个子集都具有与 BSC 信道矩阵类似的对称性，即“在子集内所有行向量彼此构成轮换，所有列向量彼此也构成轮换”，则称这种信道为**对称信道**。具体地，若信道矩阵包含不止一个这样的对称子集，则称为**准对称信道**；若信道矩阵有且仅有一个对称子集，则称为**强对称信道**。BSC 信道是强对称信道，BEC 信道是准对称信道。此外，在下面 3 个信道矩阵中，$\boldsymbol{P}_1$ 是强对称信道，$\boldsymbol{P}_2$ 是准对称信道，$\boldsymbol{P}_3$ 不是对称信道。

$$\boldsymbol{P}_1=\begin{bmatrix}1/3 & 1/3 & 1/6 & 1/6\\ 1/6 & 1/6 & 1/3 & 1/3\end{bmatrix},\ \boldsymbol{P}_2=\begin{bmatrix}1/3 & 1/3 & 1/6 & 1/6\\ 1/6 & 1/3 & 1/6 & 1/3\end{bmatrix},\ \boldsymbol{P}_3=\begin{bmatrix}1/3 & 1/6 & 1/2\\ 1/2 & 1/3 & 1/6\end{bmatrix} \tag{4-19}$$

定理 4-3：对称信道的最佳输入概率分布是等概分布，且对称信道的信道容量为

$$C=H(Y)|_{P(X)\text{等概}}-H(p_1,p_2,\cdots,p_s) \tag{4-20}$$

式中，$H(Y)|_{P(X)\text{等概}}$ 表示当输入等概时对应的输出变量的熵，$H(p_1,p_2,\cdots,p_s)$表示对应于信道矩阵行向量的熵函数。

证明：由于强对称信道是准对称信道的特例，所以仅以准对称信道为例加以证明。证明过程应用式（4-21），即

$$I(x_k;Y)=\sum_{j=1}^{s}p(y_j|x_k)\log\frac{p(y_j|x_k)}{p(y_j)} \tag{4-21}$$

为了便于理解，以 2×4 维信道矩阵为例加以证明，如下所示

$$\begin{bmatrix}p(y_1|x_1) & p(y_2|x_1) & p(y_3|x_1) & p(y_4|x_1)\\ p(y_1|x_2) & p(y_2|x_2) & p(y_3|x_2) & p(y_4|x_2)\end{bmatrix}$$

不失一般性，假设矩阵的前两列构成一个对称子集，后两列构成一个对称子集，则有

$$p(y_1|x_1)=p(y_2|x_2),\quad p(y_1|x_2)=p(y_2|x_1),\quad p(y_3|x_1)=p(y_4|x_2),\quad p(y_3|x_2)=p(y_4|x_1)$$

当输入等概时，$p(x_1)=p(x_2)=0.5$，根据各子集的对称性，不难证明 $p(y_1)=p(y_2)$，$p(y_3)=p(y_4)$，应用式（4-21）可得

$$I(x_1;Y)=p(y_1|x_1)\log\frac{p(y_1|x_1)}{p(y_1)}+p(y_2|x_1)\log\frac{p(y_2|x_1)}{p(y_2)}+p(y_3|x_1)\log\frac{p(y_3|x_1)}{p(y_3)}+p(y_4|x_1)\log\frac{p(y_4|x_1)}{p(y_4)} \tag{4-22}$$

$$I(x_2;Y)=p(y_1|x_2)\log\frac{p(y_1|x_2)}{p(y_1)}+p(y_2|x_2)\log\frac{p(y_2|x_2)}{p(y_2)}+p(y_3|x_2)\log\frac{p(y_3|x_2)}{p(y_3)}+p(y_4|x_2)\log\frac{p(y_4|x_2)}{p(y_4)} \tag{4-23}$$

不难发现，由于子集内行构成轮换、列构成轮换，因此在式（4-22）和式（4-23）中对应于每个子集的求和项（前两项对应子集 1，后两项对应子集 2）是相等的，所以 $I(x_1;Y)=I(x_2;Y)$。根据定理 4-2 可知，此时 $I(x_1;Y)=I(x_2;Y)$ 达到了信道容量。

另外，把式（4-22）和式（4-23）分别乘以 $p(x_1)=p(x_2)=0.5$，再取和可得

$$C=0.5I(x_1;Y)+0.5I(x_2;Y)=H(Y)-H(p(y_1|x_1),p(y_2|x_1),p(y_3|x_1),p(y_4|x_1))$$

对于一般维数的信道矩阵和一般的子集划分，上述证明也是类似的，所以最佳输入概率分布为等概分布。■

特别地，对于强对称信道，当输入等概时，输出一定也等概，即 $H(Y)|_{P(X)\text{等概}}=\log s$，$s$ 表示信道矩阵的列数，因此式（4-20）可简化为下式，即强对称信道的信道容量为

$$C=\log s-H(p_1,p_2,\cdots,p_s) \tag{4-24}$$

例 4-11：计算在式（4-19）中 $\boldsymbol{P}_1$ 和 $\boldsymbol{P}_2$ 两个信道的信道容量。

解：$\boldsymbol{P}_1$ 是强对称信道，应用式（4-24）可得，信道容量 $C=\log4-H\left(\frac{1}{3},\frac{1}{3},\frac{1}{6},\frac{1}{6}\right)=0.0817$bit/信道符号；$\boldsymbol{P}_2$ 是准对称信道，当输入等概时，输出 Y 的 4 个符号的概率分布为 $\left(\frac{1}{4},\frac{1}{3},\frac{1}{6},\frac{1}{4}\right)$，应用式（4-20）可得，信道容量 $C=H\left(\frac{1}{4},\frac{1}{3},\frac{1}{6},\frac{1}{4}\right)-H\left(\frac{1}{3},\frac{1}{3},\frac{1}{6},\frac{1}{6}\right)=0.041$bit/信道符号。■

本节最后总结信道容量的计算方法，根据计算信道容量的复杂程度可以把信道划分为 4 类。

（1）信道的噪声熵或损失熵为 0，应用 $I(X;Y)=H(X)-H(X|Y)=H(Y)-H(Y|X)$，直接求解最大值。

（2）对称信道，包括强对称信道和弱对称信道，最佳输入概率分布为等概分布，应用式（4-24）和式（4-20）计算信道容量。

（3）信道矩阵是方阵且可逆，可以用求逆矩阵的方法求解信道容量和最佳输入概率分布，但需要检验所有先验概率 $p(x_i)$是否都大于 0。

（4）对于更为复杂的信道容量问题，需要借助计算机进行迭代计算，可参考 Blahut-Arimoto 算法[7]。

4.4 多符号信道和并联信道

把 N 个符号 $X_1, X_2, \cdots, X_N$ 构成的符号序列送入单符号离散信道，在输出端对应地输出 N 个符号 $Y_1, Y_2, \cdots, Y_N$，由此就得到了多符号信道，如图 4-13 所示。这种信道相当于把单符号信道重复使用 N 次，因此也称为单符号离散信道的 N 次扩展信道，分为无记忆扩展信道和有记忆扩展信道两种情况。如果某个输出 Y_i 只取决于该时刻的输入 X_i，与其他时刻的输入无关，则为无记忆扩展信道；如果 Y_i 不仅取决于该时刻的输入 X_i，还与之前输入信道的符号有关，则为有记忆扩展信道。本章仅讨论无记忆扩展信道。

对于无记忆扩展信道，输入输出的转移概率满足

$$P(\boldsymbol{Y} \mid \boldsymbol{X}) = P(Y_1, Y_2, \cdots, Y_N \mid X_1, X_2, \cdots, X_N) = \prod_{i=1}^{N} P(Y_i \mid X_i) \tag{4-25}$$

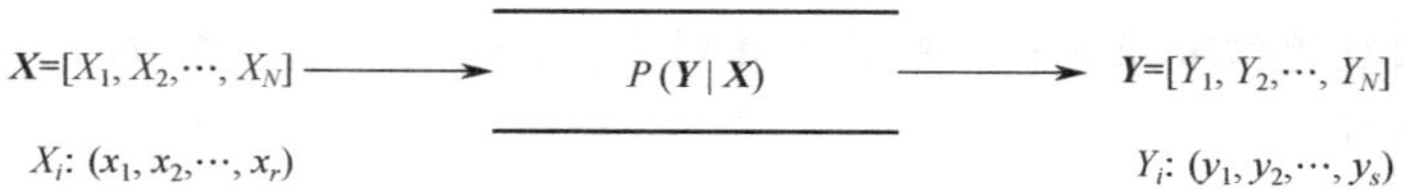

$\boldsymbol{X}=[X_1, X_2, \cdots, X_N]$ ⟶ $P(\boldsymbol{Y} \mid \boldsymbol{X})$ ⟶ $\boldsymbol{Y}=[Y_1, Y_2, \cdots, Y_N]$

X_i: $(x_1, x_2, \cdots, x_r)$ Y_i: $(y_1, y_2, \cdots, y_s)$

图 4-13 多符号信道

如果不考虑传输时间因素的话，如图 4-13 所示的 N 次无记忆扩展信道可以等效为如图 4-14 所示的并列信道，其平均互信息为

$$I(\boldsymbol{X};\boldsymbol{Y})=H(\boldsymbol{Y})-H(\boldsymbol{Y}|\boldsymbol{X}) \tag{4-26}$$

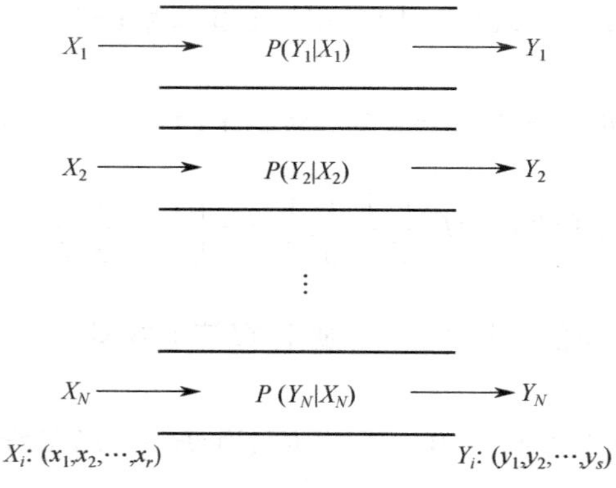

X_1 ⟶ $P(Y_1|X_1)$ ⟶ Y_1

X_2 ⟶ $P(Y_2|X_2)$ ⟶ Y_2

⋮

X_N ⟶ $P(Y_N|X_N)$ ⟶ Y_N

X_i: $(x_1, x_2, \cdots, x_r)$ Y_i: $(y_1, y_2, \cdots, y_s)$

图 4-14 多符号无记忆扩展信道等效为并列信道

定理 4-4：单符号离散信道的 N 次无记忆扩展信道：

（1）如果输入的信源符号序列 $X_1, X_2, \cdots, X_N$ 是无记忆的，则有

$$I(\boldsymbol{X};\boldsymbol{Y}) = \sum_{i=1}^{N} I(X_i;Y_i) \tag{4-27}$$

（2）如果输入的信源符号序列 $X_1, X_2, \cdots, X_N$ 是有记忆的，则有

$$I(\boldsymbol{X};\boldsymbol{Y})\leqslant\sum_{i=1}^{N}I(X_i;Y_i) \tag{4-28}$$

证明：这两种互信息分别为

$$I(\boldsymbol{X};\boldsymbol{Y})=H(\boldsymbol{Y})-H(\boldsymbol{Y}|\boldsymbol{X}) \tag{4-29}$$

$$\sum_{i=1}^{N}I(X_i;Y_i)=\sum_{i=1}^{N}H(Y_i)-\sum_{i=1}^{N}H(Y_i|X_i) \tag{4-30}$$

首先，考察条件熵 $H(\boldsymbol{Y}|\boldsymbol{X})$

$$H(\boldsymbol{Y}\mid\boldsymbol{X})=-\sum_{i_1}\cdots\sum_{i_N}\sum_{j_1}\cdots\sum_{j_N}p(x_{i_1},\cdots,x_{i_N})p(y_{j_1},\cdots,y_{j_N}\mid x_{i_1},\cdots,x_{i_N})\log p(y_{j_1},\cdots,y_{j_N}\mid x_{i_1},\cdots,x_{i_N})$$

基于无记忆扩展条件式（4-5），可得

$$\begin{aligned}H(\boldsymbol{Y}\mid\boldsymbol{X})&=-\sum_{i_1}\cdots\sum_{i_N}\sum_{j_1}\cdots\sum_{j_N}p(x_{i_1},\cdots,x_{i_N})p(y_{j_1}\mid x_{i_1})\cdots p(y_{j_N}\mid x_{i_N})\log[p(y_{j_1}\mid x_{i_1})\cdots p(y_{j_N}\mid x_{i_N})]\\&=-\sum_{i_1}\cdots\sum_{i_N}\sum_{j_1}\cdots\sum_{j_N}p(x_{i_1},\cdots,x_{i_N})p(y_{j_1}\mid x_{i_1})\cdots p(y_{j_N}\mid x_{i_N})[\log p(y_{j_1}\mid x_{i_1})+\cdots+\log p(y_{j_N}\mid x_{i_N})]\end{aligned} \tag{4-31}$$

为表述简洁起见，下面仅考察式（4-31）对数和中的第一项，即

$$\begin{aligned}&-\sum_{i_1}\cdots\sum_{i_N}\sum_{j_1}\cdots\sum_{j_N}p(x_{i_1},\cdots,x_{i_N})p(y_{j_1}\mid x_{i_1})\cdots p(y_{j_N}\mid x_{i_N})\log p(y_{j_1}\mid x_{i_1})\\&=-\sum_{i_1}\sum_{j_1}p(y_{j_1}\mid x_{i_1})\log p(y_{j_1}\mid x_{i_1})\left[\sum_{i_2}\cdots\sum_{i_N}\sum_{j_2}\cdots\sum_{j_N}p(x_{i_1},\cdots,x_{i_N})p(y_{j_2}\mid x_{i_2})\cdots p(y_{j_N}\mid x_{i_N})\right]\\&=-\sum_{i_1}\sum_{j_1}p(y_{j_1}\mid x_{i_1})\log p(y_{j_1}\mid x_{i_1})\{\sum_{i_2}\cdots\sum_{i_N}p(x_{i_1},\cdots,x_{i_N})\sum_{j_2}p(y_{j_2}\mid x_{i_2})\cdots\sum_{j_N}p(y_{j_N}\mid x_{i_N})\}\\&=-\sum_{i_1}\sum_{j_1}p(y_{j_1}\mid x_{i_1})\log p(y_{j_1}\mid x_{i_1})\{\sum_{i_2}\cdots\sum_{i_N}p(x_{i_1},\cdots,x_{i_N})\}\\&=-\sum_{i_1}\sum_{j_1}p(y_{j_1}\mid x_{i_1})\log p(y_{j_1}\mid x_{i_1})p(x_{i_1})\\&=-\sum_{i_1}\sum_{j_1}p(y_{j_1},x_{i_1})\log p(y_{j_1}\mid x_{i_1})\\&=H(Y_1\mid X_1)\end{aligned}$$

其中，$\sum_{i_2}\cdots\sum_{i_N}p(x_{i_1},\cdots,x_{i_N})\sum_{j_2}p(y_{j_2}\mid x_{i_2})\cdots\sum_{j_N}p(y_{j_N}\mid x_{i_N})=\sum_{i_2}\cdots\sum_{i_N}p(x_{i_1},\cdots,x_{i_N})=p(x_{i_1})$，利用了信道矩阵的行取和等于 1 的性质，即 $\sum_{j=1}^{s}p(y_j\mid x_i)=1$。

在式（4-31）中的其他项也有类似的结论，所以

$$H(\boldsymbol{Y}\mid\boldsymbol{X})=\sum_{i=1}^{N}H(Y_i|X_i) \tag{4-32}$$

其次，考察无条件熵 $H(\boldsymbol{Y})$，需要区分两种情况。

（1）若信源为无记忆信源，$X_1, X_2,\cdots, X_N$ 是彼此独立的，经过无记忆信道的传输到达接收端，符号 $Y_1, Y_2,\cdots, Y_N$ 也是彼此独立的，所以有

$$H(\boldsymbol{Y})=H(Y_1,\cdots,Y_N)=\sum_{i=1}^{N}H(Y_i) \tag{4-33}$$

（2）若信源为有记忆信源，$X_1, X_2,\cdots, X_N$ 是彼此不独立的，经过无记忆信道的传输到达接收端，符号 $Y_1, Y_2,\cdots, Y_N$ 彼此不独立，所以有

$$H(\boldsymbol{Y})=H(Y_1,\cdots,Y_N)\leqslant\sum_{i=1}^{N}H(Y_i) \tag{4-34}$$

把式（4-32）～式（4-34）代入式（4-29）、式（4-30）即可得证。■

定理 4-4 说明，单符号离散信道的 N 次无记忆扩展信道的信道容量等于该离散信道的信道容量的 N 倍，只有当输入为 N 次无记忆信源，且每个独立信源 X_i 为该单符号离散信道的最佳输入分布时，N 次无记忆扩展信道才能达到信道容量。进一步，当图 4-14 中输入的各信源符号 X_i 不服从相同的概率分布时，就成为一般性的并联信道；若各信源彼此独立，则总的信道容量等于各信道容量之和，即

$$C=C_1+\cdots+C_N$$

当各信源都是各自对应信道的最佳输入分布时，该并联信道能达到信道容量。

4.5 串联信道和数据处理定理

串联信道是一种基本的信道组合方式，在实际应用中广泛存在，如卫星中继通信。最简单的串联信道是如图 4-15 所示的 2 级串联信道，信道 1 的输出 Y 同时充当信道 2 的输入。

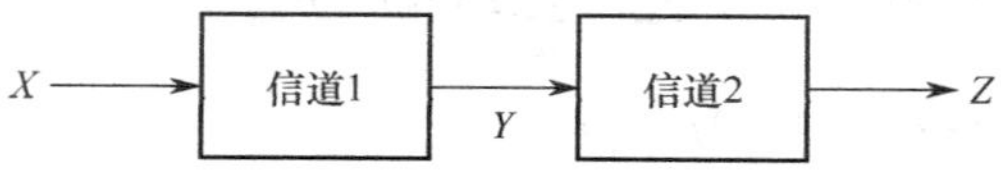

图 4-15　2 级串联信道

在图 4-15 中，3 个随机变量 X、Y、Z 构成了一个马尔可夫链 $X\to Y\to Z$，即 X 和 Y 是统计相关的，Y 和 Z 是统计相关的，所以 Z 和 X 也是统计相关的。但是，如果 Y 已知，则 Z 和 X 就是统计无关的，即

$$I(X;Z|Y)=0 \tag{4-35}$$

另外，根据互信息的链式法则，我们知道

$$I(X;Y,Z)=I(X;Y|Z)+I(X;Z)=I(X;Z|Y)+I(X;Y)$$

那么对于马尔可夫链 $X\to Y\to Z$，应用式（4-35）可推出

$$I(X;Y)=I(X;Y|Z)+I(X;Z) \tag{4-36}$$

根据条件互信息的非负性可知，$I(X;Y|Z)\geqslant 0$，所以有

$$I(X;Y)\geqslant I(X;Z) \tag{4-37}$$

同理可知

$$I(Y;Z)\geqslant I(X;Z) \tag{4-38}$$

式（4-37）和式（4-38）的物理意义是如图 4-15 所示的串联信道的互信息不大于任何一个子信道的互信息，把这个结论正式地概括为如下定理。

定理 4-5（**数据处理定理**）：对于马尔可夫链 $X\to Y\to Z$，总有 $I(X;Y)\geqslant I(X;Z)$和 $I(Y;Z)\geqslant I(X;Z)$成立。

数据处理定理也被称为**信息不增原理**，$I(X;Y)\geqslant I(X;Z)$和 $I(Y;Z)\geqslant I(X;Z)$也被称为**数据处理不等式**，其含义是对信息的每次处理都会损失一部分信息。

串联信道的信道矩阵等于各组成信道的信道矩阵的乘积，即

$$\boldsymbol{P}=\boldsymbol{P}_1\boldsymbol{P}_2\cdots\boldsymbol{P}_N$$

基于总的信道矩阵 $\boldsymbol{P}$ 可以计算串联信道的信道容量。

例 4-12：假设在图 4-15 中每个信道都是 BSC 信道，信道矩阵为

$$\boldsymbol{P}_1=\begin{bmatrix}1-p & p\\ p & 1-p\end{bmatrix}$$

其信道容量 $C_1=1-H\,(p,1-p)$。计算可得 2 级 BSC 串联信道的信道矩阵为

$$\boldsymbol{P}_2=\begin{bmatrix}(1-p)^2+p^2 & 2p(1-p)\\ 2p(1-p) & (1-p)^2+p^2\end{bmatrix}$$

由于 $\boldsymbol{P}_2$ 还是对称信道，根据对称信道的信道容量计算公式，2 级 BSC 串联信道的信道容量为

$$C_2=1-H[(1-p)^2+p^2,\ 2p(1-p)]$$

可以验证，$C_2\leqslant C_1$，只有当 $p=0.5$ 时二者才相等。依次类推，N 级 BSC 串联信道的信道矩阵为

$$\boldsymbol{P}_N=\frac{1}{2}\begin{bmatrix}1+(1-2p)^N & 1-(1-2p)^N\\ 1-(1-2p)^N & 1+(1-2p)^N\end{bmatrix}$$

N 级 BSC 串联信道的信道容量为

$$C_N=1-H\left[\frac{1-(1-2p)^N}{2},\frac{1+(1-2p)^N}{2}\right]$$

当 $N\to\infty$时，$C_N\to 0$，即信息完全损失掉了。 ■

4.6　本章小结

信息论讨论的信道是离散信道的数学模型，由信道转移矩阵$[p(b_j|a_i)]$来描述，其中的矩阵元素由前向概率构成。先验概率 $p(a_i)$、前向概率 $p(b_j|a_i)$、后验（后向）概率 $p(a_i|b_j)$、联合概率 $p(a_i,b_j)$是几个紧密相关的概念。信道的基本功能是传递信息，因此平均互信息 $I(X;Y)$是研究信道重要的概念之一。熵、条件熵、联合熵和平均互信息之间的关系如图 2-2 和图 4-4 所示。与离散熵 $H(X)$的凸性不同，平均互信息表现为两种凸性：①当信道固定时，

$I(X;Y)$是信源先验概率的上凸函数；②当信源固定时，$I(X;Y)$是信道转移概率的下凸函数。理解性质①非常重要，它说明当信道固定时，存在某种信源与该信道匹配，从而在信道输出端获得最大的信息量，称这个$I(X;Y)$的最大值为该信道的信道容量。计算信道容量是研究信道的基本工作。对于比较简单的情况，如 BSC 信道、BEC 信道、有噪无损信道、无噪有损信道、对称信道等，信道容量的推导比较简单；对于一般的离散信道，则需要用到拉格朗日乘数法或者 Blahut-Arimoto 迭代算法，这是一个比较复杂的过程。

习　　题

1．设二元对称信道的输入符号的先验概率分布为 $P(X)$=(3/4,1/4)，转移矩阵为

$$\boldsymbol{P}(Y\mid X)=\begin{bmatrix}\frac{2}{3} & \frac{1}{3}\\ \frac{1}{3} & \frac{2}{3}\end{bmatrix}$$

（1）求信道的输入熵、输出熵、平均互信息；

（2）求信道容量和最佳输入分布。

2．设离散无记忆扩展信道的传输情况如下图所示。

（1）试写出该信道的转移概率矩阵；

（2）求该信道的信道容量。

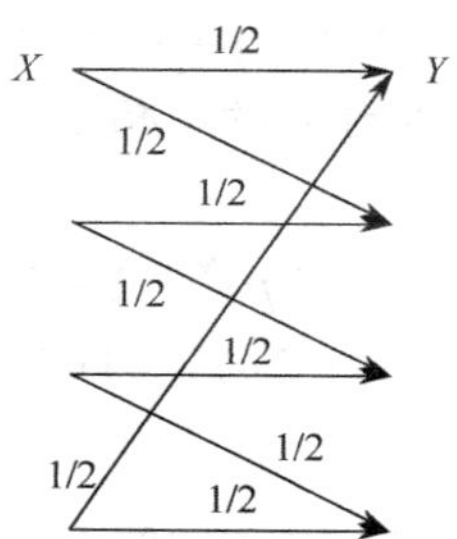

3．下面哪个是有噪无损信道，哪个是无噪有损信道，哪个是无噪无损信道，哪个是有噪有损信道？

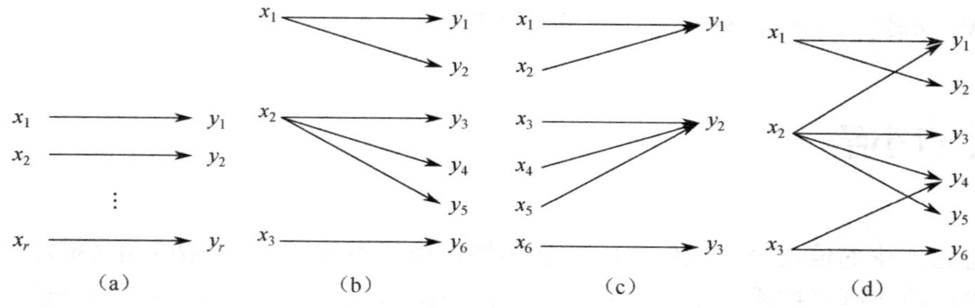

4．有一个二元对称信道，其信道矩阵为$\begin{bmatrix}0.98 & 0.02\\ 0.02 & 0.98\end{bmatrix}$，设该信道以 1500 信道符号/s 的速率传输。一个信源的消息序列包含 14000bit，并设 $P(0)=P(1)=1/2$，问从消息传输的角度来考虑，多少秒内能将这消息序列无失真地传递完？

5．3 个信道的转移矩阵 $\boldsymbol{P}_1$、$\boldsymbol{P}_2$、$\boldsymbol{P}_3$ 如下所示，求其信道容量。

$$\boldsymbol{P}_1=\begin{bmatrix}1/3 & 1/6 & 1/3 & 1/6\\ 1/6 & 1/3 & 1/6 & 1/3\end{bmatrix},\quad \boldsymbol{P}_2=\begin{bmatrix}2/3 & 2/15 & 1/5\\ 1/5 & 2/3 & 2/15\\ 2/15 & 1/5 & 2/3\end{bmatrix},\quad \boldsymbol{P}_3=\begin{bmatrix}0.7 & 0.1 & 0.2\\ 0.1 & 0.7 & 0.2\end{bmatrix}$$

6．某信道的转移概率如下图所示，输入符号的先验概率 $p(x_1)=0.6$，$p(x_2)=0.4$，计算 $H(X)$、$H(Y)$、$H(X,Y)$、$H(Y|X)$、$H(X|Y)$、$I(X;Y)$。

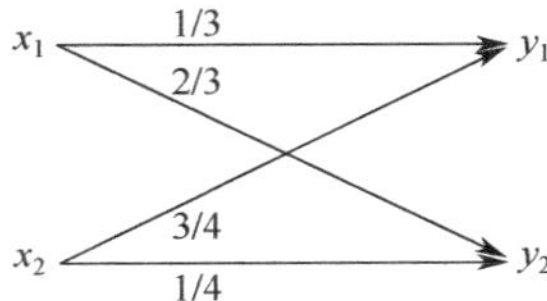

7．某信道的转移概率矩阵 $\boldsymbol{P}=\begin{bmatrix}1/2 & 1/2\\ 1/4 & 3/4\end{bmatrix}$，求

（1）信道容量和最佳输入概率分布；

（2）把两个这样的信道串联，得到的信道的信道容量和最佳输入概率分布。

8．求下图所示的 BSC 信道和 BEC 信道串联信道的信道容量和最佳输入概率分布。

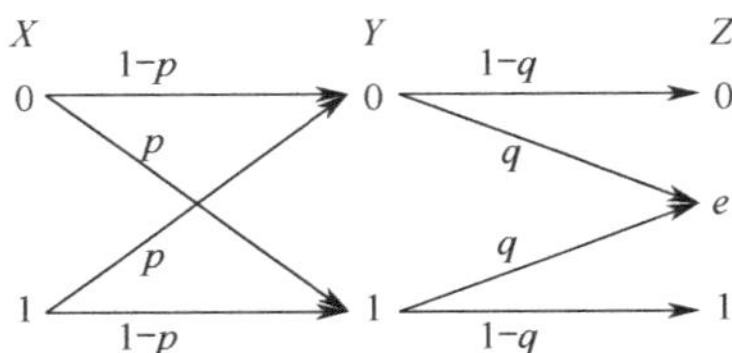

9．求下图所示信道的信道容量和最佳输入概率分布。

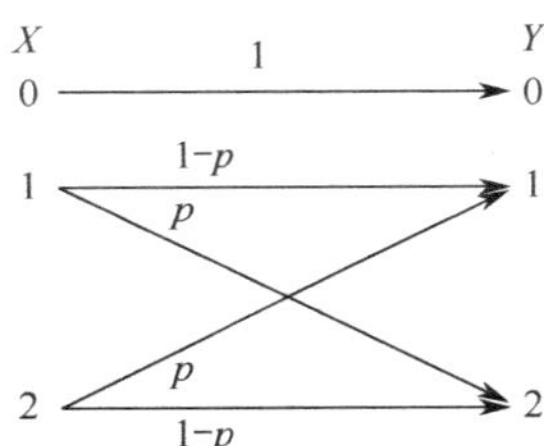

10．BSC 信道和 BEC 信道可以统一为如下图所示的二元有噪删除信道，请计算其信道容量。

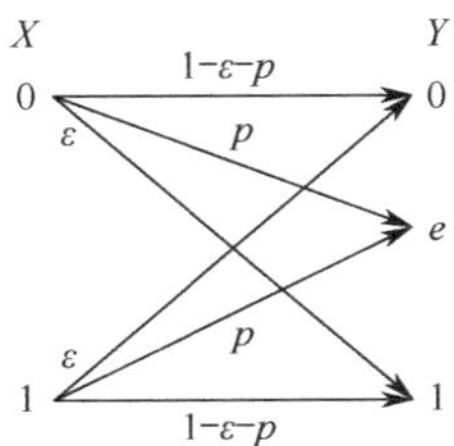

11．下图所示为加性噪声信道，加法为普通意义的加法，输入字母集为 $X=\{0,1\}$，噪声字母集为 $Z=\{0,a\}$，且有 $p(Z=0)=p(Z=a)=0.5$，Z 和 X 统计独立，请计算该信道的信道容量，并观察信道容量与 a 的关系。

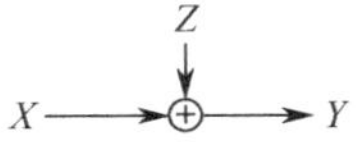

12．下图是一个加性信道，Z 的概率分布为 $\begin{bmatrix} Z \\ P(Z) \end{bmatrix} = \begin{bmatrix} 1 & 2 & 3 \\ 1/3 & 1/3 & 1/3 \end{bmatrix}$，$X$ 的符号集为 $\{0,1,2,3,4\}$，$+_5$ 表示模 5 加法，即把普通加法的结果对 5 求余数，请计算该信道的信道容量。

$$X \longrightarrow \oplus_5 \longrightarrow Y \quad (Z \downarrow \oplus_5)$$

更一般地，对于该信道，把 5 换为任意的质数 p，X 的符号集取为 $\{0,1,\cdots,p-1\}$，$+_p$ 表示模 p 加法，请给出信道容量的一般表达式。

13．求下列信道的信道容量

X\Y	0	1	2	3
0	0	1	0	0
1	0	0	1	0
2	1	0	0	0
3	0	0	0	1

（a）

X\Y	0	1	2
0	1	0	0
1	1	0	0
2	0	1	0
3	0	1	0
4	0	0	1
5	0	0	1

（b）

X\Y	0	1	2	3	4	5	6	7
0	0.1	0.9	0	0	0	0	0	0
1	0	0	0.2	0.4	0.4	0	0	0
2	0	0	0	0	0	0.3	0.5	0.2

（c）

第 5 章

有噪信道编码

5.1 单符号离散信道的译码规则

在正式进入信道编码的内容之前，首先以单符号离散信道为例，讨论信道的译码规则设计。准确地讲，单符号离散信道传输并未使用信道编码技术，但通过对单符号离散信道的分析可以简洁明了地解释什么是译码规则及各种译码规则的优缺点。此外，译码规则可以自然地从单符号离散信道推广到 N 次扩展信道，并基于 N 次扩展信道帮助我们理解信道编码的基本原理。

第 4 章讨论了平均互信息和信道容量的概念。以单符号离散信道为例，平均互信息 $I(X;Y)$描述了输入符号 X 和输出符号 Y 之间互相包含的信息量，其数值等于信源的不确定度在信道输出前和信道输出后的差值，即

$$I(X;Y)=H(X)-H(X|Y) \tag{5-1}$$

$I(X;Y)$等于信道的信息传输率，即每个信道符号携带的信息量。信道容量 C 是 $I(X;Y)$的最大值，代表了信道的极限传输能力，只有当信源的概率分布为该信道的最佳输入分布时才能达到信道容量。

然而，迄今为止还有一个问题没有回答，即通信的可靠性问题，即在信宿如何根据信道输出符号以较大的成功概率确定信道输入的是哪个符号。根据第 4 章的学习我们知道，只要信道的损失熵 $H(X|Y)$不为 0，则当信宿收到某个符号 y_j 时，对信源发送的符号 x_i 就存在一定的不确定度。也就是说，对于有损信道，信宿在收到信道输出符号 y_j 后并不能精确地获知信源发送的是哪个信源符号 x_i，只能对其进行估值，这个估值过程也称译码。估值可能正确或错误，即译码会以一定的概率成功或失败。通信系统的一个设计目标就是尽可能地降低译码错误概率。下面来看译码错误概率和什么因素有关，又如何降低它。

在信道传输过程中发生的错误概率反映在信道矩阵中，以图 5-1 所示 BSC 信道为例，该信道的错误转移（0→1 或 1→0）概率为 p，正确转移（0→0 或 1→1）概率为 $q=1-p$，假设信源消息的先验概率为 $p(0)=\omega$，$p(1)=1-\omega$，则系统的平均译码错误概率为

$$P_E=p\omega+p(1-\omega)=p \tag{5-2}$$

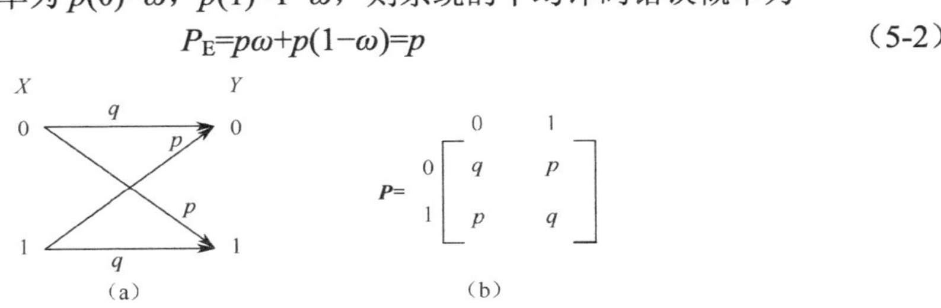

图 5-1　BSC 信道及信道矩阵

信源编码和信道编码执行的都是两种符号之间的一一映射，但在译码时二者完全不同。信源译码执行的是对信源编码的逆映射，只要信源码是非奇异的，就能保证信源译码的正确性。然而，信道码在传输过程中码字有可能发生差错，如图 5-1 中 0→1 或 1→0，也称为比特错误或比特翻转。这是用于表示“0”和“1”的物理信号波形在信道传输过程中受噪声或干扰的影响发生畸变造成的。由于比特翻转的存在，信道译码不是简单的信道编码的逆运算，而要根据接收的符号 y_j 判断或估计发送的是哪个符号 x_i。这个译码过程需要依据某种译码规则进行，合理地设计译码规则对提高通信系统性能至关重要。

考察图 5-2 所示的两个 BSC 信道，根据式（5-2），这两个信道的平均错误概率分别是

（a）$P_E=0.01$；（b）$P_E=0.99$

可见，（a）是比较“好”的信道，（b）是比较“差”的信道。然而，稍微思考一下不难发现，信道（b）的作用相当于把发送符号“0”和“1”以高概率 0.99 取反。如果我们充分利用这一特征，在接收端收到“0”时，译成发送的是“1”；在接收端收到“1”时，译成发送的是“0”，也就是执行“取反译码”，那么只有当发送“0”（或“1”）接收“0”（或“1”）时，才会造成译码错误，这样如图 5-2（b）所示的平均译码错误概率将降低为 $P_E=0.01$。

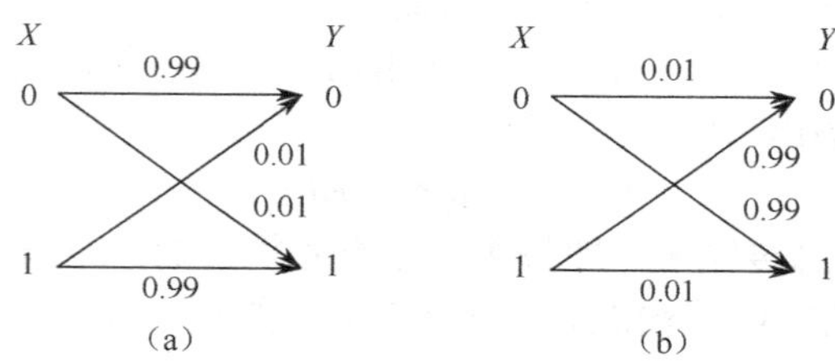

图 5-2　两个 BSC 信道

由此可见，平均译码错误概率 P_E 不仅与信道的统计特性（信道矩阵）有关，还与译码规则有关，根据信道矩阵的特点合理地设计译码规则可以降低平均译码错误概率 P_E。那么对于给定的信道矩阵，该如何设计译码规则才能使平均译码错误概率 P_E 最小呢？这是数字通信领域一个很有意义的问题。

为了简化问题的描述，我们首先讨论单符号离散信道。设信道的输入和输出分别是两个随机变量 X 和 Y，符号集分别为 $\{x_1, x_2, \cdots, x_r\}$ 和 $\{y_1, y_2, \cdots, y_s\}$，信道矩阵为

$$\boldsymbol{P}=\begin{bmatrix} p(y_1|x_1) & p(y_2|x_1) & \cdots & p(y_s|x_1) \\ \vdots & \vdots & \vdots & \vdots \\ p(y_1|x_r) & p(y_2|x_r) & \cdots & p(y_s|x_r) \end{bmatrix}$$

所谓**译码规则**就是一个函数 $F(y_j)$，该函数为每个接收符号 y_j 唯一地指定一个发送符号 x_i 与之相对应，或者说把 y_j 译成 x_i，即

$$F(y_j)=x_i \quad (j=1,2,\cdots,s;\ i=1,2,\cdots,r)$$

根据译码规则 $F(y_j)$，当接收端收到符号 y_j 后，译码正确的概率为 $P(F(y_j)|y_j)=P(x_i|y_j)$，译码错误的概率为 $P(e|y_j)=1-P(F(y_j)|y_j)$。因此，平均译码错误概率为

$$
\begin{aligned}
P_{\mathrm{E}} &= \sum_{j=1}^{s} P(e \mid y_j)P(y_j) \\
&= \sum_{j=1}^{s} [1 - P(F(y_j) \mid y_j)]P(y_j) \\
&= \sum_{j=1}^{s} P(y_j) - \sum_{j=1}^{s} P[F(y_j) \mid y_j]P(y_j) \\
&= 1 - \sum_{j=1}^{s} P[F(y_j) \mid y_j]P(y_j)
\end{aligned}
$$

注意：在上式中 $P(y_j) = \sum_{i=1}^{r} P(y_j \mid x_i)P(x_i)$ 仅与发送符号 $P(x_i)$的先验概率和信道矩阵中的前向概率 $P(y_j|x_i)$有关，而与译码规则 $F(y_j)$无关。改变 $F(y_j)$并不会影响 $P(y_j)$，所以为了减小 P_{E}，应使 $P(F(y_j)|y_j)$最大。这相当于在接收到符号 y_j 后，译成与之相对应的后验概率 $P(x_i|y_j)$最大的那个发送符号 x_i，这种译码规则被称为**最大后验概率准则**（**Maximum A Posteriori Probability，MAP 准则**）。MAP 准则定义为

$$F(y_j)=x_i=\mathrm{argmax}(P(x_i|y_j))$$

argmax(•)表示使函数取最大值的自变量 x_i 的取值。因为 MAP 准则的效果是使平均错误概率 P_{E} 最小，所以又被称为**最小错误概率准则**。又因为

$$P_{\mathrm{E}} = 1 - \sum_{j=1}^{s} P[F(y_j) \mid y_j]P(y_j) = 1 - \sum_{j=1}^{s} P[F(y_j), y_j]$$

所以，为了使 P_{E} 最小，也可以等价地设计译码规则，使 $P(x_i,y_j)$最大，以 $P(x_i,y_j)$作为判决依据的译码准则被称为**最大联合概率准则**，定义为

$$F(y_j)=x_i=\mathrm{argmax}(P(x_i,y_j))$$

最大后验概率准则和最大联合概率准则是等效的，都能得到最小平均译码错误概率。

例 5-1：某信道矩阵如下，发送符号的先验概率为 $P(x_1) = 0.25$，$P(x_2) = 0.25$，$P(x_3) = 0.5$，设计该信道的译码规则并计算平均译码错误概率 P_{E}。

$$
\boldsymbol{P} = \begin{bmatrix} 0.5 & 0.3 & 0.2 \\ 0.2 & 0.3 & 0.5 \\ 0.3 & 0.3 & 0.4 \end{bmatrix}
$$

根据先验概率 $P(x_i)$和信道矩阵，可求得输入、输出符号的联合概率为

$$
\boldsymbol{P}(X,Y) = \begin{bmatrix} 0.125 & 0.075 & 0.05 \\ 0.05 & 0.075 & 0.125 \\ 0.15 & 0.15 & 0.2 \end{bmatrix}
$$

Y 的边缘概率分布为 $P(y_1) = 0.325$，$P(y_2) = 0.3$，$P(y_3) = 0.375$，进一步可得后验概率矩阵为

$$
\boldsymbol{P}(X \mid Y) = \begin{bmatrix} 0.39 & 0.25 & 0.14 \\ 0.15 & 0.25 & 0.33 \\ 0.46 & 0.5 & 0.53 \end{bmatrix}
$$

根据 $P(X|Y)$或 $P(X,Y)$可设计最大后验概率和最大联合概率的译码规则为

$$F(y_1)=x_3, \quad F(y_2)=x_3, \quad F(y_3)=x_3$$

在此规则下，平均译码正确概率为

$$\sum_{j=1}^{3} P[F(y_j)\,|\,y_j]P(y_j)=\sum_{j=1}^{3} P[F(y_j),y_j]=0.15+0.15+0.2=0.5$$

所以平均译码错误概率为 $P_E=0.5$。 ■

最大后验概率准则或最大联合概率准则可以实现最小平均译码错误概率 P_E，因此是性能最佳的译码准则，文献［4］也称使用这两种准则的译码器为理想译码器。但这两种准则存在一个问题：在工程应用中往往希望信源和信道这两个模块独立设计，不希望形成信道译码和信源之间的耦合关系，然而最大后验概率准则或最大联合概率准则依赖于先验概率 $P(x_i)$，这在很多实际应用中是未知的，或者是随时间变化的，因此依赖于先验概率的特性大大降低了这两种准则的工程实用性。为了解决这个问题，在实际工程应用中更为常用的是**最大似然译码准则（Maximum Likelihood，ML 准则）**：即以前向概率 $P(y_j|x_i)$作为译码判决依据，在收到某个 y_j 后译成与之相对应的前向概率最大的 x_i，ML 准则定义为

$$F(y_j)=x_i=\arg\max(P(y_j|x_i))$$

可见，最大似然译码准则仅依靠信道矩阵即可译码，既避免了对先验概率 $P(x_i)$的依赖，也避免了计算联合概率或后验概率的麻烦，是一种简单、易行的译码方法。然而，最大似然译码准则不一定能达到最小平均译码错误概率。因为

$$P(x_i,y_j)=P(y_j|x_i)P(x_i)$$

所以，只有当信源输入符号先验等概时，以前向概率 $P(y_j|x_i)$和联合概率 $P(x_i,y_j)$作为判决依据的译码结果才是一致的，即此时最大似然译码准则和最大联合概率准则是等效的，都能得到最小平均译码错误概率。然而，在先验不等概的情况下，二者是不等效的。

例 5-1（续）：根据信道矩阵 $\boldsymbol{P}$ 可以直接得到最大似然译码准则的译码结果如下：

$$F(y_1)=x_1, \quad F(y_2)=x_3, \quad F(y_3)=x_2$$

平均译码正确概率为

$$\sum_{j=1}^{3} P[F(y_j)\,|\,y_j]P(y_j)=\sum_{j=1}^{3} P[F(y_j),y_j]=0.125+0.15+0.125=0.4$$

所以平均译码错误概率为 $P_E=0.6$。 ■

可见，在例 5-1 中，由于先验非等概分布，最大似然译码准则的平均译码错误概率高于最大后验概率准则的平均译码错误概率。因此，最大似然译码准则不一定能达到最小平均译码错误概率，是一种次优的译码准则。但是，由于最大似然译码准则具有简单、可操作和不依赖信源概率分布的特性，因此在工程应用中得到了更普遍的应用；相反，最大后验概率准则或最大联合概率准则虽然是最优的译码准则，实现了最小平均译码错误概率的效果，但它们依赖于信源的概率分布。因此，这两种准则在工程应用中的可操作性远差于最大似然译码准则，它们只具有理论价值，而不具有实用价值。

5.2　如何降低译码错误概率

通过 5.1 节对单符号离散信道的分析我们知道，平均译码错误概率 P_E 既和信道矩阵有关，又和译码规则有关。信道矩阵是信道本身的特性，一旦信道给定，信道矩阵也就不再改变。在信道固定的前提下，合理地设计译码规则可以在一定程度上降低平均译码错误概率 P_E，但这种改善是有限的。以如图 5-2（b）所示信道为例，通过“取反”的译码规则设计，可以使 P_E 从 0.99 降为 0.01。但对于该单符号信道而言，0.01 已经是 P_E 的极限，无论再怎么修改译码规则也不会获得更小的 P_E。那么，还有没有办法进一步减小 P_E 呢？答案是肯定的。这就需要用到信道编码和扩展信道等技术，让我们以一个简单的例子加以说明。

例 5-2：由如图 5-2（a）所示单符号离散信道生成 3 次扩展信道，如图 5-3（a）所示。基于该 3 次扩展信道，对信源符号 X 编码如下：0→0 0 0，1→1 1 1，经过信道传输后，在信宿可能收到 8 种不同的 3 重比特串，该信道的信道矩阵如图 5-3（b）所示。对该信道采用最大似然译码准则，当收到序列 $\boldsymbol{y}_j$ 时，译作信道矩阵中与 $\boldsymbol{y}_j$ 相对应的前向概率最大的发送序列 $\boldsymbol{x}_i$，即

$$F(\boldsymbol{y}_j)=\boldsymbol{x}_i=\text{argmax}(P(\boldsymbol{y}_j|\boldsymbol{x}_i))$$

由此可得译码规则如下：当收到 0 0 0,0 0 1,0 1 0,1 0 0 时译作 0 0 0，当收到 0 1 1,1 0 1,1 1 0,1 1 1 时译作 1 1 1。该译码结果相当于译作接收符号序列中数目多的比特所对应的发送 3 重比特序列，有的文献也称这种译码规则为“择多译码”[2]。对于该译码规则，计算该信道的平均译码错误概率为

$$P_E=\omega(3qp^2+p^3)+(1-\omega)(3qp^2+p^3)=(3qp^2+p^3)$$

当 p=0.01 时，P_E=2.98×10^{-4}，与图 5-2（a）相比较，通过“3 重编码+3 次扩展信道传输+最大似然译码准则”的组合，大大减小了 P_E。进一步，采用相同的思想，可以得到 5 次扩展信道、7 次扩展信道等。对于一般的奇数 n，采用上述编译码方法的 n 次（n 是奇数）扩展信道的平均译码错误概率为

$$P_E=C_n^n p^n+C_n^{n-1}p^{n-1}q+\cdots+C_n^{\frac{n+1}{2}}p^{\frac{n+1}{2}}q^{\frac{n-1}{2}}\quad(n=1,3,5,7,\cdots)\tag{5-3}$$

对应不同的 n 值，计算 P_E 如表 5-1 和图 5-4 所示。可见，随着 n 的增加，P_E 急剧减小，当 n 不是很大时，P_E 几乎为 0。■

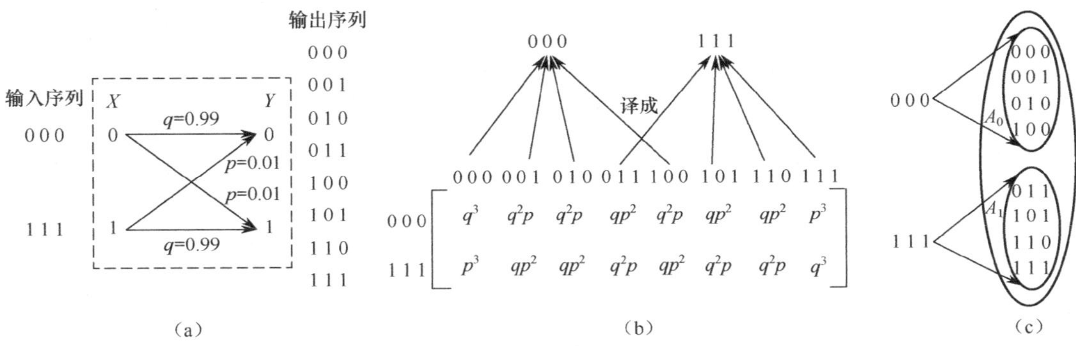

图 5-3　BSC 信道的 3 次扩展信道的编译码方案 1

表 5-1　BSC 信道的 *n* 次扩展信道的平均译码错误概率

n	1	3	5	7	9	11
P_E	0.01	2.98×10^{-4}	9.85×10^{-6}	3.41×10^{-7}	1.21×10^{-8}	4.38×10^{-10}
R	1	1/3	1/5	1/7	1/9	1/11

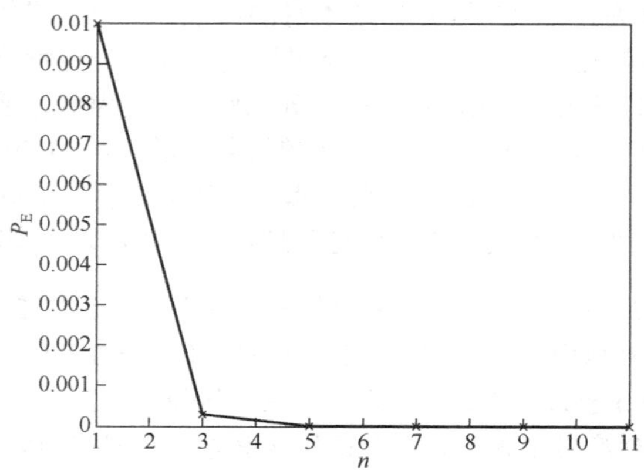

图 5-4　BSC 信道的 *n* 次扩展信道的平均译码错误概率

仔细研究如图 5-3（b）所示的编译码方案可以发现，该方案本质上把可能接收的 8 个 3 重比特序列构成的集合分割成了两个互不相交的子集，即

$$A_0=\{0\,0\,0,0\,0\,1,0\,1\,0,1\,0\,0\}；\ A_1=\{1\,1\,0,1\,0\,1,0\,1\,1,1\,1\,1\}$$

当接收的比特序列属于 A_0（或 A_1）时，译作发送的比特串 0 0 0（或 1 1 1），如图 5-3（c）所示。由此可知，只有当发送的 3 重比特串在传输过程中出现两个以上的比特翻转时，才会造成译码错误，相比较单比特翻转概率 p=0.01 而言，2bit 或 3bit 同时翻转的概率 qp^2 或 p^3 是远小于 p 的，因此平均译码错误概率得以减小。此外，由于 0 或 1bit 翻转不会造成译码错误，或者说这种编译码方案能够纠正 1bit 错误，因此译码正确的概率得到进一步提高，这就是例 5-2 采用的（3 重编码+3 次扩展信道传输+最大似然译码准则）编译码方案能够减小平均译码错误概率 P_E 的根本原因。

进一步思考例 5-2 中的 3 次扩展信道，还需要考虑这样的问题：对于这个 3 次扩展信道，是否存在其他的译码方案？如果存在，那些方案的平均译码错误概率为多少？

对于图 5-3（b）这个 3 次扩展信道，可以非常随意地设计译码方案，只要保证译码结果的唯一性即可，例如，$A_0=\{0\,0\,0,0\,0\,1,0\,1\,0,0\,1\,1\}$译作 0 0 0，$A_1=\{1\,0\,0,1\,0\,1,1\,1\,0,1\,1\,1\}$译作 1 1 1，可计算这种译码方案的平均译码错误概率为

$$P_E=p=0.01$$

可见，这种译码方案的性能远差于最大似然译码准则，其原因在于这个译码方案把小的转移概率，如 $P(0\,0\,0\to0\,1\,1)=qp^2$，分配给了正确概率集合；而把大的转移概率，如 $P(0\,0\,0\to1\,0\,0)=q^2p$，分配给了错误概率集合，导致平均译码错误概率的增大。

前面的例子都把信源符号编码为{0 0 0,1 1 1}，对于 BSC 信道的 3 次无记忆扩展信道还可以设计不同的编码方案，图 5-5 给出了把{0 0 0,0 0 1}作为许用码字的编译码方案，该方案的平均译码错误概率为 $P_E=p$=0.01。对于这个编译码方案，由于两个许用码字 0 0 0

和 0 0 1 之间的错误转移概率很大（q^2p），直接导致了平均译码错误概率的显著增大。为了清楚地解释图 5-3 和图 5-5 两个编译码方案的差异，引入码字距离的概念。

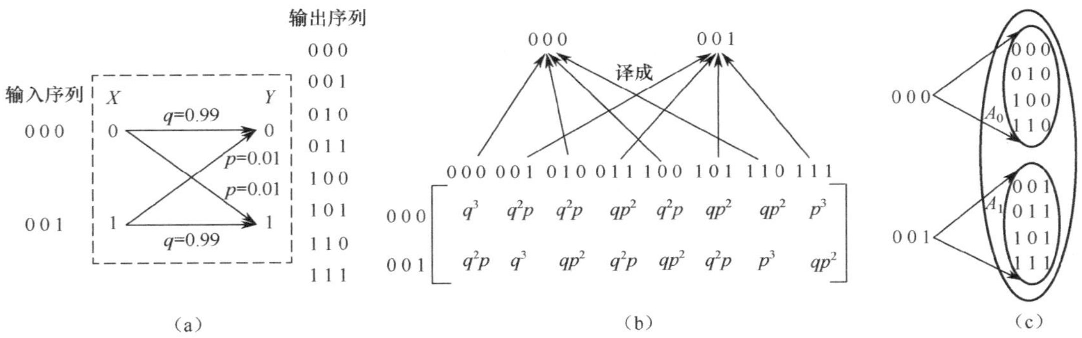

图 5-5　BSC 信道的 3 次扩展信道的编译码方案 2

定义 5-1：两个等长度的二元码字 $\boldsymbol{x}_i$ 和 $\boldsymbol{x}_j$ 之间对应位置不同的码元个数称为这两个码字的**汉明距离**，简称汉明距或码距，记作 $d(\boldsymbol{x}_i, \boldsymbol{x}_j)$。

汉明距为码字赋予了几何意义，基于汉明距提出一种新的译码规则如下。

定义 5-2：**最小距离译码准则**是指接收到码字 $\boldsymbol{y}_j$ 后译成与之汉明距离最小的 $\boldsymbol{x}_i$，即

$$F(\boldsymbol{y}_j)=\boldsymbol{x}_i=\text{argmin}[d(\boldsymbol{x}_i, \boldsymbol{y}_j)] \tag{5-4}$$

对于 n 重 BSC 无记忆扩展信道来说，在发送矢量 $\boldsymbol{x}_i$ 的条件下，接收矢量 $\boldsymbol{y}_j$ 的前向转移概率为

$$P(\boldsymbol{y}_j \mid \boldsymbol{x}_i) = p^{d(\boldsymbol{x}_i,\boldsymbol{y}_j)} q^{n-d(\boldsymbol{x}_i,\boldsymbol{y}_j)} \tag{5-5}$$

所以，当错误转移概率 $p<0.5$ 时，最小的 $d(\boldsymbol{x}_i, \boldsymbol{y}_j)$等价于最大的 $P(\boldsymbol{y}_j|\boldsymbol{x}_i)$，此时 BSC 信道的最小距离译码准则等价于最大似然译码准则。

图 5-3 和图 5-5 两种编译码方案的码距分别为 3 和 1，如图 5-6 所示。在实际应用中，绝大多数 BSC 信道的错误转移概率 p 较小（<0.5）。根据上面的分析，对于这样的信道，$P(\boldsymbol{y}_j|\boldsymbol{x}_i)$是 $d(\boldsymbol{x}_i, \boldsymbol{y}_j)$的递减函数，也就是说距离发送码字 $\boldsymbol{x}_i$ 越远处的接收码字 $\boldsymbol{y}_i$ 出现的概率越小。那么，两个发送码字 $\boldsymbol{x}_i$ 和 $\boldsymbol{x}_j$ 的距离越远，由 $\boldsymbol{x}_i$ 产生的接收码字 $\boldsymbol{y}_i$ 落在 $\boldsymbol{x}_j$ 附近的概率就越小，接收到 $\boldsymbol{y}_i$ 后根据最小距离译码准则错误地译成 $\boldsymbol{x}_j$ 的概率也就越小。因此，在非精确意义下，平均译码错误概率和发送码字之间的距离成反比。

$$P(e \mid \boldsymbol{x}_i) \propto \frac{1}{d(\boldsymbol{x}_i,\boldsymbol{x}_j)} \tag{5-6}$$

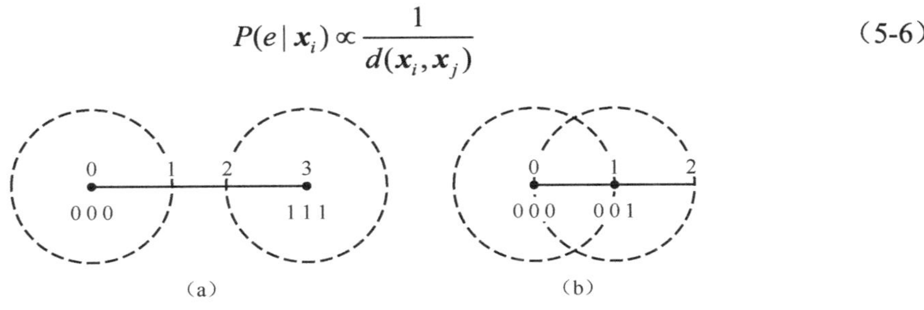

图 5-6　图 5-3 和图 5-5 两种编译码方案的几何解释

因此，许用码字之间的距离越大，平均译码错误概率就越小。这就是为什么图 5-3 比图 5-5 平均译码错误概率小的原因。可见，为 BSC 信道的 n 次扩展信道设计编译码方案时应该使许用码字之间的距离尽可能大。

通过上面的讨论可以总结：**平均译码错误概率 P_E 既和信道的统计特性有关，又与编码方案和译码方案的设计有关**。

5.3 译码错误概率和信息传输率的折中

对于错误转移概率 p 较低（<0.5）的 BSC 信道，例 5-2 提出的（n 次重复编码+n 次扩展信道+最大似然译码准则）设计方案大大降低了平均译码错误概率 P_E。然而，和在其他工程设计中经常需要在多个性能指标之间折中一样，这种 n 次重复编码在获得平均译码错误概率收益的同时也是要付出代价的，那就是大大降低了信息传输率 R。n 次重复编码使用 n bit 仅传输 1bit 信息，因此有（见表 5-1）

$$R=\frac{1}{n} \qquad \text{（单位：bit/信道码符号）}$$

可见，重复编码方案实际上是以牺牲信息传输率 R 为代价来换取平均译码错误概率 P_E 的收益的。图 5-7 显示了例 5-2 的几种扩展信道的信息传输率和平均译码错误概率。对于重复编码而言，随着 n 的增加，P_E 和 R 都急剧减小。显然，在图 5-7 中优性能区对应着较大的 R 和较小的 P_E，出现在第一象限的右下方，那么是否存在能达到很小的 P_E 和较大的 R 的编译码方案（也就是接近在图 5-7 中右下角优性能区的方案）呢？答案是肯定的。后面要讲到的香农第二定理（有噪信道编码定理）给出了这种优性能码的存在性，该定理的大概内容是："只要信息传输率不超过信道容量，即 $R<C$，那么只要码长 n 足够长，总可以在输入的符号集 X^n 中找到 $M=2^{nR}$ 个许用码字和相应的译码规则，使得 $P_E\to 0$。"这个关于香农第二定理的表述比较晦涩难懂。下面通过例子来演示对于单符号信道的 n 次无记忆扩展信道如何获得较小的 P_E 和较大的 R。

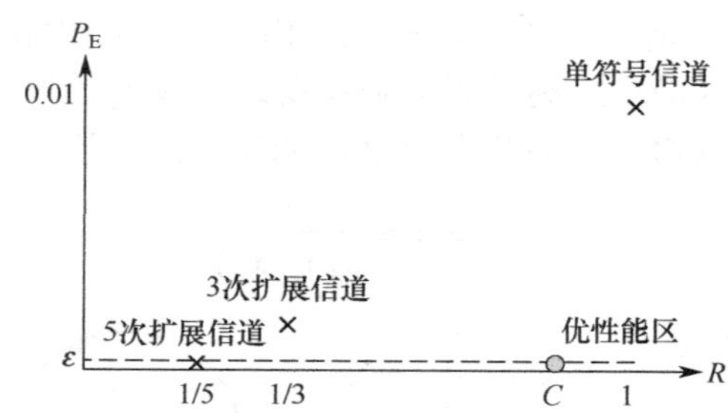

图 5-7　BSC 信道的信息传输率和平均译码错误概率

例 5-2 提出的 n 次重复编码的信息传输率 R 之所以小，其根本原因是在 2^n 个 n 重比特串中只有 0…0 和 1…1 被用作许用码字，也就是说信源消息数 $M=2$，剩余的 2^n-2 个 n 重比特串都被当作禁用码字，造成了巨大的码字浪费。由此给了我们一个提示，如果从 2^n 个 n 重比特串中再选取几个作为许用码字，就可增加消息数 M，从而提高 R。

一般地，用 BSC 信道的 n 次扩展信道来传输 M 个信源消息。当信源消息先验等概时，其信息传输率为

$$R=\frac{\log M}{n}\quad（单位：bit/信道码符号）$$

如果 M 个信源消息先验不等概，则信息传输率为

$$R=\frac{H(X)}{n}\quad（单位：bit/信道码符号）$$

通过增大 n，适当地增大 M，并设计合理的编译码方案就可以获得较小的 P_E 和较大的 R。

下面首先以 n=3 为例来讨论。

例 5-3：例 5-2 代表着 BSC 信道的 3 次扩展信道的一个极端编码方案［见图 5-8(a)］，即只把 000 和 111 作为许用码字，这种方案的消息数最少。与之相对应的另一个极端是消息数最多的方案，即把 8 个 3 重比特串都作为许用码字［见图 5-8（c）］，这种方案的 R=1，只有在接收端接收到发送码字的精确重现时才能译码正确，因此平均译码错误概率 $P_E=1-q^3=0.0297$，反倒比单符号信道的平均译码错误概率（P_E=0.01）高。图 5-8（b）给出了一种介于两个极端之间的方案，在 8 个 3 重比特串中选取 4 个作为许用码字（注意：这 4 个许用码字的选择遵循了最大距离的思想），其信道矩阵如图 5-9 所示。根据最大似然译码准则或最小距离译码准则可得译码结果如图 5-9 所示，其平均译码错误概率为

$$P_E=1-q^3-pq^2=0.0199$$

在图 5-8 中 3 个编译码方案的各项指标参数如表 5-2 所示，可见随着消息数 M 的增加，P_E 和 R 都呈现增大的趋势。■

表 5-2　3 次扩展 BSC 信道的 3 种编译码方案

方案 / 参考	图 5-8（a）	图 5-8（b）	图 5-8（c）
M	2	4	8
R	1/3	2/3	1
P_E	0.000298	0.0199	0.0297

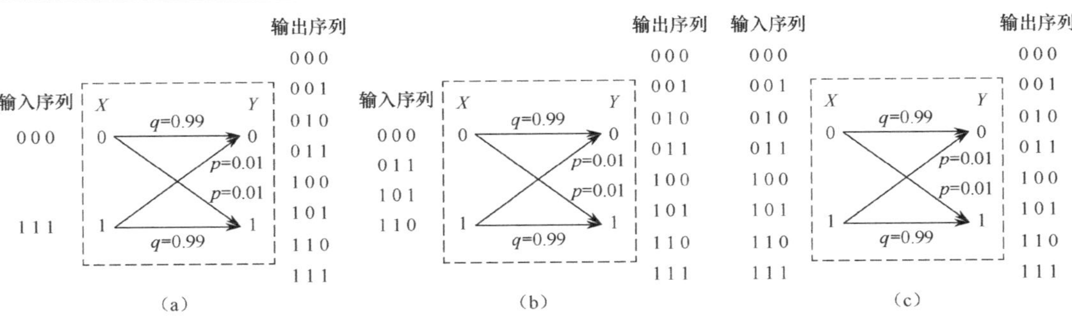

图 5-8　BSC 信道的 3 种编码方案

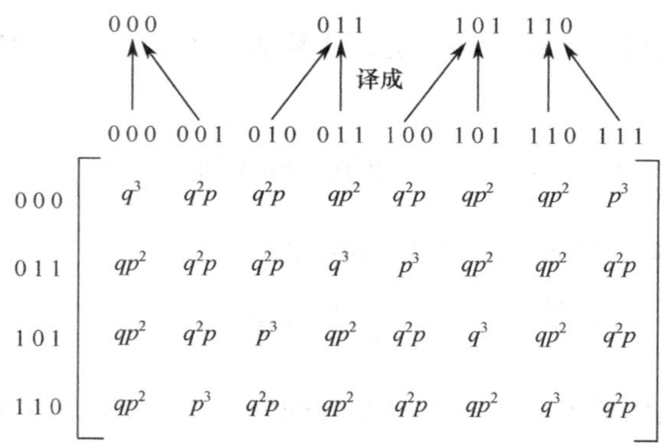

图 5-9 图 5-8（b）的信道矩阵

对于例 5-3，读者可能会产生疑问：图 5-8（b）虽然提高了信息传输率 R，但其平均译码错误概率 P_E 依然很大，甚至大于单符号 BSC 信道的平均译码错误概率（P_E=0.01），似乎并没有达到较小的 P_E 和较大的 R 的效果，这是为什么呢？其根本原因在于例 5-3 中限制了码长 n=3，导致只有 8 个比特串可供选择，不但许用码字可选择性很小，而且无法把码距拉开得很大，而根据前面的分析我们知道平均译码错误概率 P_E 和许用码字的距离是成反比的，所以太小的 n 极大地限制了 P_E 的性能。这就是为什么在香农第二定理中有**"只要码长 n 足够大"**这一表述的原因。对于比较大的码长 n，输入端有 2^n bit 序列可供选择，从中选择 M 个许用码字用于传送消息的自由度比较大。此外，由于码长 n 很大，一方面可以增加消息数 M，从而获得较大的信息传输率 $R=\frac{\log M}{n}$；另一方面可以把这 M 个许用码字之间的码距拉开得很大，从而获得较小的 P_E。

例 5-4：表 5-3～表 5-5 分别给出了不同的(n, M)码的编译码方案，这些就是第 8 章将要介绍的线性分组码。这 3 个码的译码规则为收到任何码字 $\boldsymbol{y}_i$ 都译作该码字所在列的列首许用码字。关于线性分组码的译码规则和平均译码错误概率的计算将在第 8 章阐述，本例只给出平均译码错误概率和信息传输率的结果，如表 5-6 所示。■

表 5-3 (n,M)=(5,4)

许用码字	00000	01101	10111	11010
禁用码字	10000	01100	10110	11011
	01000	11100	10101	11000
	00100	01111	10011	11110
	00010	01001	11111	10010
	00001	00101	00111	01010
	10001	11101	00110	01011
	00011	01110	10100	11001

表 5-4 $(n,M)=(6,8)$

许用码字	000000	100110	010011	001111	110101	101001	011100	111010
禁用码字	100000	000110	110011	101111	010101	001001	111100	011010
	010000	110110	000011	011111	100101	111001	001100	101010
	001000	101110	011011	000111	111101	100001	010100	110010
	000100	100010	010111	001011	110001	101101	011000	111110
	000010	100100	010001	001101	110111	101011	011110	111000
	000001	100111	010010	001110	110100	101000	011101	111011
	110000	010110	100011	111111	000101	011001	101100	001010

表 5-5 $(n,M)=(7,16)$

许用码字	0000000	1101000	0110100	1011100	1110010	0011010	1000110	0101110
禁用码字	1000000	0101000	1110100	0011100	0110010	1011010	0000110	1101110
	0100000	1001000	0010100	1111100	1010010	0111010	1100110	0001110
	0010000	1111000	0100100	1001100	1100010	0001010	1010110	0111110
	0001000	1100000	0111100	1010100	1111010	0010010	1001110	0100110
	0000100	1101100	0110000	1011000	1110110	0011110	1000010	0101010
	0000010	1101010	0110110	1011110	1110000	0011000	1000100	0101100
	0000001	1101001	0110101	1011101	1110011	0011011	1000111	0101111
许用码字	1010001	0111001	1100101	0001101	0100011	1001011	0010111	1111111
禁用码字	0010001	1111001	0100101	1001101	1100011	0001011	1010111	0111111
	1110001	0011001	1000101	0101101	0000011	1101011	0110111	1011111
	1000001	0101001	1110101	0011101	0110011	1011011	0000111	1101111
	1011001	0110001	1101101	0000101	0101011	1000011	0011111	1110111
	1010101	0111101	1100001	0001001	0100111	1001111	0010011	1111011
	1010011	0111011	1100111	0001111	0100001	1001001	0010101	1111101
	1010000	0111000	1100100	0001100	0100010	1001010	0010110	1111110

表 5-6 3 种编译码方案的比较

参考 \ 方案	(5,4)	(6,8)	(7,16)
P_E	7.8×10^{-4}	1.37×10^{-3}	2.03×10^{-3}
R	2/5	3/6	4/7
M	4	8	16

■

由例 5-4 可见，随着 n 的增大，可传输的消息数 M 显著增大，从而在 P_E 损失不大的情况下带来了 R 的显著增益。本节最后，对 BSC 信道的 n 次扩展信道进行总结：**为了获得较小的 P_E 和较大的 R，需要码长 n 足够长，在输入端从 2^n 个符号序列中选择 M 个许用码字用于消息传送，这些许用码字之间的码距应该尽可能大。**

5.4 信道编码

通过前面 3 节，我们已经对信道编码有了初步的认识，本节我们正式介绍信道编码的基本概念和基础理论。从编码器工作原理上看，信道编码分为分组码和树码两大类。分组码以组为单位输入、输出二进制序列，某时刻的一组输出序列只与其当时的一组输入序列有关，也就是说编码器是无记忆的；树码编码器的输出不仅和当时的输入序列有关，还和之前若干时刻的输入序列有关，其编码器是有记忆的。为了概念清晰起见，本节只涉及分组码，将在第 10 章讨论一类典型的树码——卷积码。

首先来看信道编码在通信系统中的位置和作用，一个点到点的通信链路框架如图 5-10 所示，信源编码器把信源输出的原始消息编码成二进制序列 $\boldsymbol{u}$，$\boldsymbol{u}$ 也称信源码字。信道编码器把 $\boldsymbol{u}$ 编码成另一个二进制序列 $\boldsymbol{v}$，$\boldsymbol{v}$ 也称信道码字。为了突出信道编译码的作用，以下也称 $\boldsymbol{u}$ 为信息序列，$\boldsymbol{v}$ 为码序列。$\boldsymbol{v}$ 被送上编码信道传输，所谓编码信道是指忽略调制、解调等物理过程，仅考虑二进制比特串运算的数学信道模型。在信宿收到的二进制序列 $\boldsymbol{r}$ 等于 $\boldsymbol{v}$ 和噪声 $\boldsymbol{e}$ 的叠加。$\boldsymbol{e}$ 是与 $\boldsymbol{v}$ 等长的比特串，也称错误图样，$\boldsymbol{e}$ 的某个比特位为 1 的结果是使 $\boldsymbol{v}$ 的对应比特位发生翻转。当 $\boldsymbol{e}$ 不为全 0 比特串时，码序列 $\boldsymbol{v}$ 和接收序列 $\boldsymbol{r}$ 是不同的，即发生了传输错误。信道译码器在收到 $\boldsymbol{r}$ 后要执行两步操作：第 1 步需要判断是否发生了错误，如果发生了传输错误，那么尽可能地识别出错误图样 $\boldsymbol{e}$，即找到错误比特在比特串中的位置并纠正该错误，从而得到发送的信道码字的估计序列 $\hat{\boldsymbol{v}}$；信道译码器第 2 步根据 $\hat{\boldsymbol{v}}$ 译码得到信源码的估计序列 $\hat{\boldsymbol{u}}$。在整个过程中，信源编码（消息→$\boldsymbol{u}$)、信道编码（$\boldsymbol{u}\to\boldsymbol{v}$)、信道译码第 2 步（$\hat{\boldsymbol{v}}\to\hat{\boldsymbol{u}}$）及信源译码（$\hat{\boldsymbol{u}}\to\widehat{\text{消息}}$）执行的都是一一对应的映射，根据既定的码书实现编译码并没有什么实质性困难。然而，信道译码的第 1 步（$\boldsymbol{r}\to\hat{\boldsymbol{v}}$）需要完成检错、确定错误比特位置和纠错等操作，是信道译码的难点所在。

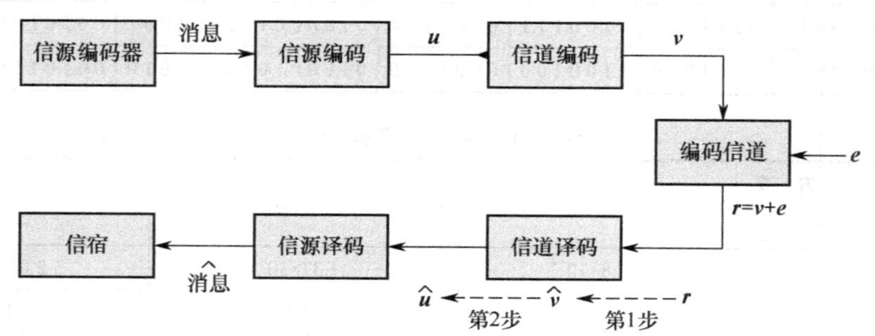

图 5-10　通信链路框架

假设信源的消息数为 M，这些消息一一对应地由信源编码器映射成信息序列 $\boldsymbol{u}$，即信源许用码字，假设信源码字长度为 k，一般有 $M=2^k$，即全部 k 长比特序列都作为信源码字。信道编码器把这 M 个信源码字 $\boldsymbol{u}$ 一一对应地映射成另外 M 个不同的二进制码序列 $\boldsymbol{v}$，即信道许用码字，假设信道码字的长度为 n。图 5-8（c）的例子提示我们，如果信道编码器

的输入序列 $\boldsymbol{u}$ 和输出序列 $\boldsymbol{v}$ 等长的话，则传输错误会把一个许用码字变成另一个许用码字，造成信道译码器无法识别错误的发生，而且平均译码错误概率 P_E 显著增大。这说明 $\boldsymbol{v}$ 的长度必须大于 $\boldsymbol{u}$，即 $n>k$。这可以带来两个方面的好处：一方面可以设计出更为灵活的编码方案；另一方面可以拉大信道码的码距，从而降低 P_E。因此，为了在信宿实现检错和纠错的功能，信道编码器需要向信息序列 $\boldsymbol{u}$ 中添加冗余。由于 n bit 的信道码字携带的信息量为 $k=\log M$，因此信息传输率 $R=\dfrac{\log M}{n}=\dfrac{k}{n}$，单位为 bit/信道码符号。由于冗余的存在，信息传输率 R 一定是小于 1 的。如果 $R=1$，就是上面提到的 $\boldsymbol{u}$ 和 $\boldsymbol{v}$ 等长的情况，此时全部 2^n 个可能的码符号序列都被用作许用码字，没有任何冗余，将无法发现和纠正传输中发生的差错。

根据 5.2 节的讨论，我们知道平均译码错误概率 P_E 与编码规则、信道矩阵、译码规则这 3 者有关系。信道矩阵是信道本身的属性，是无法改变的，因此设计信道编码的关键在于编码规则和译码规则，下面分别加以讨论。

在图 5-10 中，信道编码器的输入和输出分别是两个二进制序列 $\boldsymbol{u}$ 和 $\boldsymbol{v}$，其长度分别为 k 和 n，且有 $n>k$。信道编码器的任务就是从 2^n 个 n 重比特序列中选择 2^k 个（见图 5-11 中的实心圆圈），并与 2^k 个信息序列 $\boldsymbol{u}$ 建立一一对应关系。这 2^k 个 n 重比特序列被称为许用码字，剩余的 2^n-2^k 个 n 重比特序列被称为禁用码字（见图 5-11 中的空心圆圈）。

从编码的角度看，根据前面的分析，应该把选择的 2^k 个许用码字的距离拉开得尽可能大，这样才可能最大限度地减小平均译码错误概率。为了表述清楚，以下标记许用码字为 $\boldsymbol{v}_i$，标记禁用码字为 $\boldsymbol{v}'_i$。

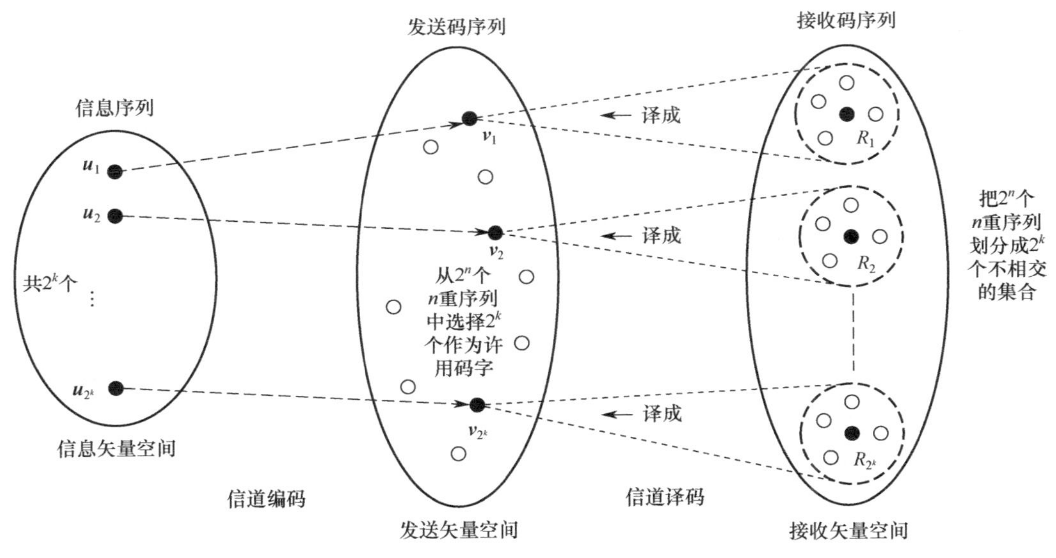

图 5-11　信道编译码示意

从译码的角度看，当发送端发送某个许用码字 $\boldsymbol{v}_i$ 时，由于噪声或干扰产生错误 $\boldsymbol{e}$ 的影响，在接收端收到的 n 重比特串 $\boldsymbol{r}$ 可能是与 $\boldsymbol{v}_i$ 不同的。$\boldsymbol{r}$ 可能是某个禁用码字，因此信道译码不是简单的信道编码的逆映射，而需要将接收矢量空间中全部 2^n 个 n 重比特串划分

成 $M=2^k$ 个互不相交的子集 R_i（i=1,2,⋯,M），如果接收序列落在子集 R_i 中，则将其译码为发送码字 $\boldsymbol{v}_i$，如图 5-11 所示。在信道特性和信道码给定的条件下，平均译码错误概率将取决于如何对接收矢量空间进行划分，这种划分准则就是译码准则。5.1 节单符号离散信道的译码准则可以自然地推广到单符号离散信道的 n 次无记忆扩展信道，该信道的信道矩阵的维数为 $2^n \times 2^n$，转移概率为 $P(\boldsymbol{r}_j|\boldsymbol{v}_i)$（$j=1,2,\cdots,2^n$；$i=1,2,\cdots,2^n$）。对应每个接收码字 $\boldsymbol{r}_j$，定义译码函数为

$$F(\boldsymbol{r}_j)=\boldsymbol{v}_i\ (j=1,2,\cdots,2^n;\ i=1,2,\cdots,2^k\ ) \tag{5-7}$$

参照单符号离散信道译码准则，有如下定义。

（1）最大后验概率译码准则：

$$F(\boldsymbol{r}_j)=\boldsymbol{v}_i=\text{argmax}[P(\boldsymbol{v}_i\,|\,\boldsymbol{r}_j)] \tag{5-8}$$

（2）最大联合概率译码准则：

$$F(\boldsymbol{r}_j)=\boldsymbol{v}_i=\text{argmax}[P(\boldsymbol{v}_i,\boldsymbol{r}_j)] \tag{5-9}$$

（3）最大似然译码准则：

$$F(\boldsymbol{r}_j)=\boldsymbol{v}_i=\text{argmax}[P(\boldsymbol{r}_j\,|\,\boldsymbol{v}_i)] \tag{5-10}$$

（4）最小距离译码准则：

$$F(\boldsymbol{r}_j)=\boldsymbol{v}_i=\text{argmin}[d(\boldsymbol{v}_i,\boldsymbol{r}_j)] \tag{5-11}$$

对于转移概率 $p<0.5$ 的 BSC 信道的 n 次无记忆扩展信道而言，最小距离译码准则和最大似然译码准则是等效的。最大后验概率译码准则和最大联合概率译码准则可以得到最小平均译码错误概率 P_{E}，是性能最佳的译码准则，但这两种译码准则依赖于发送序列的先验概率分布 $P(\boldsymbol{v}_i)$，其可操作性差。最大似然译码准则或最小距离译码准则不依赖先验概率 $P(\boldsymbol{v}_i)$，仅依靠前向概率或码距即可译码，因此具有简单性、可操作性。但是，这两种准则只有在发送序列 $\boldsymbol{v}_i$ 先验等概的情况下才能得到最小平均译码错误概率。如果不满足这一条件，最大似然译码准则和最小距离译码准则就不是 P_{E} 最小的译码准则。

5.5 联合渐近等分割性定理和香农第二定理

针对离散信源，AEP 定理和 ε 典型序列说明离散信源的无记忆扩展信源随着序列 $X_1, X_2, X_3,\cdots, X_n$ 的长度 n 无限加大，每个 ε 典型序列发生的概率约为 $2^{-nH(X)}$，这些典型序列的总数约为 $2^{nH(X)}$，这些 ε 典型序列几乎占据了全部概率组成。类似的结论对于离散信道也成立。以下讨论离散信道$(X, P(y|x), Y)$的 n 次无记忆扩展信道$(X^n, P(y^n|x^n), Y^n)$，其中，X^n 和 Y^n 分别表示 X 和 Y 的 n 次无记忆扩展，x^n 和 y^n 表示 X^n 和 Y^n 的一个实例。因为是无记忆扩展信道，所以有

$$P(y^n|x^n)=\prod_{i=1}^{n}P(y_i\,|\,x_i)$$

以下假设：随机变量 X 在离散集合 $\mathscr{X}$ 中取值，即序列 X^n 所有可能的取值构成的集合为 $\mathscr{X}^n$；随机变量 Y 在离散集合 $\mathscr{Y}$ 中取值，即序列 Y^n 所有可能的取值构成的集合为 $\mathscr{Y}^n$。

定义 5-3：称序列对$(x^n, y^n)\in(\mathscr{X}^n, \mathscr{Y}^n)$为**联合 ε 典型序列**，若对于任意小的正数$\varepsilon>0$，存在足够大的 n，满足

（1）$\left|-\frac{1}{n}\log P(x^n)-H(X)\right|<\varepsilon$；

（2）$\left|-\frac{1}{n}\log P(y^n)-H(Y)\right|<\varepsilon$；

（3）$\left|-\frac{1}{n}\log P(x^n,y^n)-H(X,Y)\right|<\varepsilon$。

以下记 ε 典型序列集合为 A_ε^n，分别用 $A_\varepsilon^n(X)$、$A_\varepsilon^n(Y)$ 表示矢量空间 $\mathscr{X}^n$、$\mathscr{Y}^n$ 中的典型序列集，用 $A_\varepsilon^n(X,Y)$ 代表$(\mathscr{X}^n, \mathscr{Y}^n)$中的联合典型序列集。类似于第 3 章中 n 次无记忆扩展信源 X^n 的 ε 典型序列，联合 ε 典型序列满足如下性质。

定理 5-1（联合 AEP）：对于任意小的 $\varepsilon>0$，$\delta>0$，存在足够大的 n，有如下性质。

性质 1：对于 $A_\varepsilon^n(X)$ 和 $A_\varepsilon^n(Y)$ 中的 ε 典型序列或 $A_\varepsilon^n(X,Y)$ 中的联合 ε 典型序列，满足：

（1）$2^{-n[H(X)+\varepsilon]}\leqslant P(x^n)\leqslant 2^{-n[H(X)-\varepsilon]}$；

（2）$2^{-n[H(Y)+\varepsilon]}\leqslant P(y^n)\leqslant 2^{-n[H(Y)-\varepsilon]}$；

（3）$2^{-n[H(X,Y)+\varepsilon]}\leqslant P(x^n,y^n)\leqslant 2^{-n[H(X,Y)-\varepsilon]}$。

性质 2：典型序列集合 $A_\varepsilon^n(X)$、$A_\varepsilon^n(Y)$、$A_\varepsilon^n(X,Y)$ 的概率满足：

（1）$P(A_\varepsilon^n(X))>1-\delta$；

（2）$P(A_\varepsilon^n(Y))>1-\delta$；

（3）$P(A_\varepsilon^n(X,Y))>1-\delta$。

性质 3：以$\|\cdot\|$表示集合中元素的个数，则 $A_\varepsilon^n(X)$、$A_\varepsilon^n(Y)$、$A_\varepsilon^n(X,Y)$ 中序列的个数满足：

（1）$(1-\delta)2^{n[H(X)-\varepsilon]}\leqslant\left\|A_\varepsilon^n(X)\right\|\leqslant 2^{n[H(X)+\varepsilon]}$；

（2）$(1-\delta)2^{n[H(Y)-\varepsilon]}\leqslant\left\|A_\varepsilon^n(Y)\right\|\leqslant 2^{n[H(Y)+\varepsilon]}$；

（3）$(1-\delta)2^{n[H(X,Y)-\varepsilon]}\leqslant\left\|A_\varepsilon^n(X,Y)\right\|\leqslant 2^{n[H(X,Y)+\varepsilon]}$。

证明：证明思路和第 3 章证明 AEP 定理是类似的。

性质 1 是大数定律的直接结果，因为$-\frac{\log P(x^n)}{n}$、$-\frac{\log P(y^n)}{n}$、$-\frac{\log P(x^n,y^n)}{n}$分别依概率收敛于 $H(X)$、$H(Y)$、$H(X,Y)$，所以对于给定的任意小的 $\varepsilon>0$，存在足够大的 n，满足：

$$\left|-\frac{\log P(x^n)}{n}-H(X)\right|<\varepsilon$$

$$\left|-\frac{\log P(y^n)}{n}-H(Y)\right|<\varepsilon$$

$$\left|-\frac{\log P(x^n,y^n)}{n}-H(X,Y)\right|<\varepsilon$$

整理可得性质 1。

对于性质 2，应用极限理论中的 ε–δ 描述方式，对于任意小的正数 $\varepsilon>0$，$\delta>0$，存在正整数 n_0，使得对于所有的 $n\geqslant n_0$，有

$$P\left\{\left|-\frac{1}{n}\log p(x^n)-H(X)\right|\leqslant\varepsilon\right\}\geqslant 1-\delta$$

$$P\left\{\left|-\frac{1}{n}\log p(y^n)-H(Y)\right|\leqslant\varepsilon\right\}\geqslant 1-\delta$$

$$P\left\{\left|-\frac{1}{n}\log p(x^n,y^n)-H(X,Y)\right|\leqslant\varepsilon\right\}\geqslant 1-\delta$$

最后，证明性质 3。由于 $\sum\limits_{A_\varepsilon^n(X)}P(x^n)\leqslant 1$，$\sum\limits_{A_\varepsilon^n(Y)}P(y^n)\leqslant 1$，$\sum\limits_{A_\varepsilon^n(X,Y)}P(x^n,y^n)\leqslant 1$，结合性质 1 左侧不等式可得

$$2^{-n[H(X)+\varepsilon]}\left\|A_\varepsilon^n(X)\right\|\leqslant 1$$

$$2^{-n[H(Y)+\varepsilon]}\left\|A_\varepsilon^n(Y)\right\|\leqslant 1$$

$$2^{-n[H(X,Y)+\varepsilon]}\left\|A_\varepsilon^n(X,Y)\right\|\leqslant 1$$

由此可得性质 3 右侧的不等式。另外，根据性质 2 和性质 1 右侧不等式有

$$1-\delta<P(A_\varepsilon^n(X)),\quad P(x^n)\leqslant 2^{-n[H(X)-\varepsilon]}$$

$$1-\delta<P(A_\varepsilon^n(Y)),\quad P(y^n)\leqslant 2^{-n[H(Y)-\varepsilon]}$$

$$1-\delta<P(A_\varepsilon^n(X,Y)),\quad P(x^n,y^n)\leqslant 2^{-n[H(X,Y)-\varepsilon]}$$

成立，整理可得性质 3 左侧的不等式。 ■

对定理 5-1 可以有如下理解：

（1）基于性质 1 可知：随着 n 的增大，每个 X 典型序列、Y 典型序列、(X,Y)联合典型序列的概率分别约为 $2^{-nH(X)}$、$2^{-nH(Y)}$、$2^{-nH(X,Y)}$；

（2）基于性质 2 可知：随着 n 的增大，X 典型序列、Y 典型序列、(X, Y)联合典型序列各自占据了 X^n、Y^n、(X^n,Y^n)的几乎全部概率组成。

（3）基于性质 3 可知：随着 n 的增大，X 典型序列、Y 典型序列、(X, Y)联合典型序列各自的数目大约为 $2^{nH(X)}$、$2^{nH(Y)}$、$2^{nH(X,Y)}$。

进一步，可以证明联合 ε 典型序列还具有如下性质。

定理 5-2：$(x^n, y^n)\in A_\varepsilon^n(X,Y)$，对于任意小 $\varepsilon>0$，$\delta>0$，存在足够大的 n，满足如下性质。

性质 4：$2^{-n[H(Y|X)+2\varepsilon]}\leqslant P(y^n\mid x^n)\leqslant 2^{-n[H(Y|X)-2\varepsilon]}$

$2^{-n[H(X|Y)+2\varepsilon]}\leqslant P(x^n\mid y^n)\leqslant 2^{-n[H(X|Y)-2\varepsilon]}$

性质 5：$\left\|A_\varepsilon^n(X\mid y^n)\right\|\leqslant 2^{n[H(X|Y)+2\varepsilon]}$

$\left\|A_\varepsilon^n(Y\mid x^n)\right\|\leqslant 2^{n[H(Y|X)+2\varepsilon]}$

其中，$A_\varepsilon^n(X\mid y^n)$ 代表与 y^n 构成联合典型序列的所有 X 典型序列的集合，$A_\varepsilon^n(Y\mid x^n)$ 代

表与 x^n 构成联合典型序列的所有 Y 典型序列的集合。

定理 5-3：设 $(x^n, y^n) \sim P(x^n)P(y^n)$，即 x^n 和 y^n 是统计独立的典型序列，且与 $P(x^n, y^n)$ 具有相同的边缘分布，对于任意小 $\varepsilon>0$，$\delta>0$，存在足够大的 n，满足如下性质。

性质 6：$P[(x^n, y^n) \in A_\varepsilon^n(X,Y)] \leqslant 2^{-n[I(X;Y)-3\varepsilon]}$

性质 7：$P[(x^n, y^n) \in A_\varepsilon^n(X,Y)] \geqslant (1-\delta)2^{-n[I(X;Y)+3\varepsilon]}$

定理 5-2 和定理 5-3 的证明比较复杂，此处从略。下面结合图 5-12 解释定理 5-1、定理 5-2 和定理 5-3 的物理意义。

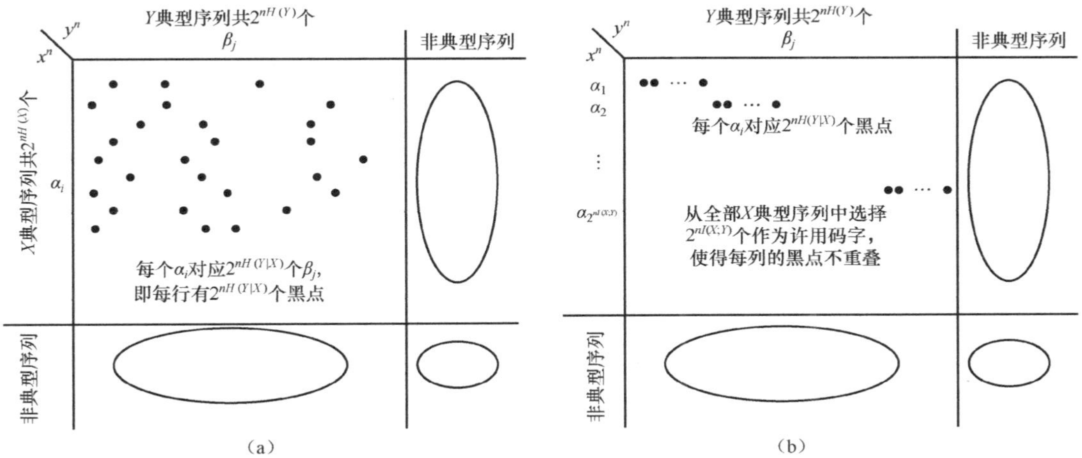

图 5-12 联合典型序列示意

在向量空间$(\mathscr{X}^n, \mathscr{Y}^n)$中的全部序列对依据是否是 X 典型序列和 Y 典型序列，可以划分为 4 个部分，如图 5-12（a）所示。其中，只有左上角的方框表示联合典型序列对，共有 $2^{nH(X,Y)}$个黑点，每个黑点对应一个联合 ε 典型序列对。根据定理 5-2 中的性质 5，对于 $\mathscr{X}^n$ 中的每个 ε 典型序列 α_i，有 $2^{nH(Y|X)}$个 $\mathscr{Y}^n$ 中的 ε 典型序列 β_j 与之对应，即每行有 $2^{nH(Y|X)}$个黑点；同理，对于 $\mathscr{Y}^n$ 中的每个 ε 典型序列有 $2^{nH(X|Y)}$个 $\mathscr{X}^n$ 中的 ε 典型序列与之对应，即每列有 $2^{nH(X|Y)}$个黑点。

如果把全部 $2^{nH(X)}$个输入 ε 典型序列 α_i 都用来传送信息，势必会造成不同的 α_i 对应相同的 β_j，即左上角方框中同一列的黑点重复，这会造成译码错误。为了避免这种情况，需要从 $2^{nH(X)}$个 X 典型序列中选择一部分作为许用码字。选取原则是要求每个选出的许用码字 α_i 所对应的 $2^{nH(Y|X)}$个 β_j 和其他许用码字所对应的 β_j 没有交集。假设一共能够选出 M 个 X 典型序列 α_i，由于每个 α_i 对应 $2^{nH(Y|X)}$个不同 β_j，且 Y 典型序列 β_j 的总数约为 $2^{nH(Y)}$，所以要求

$$2^{nH(Y|X)}M \leqslant 2^{nH(Y)}$$

即在不发生译码错误的要求下能够用于传输信息的输入典型序列 α_i 的个数最多为

$$M \leqslant \frac{2^{nH(Y)}}{2^{nH(Y|X)}} = 2^{nI(X;Y)} \tag{5-12}$$

所以，信道编码需要从全部 $2^{nH(X)}$个信道典型输入序列中选取 $2^{nI(X;Y)}$ 个作为许用码字，

用来传送消息，并保证这些输入典型序列所对应的输出典型序列彼此无交集。定理 5-3 从理论上保证了在全部 $2^{nH(X)}$个 X 典型序列中可识别出 $2^{nI(X;Y)}$个典型序列，它们对应的输出典型序列不重叠，如图 5-12（b）和图 5-13 所示。因此，能够可靠传输的消息数的上限是

$$M \leqslant 2^{nI(X;Y)} \tag{5-13}$$

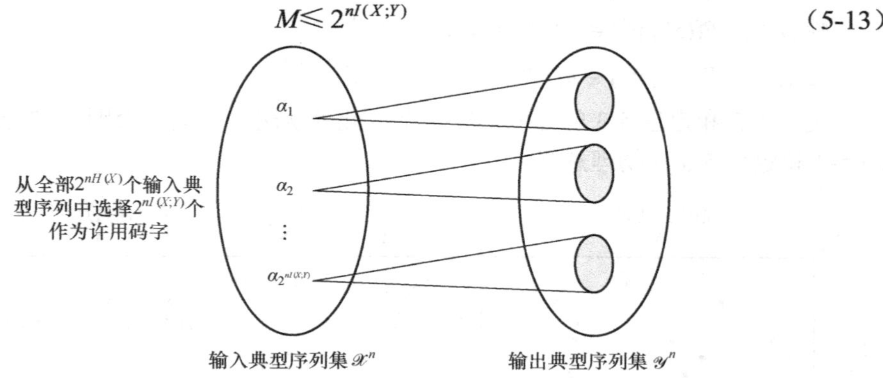

图 5-13　把输出典型序列集合划分为 $2^{nI(X;Y)}$ 个互不相交的子集

进一步，信道的信息传输率为

$$R = \frac{\log M}{n}$$

根据式（5-13），可靠传输的信息传输率 R 的上限为 $I(X;Y)$，即 $R \leqslant I(X;Y)$，又因为信道容量是平均互信息的最大值，即 $\max I(X;Y)=C$，所以可靠传输必须要求信息传输率 $R \leqslant C$。如果信息传输率 R 大于信道容量 C，就会造成大量的译码错误。根据上面的分析，n 次扩展信道能够可靠传输的消息数上限 $M=2^{nC}$。把这个结论概括为香农第二定理。

定理 5-4：香农第二定理（有噪信道编码定理）

设离散无记忆信道$[X, P(y|x), Y]$的信道容量为 C，当信息传输率 $R<C$ 时，只要码长 n 足够长，总可以在输入符号集中找到 $M=2^{nR}$ 个码字构成一组信道码和相应的译码规则，使平均译码错误概率 $P_{\mathrm{E}} \to 0$。相反，当 $R>C$ 时，无论码长 n 多长，都找不到一种满足 $M=2^{nR}$ 的编码方案使得 $P_{\mathrm{E}} \to 0$。 ■

简单地说，只要信息传输率不超过信道容量，即 $R<C$，换句话说只要消息数 $M=2^{nR} \leqslant 2^{nC}$。另外，只要码长 n 足够长，总可以在输入的符号集 X^n 中找到 2^{nR} 个许用码字和相应的译码规则，使得 $P_{\mathrm{E}} \to 0$，从而实现信息的可靠传输。

为了透彻地理解香农第二定理的含义，下面进一步解读。

（1）香农第二定理指出，在 $R<C$ 的前提下，只要码长 n 足够长，就可以设计出平均译码错误概率 P_{E} 趋于 0 的信道码。根据信道转移矩阵的不同，P_{E} 分为两种情况。

一种情况是 $P_{\mathrm{E}}=0$，即无差错传输，为此在选择许用码字时，要求这些许用码字映射的接收码字集合互相无交集。图 5-14 给出了这样一个例子，选择$\{x_0, x_2\}$作为许用码字，接收端的译码规则为：y_0 或 y_1 译成 x_0，y_2 或 y_3 译成 x_2，则 $P_{\mathrm{E}}=0$。

另一种情况是 $P_{\mathrm{E}} \to 0$，但永远也不可能等于 0。例如，在例 5-3 中 BSC 信道的 n 次扩展信道，由于每个输入码字和每个输出码字之间的转移概率都非 0，这意味着任何一个输入码字映射的接收码字集合都是全部输出码字。无论怎样选择许用码字，都无法做到这些

许用码字对应的接收码字集合不重叠，因此 P_E 不可能为 0。

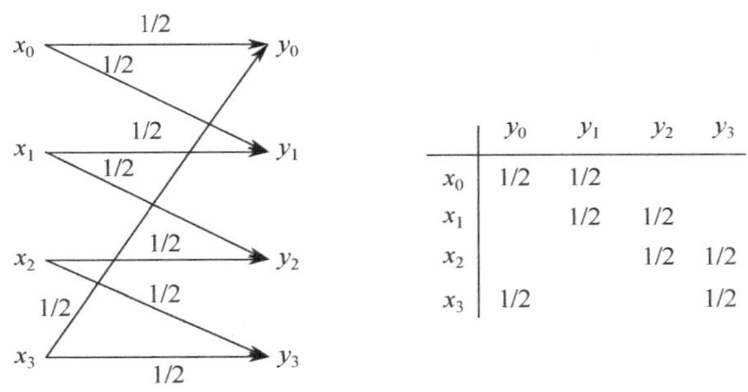

	y_0	y_1	y_2	y_3
x_0	1/2	1/2		
x_1		1/2	1/2	
x_2			1/2	1/2
x_3	1/2			1/2

图 5-14　有噪打字机信道

（2）在香农第二定理中，“只要码长 n 足够长”是一个很关键的表述。当码长 n 很小时，即使满足 $R=\dfrac{\log M}{n}<C$ 的条件，也不一定能用 n 次扩展信道以 P_E=0 或很小的 P_E 传输 M 个消息。图 5-8（b）是一个例子，该 BSC 信道的信道容量 C=0.9，使用 n=3 次扩展信道传输 M=4 个消息对应的信息传输率 R=2/3=0.66 小于信道容量。但从该例可见，无论怎么编码，其平均译码错误概率也不会很小，只有通过增大码长 n，才有可能减小 P_E。另一个很小的 n 不能实现 $P_E\to 0$ 的例子参考本章习题第 4 题。

P_E=0 的情况也类似，不是任何满足 $R=\dfrac{\log M}{n}<C$ 的 n 次扩展信道都能无差错地传输 M 个消息，有时候可能需要很大的 n 才能同时实现 R 和 P_E=0。

（3）与（2）相关的另一种错误理解是，“对于所有的信道，都必须要求非常大的码长 n 才能实现 P_E=0 或 $P_E\to 0$ 的目标，很小的 n 不可能实现 P_E=0 或 $P_E\to 0$。”这种理解也是不对的，码长 n 到底需要多大才能使 P_E=0 或 $P_E\to 0$，这没有一般性的结论或规律，依问题的不同而不同。有的信道可能只需要 n=1，即单符号信道，就能实现 $R=C$ 且 P_E=0 的设计目标。图 5-14 就是这样的例子，该信道的信道容量为 1bit/信道符号，前面给出的信道的信息传输率 R=1，平均译码错误概率 P_E=0，并且 n=1。

香农第二定理又被称为**有噪信道编码定理**，它是在有噪信道中应用信道编码实现信息可靠传输的理论基础，对该定理的证明请参阅文献［2］。和香农第一定理类似，香农第二定理也是一个存在性定理，也就是说它保证了平均译码错误概率 $P_E\to 0$ 的好的信道码的存在性，但并没有给出具体的编码方法。为了证明该定理，香农提出了随机编码的方法，随机编码基于 n 次无记忆扩展信道，从输入符号序列 X^n 中随机选取高概率序列作为许用码字，采用最大似然译码准则，选取与接收序列距离最近的许用码字作为译码结果，计算平均译码错误概率 P_E。由于 n 很大，所以大数定律有效，可以证明当 n 足够大时，这种随机编码的 $P_E\to 0$。然而，这种随机编码并不具有工程可操作性，由于随机编码得到的码集很大，通过搜索得到好码很难实现，而且即使通过随机编码的方法找到了好码，这种码的码字也是毫无结构的，这就意味着在信宿只能通过查找表的方法进行译码。当码长 n 很大时，这种查找表占用的存储空间将会是难以承受的，所以在工程应用中更实用的信道码必须具有某种代数结构，这将在第 8～10 章讨论。

5.6 信源信道分离编码

在图 5.10 给出的通信链路框架中，信源编码和信道编码是两个分离的模块。这两种编码是独立设计的，信源编码只与信源有关，不依赖于信道，信道编码只与信道有关，不依赖于信源。把这种信源、信道分离编码的系统结构重绘于图 5-15。与之相对应，还可以把这两个编码模块合二为一，这种技术叫信源—信道联合编码，如图 5-16 所示。

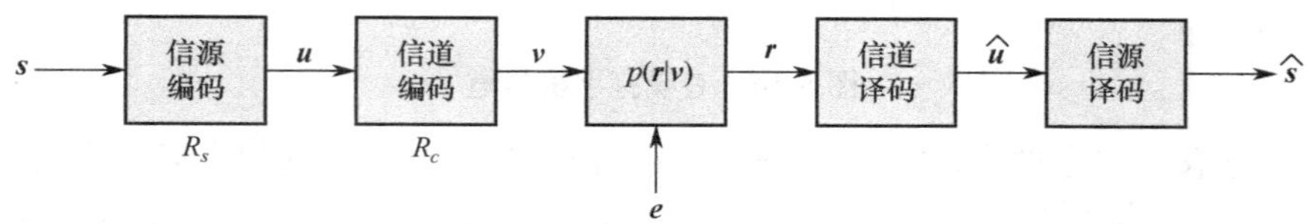

图 5-15 信源—信道分离编码（两步编码）

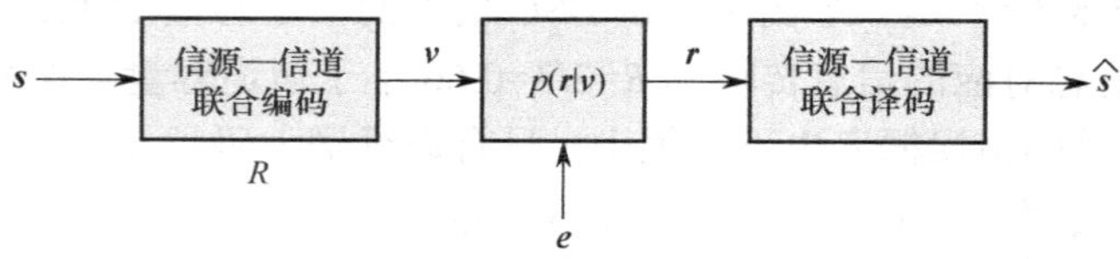

图 5-16 信源—信道联合编码（一步编码）

在什么情况下如图 5-15 所示的两步编码系统和如图 5-16 所示的一步编码系统具有相同的性能表现呢？具体地，两者能否实现相同的信息传输率 R 呢？这是在通信系统设计中一个很有意义的问题。下面的定理告诉我们，当通过离散无记忆信道（DMC）传输熵率为 H_∞的遍历平稳信源时，如果满足 $H_\infty<C$，则一定存在可靠的两步编码方案和一步编码方案。

定理 5-5（信源—信道分离编码定理）：$\boldsymbol{s}=(S_1,S_2,\cdots,S_n)$是有限符号集 S 的随机序列，并满足 AEP，通过某 DMC 信道传输 $\boldsymbol{s}$，那么当 S 的熵率小于信道容量，即 $H_\infty<C$ 时，存在如图 5-15 所示的信源—信道两步编码方案，满足 $P_{\mathrm{E}}\to 0$；若 $H_\infty>C$，则不存在平均译码错误概率接近 0 的两步编码方案。

证明：由数据处理定理可知，如果在图 5-15 中信源编码模块进行的是一一对应的变换，则该编码是无失真信源编码，不会造成信息损失。具体地，对于图 5-15，信源码的码率为 R_{s}，信道码的码率为 R_{c}，根据香农第一定理，无失真信源编码要求 $R_{\mathrm{s}}>H_\infty$，根据香农第二定理，可靠信道编码要求 $R_{\mathrm{c}}<C$。因此，R_{s} 和 R_{c} 满足

$$H_\infty<R_{\mathrm{s}}<R_{\mathrm{c}}<C$$

则对于图 5-15，错误意味着 $\hat{\boldsymbol{s}}\neq\boldsymbol{s}$，其原因可能是 $\hat{\boldsymbol{u}}\neq\boldsymbol{u}$ 或 $F(\hat{\boldsymbol{u}})\neq\boldsymbol{s}$，$F(\cdot)$表示信源译码函数。因此平均译码错误概率满足

$$P_{\mathrm{E}}\leqslant P(\hat{\boldsymbol{u}}\neq\boldsymbol{u})+P\{F(\hat{\boldsymbol{u}})\neq\mathbf{s}\}$$

对于任意的 $\varepsilon>0$ 和足够大的 n，一定存在信源编码方案和信道编码方案满足

$$P\{F(\hat{\boldsymbol{u}})\neq\mathbf{s}\}\leqslant\varepsilon\text{；}\ P\{\hat{\boldsymbol{u}}\neq\boldsymbol{u}\}\leqslant\varepsilon$$

因此有 $P_E \leqslant 2\varepsilon$，所以只要满足 $H_\infty<C$ 就存在两步编码方案可靠传输 $\boldsymbol{s}$。■

定理 5-6（信源—信道联合编码定理）：$\boldsymbol{s}=(S_1,S_2,\cdots,S_n)$是有限符号集 S 的随机序列，并满足 AEP，通过某 DMC 信道传输 $\boldsymbol{s}$，那么当 S 的熵率小于信道容量，即 $H_\infty<C$ 时，存在如图 5-16 所示的信源—信道联合编码方案，满足 $P_E\to 0$；若 $H_\infty>C$，则不存在 P_E 接近 0 的一步编码方案。■

此定理的证明与定理 5-5 类似，此处从略，请参阅文献[6]。这两个定理说明，当满足 $H_\infty<C$ 时，信源—信道分离编码和信源—信道联合编码都能实现渐近、可靠地传输信息，两者能达到的码率上限是一致的，这个结论对于工程设计具有很重要的意义。

首先，信源编码和信道编码独立设计极大地提高了设计的灵活性和自由度，降低了系统的耦合度和复杂度。在设计信源编码时不需要考虑信道特性，在设计信道编码时也不用考虑信源的类型，因此对这种分离系统的扩展和修改相对于把信源编码和信道编码耦合在一起的系统要容易得多。

其次，图 5-15 这种分离式系统结构有利于信道的复用和共享，在现代数字通信系统中，无论是电信系统还是互联网系统，包括文字、语音、音乐、图像、视频在内的各种消息都通过数字信道进行传输，如综合业务数字网络（ISDN）是使用公用数字信道同时传输数字语音和数据。除文字外，后几种信源都是模拟的，需要经过数字化处理变成二进制比特串，这是信源编码的工作。各种业务只需要根据各自信源的特点进行不同的信源编码和数据压缩，分别表示成二元码序列后统一输送到数字信道传输即可。各种消息数字化之后在送上数字信道之前，还要被编成信道码。信道编码器的输入是比特序列，信道编码器不关心这个序列代表的是文字、语音、图像或视频，其面对的只是一串比特串。信道编码只需要根据信道特点进行设计，纠正比特传输中的错误即可，不需要关心比特串承载的消息类型和内容。这种信源编码和信道编码相互分离、相互独立的工作模式，即如图 5-15 给出的两步编码方案，是具有工程操作优越性的。

5.7　本章小结

本章讨论了在有噪信道中如何通过设计合理的译码规则减小平均译码错误概率的问题。本章以单符号信道为例，介绍了译码规则的概念，所谓译码规则就是在接收符号 y_j 和发送符号 x_i 之间建立一个函数关系 $F(y_j)=x_i$，当收到符号 y_j 时译成发送符号 x_i。本章介绍了 3 种译码规则：最大后验概率准则、最大联合概率准则和最大似然译码准则。前两者分别以后验概率 $p(x_i|y_j)$和联合概率 $p(x_i,y_j)$作为判决依据，从平均译码错误概率上来看，二者是等效的，都能得到最小平均译码错误概率。然而，这二者的判决依据依赖信源的先验概率分布 $p(x_i)$，这降低了工程可操作性。最大似然译码准则以信道矩阵中的前向概率 $p(y_j|x_i)$ 作为判决依据，只要给定了信道矩阵，就可以直接译码，因此降低了译码的复杂性和信源相关性，提高了可操作性。但该译码准则只有在信源先验等概时才能得到最小平均译码错误概率，在信源先验不等概时该译码准则是次优的。

另外，平均译码错误概率 P_E 既和信道的统计特性有关，又和编码方案、译码方案的设计有关。为了减小平均译码错误概率 P_E，同时保持一定的信息传输率 R，需要增大码长 n，同时设计合理的编译码规则。香农第二定理指出：只要信息传输率不超过信道容量，即 $R<C$，那么只要码长 n 足够长，总可以在输入的符号集 X^n 中找到 2^{nR} 个许用码字和相应的译码规则，使得 $P_E \to 0$，从而实现信息的可靠传输。香农第二定理是一个存在性定理，在理论上指出了 $P_E \to 0$ 的好码的存在性，但并没有给出如何构造好码。香农使用的随机编码的方法虽然适用于证明有噪信道编码定理，却不能用来实际地构造信道编码，因此，在实际应用中往往需要构造具有一定代数结构的信道码，这有利于编译码运算。

习　题

1．某离散信源的概率分布为$\begin{bmatrix} X \\ P(X) \end{bmatrix} = \begin{bmatrix} a_1 & a_2 & a_3 & a_4 \\ 0.1 & 0.3 & 0.2 & 0.4 \end{bmatrix}$，该信源送入一个信道，该信道的转移概率矩阵为

$$\begin{array}{c} \\ a_1 \\ a_2 \\ a_3 \\ a_4 \end{array}\begin{array}{c} \begin{matrix} b_1 & b_2 & b_3 & b_4 \end{matrix} \\ \begin{bmatrix} 0.2 & 0.3 & 0.1 & 0.4 \\ 0.6 & 0.2 & 0.1 & 0.1 \\ 0.5 & 0.2 & 0.1 & 0.2 \\ 0.1 & 0.3 & 0.4 & 0.2 \end{bmatrix} \end{array}$$

求：

（1）输入 a_3 输出 b_2 的概率；

（2）输出 b_4 的概率；

（3）在收到 b_3 的条件下推测发送为 a_2 的概率；

（4）应用最大联合概率准则对其译码；

（5）应用最大似然译码准则对其译码。

2．某离散信道的转移概率矩阵为

$$\begin{bmatrix} 1/2 & 1/3 & 1/6 \\ 1/4 & 1/4 & 1/2 \\ 1/6 & 1/3 & 1/2 \end{bmatrix}$$

信源概率分布为[1/2　1/4　1/4]，分别用最小错误概率准则和最大似然译码准则制定译码规则，并计算平均译码错误概率。

3．证明对于本章例 5-2 使用的针对转移概率 $p<0.5$ 的 BSC 信道的"n 重编码+n 次扩展信道传输+最大似然译码准则"（n 为奇数）的编译码策略的平均译码错误概率

$$P_E = \sum_{i=\frac{n+1}{2}}^{n} \binom{n}{i} p^i (1-p)^{n-i}$$

4．设离散无记忆信道的转移概率如下图所示。

（1）求该信道的信道容量。

（2）使用该信道的 n 次扩展信道对 $M=2$ 个消息进行编码传输，信息传输率 R 为多少？如果把 P_E 最低的编码方案称为最佳编码方案，那么本例的最佳编码方案是什么？最佳编码方案的 P_E 等于多少？

（3）本例是否存在 $P_E=0$ 的无错误传输 $M=2$ 个消息的编码方案？把本例和本章图 5-13 进行观察比较。

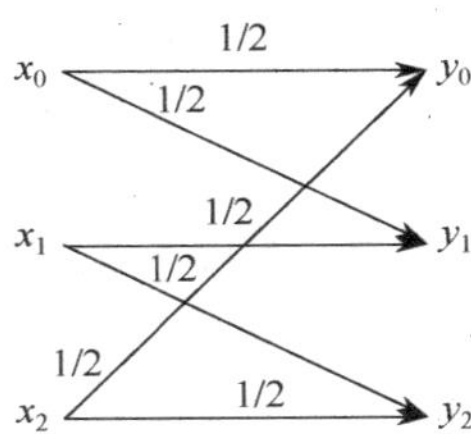

5．信源 X 有 8 个可能的取值 $x_0,\cdots,x_7$，对其进行等长信道编码，为每个符号分配 3bit，如果 $x_0,\cdots,x_7$ 先验等概，信道的信息传输率是多少？如果已知 8 个符号的先验概率为 $\left\{\frac{1}{2},\frac{1}{4},\frac{1}{8},\frac{1}{16},\frac{1}{64},\frac{1}{64},\frac{1}{64},\frac{1}{64}\right\}$，信道的信息传输率是多少？

6．二元删除信道的转移矩阵如下图所示，$p<0.5$，基于最大后验概率准则和最大似然译码准则设计译码规则进行译码，并计算平均译码错误概率。

X \ Y	0	e	1
0	1−p	p	0
1	0	p	1−p

7．Z 信道的信道矩阵为 $\boldsymbol{P}=\begin{bmatrix}1 & 0\\ p & q=1-p\end{bmatrix}$，求：

（1）根据 ML 准则制定译码规则，并计算平均译码错误概率；

（2）给出“3 重编码+3 次扩展信道传输+最大似然译码准则”的译码规则和平均译码错误概率；

（3）给出“择多译码”和“最小距离译码”的译码规则，并和（2）做比较。

第6章

波形信源和波形信道

6.1 随机过程基础

概率论主要研究的是单一的随机变量，而在实际应用中，经常需要考察随时间 t 变化的随机变量，如接收机的噪声电压随时间 t 的变化，称这种随时间 t 变化的随机变量为随机过程。为了更好地理解波形信源的信息度量和波形信道的信息传输，首先介绍随机过程的相关概念[40,41,45]。

6.1.1 信号的分类

信号是消息的物理表现形式，通信系统使用的信号可以从不同的角度加以分类。

1. 确定信号和随机信号

按照信号取值是否可以预知，把信号分为确定信号和随机信号两大类。确定信号是指其取值在任何时刻都是确定并可以预知的，是时间 t 的确定函数 $x(t)$，如 $x(t)=\cos 2\pi f_0 t$。随机信号不能预知其随时间变化的规律，其在某一时刻的取值是不确定的，是一个随机变量。

2. 周期信号和非周期信号

按照信号是否按一定时间间隔重复，可以把确定信号进一步划分为周期信号和非周期信号，前者满足 $x(t)=x(t+T_0)$，T_0 为周期。

3. 连续时间信号和离散时间信号

按照信号 $x(t)$的自变量 t 是否连续取值，可以把信号分为连续时间信号和离散时间信号，后者常用 $x[n]$（$n=1, 2, 3, \cdots$）表示。

4. 能量信号和功率信号

无论是电压信号还是电流信号，信号 $x(t)$的瞬时功率都定义为 $x^2(t)$，也就是定义在单位电阻上。信号能量定义为瞬时功率对时间取积分 $E=\int_{-\infty}^{\infty} x^2(t)\mathrm{d}t$，信号的平均功率定义为 $P=\lim\limits_{T\to\infty}\frac{1}{T}\int_{-T/2}^{T/2} x^2(t)\mathrm{d}t$。从能量和功率的角度，可以把信号分类如下。

（1）能量信号：能量 E 有限，平均功率 P 为 0，典型的例子是数字脉冲信号。

（2）功率信号：平均功率 P 有限，总能量 E 无穷大，典型的例子是周期信号及幅度有限、持续时间无限的非周期信号。

（3）非能量非功率信号：能量 E 和平均功率 P 都无限的信号。

6.1.2　随机过程

1．对随机过程的两种理解

随机过程$\{x(t)\}$可以从两个角度加以理解（见图 6-1）。

（1）随机过程$\{x(t)\}$由一组随机信号$\{x_i(t), i=1, 2, 3, \cdots\}$组成，每个随机信号 $x_i(t)$都是该随机过程的一个样本；

（2）在任何一个时刻 t_i，随机过程$\{x(t)\}$退化为一个随机变量 X_i，因此随机过程相当于一系列随机变量构成的集合。

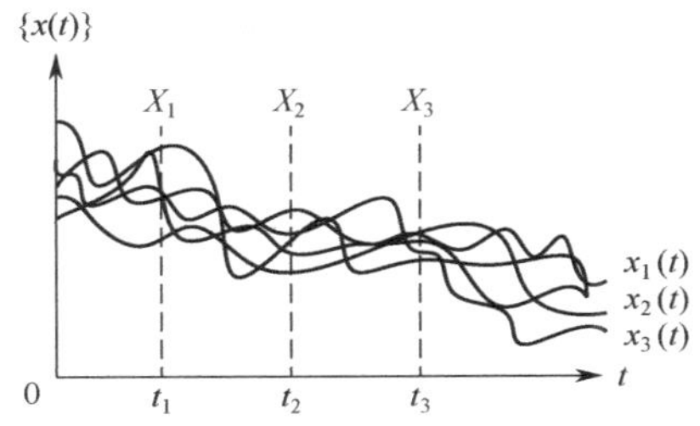

图 6-1　对随机过程的两种理解

2．随机过程的分类

（1）按照所对应的随机变量的类型，可以分为连续型随机过程和离散型随机过程。

（2）按照样本函数形式的不同，随机过程分类如下。

① 不确定的随机过程：任意样本函数的未来值不能由过去的观测值准确预测。

② 确定的随机过程：任意样本函数的未来值能够由过去的观测值准确预测，如 $X(t)=A\cos(\omega t+\varphi)$，其中 A 是一个随机变量。若一个样本函数在某一时刻的取值已知，则根据正弦信号的规律，可以准确预测该样本未来的取值。

（3）按照随机过程的分布函数或概率密度函数的特性，可以分为平稳随机过程、Gaussian 随机过程、独立增量过程、更新过程、马尔可夫过程等。马尔可夫过程就是具有无后效性的随机过程。

（4）按照随机过程功率谱的特性，可以分为宽带的和窄带的、白色的和有色的。功率谱是指功率信号的功率频谱，刻画了信号各频率分量的功率分布情况。功率谱是白色的是指功率在频域上均匀分布，没有哪段频域和其他频域的功率分布不同，就好像白光是由各种颜色（频率）的光均匀混合而成的一样；反之，如果功率谱不是均匀分布的，就称为有色的。

（5）按照随机过程的平稳性和遍历性，可以分为平稳和非平稳、遍历和非遍历。

3．随机过程的概率分布

在某时刻 t_1，随机过程 $X(t_1)$是一个随机变量，其分布函数为 $F(x_1,t_1)=P(X(t_1)\leqslant x_1)$，

一维概率密度函数为 $f(x_1,t_1)=\dfrac{\partial F(x_1,t_1)}{\partial x_1}$。一维分布函数和一维概率密度函数仅描述了$X(t)$在 t_1 时刻的统计特性，对 $X(t)$的描述不充分，为此引入二维分布函数和二维概率密度函数，对于任意的 t_1 和 t_2，二维分布函数和二维概率密度函数定义为

$$F(x_1,x_2;t_1,t_2)=P\{X(t_1)\leqslant x_1;X(t_2)\leqslant x_2\}$$

$$f(x_1,x_2;t_1,t_2)=\frac{\partial^2 F(x_1,x_2;t_1,t_2)}{\partial x_1 \partial x_2}$$

依次类推，推广至 n 维，显然，n 越大，对随机过程统计特性的描述就越充分。

4．随机过程的数字特征

随机过程的数字特征是由随机变量的数字特征演变而来的，但随机过程的数字特征通常不是确定的数值，而是一个时间函数。

（1）均值 $E[X(t)]=\int_{-\infty}^{\infty} xf(x,t)\mathrm{d}x=a(t)$，如图 6-2 所示。

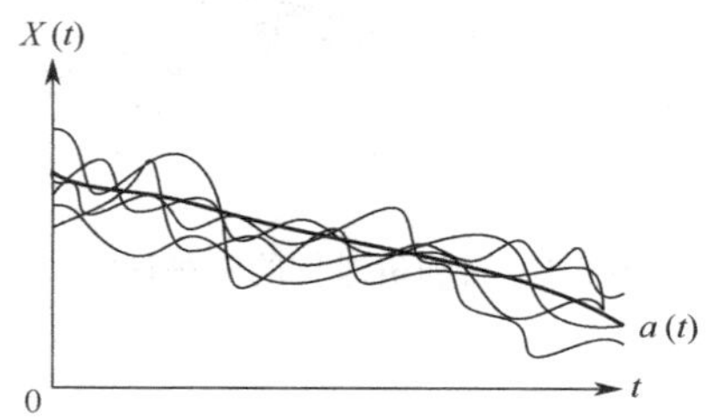

图 6-2　随机过程的均值 $a(t)$是一个时间函数

（2）均方值 $E[X^2(t)]=\int_{-\infty}^{\infty} x^2 f(x,t)\mathrm{d}x$。

（3）方差 $D[X(t)]=E\{[X(t)-a(t)]^2\}=\int_{-\infty}^{\infty}[x-a(t)]^2 f(x,t)\mathrm{d}x$。

（4）自相关函数 $R_X(t_1,t_2)=E[X(t_1)X(t_2)]=\int_{-\infty}^{\infty}\int_{-\infty}^{\infty} x_1x_2 f(x_1,x_2;t_1,t_2)\mathrm{d}x_1\mathrm{d}x_2$，用来描述随机过程 $X(t)$任意两个时刻 t_1 和 t_2 的状态之间的内在联系。

（5）协方差函数 $B_X(t_1,t_2)=E[(X(t_1)-a(t_1))(X(t_2)-a(t_2))]$。自相关函数和协方差函数都描述了随机过程在两个时刻 t_1 和 t_2 的随机变量的关联程度，两者是等效的，两者的关系为 $B(t_1,t_2)=R(t_1,t_2)-a(t_1)a(t_2)$。

5．随机过程的平稳性

1）严平稳性

若随机过程 $X(t)$的任意有限维分布函数或概率密度函数与时间起点无关，即

$$f(x_1,x_2,\cdots,x_n;t_1,t_2,\cdots,t_n)=f(x_1,x_2,\cdots,x_n;t_1+\tau,t_2+\tau,\cdots,t_n+\tau)$$

则称为严平稳随机过程。严平稳随机过程的统计特性不随时间推移而改变。

2）宽平稳性

随机过程的相关理论是只研究一阶矩、二阶矩的理论，即主要研究随机过程的期望、方差、相关函数和功率谱密度等的理论。随机过程的一阶矩、二阶矩虽然不能像多维概率

密度函数那样精确地描述其统计特性，但也相当有效地描述了随机过程的某些重要特性。满足下面两个条件的随机过程称为宽平稳随机过程。

（1）均值 $E[X(t)]$ 与 t 无关，即 $E[X(t)]=a$ 为常数。

（2）自相关函数 $R(t_1,t_2)$ 只与时间间隔 $\tau=t_2-t_1$ 有关，与 t_1、t_2 无关，即 $R(t,t+\tau)=R(\tau)$ 对于任意的 t 成立。

6. 随机过程的遍历性

随机过程的数字特征（均值、自相关函数）是对随机过程所有样本函数的统计平均，但实际中不可能观测大量的样本，能否从一次试验得到的一个样本函数 $x(t)$来计算该随机过程的数字特征呢？**当平稳随机过程的时间平均等于统计平均时，称该随机过程具有遍历性（Ergodicity）**，也称各态历经性。具有遍历性的随机过程，其任意一个样本函数都经历了随机过程的所有可能状态，因此由任何一个样本函数就可以得到该随机过程的全部统计信息。具有遍历性的随机过程，其数字特征（统计平均）完全可由该随机过程的任意一个样本的时间平均来代替。在时间平均（以上划线表示）的意义下，过程的均值和自相关函数定义为

$$\overline{X(t)}=\lim_{T\to\infty}\frac{1}{T}\int_{-\frac{T}{2}}^{\frac{T}{2}}x(t)\mathrm{d}t\ ,\quad \overline{R(\tau)}=\lim_{T\to\infty}\frac{1}{T}\int_{-\frac{T}{2}}^{\frac{T}{2}}x(t)x(t+\tau)\mathrm{d}t$$

那么满足遍历性就要求

$$E[X(t)]=\overline{X(t)}\ ,\quad R(\tau)=\overline{R(\tau)}$$

7. 平稳（Stationary）过程的自相关函数 $R(\tau)$ 与功率谱密度 $P(f)$

随机过程的任意一个样本是一个确定的功率信号，但不同的样本具有不同的功率谱密度，因此某一个样本的功率谱密度不能作为随机过程的功率谱密度的代表，随机过程的功率谱密度应看作对所有样本的功率谱密度的统计平均，即

$$P_X(f)=E[P_x(f)]=E\left[\lim_{T\to\infty}\frac{|x_T(f)|^2}{T}\right]$$

其中，$P_x(f)$ 表示样本函数 $x(t)$ 的功率谱密度，$x_T(f)$ 表示截短信号 $x_T(t)$ 的频谱。

从时域看，不同的样本具有不同的自相关函数，所以随机过程 $X(t)$ 的自相关应该是各样本自相关的统计平均，即

$$R(\tau)=E[X(t)X(t+\tau)]$$

自相关函数 $R(\tau)$ 和功率谱密度 $P(f)$ 构成一对傅里叶变换。平稳过程的自相关函数 $R(\tau)$ 具有如下性质：

（1）$R(0)=E[X^2(t)]=P$，即平稳过程的均方值就是其自相关函数在 0 点的取值，也就是其平均功率；

（2）$R(\tau)=R(-\tau)$，即自相关函数是偶函数；

（3）$|R(\tau)|\leqslant R(0)$，即自相关函数在 $\tau=0$ 取最大值；

（4）$R(\infty)=E[X(t)]E[X(t)]=a^2$，即直流功率；

（5）方差 $\sigma^2 = E[X^2(t)] - E^2[X(t)] = R(0) - a^2$。这个性质有个特例，就是**当平稳过程的均值 a 为 0 时，其方差就是其平均功率**。这个性质在分析高斯白噪声时被经常用到。

（6）$R(\tau)$ 和 $P(f)$ 构成一对傅里叶变换。

8. Gaussian 随机过程

若一个随机过程的任意 n 维概率分布均服从 n 维正态分布，则称为高斯型随机过程。Gaussian 随机过程具有如下性质：

（1）概率分布完全由数字特征决定；

（2）宽平稳的 Gaussian 过程也是严平稳的；

（3）Gaussian 过程经过线性系统仍是 Gaussian 过程。

6.1.3　随机波形信源

前面几章讨论了离散信源、离散信道和离散消息，离散消息在时间和取值上都是离散的，即有限的或无限可列的。与之相对应的是时间和取值都连续的信号，如语音信号、视频信号等，称这类信号为波形信号。波形信号需要用随机过程来描述，输出波形信号的信源称为随机波形信源，简称波形信源。为了使数字通信系统能够处理波形信号，必须先把波形信号离散化，包括时间离散化和取值离散化，分别对应“采样”和“量化”两种技术，如图 6-3 所示。

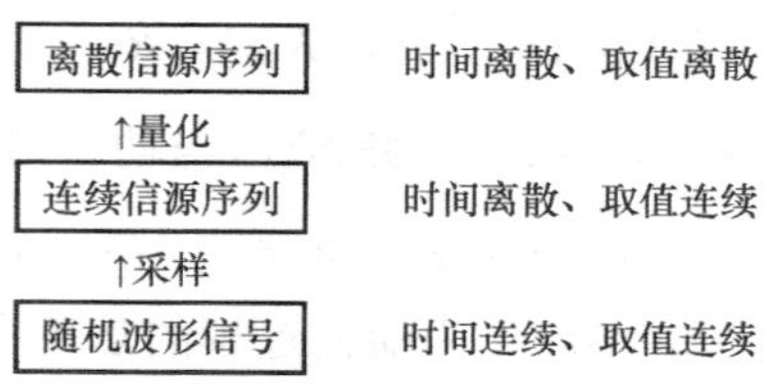

图 6-3　波形信源的离散化

我们已经讨论了离散信源的熵、离散信道的互信息、信道容量等概念，按照从简单到复杂的顺序，接下来讨论连续信源和连续信道、波形信源和波形信道的熵和互信息。

6.2　连续型随机变量的微分熵

6.2.1　连续型随机变量

连续信源输出的是连续型随机变量。这种随机变量从不可列集合（连续区间）中取值，如温度、重量、距离等。对于连续型随机变量 X，X 等于某个单值的概率 $P(X=e)$ 已经没有意义，或者说 $P(X=e)=0$，只能说 X 取值于 (c, d) 的概率是多少，如图 6-4 所示。在概率论中，离散型随机变量的概率分布由概率分布表来描述，连续型随机变量的概率分布则由概率密度函数（Probability Density Function，PDF）来描述，记 X 的概率密度函数为 $f_X(x)$ 或 $p_X(x)$，其中，X 表示随机变量，x 表示积分变量，则有

$$P(c<X<d)=\int_c^d f_X(x)\mathrm{d}x$$

即 X 位于 (c, d) 的概率等于概率密度函数在 (c, d) 下方的面积。概率密度函数要满足非负性和规范性，即

$$f_X(x) \geqslant 0$$

$$\int_{-\infty}^{+\infty} f_X(x)\mathrm{d}x = 1$$

连续型随机变量 X 的分布函数定义为

$$F_X(x) = P(X \leqslant x)=\int_{-\infty}^{x} f_X(t)\mathrm{d}t$$

当分布函数 $F_X(x)$ 可导时，$F_X(x)$ 和 $f_X(x)$ 满足

$$f_X(x) = F_X'(x)$$

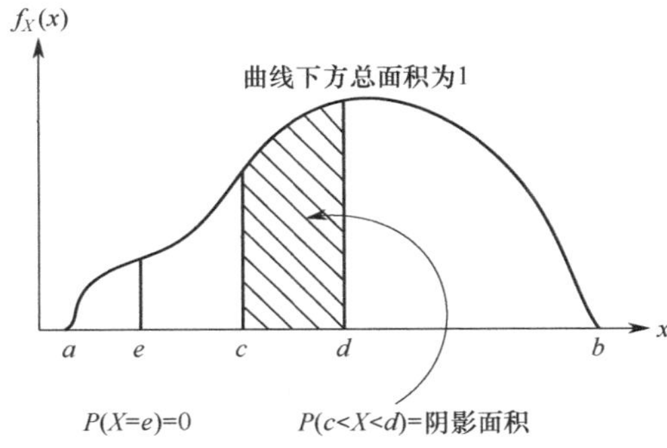

图 6-4　连续型随机变量的概率密度函数

例 6-1：均匀分布是一种常见的连续型概率分布，“均匀”在概率上的解释就是概率密度函数 $f_X(x)$ 在取值区间内是一个常数。对于在一维区间 $[a, b]$ 上均匀分布的随机变量 X，记作 $X \sim U[a, b]$，其概率密度函数为

$$f_X(x)=\begin{cases}\dfrac{1}{b-a}, & a<x<b \\ 0, & \text{其他}\end{cases} \tag{6-1}$$

例 6-2：服从指数分布的随机变量 X 的概率密度函数为

$$f_X(x)=\begin{cases}\lambda \mathrm{e}^{-\lambda x}, & x>0 \\ 0, & x \leqslant 0\end{cases} \tag{6-2}$$

其中，$\lambda>0$ 为常数，$1/\lambda$ 为 X 的期望。

例 6-3：另一种非常重要的连续型概率分布是正态分布，概率密度函数为

$$\varphi_{\mu,\sigma}(x)=\frac{1}{\sqrt{2\pi}\sigma}\mathrm{e}^{-\frac{(x-\mu)^2}{2\sigma^2}} \quad (-\infty<x<\infty) \tag{6-3}$$

其中，μ 和 σ^2 为常数，分别代表 X 的均值和方差。在工程应用中也常把正态分布称为高斯分布（Gaussian Distribution），记作 $X \sim N(\mu, \sigma^2)$。

把连续型随机变量从一维推广到高维，就得到了连续型随机矢量的概念，以下以二维

为例加以说明。二维连续型随机变量的概率分布是由其联合概率密度函数$f_{X,Y}(x,y)$和联合分布函数$F_{X,Y}(x,y)$来表征的。联合概率密度函数$f_{X,Y}(x,y)$以x–y平面上方曲面的形式呈现，$f_{X,Y}(x,y)$也要满足非负性和规范性要求，即

$$f_{X,Y}(x,y) \geqslant 0, \qquad \forall x,y$$

$$\int_{-\infty}^{\infty}\int_{-\infty}^{\infty} f_{X,Y}(x,y)\mathrm{d}x\mathrm{d}y = 1$$

(X, Y)所标识的点落在x–y平面上任意子区域D内的概率由下面的二重积分给出，即

$$P((X,Y)\in D) = \iint_D f_{X,Y}(x,y)\mathrm{d}x\mathrm{d}y$$

二维连续型变量(X, Y)的联合分布函数定义为

$$F_{X,Y}(x,y) = P(X \leqslant x; Y \leqslant y) = \int_{-\infty}^{x}\int_{-\infty}^{y} f_{X,Y}(x,y)\mathrm{d}x\mathrm{d}y$$

当$F_{X,Y}(x,y)$可导时，$F_{X,Y}(x,y)$和$f_{X,Y}(x,y)$满足

$$f_{X,Y}(x,y) = \frac{\partial^2 F_{X,Y}(x,y)}{\partial x \partial y}$$

由二维连续型随机变量(X, Y)的联合分布可以求其边缘分布，即分量X、Y各自的概率分布。边缘分布函数和边缘概率密度函数如下。

1. 边缘分布函数

$$F_X(x) = F_{X,Y}(x,\infty) = P(X \leqslant x, Y \leqslant \infty) = \int_{-\infty}^{x}\int_{-\infty}^{\infty} f_{X,Y}(x,y)\mathrm{d}y\mathrm{d}x$$

$$F_Y(y) = F_{X,Y}(\infty,y) = P(X \leqslant \infty, Y \leqslant y) = \int_{-\infty}^{y}\int_{-\infty}^{\infty} f_{X,Y}(x,y)\mathrm{d}x\mathrm{d}y$$

2. 边缘概率密度函数

$$f_X(x) = F_X'(x) = \frac{\mathrm{d}\left(\int_{-\infty}^{x}\int_{-\infty}^{\infty} f_{X,Y}(x,y)\mathrm{d}y\mathrm{d}x\right)}{\mathrm{d}x} = \int_{-\infty}^{\infty} f_{X,Y}(x,y)\mathrm{d}y$$

$$f_Y(y) = F_Y'(y) = \frac{\mathrm{d}\left(\int_{-\infty}^{y}\int_{-\infty}^{\infty} f_{X,Y}(x,y)\mathrm{d}x\mathrm{d}y\right)}{\mathrm{d}y} = \int_{-\infty}^{\infty} f_{X,Y}(x,y)\mathrm{d}x$$

设(X, Y)的联合概率密度函数为$f_{X,Y}(x,y)$，边缘概率密度函数$f_X(x)$和$f_Y(y)$连续且大于0，则称

$$f_{X|Y}(x\,|\,y) = \frac{f_{X,Y}(x,y)}{f_Y(y)}$$

为在条件$Y=y$下随机变量X的条件概率密度函数；同样，称

$$f_{Y|X}(y\,|\,x) = \frac{f_{X,Y}(x,y)}{f_X(x)}$$

为在条件$X=x$下随机变量Y的条件概率密度函数。

6.2.2　微分熵

我们已经熟知离散型随机变量的熵的计算，对于如下概率分布

$$\begin{bmatrix} X \\ P(X) \end{bmatrix} = \begin{bmatrix} a_1 & a_2 & a_3 & \cdots & a_n \\ P(a_1) & P(a_2) & P(a_3) & \cdots & P(a_n) \end{bmatrix}$$

X 的熵为

$$H(X) = -\sum_{i=1}^{n} P(a_i) \log P(a_i)$$

根据概率分布的不同，n 可能取有限值或无限值。对于后者，上面的级数和可能是发散的。

对于取值$[a, b]$的连续型随机变量 X，其概率密度函数为 $p(x)$，因为 X 在$[a, b]$内连续取值，所以无法直接应用上面级数和的形式计算熵 $H(X)$。为此，把$[a, b]$等分成 n 个子区间，每个子区间的宽度为 $\varDelta$，如图 6-5 所示。根据积分中值定理，在每个子区间内一定存在一点 x_i，使得 $p(x_i)\varDelta$ 等于该子区间分得的概率，即图 6-5 中的阴影面积。由此就把连续型随机变量 X 近似成离散型随机变量 X_n。

$$\begin{bmatrix} X_n \\ p(X_n) \end{bmatrix} = \begin{bmatrix} x_1 & x_2 & \cdots & x_n \\ p(x_1)\varDelta & p(x_2)\varDelta & \cdots & p(x_n)\varDelta \end{bmatrix} \tag{6-4}$$

且满足

$$\sum_{i=1}^{n} p(x_i)\varDelta = 1 \tag{6-5}$$

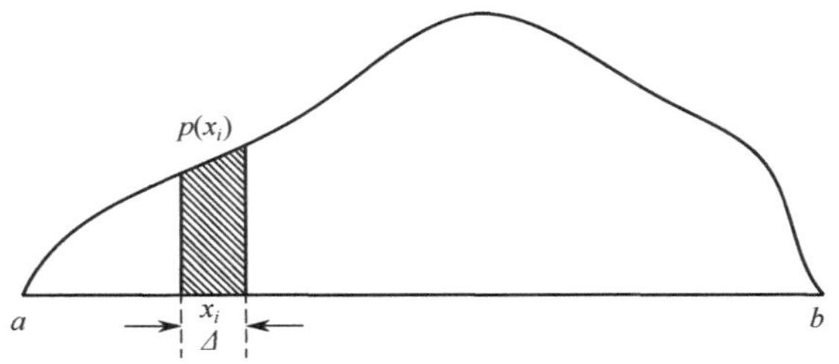

图 6-5　把连续型随机变量的值域划分成等间隔区间

基于离散概率分布式（6-4）计算 X_n 的离散熵为

$$\begin{aligned} H(X_n) &= -\sum_{i=1}^{n} \{ p(x_i)\varDelta \log[p(x_i)\varDelta] \} \\ &= -\sum_{i=1}^{n} \{ p(x_i)\varDelta \log[p(x_i)] \} - \sum_{i=1}^{n} \{ p(x_i)\varDelta \log \varDelta \} \end{aligned}$$

当 $n \to \infty$时，或等价地，当 $\varDelta \to 0$ 时，离散型随机变量 X_n 将逼近连续型随机变量 X，$H(X_n)$ 的极限为 $H(X)$，所以有

$$\begin{aligned} H(X) &= \lim_{n\to\infty} H(X_n) \\ &= -\lim_{\varDelta\to 0} \sum_{i=1}^{n} \{ p(x_i)\varDelta \log[p(x_i)] \} - \lim_{\varDelta\to 0} (\log \varDelta) \sum_{i=1}^{n} [p(x_i)\varDelta] \\ &= -\int_a^b p(x) \log p(x) \mathrm{d}x - \lim_{\varDelta\to 0} (\log \varDelta) \end{aligned}$$

$$=-\int_a^b p(x)\log p(x)\mathrm{d}x+\infty \tag{6-6}$$

上式第 3 个等号用到了概率的规范性式（6-5）。可见，连续型随机变量 X 的离散熵 $H(X)$趋于无穷大，这是符合离散熵的物理意义的。我们知道，熵 $H(X)$度量的是随机变量 X 的不确定性，X 可能的取值越多，$H(X)$越大。由于连续型随机变量可能的取值为无穷多个，所以其不确定度应该为无穷大，因此式（6-6）是合理的。

然而，对于连续型随机变量的无穷大取值的离散熵，无法对其进行进一步的比较、计算和操作，所以舍掉式（6-6）中后面的∞，保留式（6-6）中前边有限取值的部分作为连续型随机变量的近似的信息度量。

定义 6-1：取值于$[a, b]$、概率密度函数为 $p(x)$的连续型随机变量 X 的微分熵为

$$h(X)=-\int_a^b p(x)\log p(x)\mathrm{d}x \quad \text{（单位：bit/自由度）} \tag{6-7}$$

由于 $h(X)$舍掉了式（6-6）中无穷大的部分，因此不是 X 不确定性的准确度量，但式（6-7）在形式上与离散熵的计算公式保持统一。另外，由于所有的连续型随机变量在计算微分熵的时候都舍掉了这个无穷大部分，所以 $h(X)$可以看作连续型随机变量不确定性的相对度量。

离散熵 $H(X)$的单位是 bit/符号，度量的是离散型随机变量取值的各符号的信息量的统计平均；但连续型随机变量是连续取值，$h(X)$是各子区间的信息量的统计平均，所以 $h(X)$的单位不是 bit/符号，而是 bit/自由度。自由度是统计学术语，是指能独立取值或自由变化的样本数。

进一步，参照离散联合熵和离散条件熵的计算公式，可以定义二维连续型随机变量(X, Y)的联合微分熵和条件微分熵为

$$h(X,Y)=-\iint_D p(x,y)\log p(x,y)\mathrm{d}x\mathrm{d}y \quad \text{（单位：bit/2自由度）} \tag{6-8}$$

$$h(Y\mid X)=-\iint_D p(x,y)\log p(y\mid x)\mathrm{d}x\mathrm{d}y \quad \text{（单位：bit/自由度）} \tag{6-9}$$

将其推广到多维，有

$$h(X_1,X_2,\cdots,X_n)=-\int\cdots\int p(x_1,x_2,\cdots,x_n)\log p(x_1,x_2,\cdots,x_n)\mathrm{d}x_1\mathrm{d}x_2\cdots\mathrm{d}x_n \quad \text{（单位：bit/}n\text{自由度）} \tag{6-10}$$

$$h(X_n\mid X_1,\cdots,X_{n-1})=-\int\cdots\int p(x_1,x_2,\cdots,x_n)\log p(x_n\mid x_1,\cdots,x_{n-1})\mathrm{d}x_1\cdots\mathrm{d}x_n \quad \text{（单位：bit/自由度）} \tag{6-11}$$

最后，波形信源 $x(t)$经过采样后可以转化成符号序列连续信源 $\boldsymbol{X}=(X_1,X_2,\cdots,X_n)$，所以波形信源 $x(t)$的微分熵定义为

$$h(x(t))=\lim_{n\to\infty}h(\boldsymbol{X})=\lim_{n\to\infty}h(X_1,X_2,\cdots,X_n) \tag{6-12}$$

定义 6-2：两个连续型随机变量 X 和 Y 的互信息 $I(X; Y)$定义为

$$I(X;Y)=\iint p(x,y)\log\frac{p(x,y)}{p(x)p(y)}\mathrm{d}x\mathrm{d}y \tag{6-13}$$

其中，$p(x, y)$与 $p(x), p(y)$分别表示 X 和 Y 的联合概率密度函数与边缘概率密度函数。与离

散型随机变量的互信息类似，连续型随机变量的互信息也满足

$$I(X;Y)=h(X)-h(X|Y)=h(Y)-h(Y|X)=h(X)+h(Y)-h(X,Y) \tag{6-14}$$

例 6-4：连续型随机变量 X 服从 $[a,b]$ 上的均匀分布，求 X 的微分熵 $h(X)$。

解：根据 X 的概率密度函数式（6-1）和微分熵计算公式，可得

$$h(X)=-\int_a^b \frac{1}{b-a}\log\frac{1}{b-a}\mathrm{d}x=\log(b-a)$$

例 6-5：求指数分布随机变量 X 的微分熵 $h(X)$。

解：

$$\begin{aligned}
h(X)&=-\int_0^{\infty}\lambda \mathrm{e}^{-\lambda x}\log(\lambda \mathrm{e}^{-\lambda x})\mathrm{d}x\\
&=\int_0^{\infty}\log(\lambda \mathrm{e}^{-\lambda x})\mathrm{d}\mathrm{e}^{-\lambda x}\\
&=\log(\lambda \mathrm{e}^{-\lambda x})\mathrm{e}^{-\lambda x}\Big|_0^{\infty}-\int_0^{\infty}\mathrm{e}^{-\lambda x}\mathrm{d}\log(\lambda \mathrm{e}^{-\lambda x})\\
&=-\log(\lambda)-\frac{1}{\ln 2}\mathrm{e}^{-\lambda x}\Big|_0^{\infty}\\
&=-\log(\lambda)+\frac{1}{\ln 2}\\
&=\log\left(\frac{\mathrm{e}}{\lambda}\right)
\end{aligned}$$

例 6-6：$X\sim N(\mu,\ \sigma^2)$，求 X 的微分熵 $h(X)$。

解：X 的概率密度函数为

$$\varphi_{\mu,\sigma}(x)=\frac{1}{\sqrt{2\pi}\sigma}\mathrm{e}^{-\frac{(x-\mu)^2}{2\sigma^2}},\quad -\infty<x<\infty$$

X 的微分熵为

$$\begin{aligned}
h(X)&=-\int_{-\infty}^{\infty}\varphi_{\mu,\sigma}(x)\log\varphi_{\mu,\sigma}(x)\mathrm{d}x\\
&=-\int_{-\infty}^{\infty}\frac{1}{\sqrt{2\pi}\sigma}\mathrm{e}^{-\frac{(x-\mu)^2}{2\sigma^2}}\log\left[\frac{1}{\sqrt{2\pi}\sigma}\mathrm{e}^{-\frac{(x-\mu)^2}{2\sigma^2}}\right]\mathrm{d}x\\
&=-\int_{-\infty}^{\infty}\frac{1}{\sqrt{2\pi}\sigma}\mathrm{e}^{-\frac{(x-\mu)^2}{2\sigma^2}}\left[\log\left(\frac{1}{\sqrt{2\pi}\sigma}\right)-\frac{(x-\mu)^2}{2\sigma^2}\log\mathrm{e}\right]\mathrm{d}x\\
&=\log(\sqrt{2\pi}\sigma)\int_{-\infty}^{\infty}\frac{1}{\sqrt{2\pi}\sigma}\mathrm{e}^{-\frac{(x-\mu)^2}{2\sigma^2}}\mathrm{d}x+\frac{\log\mathrm{e}}{2}\int_{-\infty}^{\infty}\frac{1}{\sqrt{2\pi}\sigma}\mathrm{e}^{-\frac{(x-\mu)^2}{2\sigma^2}}\frac{(x-\mu)^2}{\sigma^2}\mathrm{d}x\\
&=\log(\sqrt{2\pi}\sigma)+\frac{\log\mathrm{e}}{2}\\
&=\frac{1}{2}\log(2\pi\mathrm{e}\sigma^2)
\end{aligned}$$

6.2.3 微分熵的性质

1. 可加性

$h(X, Y)=h(Y|X)+h(X)$

证明：$h(X,Y)=-\iint\limits_D p(x,y)\log p(x,y)\mathrm{d}x\mathrm{d}y$

$$=-\iint\limits_D p(x,y)\log p(y\,|\,x)\mathrm{d}x\mathrm{d}y-\iint\limits_D p(x,y)\log p(x)\mathrm{d}x\mathrm{d}y$$

$$=h(Y\,|\,X)-\int\limits_D\left(\int\limits_D p(x,y)\mathrm{d}y\right)\log p(x)\mathrm{d}x$$

$$=h(Y\,|\,X)-\int\limits_D p(x)\log p(x)\mathrm{d}x$$

$$=h(Y\,|\,X)+h(X)$$ ■

2. 链式法则

$h(X_1,\cdots,X_N)=h(X_N\,|\,X_{N-1},\cdots,X_1)+h(X_{N-1}\,|\,X_{N-2},\cdots,X_1)+\cdots+h(X_2\,|\,X_1)+h(X_1)$

这是可加性向多维随机变量的自然推广。

3. 平移不变性

$$h(X+c)=h(X)$$

其中，c 是某个固定数值。该性质的物理意义是随机变量 X 的取值区间整体平移 c，其概率分布不变，因此不确定度不变。

4. 尺度变换性

$h(aX)=h(X)+\log|a|$，其中 a 是某个缩放倍数

证明：令 $Y=aX$，根据随机变量函数的概率分布的求解方法，可得

$$p_Y(y)=\frac{1}{|a|}p_X\left(\frac{y}{a}\right)$$

所以有 $h(aX)=-\int p_Y(y)\log p_Y(y)\mathrm{d}y$

$$=-\int\frac{1}{|a|}p_X\left(\frac{y}{a}\right)\log\left[\frac{1}{|a|}p_X\left(\frac{y}{a}\right)\right]\mathrm{d}y$$

$$=-\int p_X(x)\log p_X(x)\mathrm{d}x+\log|a|$$

$$=h(X)+\log|a|$$ ■

5. 可负性

微分熵可以取负值。在例 6-4 中，均匀分布的随机变量的微分熵 $h(X)=\log(b-a)$，当 $0<b-a<1$ 时，微分熵取负值。我们知道离散熵 $H(X)$永远是非负的，但微分熵 $h(X)$却可以取负值，这是为什么呢？其原因在于微分熵 $h(X)$是离散熵 $H(X)$舍掉了一个无穷大得到的，$h(X)$并不是不确定性的准确度量。

6.2.4 最大熵分布

对于取有限符号集的离散型随机变量 X 而言，当其服从等概分布的时候，离散熵 $H(X)$ 达到最大值，这也被称为最大离散熵定理。对于连续型随机变量，也存在何种概率分布能达到最大微分熵$h(X)$的问题，但这个问题需要附加一定的约束条件才能得到确切的解答，或者说问题的解是和所给的条件联系在一起的。这部分内容的理论深度比较深，学科交叉特点鲜明，对最大熵原理的研究还处于发展过程中，而且对这部分内容的深入理解需要用到泛函分析等理论工具，以及如 Laplace 分布、Gamma 分布、Cauchy 分布等特殊的概率分布，还要用到鉴别信息、Jensen's 不等式等信息论中较为高深的概念，这些都超出了本书的范围，所以本节只给出最大熵分布的基本结论，不进行深入分析。

问题描述：假设概率分布的支集[①]为 S，在如下约束条件下针对各种概率密度函数 $f(x)$，求最大微分熵 $h(f)$。其中，条件Ⅰ和Ⅱ分别对应概率密度函数的非负性和规范性，条件Ⅲ为有限矩条件。

Ⅰ：$f(x)\geqslant 0$，等号在支集 S 外成立；

Ⅱ：$\int_S f(x)\mathrm{d}x=1$；

Ⅲ：$\int_S f(x)r_i(x)\mathrm{d}x=\alpha_i$（$1\leqslant i\leqslant m$）。

定理 6-1（最大熵分布）[4,6]：在所有满足条件（Ⅰ、Ⅱ、Ⅲ）的概率密度函数 f 中，

$$f^*(x)=\mathrm{e}^{\lambda_0+\sum_{i=1}^{m}\lambda_i r_i(x)},\quad x\in S$$

具有最大的微分熵，其中 $\lambda_1,\lambda_2,\cdots,\lambda_m$ 的选择需要使得 $f^*(x)$满足条件（Ⅰ、Ⅱ、Ⅲ）。

例 6-7：以下给出在几种不同约束条件下达到最大微分熵的概率分布。

（1）$S=(-\infty,\infty)$，给定期望 $E(X)$和均方值 $E(X^2)$，则正态分布 $N(\mu,\sigma^2)$为最大熵分布，其中，$\mu=E(X)$，$\sigma^2=E(X^2)-E^2(X)$，最大熵为$\frac{1}{2}\log(2\pi\mathrm{e}\sigma^2)$。由于微分熵具有平移不变性，所以改变随机变量的均值不会影响其微分熵，因此可以假设 $E(X)=0$，由于指定了期望和均方值，因此可得方差 $\sigma^2=E(X^2)-E^2(X)$，对于均值为 0 的平稳随机过程，方差等于均方值，同时也等于平均功率 P。因此，使用随机信号的术语，本例也可以概括为在平均功率受限的条件下，正态分布为最大熵分布，其最大熵等于$\frac{1}{2}\log(2\pi\mathrm{e}P)$。

（2）$S=[a,b]$，没有矩约束条件，则均匀分布为最大熵分布，最大熵等于$\log(b-a)$。由于随机变量的取值受限，相当于峰值功率受限，所以也可以概括为在峰值功率受限的条件下，均匀分布为最大熵分布。

（3）$S=(0,\infty)$，给定期望 $E(X)$，则指数分布为最大熵分布，且最大熵等于$\log\left(\frac{\mathrm{e}}{\lambda}\right)$。

以上 3 种最大熵分布在通信中较为常见。另外，一些在实际应用中不太常见，但具有数学意义的最大熵分布如下：

① 支集（Support）是指随机变量的取值区间中概率不为 0 的区域集合。

（4）$S=(0,\infty)$，给定期望 $E(X)$和 $E(\ln X)$，则 Gamma 分布为最大熵分布。

（5）$S=(-\infty,\infty)$，给定 $E(|X|)$，则 Laplace 分布为最大熵分布。

（6）$S=(-\infty,\infty)$，给定 $E[\ln(1+x^2)]$，则 Cauchy 分布为最大熵分布。

（7）$S=(0,\infty)$，给定 $E(\ln X)$和 $E(\ln X)^2$，则对数正态分布为最大熵分布。

6.3 连续信道和波形信道

6.3.1 连续信道和波形信道的分类

在实际通信系统中，信号在信道中传输时总会受到噪声的影响，噪声的特性反映了信道的特性，连续信道和波形信道可以基于噪声的不同特征加以分类。

1. 按照噪声对信号的作用分

（1）加性信道：噪声和信号是相加的关系 $x(t)+n(t)$。以下我们只讨论加性信道。

（2）乘性信道：噪声和信号是相乘的关系 $x(t)\times n(t)$。

2. 按照噪声的记忆性分

如果噪声在各时刻对应的随机变量是统计独立的，则称为无记忆信道；反之，称为有记忆信道。以下我们只讨论无记忆信道。

3. 按照噪声的统计特性分

（1）高斯（Gaussian）噪声信道：噪声$n(t)$是一个随机过程，在某个时刻缩减为一个随机变量 n，如果该随机变量的概率密度函数服从 Gaussian 分布，则称该信道为高斯噪声信道。高斯噪声信道是在工程应用中最常用的有实输入和实输出的噪声信道模型，这是因为信道噪声可以看作由大量的、微小的随机变量之和构成，基于中心极限定理，变量和近似服从正态分布。

（2）白噪声信道：噪声的功率谱密度均匀分布于整个区间，即单边带功率谱密度等于常数N_0，$0<f<\infty$。“白”来源于在可见光中白光是由各种颜色（频率）的光均匀混合而成的。相应地，如果功率谱密度为非均匀分布，则称为有色噪声信道。

（3）高斯白噪声信道：噪声幅度的概率密度函数是 Gaussian 分布，功率谱是白的。

（4）加性高斯白噪声信道：加性的高斯白噪声信道，常缩写为 AWGN 信道（Additive White Gaussian Noise）。这种信道是无线信道和卫星信道非常理想的模型，而且很容易分析，所以 AWGN 信道是本章重点讨论的信道。

6.3.2 连续加性信道的转移概率密度函数

连续加性信道的输入、输出和噪声分别是连续型随机变量 X、Y 和 n，有 $Y=X+n$，如图 6-6 所示。

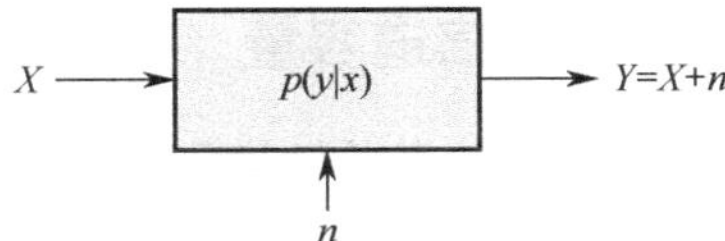

图 6-6　连续加性信道

在前面两章讨论离散信道时，输出 Y 和输入 X 是靠信道转移矩阵联系起来的，信道矩阵由前向概率 $p(y_j|x_i)$组成。与之类似，连续加性信道的输入/输出依靠信道转移概率密度函数 $p(y|x)$联系起来。

定理 6-2：对于加性噪声信道，有

（1）$p(y|x)=p(n)$

（2）$h(Y|X)=h(n|X)=h(n)$

其中，$p(n)$和 $h(n)$分别是噪声的概率密度函数和微分熵。

证明：$Y=X+n$，$n=Y-X$，根据随机向量变换的联合概率密度函数的计算方法，有

$$\begin{aligned}
p(x,y)&=p(x,n=y-x)\left|J(\frac{X,n}{X,Y})\right| \\
&=p(x,n)\begin{vmatrix}\dfrac{\partial X}{\partial X} & \dfrac{\partial n}{\partial X}\\ \dfrac{\partial X}{\partial Y} & \dfrac{\partial n}{\partial Y}\end{vmatrix} \\
&=p(x,n)\begin{vmatrix}1 & -1\\ 0 & 1\end{vmatrix} \\
&=p(x,n) \\
&=p(x)p(n)
\end{aligned}$$

式中，$|J(\cdot)|$表示 Jacobi 行列式。在最后一个等式中噪声 n 和输入符号 X 是独立的，所以二者的联合概率密度函数等于边缘概率密度函数的乘积。由此可得

$$p(y\,|\,x)=\frac{p(x,y)}{p(x)}=p(n)$$

进一步地，有

$$\begin{aligned}
h(Y\,|\,X)&=-\iint p(x,y)\log p(y\,|\,x)\mathrm{d}x\mathrm{d}y \\
&=-\int p(x)\mathrm{d}x\int p(y\,|\,x)\log p(y\,|\,x)\mathrm{d}y
\end{aligned}$$

根据坐标变换可得 $\mathrm{d}x\mathrm{d}y=\mathrm{d}x\mathrm{d}n$，所以上式继续有

$$\begin{aligned}
h(Y\,|\,X)&=-\int p(x)\mathrm{d}x\int p(n)\log p(n)\mathrm{d}n \\
&=h(n)
\end{aligned}$$

■

定理 6-2 揭示了加性噪声信道的一个重要性质，**即信道的转移概率密度函数就等于噪声的概率密度函数，同时，噪声熵 $h(Y|X)$就等于噪声的微分熵 $h(n)$。**

6.3.3 连续信道和波形信道的信道容量

单符号加性连续信道$[X, p(y|x), Y]$的信息传输率和信道容量分别为

$$R = I(X;Y) = h(Y)-h(Y|X) = h(Y)-h(n) \quad （单位：bit/自由度） \tag{6-15}$$

$$C = \max_{p(x)} I(X;Y) = \max_{p(x)}[h(Y)-h(n)] \quad （单位：bit/自由度） \tag{6-16}$$

令 $\boldsymbol{X}=(X_1, X_2,\cdots, X_N)$，$\boldsymbol{Y}=(Y_1,Y_2,\cdots, Y_N)$，$\boldsymbol{n}=(n_1,n_2,\cdots, n_N)$，则上述结论可以推广到多符号随机序列信道

$$R=I(\boldsymbol{X};\boldsymbol{Y}) = h(\boldsymbol{Y})-h(\boldsymbol{Y}|\boldsymbol{X}) = h(\boldsymbol{Y})-h(\boldsymbol{n}) \quad （单位：bit/N 自由度） \tag{6-17}$$

$$C = \max_{p(x)} I(\boldsymbol{X};\boldsymbol{Y}) = \max_{p(x)}[h(\boldsymbol{Y})-h(\boldsymbol{n})] \quad （单位：bit/N 自由度） \tag{6-18}$$

随机过程 $x(t)$和 $y(t)$经过采样变成随机序列 $\boldsymbol{X}$ 和 $\boldsymbol{Y}$，所以对于波形信道，有

$$R = I(x(t), y(t)) = \lim_{N\to\infty} I(\boldsymbol{X},\boldsymbol{Y}) = \lim_{N\to\infty}[h(\boldsymbol{Y})-h(\boldsymbol{n})] \tag{6-19}$$

$$C = \max_{p(x)}[\lim_{N\to\infty} I(\boldsymbol{X};\boldsymbol{Y})] = \max_{p(x)}\lim_{N\to\infty}[h(\boldsymbol{Y})-h(\boldsymbol{n})] \tag{6-20}$$

如果 $x(t)$和 $y(t)$的持续时间等于 T，则该波形信道的信息传输速率和单位时间信道容量为

$$R_t = \frac{\lim\limits_{N\to\infty}[h(\boldsymbol{Y})-h(\boldsymbol{n})]}{T} \quad （单位：bps） \tag{6-21}$$

$$C_t = \frac{\max\limits_{p(x)}\lim\limits_{N\to\infty}[h(\boldsymbol{Y})-h(\boldsymbol{n})]}{T} \quad （单位：bps） \tag{6-22}$$

由于噪声 n 与输入 X 独立，所以在加性信道中 $h(n)$与 $p(x)$是无关的，也就是说改变输入 X 的概率分布只能影响 $h(Y)$，因此求信道容量 C 就是求某个 $p(x)$使 $h(Y)$最大。对于一般的通信系统而言，输入信号和噪声的平均功率总是有限的，所以以下只讨论在平均功率受限的条件下，连续信道和波形信道的容量 C。

6.4 高斯信道

对于单符号一维加性连续信道，当噪声的概率密度函数服从高斯分布（正态分布）时，称为加性高斯信道，如图 6-7 所示。这是在通信工程中最为常用的具有实输入/实输出的噪声信道模型。定性地看，在平均功率受限的条件下，在图 6-7 中当噪声服从高斯分布时，噪声熵最大，因此高斯噪声是对信息传输破坏力最大的一种噪声，加性高斯信道是在平均功率受限条件下信道容量最小的信道；反过来说，当输入信号 X 服从高斯分布时，在同样的信号功率下信道可以传输最多的信息，因此高斯输入信号是最有效的。

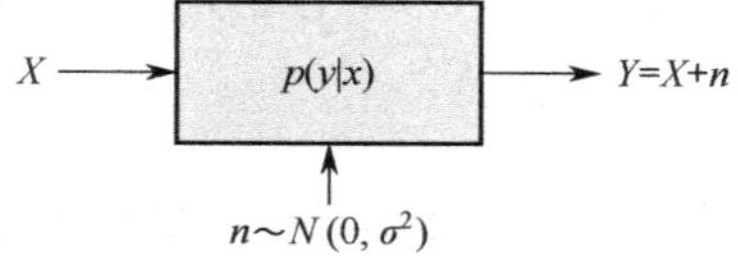

图 6-7 一维加性高斯信道

6.4.1　高斯信道与离散信道

对于如图 6-7 所示的一维加性高斯信道，可以通过一种简单的信号输入设置将其转化为 BSC 信道：令信源符号 X 二元取值（$s_0=\sqrt{P}$，$s_1=-\sqrt{P}$），$P=s_i^2$ 表示信号功率，在数字通信中，这被称为对极信号。在加性高斯白噪声 $N(0, \sigma^2)$背景下，采用最大后验概率准则进行判决，设先验概率为 $P(s_0)=p$，$P(s_1)=1-p$，则接收信号的条件概率密度函数为

$$f(r\,|\,s_0)=\frac{1}{\sqrt{2\pi}\sigma}\mathrm{e}^{-\frac{(r+\sqrt{P})^2}{2\sigma^2}}\;;\quad f(r\,|\,s_1)=\frac{1}{\sqrt{2\pi}\sigma}\mathrm{e}^{-\frac{(r-\sqrt{P})^2}{2\sigma^2}}$$

那么，最大后验概率准则的判决依据是

$$f(r\,|\,s_0)p(s_0)=\frac{p}{\sqrt{2\pi}\sigma}\mathrm{e}^{-\frac{(r+\sqrt{P})^2}{2\sigma^2}}\;;\quad f(r\,|\,s_1)p(s_1)=\frac{1-p}{\sqrt{2\pi}\sigma}\mathrm{e}^{-\frac{(r-\sqrt{P})^2}{2\sigma^2}}$$

其中，大的那个为发送符号。如果发送符号先验等概，即 $p=1/2$，则上面的译码判决依据可以简化为判断

$$f(r\,|\,s_0)=\frac{1}{\sqrt{2\pi}\sigma}\mathrm{e}^{-\frac{(r+\sqrt{P})^2}{2\sigma^2}}\;;\quad f(r\,|\,s_1)=\frac{1}{\sqrt{2\pi}\sigma}\mathrm{e}^{-\frac{(r-\sqrt{P})^2}{2\sigma^2}}$$

孰大孰小，这等价于最小距离译码准则，即接收点 $r<0$ 译成 s_0，接收点 $r>0$ 译成 s_1，如图 6-8 所示。

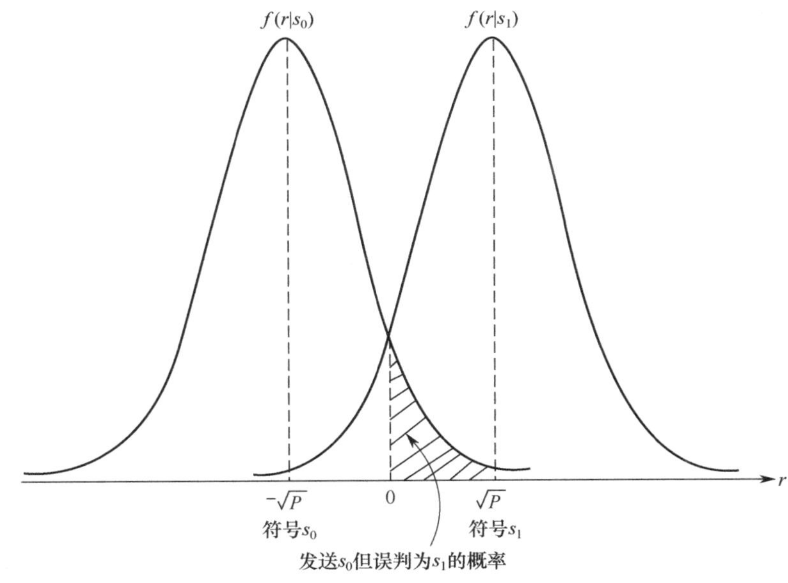

图 6-8　最小距离译码准则（$r<0$，译成 s_0；$r>0$，译成 s_1）

因此，当先验等概时，最大后验概率准则等价于最小距离译码准则，即判断接收符号 r 距离发送符号 s_0 和 s_1 孰近孰远。由此可得平均译码错误概率为

$$P_{\mathrm{E}}=\text{图6-8中阴影面积}$$

$$= \int_0^\infty f(r \mid s_0)\mathrm{d}r$$

$$= \int_0^\infty \frac{1}{\sqrt{2\pi}\sigma}\mathrm{e}^{-\frac{(r+\sqrt{P})^2}{2\sigma^2}}\mathrm{d}r$$

$$\xlongequal{r=\sigma x-\sqrt{P}} \int_{\sqrt{\frac{P}{\sigma^2}}}^\infty \frac{1}{\sqrt{2\pi}}\mathrm{e}^{-\frac{x^2}{2}}\mathrm{d}x = Q\left(\sqrt{\frac{P}{\sigma^2}}\right)$$

上式使用了变量代换 $r=\sigma x-\sqrt{P}$ 和递减函数 $Q(x)$，后者定义为

$$Q(x) = \int_x^\infty \frac{1}{\sqrt{2\pi}}\mathrm{e}^{-\frac{t^2}{2}}\mathrm{d}t$$

对于一般的非对极二元信号，s_0 和 s_1 不是对称分布在 0 两侧的，如果以 $d=|s_0-s_1|$ 表示两个信号点的距离，依然采用最小距离译码准则，则平均译码错误概率为

$$P_{\mathrm{E}} = Q\left(\frac{d}{2\sigma}\right)$$

综上所述，当采用二元输入信号和最小距离译码准则时，高斯信道就转化成了 BSC 信道，平均译码错误概率 $P_{\mathrm{E}} = Q\left(\frac{d}{2\sigma}\right)$。随着信号点距离 d 的增加，平均译码错误概率 P_{E} 是趋于 0 的。进一步地，可以把二元输入信号扩展为 M 元输入信号，如图 6-9 所示，此时平均译码错误概率为

$$P_{\mathrm{E}} = \frac{2(M-1)}{M}Q\left(\sqrt{\frac{P}{\sigma^2}}\right)$$

随着信号点彼此之间距离的无限加大，平均译码错误概率也是趋于 0 的。这说明对于噪声功率有限的高斯信道而言，如果允许输入信号功率无穷大的话，高斯信道的容量是无穷大的。

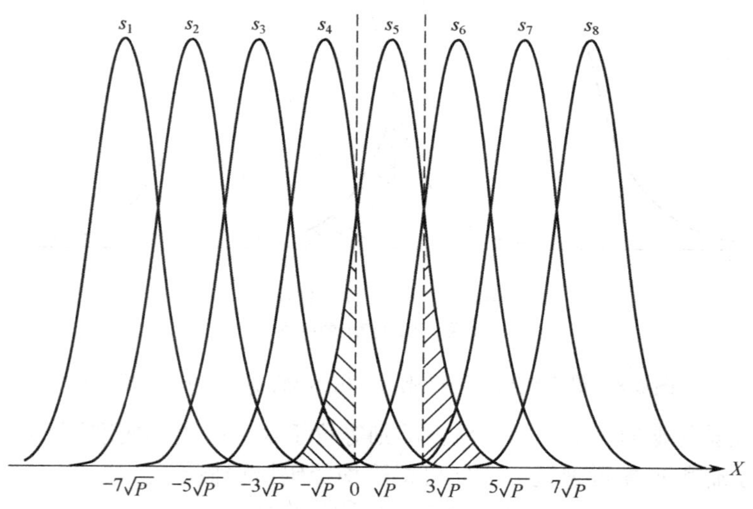

图 6-9　使用高斯信道传输 M（=8）元输入信号

6.4.2　高斯信道的信道容量

实际通信系统应该是功率受限的，即对于任何发送码字$(x_1, x_2, \cdots, x_n)$，要求

$$\frac{1}{n}\sum_{i=1}^{n} x_i^2 \leqslant P$$

因此通过把信号点距离无限拉大获得无穷大的高斯信道容量的方法是不可行的。那么，对于输入信号功率受限的高斯信道而言，信道容量等于多少？最佳输入分布是什么呢？本节来解决这些问题。在分析高斯信道容量之前，先补充两个关于正态分布的性质[1]。

定理 6-3：若随机变量 $X\sim N(\mu,\sigma^2)$，$Y=a+bX$（$b\neq 0$）为 X 的线性函数，则 $Y\sim N(a+b\mu,b^2\sigma^2)$。

定理 6-4：若随机变量 $X_1\sim N(\mu_1,\sigma_1^2)$，$X_2\sim N(\mu_2,\sigma_2^2)$，且 X_1 和 X_2 独立，$Y=X_1+X_2$，则 $Y\sim N(\mu_1+\mu_2,\sigma_1^2+\sigma_2^2)$。

对这两个定理的证明请参阅文献［1］。这两个定理说明若干独立的、服从正态分布的随机变量的线性组合仍然服从正态分布，这个性质在下面分析高斯信道的信道容量时会用到。

假设信道叠加的是均值为 0、方差为 $P_n=\sigma^2$ 的一维高斯噪声，即噪声的概率密度函数为

$$p(n)=\frac{1}{\sqrt{2\pi}\sigma}\mathrm{e}^{-\frac{x^2}{2\sigma^2}}$$

根据例 6-6，噪声熵为

$$h(n)=\frac{1}{2}\log(2\pi\mathrm{e}\sigma^2)$$

所以，高斯信道的信道容量为

$$C=\max_{p(x)}[h(Y)-h(n)]=\max_{p(x)}[h(Y)]-\frac{1}{2}\log(2\pi\mathrm{e}\sigma^2)$$

对于加性信道 $Y=X+n$ 而言，输出信号的均方值为

$$E(Y^2)=E[(X+n)^2]=E(X^2)+2E(X)E(n)+E(n^2)$$

对于一般的通信系统，通常假设输入信号和噪声都是均值为 0 的随机过程，即 $E(X)=0$，$E(n)=0$，此时信号的均方值就等于信号平均功率，所以有输出信号功率 P_o 等于输入信号功率 P_s 与噪声功率 P_n 之和，即

$$P_\mathrm{o}=P_s+P_n$$

所以，输入信号平均功率受限意味着输出信号平均功率也受限。在这个条件下，只有当输出信号 Y 服从高斯分布的时候，$h(Y)$才能取最大值。此外，由于输出 Y 和噪声 n 都服从高斯分布，且 $Y=X+n$，根据定理 6-4，输入信号 X 也服从高斯分布，即在加性高斯信道中，为了达到信道容量，最佳输入分布也应该是高斯分布。基于上述分析，单符号加性高斯信道的信道容量为

$$\begin{aligned}C&=h(Y)-h(n)\\&=\frac{1}{2}\log(2\pi\mathrm{e}P_\mathrm{o})-\frac{1}{2}\log(2\pi\mathrm{e}P_n)\end{aligned}$$

$$=\frac{1}{2}\log\left(\frac{P_o}{P_n}\right)$$

$$=\frac{1}{2}\log\left(1+\frac{P_s}{P_n}\right) \text{（单位：bit/自由度）} \tag{6-23}$$

只有当信源输入是均值为 0、方差为 P_s 的高斯变量时，才能达到该信道容量。为了进一步说明一维加性高斯信道的信道容量，定义(M, N)码如下。

定义 6-3：定义基于高斯信道的功率受限的(M, N)码如下。

（1）信源符号集$\{1, 2, \cdots, M\}$，码符号集χ；

（2）编码函数 f：$\{1, 2, \cdots, M\}\to \chi^N$，对应信源符号 i 的 N 长码字为 $\boldsymbol{x}(i)=\{x_1(i), x_2(i), \cdots, x_N(i)\}$，满足功率受限条件，即

$$\sum_{j=1}^{N}[x_j(i)]^2 \leqslant NP$$

（3）译码函数 g：$y^N \to\{1, 2, \cdots, M\}$。

上面定义的(M, N)码的信息传输率为

$$R=\frac{\log M}{N} \quad \text{（单位：bit/自由度）}$$

对于某个给定的信息传输率 R，如果存在编译码方案使得平均译码错误概率 $P_{\mathrm{E}}\to 0$，则称该信息传输率 R 是可达的。式（6-23）说明，信号和噪声功率受限于 P_s 和 P_n 的一维加性高斯噪声信道可达的最高信息传输率为

$$C=\frac{1}{2}\log\left(1+\frac{P_s}{P_n}\right)$$

这个结论也可以从几何角度得到直观的解释：由于发送信号和噪声是均值为 0、平均功率分别为 P_s 和 P_n 的高斯随机变量，(M, N)信道码的码字长度为 N，从几何意义上讲，发送码字、噪声和接收码字都可以看作 N 维随机矢量。当发送某个发送码字 $\boldsymbol{x}(i)$时，对应的接收矢量 $\boldsymbol{y}(i)$以 $\boldsymbol{x}(i)$为均值，以噪声 $\boldsymbol{n}(i)$的方差为方差。这就是说明，接收矢量应该以很大的概率落在以 $\boldsymbol{x}(i)$为球心、以 $\sqrt{NP_n}$ 为半径的 N 维球内，落在球外的概率较小。为了不发生译码错误，对 $\boldsymbol{x}(i)$的选取应该保证它们各自的 N 维球彼此不相交。进一步，由于全部接收矢量 $\boldsymbol{Y}=\{\boldsymbol{y}(i)\}$是均值为 0、平均功率为 P_s+P_n 的高斯随机变量，所以全部接收矢量必然落在以原点为球心、以 $\sqrt{N(P_s+P_n)}$ 为半径的 N 维球内，因此在这个大的 N 维球内能容纳多少不相交的小的 N 维球，我们就可以选取多少个许用码组。由几何知识可知，半径为 $\boldsymbol{r}$ 的 N 维球的体积应为 $k_N r^N$，其中，k_N 是与 N 有关的常数，所以在大的 N 维球内能容纳的小的 N 维球的个数为

$$M=\frac{k_N[N(P_s+P_n)]^{\frac{N}{2}}}{k_N(NP_n)^{\frac{N}{2}}}=\left(1+\frac{P_s}{P_n}\right)^{\frac{N}{2}}$$

所以信道容量，即最高可达码率 $C=\frac{\log M}{N}=\frac{1}{2}\log\left(1+\frac{P_s}{P_n}\right)$。

6.4.3 限带 AWGN 信道的信道容量

在模拟通信系统中，最常使用的信道模型是 AWGN 波形信道，其输入、输出和噪声分别是波形信号 $x(t)$、$y(t)$和 $n(t)$，其中，噪声的均值为 0，单边功率谱密度为 N_0。另外，实际信道的频带宽度总是有限的（假设为 W），所以输入、输出和噪声都是限频的随机过程，进一步假设输入、输出信号的持续时间为 T。需要说明的是，根据时域和频域的物理定律，持续时间有限的信号，其频带必然无穷宽；反之，频带宽度有限的信号，其持续时间必然无限长。因此，既限频又限时的信号是物理不可能的，但如果信号的主要能量都集中在带宽 W 内，则既限频又限时的假设不会造成太大的误差。

根据 Nyquist 采样定理，一个频带受限于 W 内的信号可以通过 $2W$ 采样率采得的样本值唯一表示，由于信号持续时间为 T，所以这个波形信道可以通过采样变成时间离散化的 $2WT$ 维的连续信道，即自由度 $N=2WT$，如图 6-10 所示。仍假设发送信号的平均功率为 P_s，则每个发送符号 X_i 分得的功率为 $P_sT/2WT= P_s/2W$。同理，由于噪声的平均功率等于 N_0W，所以每个噪声样本获得的平均功率为 $N_0WT/2WT=N_0/2$。根据一维加性高斯噪声信道的信道容量公式可得，限带 AWGN 波形信道的信道容量为

$$C=\frac{1}{2}\log\left(1+\frac{P_s/2W}{N_0/2}\right)=\frac{1}{2}\log\left(1+\frac{P_s}{N_0W}\right) \text{（单位：bit/自由度）} \tag{6-24}$$

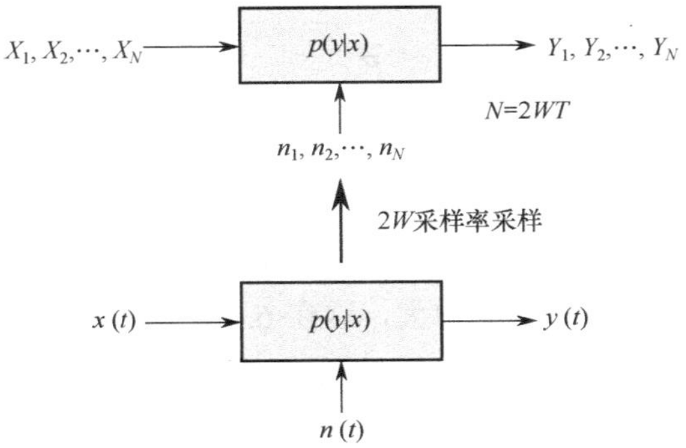

图 6-10 AWGN 波形信道经过采样变为多符号连续信道

又因为在单位时间内采集到 $2W$ 个信道符号，所以把该信道容量对时间归一化可得

$$C_t=W\log\left(1+\frac{P_s}{N_0W}\right) \quad \text{（单位：bps）} \tag{6-25}$$

式（6-25）就是著名的**香农公式**，它给出了限频、限时、限功率的 AWGN 信道的信道容量的计算方法。对于这种信道，当输入信号 $x(t)$是平均功率受限的高斯白噪声信号时，信息传输率才能达到信道容量。此外，高斯波形信道的信道容量可以作为非高斯波形信道的信道容量的下限。本节最后以一个例题来说明如何运用香农公式计算信道容量。

例 6-8：电话信道带宽为 3.3kHz，信号噪声的功率比为 20dB，求该信道的信道容量。

解：20dB=100 倍，所以 $P_s/N_0W=100$，代入香农公式得

$$C_t=3300\log(1+100)=22000 \text{ bps}$$

6.5 香农公式

香农公式是限频、限时、限功率 AWGN 波形信道的信道容量计算公式。一方面，该公式给我们提供了增加信道容量的几种方法；另一方面，当系统的各项指标参数需要折中考虑时，该公式给出了各参数互相换取的思路。

6.5.1 增加信道容量的两种方法

1. 增加信道带宽 W

由香农公式可知，当发送信号功率 P_s 不变时，增加带宽 W 可以在一定程度上增大信道容量。但是，随着带宽趋于无穷，信道容量将趋于某个极限，即

$$\lim_{W\to\infty} C_t = \lim_{W\to\infty} \frac{\log\left(1+\dfrac{P_s}{N_0 W}\right)}{\dfrac{1}{W}}$$

这是一个 $\dfrac{0}{0}$ 型的未定式，应用罗必塔法则可得

$$\lim_{W\to\infty} C_t = \frac{P_s}{N_0 \ln 2} = 1.4427\frac{P_s}{N_0}$$

2. 增加发送功率 P_s

通过增加发送功率 P_s 来增大信道容量 C 在理论上没有上限。也就是说，当发送功率不受限制时，信道容量将能够达到无穷大，这在 6.4.1 节已经给过说明。但随着发送功率的增加，$\lim\limits_{P_s\to\infty}\dfrac{\mathrm{d}C_t}{\mathrm{d}P_s}\to 0$，因此信道容量的增长将越来越慢。

6.5.2 E_b/N_0 和香农限

模拟信号是功率信号，所以在模拟通信系统中信噪比是指信号噪声的功率比，即

SNR=信号平均功率/噪声平均功率

数字信号是能量信号，数字通信系统的信噪比参数是 E_b/N_0。

在数字通信系统中，一样的波形（意味着一样的信号功率），当采用不同的调制方式时，每个波形被赋予的含义是不同的。以图 6-11 为例，该波形可以用于 BPSK 和 QPSK 两种传输方式，BPSK 的信息传输率等于 1bit/符号，QPSK 的信息传输率等于 2bit/符号。波形相同意味着符号速率 R_s 相同，如果以下标 $b1$ 和 $b2$ 分别表示 BPSK 和 QPSK，那么有

$$R_{b1}=R_s=R_{b2}/2$$

$$E_{b1}=E_s=2E_{b2}$$

$$\frac{S}{N}=\frac{E_{b1}R_{b1}}{N_0 W}=\frac{E_{b2}R_{b2}}{N_0 W}$$

式中，W 是接收机带宽，由符号速率 R_s 决定，可以认为 $W=R_s/2$；R_b/W 为单位频带的比特率，表示在特定调制方案下的频带利用率，又称频带效率。由此可见，尽管调制方式不同，但信号噪声功率比 S/N 是相同的，QPSK 的频带利用率 R_{b2}/W 较高，但 E_{b2}/N_0 较低；BPSK 的频带利用率 R_{b1}/W 较低，但 E_{b1}/N_0 较高。所以，在数字通信中用 E_b/N_0 来描述信噪比更为合适。另外，从量纲看，有

$$\frac{E_b}{N_0}=\frac{\mathrm{J}}{\mathrm{W/Hz}}=\frac{\mathrm{W\cdot s}}{\mathrm{W\cdot s}}$$

所以，E_b/N_0 没有量纲。

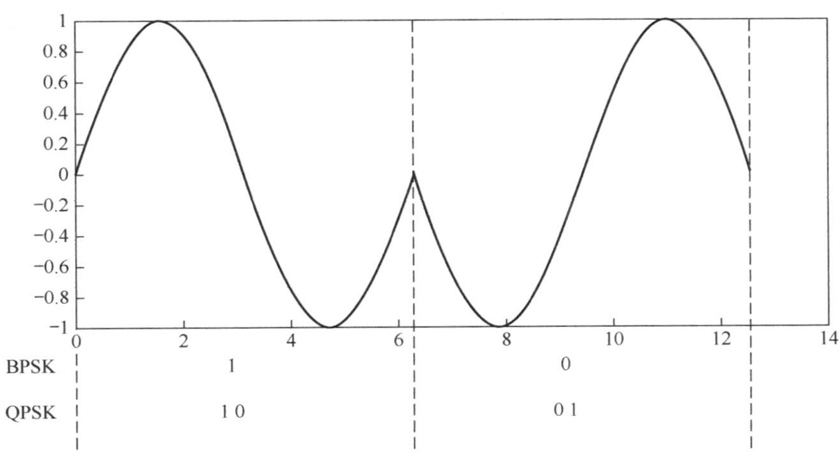

图 6-11　数字信号是能量信号

本节最后介绍**香农限**的概念。从香农公式出发，可以推导出 E_b/N_0 存在一个极限值，使得任何符号速率的系统不可能以低于该值的 E_b/N_0 进行无差错传输。为了实现无差错传输，要求信息传输率不能大于信道容量，即 $R_b\leqslant C_t$，取最大可能的信息传输率 $R_b=C_t$。比特能量为

$$E_b=P_sT_b=\frac{P_s}{R_b}=\frac{P_s}{C_t}$$

所以，信号功率 $P_s=E_bC_t$，将其代入香农公式可得

$$C_t=W\log\left(1+\frac{P_s}{N_0W}\right)=W\log\left(1+\frac{E_bC_t}{N_0W}\right)$$

有

$$\frac{E_b}{N_0}=\frac{2^{\frac{C_t}{W}}-1}{\frac{C_t}{W}}$$

式中，C_t/W 为归一化信道容量，含义是每赫兹带宽能提供的最大信息传输率，对上式取极限可得 E_b/N_0 的最小值为

$$\min\left(\frac{E_b}{N_0}\right)=\lim_{(C_t/W)\to 0}\frac{2^{\frac{C_t}{W}}-1}{\frac{C_t}{W}}=\ln 2=0.693=-1.6\text{dB}$$

式中，E_b/N_0的最小值为**香农限**，其含义是可靠传送 1bit 信息所需的最小能量为 $0.693N_0$。需要说明的是，香农限是在带宽趋于无穷大时达到的，是在理论上能实现可靠通信的 E_b/N_0 的最小值。E_b/N_0 与 C_t/W 的关系如图 6-12 所示。

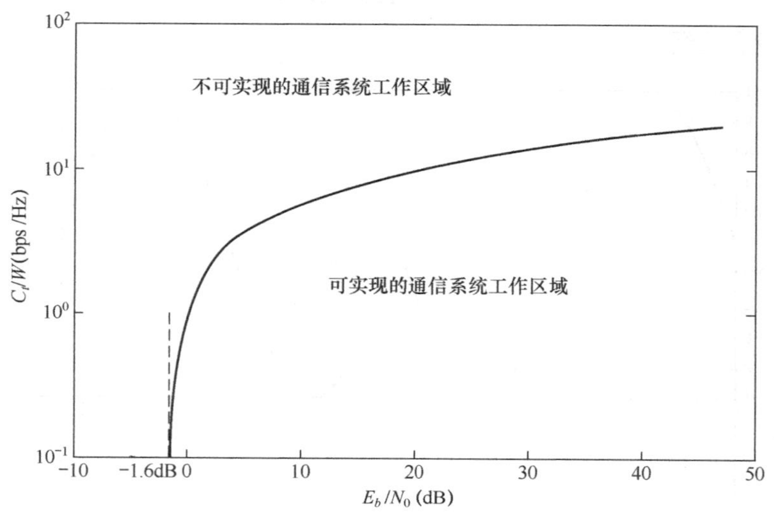

图 6-12　E_b/N_0 与 C_t/W 的关系

6.6　本章小结

在前面几章讨论离散信源和离散信道的信息理论的基础上，本章讨论了连续信源和连续信道，以及波形信源和波形信道的信息理论。在实际应用中，大部分信源都是波形信源，如语音、图像、视频等。这类信源在时间轴和幅度轴上都是连续取值的。

首先，本章简要介绍了用于分析这类信号的随机过程和随机信号分析的基础知识。其次，本章引出了用于描述连续型随机变量的不确定性的微分熵的概念，微分熵 $h(X)$的计算公式在形式上和离散熵 $H(X)$高度一致，只是把求和运算变为积分运算。然而，需要特别注意的是微分熵不是连续型随机变量不确定性的精确度量，只是相对度量，因为微分熵丢弃了离散熵中无穷大的部分，这种简化有利于在各连续信源之间进行微分熵的计算和比较。相应地，联合熵、条件熵和互信息都有对应的微分熵的版本。微分熵和离散熵都具有可加性，但也有不同的性质。微分熵是可负的，而且达到最大微分熵的分布不唯一，取决于约束条件。常用的两种最大微分熵分布包括：①在平均功率受限的条件下，高斯分布为最大熵分布；②在峰值功率受限的条件下，均匀分布为最大熵分布。

根据噪声特性的不同可以对信道加以分类，常用的信道模型是加性高斯白噪声

（AWGN）信道。其中，“加性”是指噪声和输入符号为相加的关系；“高斯”是指噪声的概率分布为高斯分布；“白”是指噪声的功率谱密度是均匀的，没有哪个频段和其他频段不同。通过对单符号加性高斯噪声信道的分析，并将其扩展到限频、限时、限功率的 AWGN 信道的信道容量，得到了著名的香农公式。这是工程应用中用于测算信道容量的最实用的公式，不仅可以估算信道容量，而且指明了增加信道容量的两个方向。最后，本章介绍了数字通信系统信噪比 E_b/N_0 和香农限的概念。

习　　题

1．一维随机变量 X 的概率密度函数如下图中阴影所示，请首先计算图中高度值 h_1，然后计算微分熵 $h(X)$ 和 $h(2X)$。

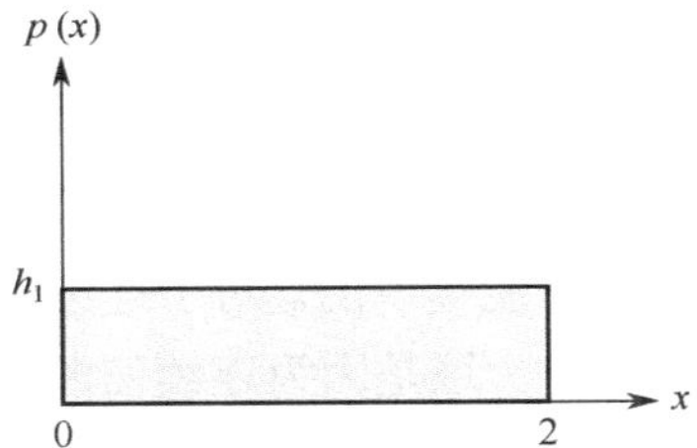

2．彩色电视显像管的屏幕上有 5×10^5 个像元，设每个像元有 64 种彩色度，每种彩色度又有 16 种不同的亮度层次。如果所有的彩色度和亮度层次的组合均以等概率出现，并且各组合之间相互独立。求：

（1）计算一帧图像所包含的信息量；

（2）计算每秒传送 25 帧图像所需要的信道容量；

（3）如果信道上信号与噪声平均功率的比值为 30dB，为实时传送彩色电视图像，信道的通频带应为多大?

3．在图像传输中，每帧约有 2×10^6 个像素，为了能很好地重现图像，每像素能分 256 个亮度电平。假设亮度电平等概分布，试计算每分钟传送两帧图像所需信道的带宽（信噪功率比为 30dB）。

4．某信源输出 A、B、C、D、E 共 5 种符号，每种符号独立出现，出现概率分别为 1/8、1/8、1/8、1/2、1/8。如果符号的码元宽度为 0.5 μs 。计算：

（1）信息传输率 R_t 。

（2）将这些数据通过一个带宽 W=2000kHz 的加性高斯白噪声信道传输，噪声的单边功率谱密度为 $N_0=10^{-6}$W/Hz。试计算正确传输这些数据最少需要的发送功率 P。

5．Laplace 分布的概率密度函数如下，计算其微分熵。

$$p(x)=\frac{1}{2}\lambda \mathrm{e}^{-\lambda|x|}\quad(\lambda>0,\ -\infty<x<\infty)$$

6．某随机变量 X 的概率密度函数如下，计算 $h(X)$和 $h(2X)$。

$$p(x)=2x\ (0\leqslant x\leqslant 1)$$

7．两个独立的随机变量 X、Y 分别服从正态分布 $X\sim N(\mu_1,\ \sigma^2_1)$、$Y\sim N(\mu_2,\ \sigma^2_2)$，计算 $h(2X)$、$h(X, Y)$和 $h(X+Y)$。

8．二维随机变量(X, Y)在区域 D（$a\leqslant x\leqslant b$，$c\leqslant y\leqslant d$）上服从均匀分布，求 $h(X)$、$h(Y)$、$h(X, Y)$、$h(X|Y)$、$h(Y|X)$、$I(X;Y)$。

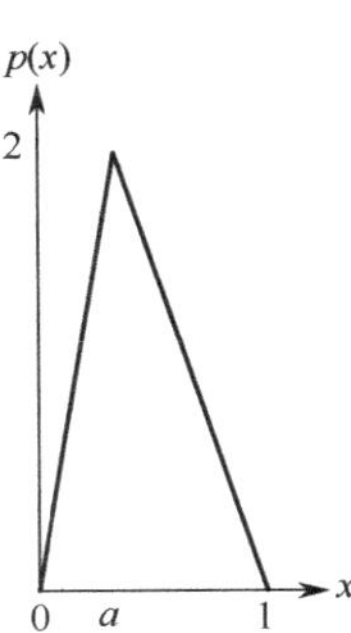

9．右图所示的是三角分布的随机变量的概率分布，求 $h(X)$。

第 7 章

率失真理论

根据信源—信道联合编码定理（定理 5-6）可知，信源编码器和信道编码器可以合二为一。在该通信系统中，信源熵 $H(X)$、码率 R 和信道容量 C 的位置和关系如图 7-1 所示。R 表示编译码器的码率，同时也是传输过程中的信息传输率。香农第一定理告诉我们无失真信源编码的必要条件是 $H(X)\leqslant R$，违反该条件会造成信源的信息损失，无法精确恢复信源；香农第二定理告诉我们在有噪信道中无错误传输的必要条件是 $R\leqslant C$，违反该条件会造成大量的传输错误。综合这两个定理可见，要同时实现对信源的无失真表示和无错误传输，必须满足

$$H(X)\leqslant R\leqslant C \tag{7-1}$$

对于离散信源，式（7-1）是有可能实现的。对于连续信源，$H(X)\leqslant R\leqslant C$ 的实现却存在实质性困难，甚至是物理不可能的。这是因为连续信源 X 的熵 $H(X)$等于无穷大，从而要求码率 R 和信道容量 C 都得无穷大，这显然是不可能的。

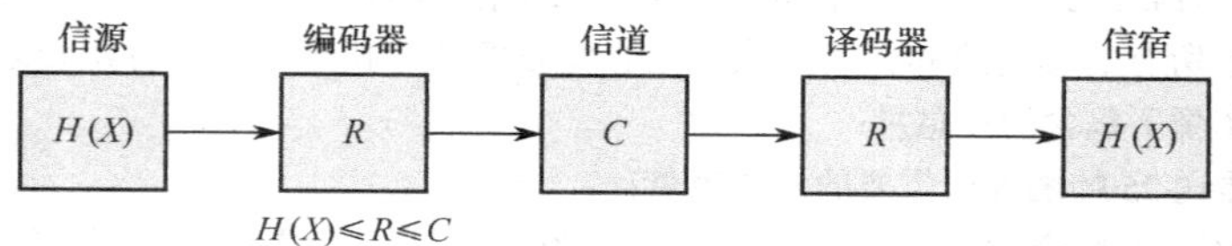

图 7-1　熵—码率—信道容量的关系

一个实际的物理通信系统，无论是信道容量 C，还是信息传输率 R 都是某个有限值。由于有限的码率 R 不足以容纳连续信源无穷大的熵 $H(X)$，所以针对连续信源的编码必然是有失真编码，即存在信源的信息损失。幸运的是，在实际生活中，信息传输最终的接收者大多是人的感官，对信息的理解和诠释依靠人来完成，而人的听觉和视觉具有一定的容错、纠错特性，因此可以容许一定的失真。例如，人可感知的声音信号带宽为 20Hz～20kHz，但实际电话传输设备和信道的带宽只有 300～3400Hz，绝大部分频率成分都被抹掉了，但我们打电话时依然可以听清对方的讲话内容。因此，如果以人的主观感觉作为信息传输质量的评价标准，则允许有大量的信息损失存在。由此可见，用于传输连续信源信号的通信系统不可能也没必要使用无失真信源编码，而只能使用有失真信源编码。在信息论中，关于有失真信源编码的理论被称为率失真理论，其主要讨论：失真的度量，信息传输率 R 和失真的关系，在允许失真条件下的信源压缩等。

7.1　量化失真

在用数字通信系统传输模拟信号时，要用到脉冲编码调制（PCM）技术，PCM 包括采样—量化—编码 3 步。其中，采样把模拟信号在时间轴上离散化，但采到的样本在幅度轴上依然是连续取值的；为了用有限精度或有限码率的码来表示样本，需要对这些样本在幅度轴上离散化，这由量化来完成。如图 7-2 所示，连续信号 $x(t)$在幅度轴上被划分成 4 个区间，如表 7-1 所示。每个区间都以区间的中间值 $\ddot{X}$ 作为重建点或代表点，并对 $\ddot{X}$ 进行编码，对于落在该区间的任何样本点 X，不管其实际的幅值等于多少，都认为其等于 $\ddot{X}$ 。样本点的真实值 X 和重建点值 $\ddot{X}$ 之间的差 $X-\ddot{X}$ 称为量化失真或量化噪声。量化系统的性能可以由均方量化失真的期望 $E(X-\ddot{X})^2$ 来度量。量化理论主要研究的就是如何划分量化区间，以及如何选择重建点使 $E(X-\ddot{X})^2$ 最小化。量化理论不是我们讨论的重点，此处不展开，但由于量化失真不可避免，因此有必要讨论在一定的失真度条件下信源压缩和信息传输的问题。

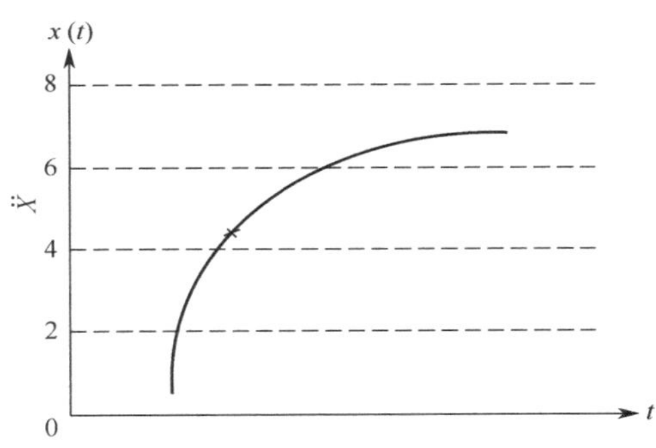

图 7-2　量化失真

表 7-1　量化区间和代表点

区　间	(0, 2)	(2, 4)	(4, 6)	(6, 8)
重建点	1	3	5	7
码	0 0	0 1	1 0	1 1

7.2　失真度与率失真函数

有的文献[4]也称有失真信源编码理论为熵压缩编码理论，称无失真信源编码理论为冗余度压缩编码理论。冗余度压缩编码主要针对离散信源，这种编码方式的压缩极限等于信源的离散熵$H(X)$，因此在编译码前后不会有任何失真。熵压缩编码突破了熵的极限，以一定的失真度为代价进一步压缩，从而进一步降低码率 R。虽然熵压缩编码主要针对连续信源，但是以离散信源为例进行讨论可以更清晰、简明地阐述基本概念。

根据 7.1 节的分析，图 7-3 上方的量化器的输入符号 X 和输出符号 $\ddot{X}$ 之间不可避免地会存在失真，为了分析方便，可以把量化器比拟为图 7-3 下方的试验信道。设某离散信源 X（可以理解为样本值 X），字母集为$\{x_1, \cdots, x_r\}$，先验概率为 $p(x_i)$，经过如图 7-3 所示的通信链路传输后在信宿收到 Y（可以理解为重建点值 $\ddot{X}$），字母集为$\{y_1, \cdots, y_s\}$。通常重建点少于样本，因此有 $r \geqslant s$。为了突出有失真信源编码，此处消除信道对传输的影响，假设在图 7-3 中信道是无噪、无损的，失真仅是由有失真编码器、有失真译码器造成的。由于是有失真编码，Y 不是 X 的精确描述，X 和 Y 的取值并不是一一对应的，而是以一定的转移概率统计相关的，即

$$\boldsymbol{P}=\begin{bmatrix} p(y_1 \mid x_1) & p(y_2 \mid x_1) & \cdots & p(y_s \mid x_1) \\ \cdots & \cdots & \cdots & \cdots \\ p(y_1 \mid x_r) & p(y_2 \mid x_r) & \cdots & p(y_s \mid x_r) \end{bmatrix} \tag{7-2}$$

式（7-2）在形式上类似于第 4 章讲过的信道矩阵，因此可以把图 7-3 中有失真编码器、有失真译码器和信道抽象成一个试验信道。但需要说明的是，这个试验信道的信道矩阵描述的 X 和 Y 的统计依赖关系，不是由信道传输造成的，而是由有失真信源编码造成的。另外，试验信道只是对量化器的模拟，并不是真正传输信息的信道，试验信道的输入和输出对应量化器的输入和输出。

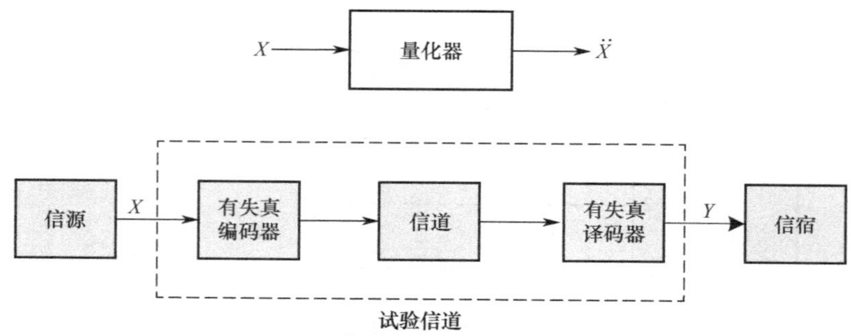

图 7-3　有失真编码器、有失真译码器等效为试验信道

定义 7-1：试验信道输入符号 x_i 和输出符号 y_j 之间的**失真度**为

$$d(x_i, y_j) \geqslant 0 \quad (i=1, 2, \cdots, r;\ j=1, 2, \cdots, s) \tag{7-3}$$

这个非负的度量描述了信源符号 x_i 和重建符号 y_j 之间的失真量，d 越大，失真越大。失真度 d 的取值是人为定义的，常见的定义方式如下。

Hamming 失真：$$d(x_i, y_j)=\begin{cases} 0, & x_i = y_j \\ 1, & x_i \neq y_j \end{cases}$$

绝对失真：$$d(x_i, y_j)=|x_i - y_j|$$

相对失真：$$d(x_i, y_j)=\frac{|x_i - y_j|}{|x_i|}$$

均方失真：$$d(x_i, y_j)=(x_i - y_j)^2$$

Hamming 失真适用于离散信源，绝对失真、相对失真和均方失真适用于连续信源。针

对具体问题选择何种失真定义方式要综合考虑人的主观感觉和数学处理的复杂度。

把全部输入、输出符号的失真度排列成一个矩阵，称为失真矩阵，有

$$\boldsymbol{D}=\begin{bmatrix} d(x_1,y_1) & d(x_1,y_2) & \cdots & d(x_1,y_s) \\ \vdots & \vdots & \vdots & \vdots \\ d(x_r,y_1) & d(x_r,y_2) & \cdots & d(x_r,y_s) \end{bmatrix} \tag{7-4}$$

对于某个试验信道，当给定了信道矩阵 $\boldsymbol{P}$ 和失真矩阵 $\boldsymbol{D}$，就可以得到该试验信道的平均失真度 $\overline{D}$，即

$$\overline{D}=\sum_i\sum_j p(x_i,y_j)d(x_i,y_j)=\sum_i\sum_j p(x_i)p(y_j\mid x_i)d(x_i,y_j) \tag{7-5}$$

式中，$p(x_i)$是先验概率，$p(y_j|x_i)$是试验信道的转移概率。式（7-5）的统计平均是在 X 和 Y 的联合概率空间中进行的，$\overline{D}$ 描述了整个试验信道的失真情况。

由单符号失真可以扩展得到符号序列失真。设 $\boldsymbol{x}_i\in X^N$ 和 $\boldsymbol{y}_j\in Y^N$ 分别表示 N 维无记忆扩展信源序列和 N 维重建序列，定义 $\boldsymbol{x}_i$ 和 $\boldsymbol{y}_j$ 之间的失真度为

$$d(\boldsymbol{x}_i,\boldsymbol{y}_j)=\frac{1}{N}\sum_{l=1}^{N}d(x_{i_l},y_{j_l})\quad (i=1,2,\cdots,r^N;\ j=1,2,\cdots,s^N) \tag{7-6}$$

进一步，N 次无记忆扩展信源序列 X^N 和 N 维重建序列 Y^N 之间的平均失真度为

$$\overline{D_N}=\sum_i\sum_j p(\boldsymbol{x}_i,\boldsymbol{y}_j)d(\boldsymbol{x}_i,\boldsymbol{y}_j)=\sum_i\sum_j p(\boldsymbol{x}_i)p(\boldsymbol{y}_j\mid \boldsymbol{x}_i)d(\boldsymbol{x}_i,\boldsymbol{y}_j) \tag{7-7}$$

定义 7-2：对于给定的某个失真度门限 D，若要求有失真信源编码系统对应的试验信道的平均失真度 $\overline{D}$ 不大于 D，即

$$\overline{D}\leqslant D \tag{7-8}$$

这样的系统设计准则称为保真度准则。

根据式（7-5），平均失真度 $\overline{D}$ 是信源概率分布 $p(x_i)$、试验信道转移概率 $p(y_j|x_i)$和失真度 $d(x_i, y_j)$三者的函数。当 $p(x_i)$和 $d(x_i, y_j)$给定时，$\overline{D}$ 只是 $p(y_j|x_i)$的函数。那么对于给定的失真度门限 D，可以根据保真度准则把全部信道矩阵 $\boldsymbol{P}=\{p(y_j|x_i)\}$和其对应的试验信道划分为满足保真度准则和不满足保真度准则这两大类，即

满足保真度准则的试验信道 C_D：$\overline{D}\leqslant D$；

不满足保真度准则的试验信道 $\overline{C_D}$：$\overline{D}>D$。

观察图 7-1 中码率 R（同时也等于对信源 X 的压缩率和在信道中传输的信息传输率），对于有失真编码而言，R 可以小于信源熵 $H(X)$，如果该通信系统允许的失真度 D 越大，则 R 可以越小，例如，$D=\infty$，则 $R=0$，这表明不需要传输关于信源的任何信息量给信宿，因此发送符号 X 和接收符号 Y 之间的差异可以无限大；反之，如果 $D=0$，则 $R=H(X)$，对于连续信源要求 $R=\infty$，这表明需要把信源的全部信息量传送给信宿，发送符号 X 和接收符号 Y 之间无失真。因此，有失真信源编码系统的码率或试验信道的信息传输率 R 是失真度 D 的递减函数，如图 7-4 所示。

对于一个有失真信源编码系统而言，在满足保真度准则 $\overline{D}\leqslant D$ 的条件下，总是希望码率 R 越小越好。R 越小意味着对信源压缩得越彻底，用于描述信源的比特序列越短，对于同一份文件字节数就越少，在同样信息传输率下就可以更快地把该文件传输完毕，相当于

提高了通信效率。因此，在给定失真度门限 D 的情况下，确定满足保真度准则 $\overline{D} \leqslant D$ 的最小码率 R 就成为一个非常有意义的问题。

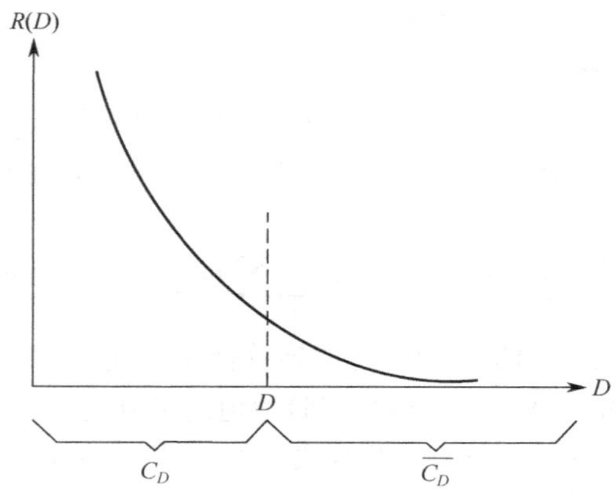

图 7-4　码率 R 是失真度 D 的递减函数

从另一个角度看，码率 R 同时等价于图 7-3 中试验信道的信息传输率，也就是平均互信息 $I(X;Y)$。因此，确定最小码率 R 就相当于确定最小平均互信息 $I(X;Y)$。在信源先验概率分布 $p(x_i)$给定的条件下，$I(X;Y)$只是信道转移概率 $p(y_j|x_i)$的函数，而且是 U 形下凸函数。因此，从数学上看，该问题就是在给定信源先验概率分布 $p(x_i)$和失真度 $d(x_i, y_j)$的条件下，在满足保真度准则 $\overline{D} \leqslant D$ 的试验信道集合 C_D 中，寻找或确定某个试验信道 $P=\{p(y_j|x_i)\}$，使其对应的 $I(X;Y)$是 C_D 中所有试验信道平均互信息的最小值。由于这个最小码率 R 或平均互信息 $I(X;Y)$是失真度门限 D 的函数，因此称为率失真函数。

定义 7-3： 对于某个失真度门限 D，在满足保真度准则的试验信道集合 C_D 中最小码率 R 称为 D 的率失真函数，记为 $R(D)$，其取值为

$$R(D) = \min_{\boldsymbol{P}=\{p(y_j|x_i)\}\in C_D} I(X;Y) \tag{7-9}$$

有读者可能会产生疑问，为什么在第 4 章讨论信道容量的时候求的是互信息 $I(X;Y)$的最大值，而此处却要求 $I(X;Y)$的最小值呢？为了说清楚这个问题，有必要对信道容量 C 和率失真函数 $R(D)$及其相关概念做进一步的说明和比较。

首先，回忆第 4 章关于离散信道和信道容量的相关概念。离散信道以信道矩阵 $\boldsymbol{P}=\{p(y_j|x_i)\}$来描述，由于噪声和干扰的影响，输入符号 X 和输出符号 Y 之间存在统计依赖关系。平均互信息 $I(X;Y)$度量了信道传递给 Y 的关于 X 的信息量，$I(X;Y)$只是信源概率分布 $p(x_i)$和信道转移概率 $p(y_j|x_i)$的函数。对于给定的信道，信道矩阵 $\boldsymbol{P}$ 是确定不变的，因此 $I(X;Y)$只是信源概率分布 $p(x_i)$的函数，而且是上凸函数。对于某种信源概率分布 $p(x_i)$，$I(X;Y)$存在最大值，该最大值称为该信道的信道容量 C。因此，信道容量度量了该信道的传输能力上限，是无法突破的。为了计算信道容量，需要为该信道配置各种试验信源，并计算平均互信息 $I(X;Y)$，从中得到最大值。

其次，本章讨论的率失真理论的本质是有失真信源编码理论，虽然在图 7-3 中使用了试验信道的概念，而且该试验信道的信道矩阵 $\boldsymbol{P}=\{p(y_j|x_i)\}$在形式上与第 4 章离散信道的信

道矩阵是完全相同的，但试验信道的转移概率 $p(y_j|x_i)$并不是由信道噪声或干扰引起的，试验信道不是真正的物理信道，而是基于理想的一一对应物理信道建立起来的假想信道，其作用是比较、分析在信源处进行的不同有失真信源编码方案，因此不同的试验信道对应不同的有失真信源编码方案。体会这一点对于理解率失真理论至关重要。率失真函数 $R(D)$ 度量了在满足保真度准则（$\overline{D}\leqslant D$）的条件下的信源压缩的下限，低于这个下限的码率 $R'<R(D)$会导致系统的平均失真度 $\overline{D}$ 超过失真度门限 D，即 $\overline{D}>D$。在计算 $R(D)$时，给定的是信源先验概率分布 $p(x_i)$和失真度矩阵 $\boldsymbol{D}=\{d(x_i, y_j)\}$，可变的是试验信道的信道矩阵 $\boldsymbol{P}=\{p(y_j|x_i)\}$，因此对 $R(D)$的计算实际上是在给定信源条件下，寻找一种试验信道，使得平均互信息 $I(X;Y)$最小，这相当于求信道容量 C 的对偶问题。率失真函数和信道容量相关概念的进一步理解可以参照表 7-2。

表 7-2　率失真函数和信道容量的对比

	信道容量 C	率失真函数 $R(D)$
含义	信道的信息传输率 R 的上限，满足 $R\leqslant C$，存在有噪信道译码方案使得平均译码错误概率 $P_E\to 0$	信源压缩码率 R 的下限，满足 $R\geqslant R(D)$，存在有失真信源编码方案使得平均失真度 $\overline{D}\leqslant D$
定义	$C=\max\limits_{p(x_i)} I(X;Y)$	$R(D)=\min\limits_{\boldsymbol{P}=\{p(y_j\|x_i)\}\in C_D} I(X;Y)$
不变条件	信道转移概率 $p(y_j\|x_i)$	信源先验概率 $p(x_i)$和失真度 $d(x_i, y_j)$
可变条件	信源先验概率 $p(x_i)$——试验信源	信道转移概率 $p(y_j\|x_i)$ ——试验信道
$p(y_j\|x_i)$的成因	实际信道的转移概率，x_i 和 y_j 的统计依赖关系由信道噪声和干扰造成	试验信道的转移概率，x_i 和 y_j 的统计依赖关系由有失真信源编码造成
系统评价指标	平均译码错误概率 $P_E\to 0$	保真度准则：$\overline{D}\leqslant D$
存在性定理	香农第二定理	香农第三定理

7.3　率失真函数的定义域

率失真函数 $R(D)$是失真门限 D 的函数，设 D 的定义域为$(D_{\min}, D_{\max})$。保真度准则要求平均失真度 $\overline{D}$ 应该以 D 为上限，即 $\overline{D}\leqslant D$，因为 $d(x_i, y_j)$具有非负性，$\overline{D}=E[d(x_i, y_j)]$当然也是非负的，所以 D 也必须是非负的。以下假设试验信道的输入随机变量 X 的字符集为$\{x_1, x_2, \cdots, x_r\}$，输出随机变量 Y 的字符集为$\{y_1, y_2, \cdots, y_s\}$，则试验信道的失真矩阵和信道矩阵分别为

$$\boldsymbol{D}=\begin{bmatrix} d(x_1,y_1) & d(x_1,y_2) & \cdots & d(x_1,y_s) \\ \vdots & \vdots & \vdots & \vdots \\ d(x_r,y_1) & d(x_r,y_2) & \cdots & d(x_r,y_s) \end{bmatrix},\quad \boldsymbol{P}=\begin{bmatrix} p(y_1|x_1) & p(y_2|x_1) & \cdots & p(y_s|x_1) \\ \vdots & \vdots & \vdots & \vdots \\ p(y_1|x_r) & p(y_2|x_r) & \cdots & p(y_s|x_r) \end{bmatrix}$$

1．$D_{\min}$

对于给定的信源概率分布 $p(x_i)$和失真矩阵 $\boldsymbol{D}=\{d(x_i, y_j)\}$，试验信道的平均失真度 $\overline{D}$ 是转移概率$\{p(y_j|x_i)\}$的函数，即

$$\overline{D}=\sum_{i}\sum_{j}p(x_i)p(y_j\,|\,x_i)d(x_i,y_j) \tag{7-10}$$

在式（7-10）中，$p(x_i)$和 $d(x_i, y_j)$是固定不变的，通过调整 $p(y_j|x_i)$可以获得$\overline{D}$的最小值，所以有

$$\begin{aligned}D_{\min} &= \min_{p(y_j|x_i)}(\overline{D}) = \min_{p(y_j|x_i)}\left\{\sum_{i}\sum_{j}p(x_i)p(y_j\,|\,x_i)d(x_i,y_j)\right\}\\ &=\sum_{i}p(x_i)\min_{p(y_j|x_i)}\left\{\sum_{j}p(y_j\,|\,x_i)d(x_i,y_j)\right\}\end{aligned} \tag{7-11}$$

为了达到式（7-11）的下限 $D_{\min}$，需要对每行 i 得到 $\sum_{j}p(y_j\,|\,x_i)d(x_i,y_j)$ 的最小值。考虑到信道矩阵 $\boldsymbol{P}$ 具有 $\sum_{j}p(y_j\,|\,x_i)=1$（信道矩阵的每行取和等于 1）的特性，为了得到 $\sum_{j}p(y_j\,|\,x_i)d(x_i,y_j)$ 的最小值，应该把 $\boldsymbol{P}$ 的第 i 行的非 0 概率 $p(y_j|x_i)$对应分配给失真矩阵 $\boldsymbol{D}$ 的第 i 行中最小的 $d(x_i, y_j)$。不失一般性，假设 $\boldsymbol{D}$ 的第 i 行中有 n 个最小值，分别为 $d(x_i, y_{j1})=d(x_i, y_{j2})=\cdots=d(x_i, y_{jn})$，则为 $\boldsymbol{P}$ 的第 i 行对应位置分配非 0 概率 $p(y_{j1}|x_i)\neq0$, $p(y_{j2}|x_i)\neq0, \cdots, p(y_{jn}|x_i)\neq0$，且满足 $p(y_{j1}|x_i)+p(y_{j2}|x_i)+\cdots+p(y_{jn}|x_i)=1$。显然，如果 $\boldsymbol{D}$ 的第 i 行中取最小值的 $d(x_i, y_j)$不止一项，即 $n>1$，则非 0 概率 $p(y_{j1}|x_i), p(y_{j2}|x_i),\cdots, p(y_{jn}|x_i)$的分配方式是不唯一的，只需要满足它们的和等于 1 即可。因此，此时能达到 $D_{\min}$ 的 $\boldsymbol{P}$ 也是不唯一的。为信道矩阵 $\boldsymbol{P}$ 按照上述方法赋值能保证达到 $D_{\min}$，并且 $D_{\min}$ 为

$$D_{\min}=\sum_{i}\{p(x_i)\min_{j}[d(x_i,y_j)]\} \tag{7-12}$$

式（7-12）的一个推论：只有当失真矩阵 $\boldsymbol{D}$ 每行至少有 1 个 0 时，$D_{\min}$ 才能达到 0。

例 7-1：二元信源 X 的概率分布为 $p(X=x_1)=0.5$，$p(X=x_2)=0.5$，两个试验信道 C_1 和 C_2 的失真矩阵分别为

$$\boldsymbol{D}_1=\begin{bmatrix}0 & 1\\ 1 & 0\end{bmatrix},\qquad \boldsymbol{D}_2=\begin{bmatrix}0 & 1\\ 1 & 2\end{bmatrix}$$

试求这两个信道的 $D_{\min}$ 及能达到 $D_{\min}$ 的信道矩阵。

解：首先，看信道 C_1，由于失真矩阵的每行的最小值都等于 0，所以能达到 $D_{\min}$ 的信道矩阵 $\boldsymbol{P}_1$ 为

$$\boldsymbol{P}_1=\begin{bmatrix}1 & 0\\ 0 & 1\end{bmatrix}$$

根据式（7-12）可计算 $D_{\min}=0.5\times0+0.5\times0=0$，因此信道 C_1 的 $D_{\min}$ 可达 0。

其次，看信道 C_2，由于失真矩阵的第 1 行和第 2 行的最小值分别为 0 和 1，所以能达到 $D_{\min}$ 的信道矩阵 $\boldsymbol{P}_2$ 为

$$\boldsymbol{P}_2=\begin{bmatrix}1 & 0\\ 1 & 0\end{bmatrix}$$

根据式（7-12）可计算 $D_{\min}=0.5\times0+0.5\times1=0.5$，可见由于信道 C_2 的失真矩阵的每行的最小值不全等于 0，所以 $D_{\min}$ 达不到 0。■

$D_{\min}$是失真门限 D 的最小值，保真度准则要求平均失真$\overline{D}\leqslant D$，因此当 $D_{\min}=0$ 时，意味着$\overline{D}=0$，这相当于不允许任何失真。那么，根据第 3 章的无失真信源编码定理，此时的信息传输率 $R(0)$不能小于信源的熵 $H(X)$，即

$$R(0)\geqslant H(X) \tag{7-13}$$

然而，当试验信道的失真矩阵具有某种特征时，信息传输率 $R(0)$仍然可以小于信源熵 $H(X)$，举例如下。

例 7-2：三元信源 X 的概率分布为 $p(X=x_1)=1/3$，$p(X=x_2)=1/3$，$p(X=x_3)=1/3$，两个试验信道 C_1 和 C_2 的失真矩阵分别为

$$\boldsymbol{D}_1=\begin{bmatrix}0&1&1\\1&0&1\\1&1&0\end{bmatrix}，\quad \boldsymbol{D}_2=\begin{bmatrix}0&1&1\\0&0&1\\1&1&0\end{bmatrix}$$

试求这两个信道的 $D_{\min}$及能达到 $D_{\min}$的信道矩阵。此外，求当平均失真度为 0 时，这两个信道的信息传输率。

解：首先，由于这两个试验信道的失真矩阵都满足每行至少有 1 个 0，因此它们的 $D_{\min}$都等于 0。满足 $D_{\min}=0$ 的信道矩阵分别为

$$\boldsymbol{P}_1=\begin{bmatrix}1&0&0\\0&1&0\\0&0&1\end{bmatrix}，\quad \boldsymbol{P}_2=\begin{bmatrix}1&0&0\\\omega&1-\omega&0\\0&0&1\end{bmatrix}$$

其次，由 $\boldsymbol{P}_1$ 可知信道 C_1 为一一对应信道，因此其互信息 $I(X;Y)=R(0)=H(X)=\log 3$。但是，信道 C_2 的转移如图 7-5 所示，可见 C_2 是一个有噪、有损信道，其损失熵 $H(X|Y)>0$，因此其互信息 $I(X;Y)=R(0)=H(X)-H(X|Y)$必然小于信源熵 $H(X)$。

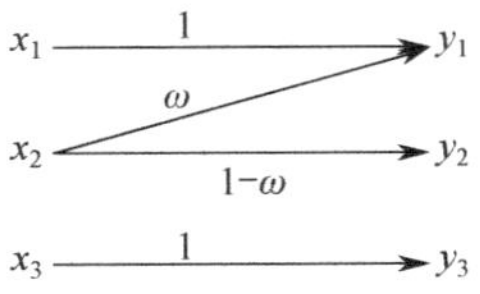

图 7-5　C_2的信道转移 ■

上例说明，$R(0)$严格小于信源熵 $H(X)$也可以实现失真度为 0 的信源编码，这显然是一个与香农第一定理相悖的结论，为什么呢？出现这个悖论的根本原因是失真矩阵 $\boldsymbol{D}$，第 3 章提到的**无失真信源编码器是一种一一对应的编码**，不允许两个不同的源符号 x_i 和 x_j 映射为同一个码符号 y_k，换句话说，对于无失真信源编码器，如果用 $f(\cdot)$表示编码函数，则有

如果 $f(x_i)=y_k$，则 $d(x_i, y_k)=0$；

如果 $f(x_j)\neq y_k$，则 $d(x_j, y_k)>0$。

也就是说，如果写出无失真信源编码器的失真矩阵 $\boldsymbol{D}$ 的话，$\boldsymbol{D}$ 的任何一列最多只能有 1 个 0 出现。然而，本章的限失真编码器对应的试验信道并不是一一对应的，而且如前所述，失真矩阵 $\boldsymbol{D}$ 是人为定义的。对于例 7-2 的 $\boldsymbol{D}_2$，由于 x_1 和 x_2 都可以映射为 y_1，而且都没有失真，所以造成了损失熵 $H(X|Y)>0$、失真却等于 0 的奇怪现象。综上所述，**只有当**

失真矩阵 D 的每行最少有 1 个 0 且每列最多有 1 个 0 时，$R(0)=H(X)$才成立。

2. D_{max}

由于 $I(X;Y)$具有非负性，$R(D)$是在满足保真度准则 $\overline{D}\leqslant D$ 的条件下 $I(X;Y)$的最小值，因此 $R(D)$也是非负的，其下限为 0，即不传输任何信息。由于 D 越大允许的 R 越小，所以当某个失真门限 D 对应的 $R(D)=0$ 时，所有的失真度 $D'>D$ 对应的 $R(D')$一定都等于 0。因此，有意义的是确定满足 $R(D)=0$ 的最小的 D，定义这个值为 D_{max}，即

$$D_{\max}=\min_{R(D)=0} D \tag{7-14}$$

$R(D)=0$ 意味着试验信道的 $I(X;Y)=0$，这相当于输入符号 X 和输出符号 Y 彼此独立，即 $p(y_j|x_i)=p(y_j)$，由此可得

$$\overline{D}=\sum_i\sum_j p(x_i)p(y_j|x_i)d(x_i,y_j)=\sum_i\sum_j p(x_i)p(y_j)d(x_i,y_j)$$

所以有

$$\begin{aligned}D_{\max}&=\min_{p(y_j)}\left\{\sum_i\sum_j p(x_i)p(y_j)d(x_i,y_j)\right\}\\&=\min_{p(y_j)}\left\{\sum_j p(y_j)\sum_i p(x_i)d(x_i,y_j)\right\}\end{aligned} \tag{7-15}$$

由于信源概率分布 $p(x_i)$和失真度 $d(x_i, y_j)$保持不变，所以对于任何一个 j，$k_j=\sum_i p(x_i)d(x_i,y_j)$是一个固定值，$k_j$只和 j 有关，和 $p(y_j)$无关，因此可以按照如下方法分配 $p(y_j)$得到式（7-15）的最小值：在 $j=1, 2,\cdots, s$ 中，找到 $k_j=\sum_i p(x_i)d(x_i,y_j)$ 的最小值 $\min(k_j)$，为该列分配概率 $p(y_j)=1$，为其他列分配概率 $p(y_i)=0$。这样得到的 D_{max} 为

$$D_{\max}=\min_j\{\sum_i p(x_i)d(x_i,y_j)\} \tag{7-16}$$

例 7-3：二元信源 X 的概率分布为 $p(X=x_1)=1/3$， $p(X=x_2)=2/3$，试验信道 C 的失真矩阵为

$$\boldsymbol{D}=\begin{bmatrix}0 & 1\\1 & 0\end{bmatrix}$$

试求 D_{max} 及能达到 D_{max} 的信道矩阵。

解：根据式（7-16），有

$$D_{\max}=\min\left\{\frac{1}{3}\times 0+\frac{2}{3}\times 1,\ \frac{2}{3}\times 0+\frac{1}{3}\times 1\right\}=\frac{1}{3}$$

对应的 $j=2$，所以 $p(y_1)=0$，$p(y_2)=1$，即信道矩阵为

$$\boldsymbol{P}=\begin{bmatrix}0 & 1\\0 & 1\end{bmatrix}$$

也就是 x_1 和 x_2 都映射为 y_2。 ■

7.4　率失真函数的性质

7.3 节分析了率失真函数 $R(D)$的定义域$(D_{\min}, D_{\max})$，在该定义域内 $R(D)$具有如下性质。

性质 1：$R(D)$是 D 的下凸函数。

证明：只需要证明对于任意两个失真度 D_1 和 D_2，满足

$$R[\theta D_1+(1-\theta)D_2]\le\theta R(D_1)+(1-\theta)R(D_2)\ (0\le\theta\le1)$$

为此，当 $p(x_i)$和 $d(x_i, y_j)$给定后，$R(D)$只是 $p(y_j|x_i)$的函数，即

$$R(D_1)=\min_{\boldsymbol{P}=\{p(y_j|x_i)\}\in C_{D_1}} I(X;Y)$$

$$R(D_2)=\min_{\boldsymbol{P}=\{p(y_j|x_i)\}\in C_{D_2}} I(X;Y)$$

设满足上面两式的信道转移概率分别为 $p_1(y_j|x_i)$和 $p_2(y_j|x_i)$，则有

$$\sum_{i,j}p(x_i)p_1(y_j\mid x_i)d(x_i,y_j)\leqslant D_1$$

$$\sum_{i,j}p(x_i)p_2(y_j\mid x_i)d(x_i,y_j)\leqslant D_2$$

构造 $D_0=\theta D_1+(1-\theta)D_2$ 和 $p_0(y_j|x_i)=\theta p_1(y_j|x_i)+(1-\theta)p_2(y_j|x_i)$，可得

$$\begin{aligned}\overline{D_0}&=\sum_{i,j}p(x_i)p_0(y_j\mid x_i)d(x_i,y_j)\\&=\sum_{i,j}p(x_i)[\theta p_1(y_j\mid x_i)+(1-\theta)p_2(y_j\mid x_i)]d(x_i,y_j)\\&\leqslant\theta D_1+(1-\theta)D_2=D_0\end{aligned}$$

所以 $p_0(y_j\mid x_i)\in C_{D_0}$，即 $p_0(y_j|x_i)$满足保真度准则 $\overline{D_0}\leqslant D_0$，有

$$\begin{aligned}R(D_0)&=\min_{p(y_j|x_i)\in C_{D_0}} I[p(y_j\mid x_i)]\\&\leqslant I[p_0(y_j\mid x_i)]=I[\theta p_1(y_j\mid x_i)+(1-\theta)p_2(y_j\mid x_i)]\\&\leqslant\theta I[p_1(y_j\mid x_i)]+(1-\theta)I[p_2(y_j\mid x_i)]\\&=\theta R(D_1)+(1-\theta)R(D_2)\end{aligned}$$

上面推导中使用了 $I[p(y_j\mid x_i)]$，表示信道矩阵$[p(y_j\mid x_i)]$对应的信道互信息。最后一个不等式利用了平均互信息 $I(X;Y)$是条件概率 $p(y_j|x_i)$的下凸函数的性质。■

性质 2：$R(D)$是区间$(D_{\min}, D_{\max})$内的连续函数和严格递减函数。

证明：$R(D)$的下凸性保证了其连续性。另外，对于两个失真度 $D_1\leqslant D_2$，满足 D_1 的试验信道一定也满足 D_2，所以有 $C_{D_1}\subseteq C_{D_2}$。

也就是说，小的失真度对应的试验信道集合是大的失真度对应的试验信道集合的子集。由于 $R(D)$的数值等于在所有满足保真度准则 $\overline{D}\leqslant D$ 的试验信道 C_D 中互信息 $I(X;Y)$的最小值，在较大范围内求的最小值不会大于在较小范围内求的最小值，所以有

$$R(D_1)=\min_{p(y_j|x_i)\in C_{D_1}} I(X;Y)\geqslant R(D_2)=\min_{p(y_j|x_i)\in C_{D_2}} I(X;Y)$$

所以，$R(D)$是 D 的递减函数。再结合 $R(D)$的下凸性可知，$R(D)$在定义域$(D_{\min}, D_{\max})$内不可能取常数，所以 $R(D)$是 D 的严格递减函数。■

综上所述，可以总结 $R(D)$具有如下特征。

（1）$R(D)$是非负实数，即 $R(D)\geqslant 0$，其定义域是$(D_{\min}, D_{\max})$。当 $D\geqslant D_{\max}$ 时，$R(D)$恒为 0。值域是$(0, H(X))$，对于离散信源，$H(X)$为有限值；对于连续信源，$H(X)$为正无穷大。

（2）$R(D)$是 D 的下凸函数，因此也是连续函数。

（3）$R(D)$是 D 的严格递减函数。

依据 $R(D)$的上述特征可以定性地绘制 $R(D)$的函数曲线，如图 7-6 所示。准确的 $R(D)$和 D 的函数关系将在 7.5 节讨论。

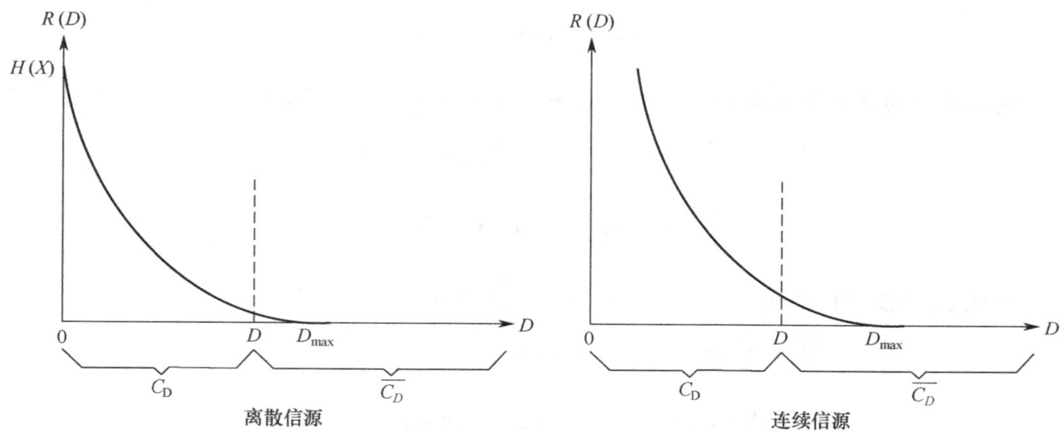

图 7-6　离散信源和连续信源的率失真函数 $R(D)$

7.5　率失真函数的计算

根据率失真函数的定义，有

$$R(D)=\min_{P=\{p(y_j|x_i)\}\in C_D} I(X;Y)=\min_{P=\{p(y_j|x_i)\}:\sum\limits_{i,j}p(x_i)p(y_j|x_i)d(x_i,y_j)\leqslant D} I(X;Y) \tag{7-17}$$

因此，计算率失真函数实质上就是在满足保真度准则 $\overline{D}\leqslant D$ 的信道集合 C_D 中确定一个试验信道，使得该信道的互信息 $I(X;Y)$最小。从数学上看，这属于标准的在给定某些约束条件下计算多元凸函数 $I(X;Y)$的条件极小值问题，可以使用拉格朗日乘数法进行求解。

7.5.1　离散信源率失真函数的计算

对于离散信源，该问题描述如下：设试验信道的输入符号和输出符号分别是 X 和 Y，字母集分别为$\{x_1, \cdots, x_m\}$和$\{y_1, \cdots, y_n\}$，源符号的先验概率为$\{p(x_i)\}$，试验信道的失真矩阵和信道矩阵分别为

$$\boldsymbol{D}=\begin{bmatrix} d(x_1,y_1) & d(x_1,y_2) & \cdots & d(x_1,y_n) \\ \vdots & \vdots & \vdots & \vdots \\ d(x_m,y_1) & d(x_m,y_2) & \cdots & d(x_m,y_n) \end{bmatrix},\quad \boldsymbol{P}=\begin{bmatrix} p(y_1|x_1) & p(y_2|x_1) & \cdots & p(y_n|x_1) \\ \vdots & \vdots & \vdots & \vdots \\ p(y_1|x_m) & p(y_2|x_m) & \cdots & p(y_n|x_m) \end{bmatrix}$$

其中，$\{p(x_i)\}$和 $\boldsymbol{D}$ 是已知条件，可变的是信道矩阵 $\boldsymbol{P}$。在给定条件：

$$\sum_j p(y_j|x_i)=1 \quad (i=1,2,\cdots,m) \tag{7-18}$$

$$\sum_i\sum_j p(x_i)p(y_j|x_i)d(x_i,y_j)\leqslant D \tag{7-19}$$

计算 $R(D)$，有

$$\begin{aligned} R(D) &= \min_{\boldsymbol{P}=\{p(y_j|x_i)\}} I(X;Y) \\ &= \min_{\boldsymbol{P}=\{p(y_j|x_i)\}} \sum_i\sum_j p(x_i)p(y_j|x_i)\ln\frac{p(y_j|x_i)}{p(y_j)} \\ &= \min_{\boldsymbol{P}=\{p(y_j|x_i)\}} \sum_i\sum_j p(x_i)p(y_j|x_i)\ln\frac{p(y_j|x_i)}{\sum_i p(x_i)p(y_j|x_i)} \end{aligned} \tag{7-20}$$

为了计算方便，式（7-20）采用自然对数的形式表示信息量，单位是 nat。式（7-18）实际上是 m 个等式。另外，使 $I(X;Y)$取最小值的 $p(y_j|x_i)$总是出现在试验信道集合 C_D 的边界上，所以式（7-19）可改写为

$$\sum_i\sum_j p(x_i)p(y_j|x_i)d(x_i,y_j)=D$$

为了应用拉格朗日乘数法，构造函数

$$\begin{aligned} L(p(y_j|x_i)) &= I(X;Y)-s\left[\sum_i\sum_j p(x_i)p(y_j|x_i)d(x_i,y_j)-D\right]-\mu_i\left[\sum_j p(y_j|x_i)-1\right] \\ &= \sum_i\sum_j p(x_i)p(y_j|x_i)\ln\frac{p(y_j|x_i)}{\sum_k p(x_k)p(y_j|x_k)}-s\left[\sum_i\sum_j p(x_i)p(y_j|x_i)d(x_i,y_j)-D\right]- \\ &\quad \mu_i\left[\sum_j p(y_j|x_i)-1\right] \\ &= \sum_i\sum_j p(x_i)p(y_j|x_i)\ln p(y_j|x_i)-\sum_i\sum_j p(x_i)p(y_j|x_i)\ln\left[\sum_k p(x_k)p(y_j|x_k)\right]- \\ &\quad s\left[\sum_i\sum_j p(x_i)p(y_j|x_i)d(x_i,y_j)-D\right]-\mu_i\left[\sum_j p(y_j|x_i)-1\right] \\ &= \sum_i\sum_j p(x_i)p(y_j|x_i)\ln p(y_j|x_i)-\sum_j\left\{p(x_i)p(y_j|x_i)\ln\left[\sum_k p(x_k)p(y_j|x_k)\right]+\right. \\ &\quad \left.\sum_{i'=\{1,2,\cdots,m\}/i} p(x_{i'})p(y_j|x_{i'})\ln\left[\sum_k p(x_k)p(y_j|x_k)\right]\right\}- \\ &\quad s\left[\sum_i\sum_j p(x_i)p(y_j|x_i)d(x_i,y_j)-D\right]-\mu_i\left[\sum_j p(y_j|x_i)-1\right] \end{aligned} \tag{7-21}$$

式中，s 和 μ_i（i=1, 2, …, m）是引入的 m+1 个参数。对于不同的 i 和 j，式（7-21）包含了 mn 个等式，把这些等式两边均对 $p(y_j|x_i)$求导（注：在对 $p(y_j|x_i)$求导时，其他下标的 $p(y_l|x_h)$视为常数），并令导数为 0，可得

$$L' = p(x_i)\ln p(y_j \mid x_i) + p(x_i) - p(x_i)\ln p(y_j) - \sum_{k=1}^{m} p(x_k)p(y_j \mid x_k)\frac{p(x_i)}{p(y_j)} - sp(x_i)d(x_i, y_j) - \mu_i$$

$$= p(x_i)[1+\ln p(y_j \mid x_i)] - p(x_i)[1+\ln p(y_j)] - sp(x_i)d(x_i, y_j) - \mu_i = 0 \tag{7-22}$$

等式两边除以 $p(x_i)$，并令 $\ln\lambda_i = \dfrac{\mu_i}{p(x_i)}$，整理可得

$$p(y_j \mid x_i) = \lambda_i p(y_j)\mathrm{e}^{sd(x_i, y_j)} \quad (i=1, 2, \cdots, m;\ j=1, 2, \cdots, n) \tag{7-23}$$

两边对 j 求和，可得

$$\sum_j \lambda_i p(y_j)\mathrm{e}^{sd(x_i, y_j)} = 1 \quad (i=1, 2, \cdots, m) \tag{7-24}$$

另外，式（7-23）两边乘以 $p(x_i)$，之后两边再对 i 求和，可得

$$\sum_i p(y_j \mid x_i)p(x_i) = p(y_j) = p(y_j)\sum_i \lambda_i p(x_i)\mathrm{e}^{sd(x_i, y_j)} \tag{7-25}$$

由式（7-25）可知，当 $p(y_j)\neq0$ 时，有

$$\sum_i \lambda_i p(x_i)\mathrm{e}^{sd(x_i, y_j)} = 1 \quad (p(y_j)\neq 0;\ j=1, 2, \cdots, n) \tag{7-26}$$

由式(7-26)可以解出 m 个以 s 为参量的 λ_i，把这 m 个 λ_i 代入式(7-24)可以求解 n 个 $p(y_j)$，再把 λ_i 和 $p(y_j)$代入式(7-23)可以求出 mn 个 $p(y_j|x_i)$。需要注意的是，以上各变量$\{\lambda_i, p(y_j), p(y_j|x_i)\}$都是以 s 为参量的。进一步，把求得的 mn 个 $p(y_j|x_i)$代入平均失真度计算公式和平均互信息计算公式，可得

$$D(s)=\sum_{i=1}^{m}\sum_{j=1}^{n} p(x_i)p(y_j \mid x_i)d(x_i, y_j) = \sum_{i=1}^{m}\sum_{j=1}^{n} p(x_i)p(y_j)d(x_i, y_j)\lambda_i\mathrm{e}^{sd(x_i, y_j)} \tag{7-27}$$

$$\begin{aligned}
R(s) &= \sum_{i=1}^{m}\sum_{j=1}^{n} p(x_i)p(y_j \mid x_i)\ln\frac{p(y_j \mid x_i)}{p(y_j)} \\
&= \sum_{i=1}^{m}\sum_{j=1}^{n} p(x_i)p(y_j)\lambda_i\mathrm{e}^{sd(x_i, y_j)}\ln\frac{\lambda_i p(y_j)\mathrm{e}^{sd(x_i, y_j)}}{p(y_j)} \\
&= sD(s) + \sum_{i=1}^{m}\sum_{j=1}^{n} p(x_i)p(y_j)\lambda_i\mathrm{e}^{sd(x_i, y_j)}\ln\lambda_i \\
&= sD(s) + \sum_{i=1}^{m} p(x_i)\ln\lambda_i\sum_{j=1}^{n} p(y_j \mid x_i) \\
&= sD(s) + \sum_{i=1}^{m} p(x_i)\ln\lambda_i
\end{aligned} \tag{7-28}$$

通过式（7-27）可以把 s 表示成 D 的函数，进而代入式（7-28）就得到了率失真函数 $R(D)$的解析式。

例 7-4： 二元信源 X 的概率分布为 $p(X=x_1)=\omega$，$p(X=x_2)=1-\omega$，$\omega<0.5$，失真矩阵如下，试求 $R(D)$。

$$\boldsymbol{D}=\begin{bmatrix}0 & 1\\ 1 & 0\end{bmatrix}$$

解：由于失真矩阵每行都有 1 个 0，因此 $D_{\min}=0$。另外，根据例 7-3 可知

$$D_{\max}=\min\{\omega\times 0+(1-\omega)\times 1,\ (1-\omega)\times 0+\omega\times 1\}=\omega$$

所以 $R(D)$的定义域为$(0,\omega)$。

由式（7-26），有

$$\begin{cases}\lambda_1\omega+\lambda_2(1-\omega)\mathrm{e}^s=1\\ \lambda_1\omega\mathrm{e}^s+\lambda_2(1-\omega)=1\end{cases}$$

解之得，$\lambda_1=\dfrac{1}{\omega(1+\mathrm{e}^s)}$，$\lambda_2=\dfrac{1}{(1-\omega)(1+\mathrm{e}^s)}$。由式（7-24）可得

$$\begin{cases}\lambda_1 p(y_1)+\lambda_1 p(y_2)\mathrm{e}^s=1\\ \lambda_2 p(y_1)\mathrm{e}^s+\lambda_2 p(y_2)=1\end{cases}$$

代入 λ_1 和 λ_2 的值，可得

$$\begin{cases}p(y_1)+p(y_2)\mathrm{e}^s=\omega(1+\mathrm{e}^s)\\ p(y_1)\mathrm{e}^s+p(y_2)=(1-\omega)(1+\mathrm{e}^s)\end{cases}$$

解之得，$p(y_1)=\dfrac{\omega(1+\mathrm{e}^s)-\mathrm{e}^s}{(1-\mathrm{e}^s)}$，$p(y_2)=\dfrac{1-\omega(1+\mathrm{e}^s)}{(1-\mathrm{e}^s)}$。把 λ_1、λ_2、$p(y_1)$、$p(y_2)$的值代入式（7-23），可得

$$p(y_1\mid x_1)=\frac{\omega(1+\mathrm{e}^s)-\mathrm{e}^s}{\omega(1-\mathrm{e}^{2s})}\text{；}\quad p(y_2\mid x_1)=\frac{\mathrm{e}^s-\omega\mathrm{e}^s(1+\mathrm{e}^s)}{\omega(1-\mathrm{e}^{2s})}\text{；}$$

$$p(y_1\mid x_2)=\frac{\omega\mathrm{e}^s(1+\mathrm{e}^s)-\mathrm{e}^{2s}}{(1-\omega)(1-\mathrm{e}^{2s})}\text{；}\quad p(y_2\mid x_2)=\frac{1-\omega(1+\mathrm{e}^s)}{(1-\omega)(1-\mathrm{e}^{2s})}$$

把上述 4 个转移概率代入式（7-27）可得，$D(s)$的解析式为

$$D(s)=\omega p(y_2\mid x_1)+(1-\omega)p(y_1\mid x_2)=\frac{\mathrm{e}^s}{1+\mathrm{e}^s}$$

所以有 $\mathrm{e}^s=\dfrac{D}{1-D}$。把概率 $p(y_j|x_i)$和 $p(y_j)$代入式（7-28）可得，$R(s)$的解析式为

$$R(s)=\frac{\mathrm{e}^s}{1+\mathrm{e}^s}\ln\mathrm{e}^s-\omega\ln[\omega(1+\mathrm{e}^s)]-(1-\omega)\ln[(1-\omega)(1+\mathrm{e}^s)]$$

最后，代入 $\mathrm{e}^s=\dfrac{D}{1-D}$ 可得

$$R(D)=D\ln D+(1-D)\ln(1-D)-\omega\ln\omega-(1-\omega)\ln(1-\omega)\qquad\text{（单位：nat/符号）}$$

$$=D\log D+(1-D)\log(1-D)-\omega\log\omega-(1-\omega)\log(1-\omega)\qquad\text{（单位：bit/符号）}$$

上式把对数的底由 e 换成了 2，所以信息量的单位也从奈特（nat）换成了比特（bit）。

应用熵函数的表示方法，令 $H(p)=-p\log p-(1-p)\log(1-p)$，$R(D)$的解析式可简化为

$$R(D)=\begin{cases}H(\omega)-H(D),\ 0\leqslant D\leqslant\omega\\ 0,\qquad D>\omega\end{cases}$$

令参数 ω 分别取值 0.5、0.3、0.2、0.1，绘制 $R(D)$ 曲线如图 7-7 所示。可见，在同样失真度 D 的要求下，信源越接近等概分布，$R(D)$越大，也就是说可压缩空间越小；反之，信源越是非均匀分布，可压缩空间越大。这个性质与无失真信源压缩是类似的。

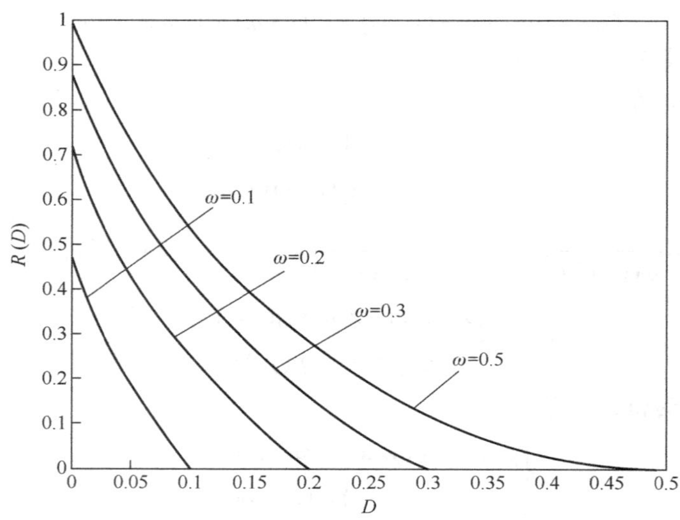

图 7-7　二元信源的率失真函数 $R(D)$ ■

例 7-5：把例 7-4 进行一般化处理，仍假设二元信源 X 的概率分布为 $p(X=x_1)=\omega$，$p(X=x_2)=1-\omega$，$\omega<0.5$，失真矩阵一般化为 $\boldsymbol{D}=\begin{bmatrix}0 & \alpha\\ \alpha & 0\end{bmatrix}$

采用相同的方法可得，$D_{\min}=0$，$D_{\max}=\min\{\omega\times0+(1-\omega)\times\alpha, (1-\omega)\times0+\omega\times\alpha\}=\omega\alpha$，有

$$R(D)=\begin{cases}H(\omega)-H\left(\dfrac{D}{\alpha}\right), & 0\leqslant D\leqslant\omega\alpha\\ 0, & D>\omega\alpha\end{cases}$$

例 7-6：r 元信源 $X=\{x_1,\cdots,x_r\}$服从等概分布，试验信道的输出为 $Y=\{y_1,\cdots,y_r\}$，汉明失真定义为

$$d(x_i,y_i)=\begin{cases}1, & i\neq j\\ 0, & i=j\end{cases}$$

可得 $D_{\min}=0$，$D_{\max}=1-\dfrac{1}{r}$，所以 $R(D)$的定义域为$(0, 1-\dfrac{1}{r})$。

由式（7-26）可得，$\lambda_i=\dfrac{r}{1+(r-1)\mathrm{e}^s}\quad(i=1,2,\cdots,r)$。

把 λ_i 代入式（7-24）可得，$p(y_j)=\dfrac{1}{r}\quad(j=1,2,\cdots,r)$。

把 λ_i 和 $p(y_j)$的值代入式（7-23）可得，试验信道的信道矩阵为

$$
\boldsymbol{P}=\begin{bmatrix}
\dfrac{1}{1+(r-1)\mathrm{e}^s} & \dfrac{\mathrm{e}^s}{1+(r-1)\mathrm{e}^s} & \cdots & \dfrac{\mathrm{e}^s}{1+(r-1)\mathrm{e}^s} \\
\dfrac{\mathrm{e}^s}{1+(r-1)\mathrm{e}^s} & \dfrac{1}{1+(r-1)\mathrm{e}^s} & \cdots & \dfrac{\mathrm{e}^s}{1+(r-1)\mathrm{e}^s} \\
\cdots & \cdots & \cdots & \cdots \\
\dfrac{\mathrm{e}^s}{1+(r-1)\mathrm{e}^s} & \dfrac{\mathrm{e}^s}{1+(r-1)\mathrm{e}^s} & \cdots & \dfrac{1}{1+(r-1)\mathrm{e}^s}
\end{bmatrix}
$$

把转移概率代入式（7-27）可得，$D(s)$的解析式为 $D(s)=\dfrac{(r-1)\mathrm{e}^s}{1+(r-1)\mathrm{e}^s}$，所以有 $\mathrm{e}^s=\dfrac{D}{(1-D)(r-1)}$。

由式（7-28）可得，$R(s)$的解析式为 $R(s)=D\ln\mathrm{e}^s+\ln\dfrac{r}{1+(r-1)\mathrm{e}^s}$。

最后，代入 $\mathrm{e}^s=\dfrac{D}{(1-D)(r-1)}$ 可得

$$
R(D)=\begin{cases}\log r-D\log(r-1)-H(D),\ 0\leqslant D\leqslant 1-\dfrac{1}{r}\\ 0,\ D>1-\dfrac{1}{r}\end{cases}
$$

■

需要说明的是，上述运用拉格朗日乘数法推导 $R(D)$的过程并没有加入概率非负性的制约条件，因此求得的信道矩阵中的转移概率有可能出现负值，这时需要令该转移概率为 0，并重新为其他转移概率赋值，请参考本章习题第 5 题。

在第 4 章学习信道容量的时候专门讨论过一类准对称信道的信道容量问题，与之类似，当失真矩阵具有某种对称性的时候，率失真函数和信道矩阵具有某种一般性的规律。

定义 7-4：如果一个离散信源的失真矩阵按照行（列）可以划分成若干子集，在每个子集内部，行是行的轮换，列是列的轮换，则称此失真矩阵为按行（列）划分的准对称失真矩阵。

定理 7-1：如果一个离散信源的失真矩阵是按行划分的准对称失真矩阵，而且对应于每个子矩阵的信源符号先验等概，则与该失真矩阵具有相同对称性的信道矩阵可以达到 $R(D)$。

证明：把信道矩阵和失真矩阵绘于图 7-8 中，设矩阵的维数为 $m\times n$，设失真矩阵按照对称性可以划分为 K 个子矩阵，即 $D_1,\cdots,D_K$，每个子矩阵对应的信源符号个数为 m_i，有 $m_1+\cdots+m_K=m$，由于每个子矩阵对应的信源符号先验等概，所以设各子矩阵对应的信源符号的概率为 $\dfrac{\omega_i}{m_i}$，且 $\omega_1+\cdots+\omega_K=1$。

由于信道矩阵和失真矩阵具有相同的对称性，所以在信道矩阵的每个子矩阵内部行是行的轮换，列是列的轮换，所以信道输出符号必然是等概的，即 $p(y_j)=\dfrac{1}{n}\ (j=1,2,\cdots,n)$。基于式（7-24）可知，每个子矩阵内部各行的参数 λ_i 必然相等，以 λ_k 表示第 k 个子矩阵对应的参数，则有

$$\lambda_k = \frac{n}{\sum_j \mathrm{e}^{sd(x_i,y_j)}}$$

信源符号先验概率	信道矩阵 $p(y_j\|x_i)$	失真矩阵 $d(x_i, y_j)$
$\frac{\omega_1}{m_1}$	P_1	D_1
$\frac{\omega_2}{m_2}$	P_2	D_2
$\vdots$	$\vdots$	$\vdots$
$\frac{\omega_K}{m_K}$	P_K	D_K

图 7-8　按行划分的准对称失真矩阵

基于式（7-26），对应每个输出符号 y_j 有

$$\sum_i p(x_i)\lambda_i \mathrm{e}^{sd(x_i,y_j)} = \sum_{k=1}^{K}\frac{\omega_k}{m_k}\sum_{i\in I_k}\lambda_k \mathrm{e}^{sd(x_i,y_j)} = \sum_{k=1}^{K}\frac{\omega_k}{m_k}\frac{n\sum_{i\in I_k}\mathrm{e}^{sd(x_i,y_j)}}{\sum_j \mathrm{e}^{sd(x_i,y_j)}} = \sum_{k=1}^{K}\omega_k = 1$$

上式中 $n\sum_{i\in I_k}\mathrm{e}^{sd(x_i,y_j)}$ 是子矩阵全部元素取和，$\sum_j \mathrm{e}^{sd(x_i,y_j)}$ 是子矩阵一行元素的和，所以二者的比值等于 m_k。上式说明式（7-26）成立，这就是信道矩阵 P 能达到 $R(D)$的充要条件。■

定理 7-2：如果一个离散信源的失真矩阵是按列划分的准对称失真矩阵，而且全部信源符号先验等概，则与该失真矩阵具有相同对称性的信道矩阵可以达到 $R(D)$。

此定理的证明比较复杂，此处从略，请参考文献［9］。

7.5.2　连续信源率失真函数的计算

如果把连续信源的率失真编码器看作一个试验信道，则该信道的输入、输出分别是两个连续型随机变量 X 和 Y，分别对应概率密度函数 $p(x)$和 $p(y)$，假设 X 和 Y 取值于$(-\infty, \infty)$，信道转移概率密度函数为 $p(y|x)$，不同的 $p(y|x)$对应不同的试验信道，失真度 $d(x, y)$可以采用绝对失真、相对失真、均方失真的定义方式，平均失真度和平均互信息分别定义为

$$\overline{D}=\int_{-\infty}^{\infty}\int_{-\infty}^{\infty} p(x)p(y\,|\,x)d(x,y)\mathrm{d}x\mathrm{d}y \tag{7-29}$$

$$I(X;Y)=\int_{-\infty}^{\infty}\int_{-\infty}^{\infty} p(x)p(y\,|\,x)\log\frac{p(y\,|\,x)}{p(y)}\mathrm{d}x\mathrm{d}y \tag{7-30}$$

根据保真度准则 $\overline{D}\leqslant D$，可以把全部试验信道划分为两部分：满足保真度准则的试验信道集合 C_D，不满足保真度准则的试验信道集合 $\overline{C_D}$。率失真函数定义为式（7-30）中平均互信息的下确界，即

$$R(D)=\inf_{p(y|x)\in C_D} I(X;Y) \tag{7-31}$$

其中，inf 表示下确界，即下界中的最大值。

与离散信源类似，连续信源的率失真函数 $R(D)$具有如下性质：

（1）非负性；

（2）在 $0<D<D_{\max}$ 是单调递减函数；

（3）在 $0<D<D_{\max}$ 是下凸函数。

连续信源的率失真函数 $R(D)$的曲线如图 7-6 所示。与离散信源不同的是，在 $D\to 0$ 时，连续信源的 $R(D)\to\infty$，因此在 $D=0$ 处不连续。另外，$D_{\max}$ 对应 $R=0$，即当 X 和 Y 相互独立时的最小失真度，定义为

$$D_{\max}=\inf_{p(y)}\int p(x)d(x,y)\mathrm{d}x \tag{7-32}$$

对连续信源的率失真函数 $R(D)$的计算方法是，在给定的如下约束条件下计算式（7-31）的下确界。

$$\int_{-\infty}^{\infty} p(y\,|\,x)\mathrm{d}y=1 \tag{7-33}$$

$$\int_{-\infty}^{\infty}\int_{-\infty}^{\infty} p(x)p(y\,|\,x)d(x,y)\mathrm{d}x\mathrm{d}y=D \tag{7-34}$$

为此，构造函数

$$\begin{aligned}L(p(y\,|\,x)) &= I(X;Y)-s\overline{D}-\mu(x)\int_{-\infty}^{\infty}p(y\,|\,x)\mathrm{d}y\\ &=\int_{-\infty}^{\infty}\int_{-\infty}^{\infty}p(x)p(y\,|\,x)\log\frac{p(y\,|\,x)}{p(y)}\mathrm{d}x\mathrm{d}y-s\int_{-\infty}^{\infty}\int_{-\infty}^{\infty}p(x)p(y\,|\,x)d(x,y)\mathrm{d}x\mathrm{d}y\\ &\quad-\mu(x)\int_{-\infty}^{\infty}p(y\,|\,x)\mathrm{d}y\end{aligned}$$

令 L 的一阶变分为 0，可得

$$D(s)=\int_{-\infty}^{\infty}\int_{-\infty}^{\infty}\lambda(x)p(x)p(y)d(x,y)\mathrm{e}^{sd(x,y)}\mathrm{d}x\mathrm{d}y \tag{7-35}$$

$$R(s)=sD(s)+\int_{-\infty}^{\infty}p(x)\log\lambda(x)\mathrm{d}x \tag{7-36}$$

除求和变为积分之外，式（7-27）、式（7-28）和式（7-35）、式（7-36）在形式上是一样的。对于一般信源，$R(D)$的计算比较复杂，可能需要在计算机上迭代求解。但是，对于某些特殊信源，如高斯信源，可以利用一些技巧来简化 $R(D)$的求解。

例 7-7：高斯信源 X 的概率密度函数为

$$p(x)=\frac{1}{\sqrt{2\pi}\sigma}\mathrm{e}^{-\frac{(x-\mu)^2}{2\sigma^2}}$$

采用均方误差 $d(x,y)=(x-y)^2$ 的失真度定义，计算 $R(D)$。

解：平均失真度为

$$\overline{D}=\int_{-\infty}^{\infty}\int_{-\infty}^{\infty}p(y)p(x|y)(x-y)^2\mathrm{d}x\mathrm{d}y$$

取 $D(y)=\int_{-\infty}^{\infty}p(x|y)(x-y)^2\mathrm{d}x$，$D(y)$表示在已知接收符号为 y 的条件下，变量 x 的方差。那么有

$$\overline{D}=\int_{-\infty}^{\infty}p(y)D(y)\mathrm{d}y \tag{7-37}$$

根据在功率受限条件下的最大熵分布，有

$$h(X|Y=y)=-\int_{-\infty}^{\infty}p(x|y)\log p(x|y)\mathrm{d}x\leqslant\frac{1}{2}\log(2\pi\mathrm{e}D(y))$$

所以有

$$\begin{aligned}h(X|Y)&=\int_{-\infty}^{\infty}p(y)h(X|Y=y)\mathrm{d}y\\&\leqslant\int_{-\infty}^{\infty}p(y)\frac{1}{2}\log(2\pi\mathrm{e}D(y))\mathrm{d}y\\&=\frac{1}{2}\log(2\pi\mathrm{e})+\int_{-\infty}^{\infty}p(y)\frac{1}{2}\log D(y)\mathrm{d}y\end{aligned} \tag{7-38}$$

如果 Y 是一个随机变量，$f(Y)$是一个下凸函数，则有

$$Ef(Y)\geqslant f(EY) \tag{7-39}$$

反之，若$f(Y)$是一个上凸函数，则有

$$Ef(Y)\leqslant f(EY) \tag{7-40}$$

式（7-39）和式（7-40）就是 Jensen 不等式。应用该不等式，并考虑对数函数为上凸函数，有

$$\int_{-\infty}^{\infty}p(y)\frac{1}{2}\log D(y)\mathrm{d}y\leqslant\frac{1}{2}\log\left[\int_{-\infty}^{\infty}p(y)D(y)\mathrm{d}y\right]$$

所以式（7-38）可修改为

$$h(X|Y)\leqslant\frac{1}{2}\log(2\pi\mathrm{e})+\frac{1}{2}\log\int_{-\infty}^{\infty}p(y)D(y)\mathrm{d}y=\frac{1}{2}\log(2\pi\mathrm{e})+\frac{1}{2}\log\overline{D}=\frac{1}{2}\log(2\pi\mathrm{e}\overline{D}) \tag{7-41}$$

进一步地，当满足保真度准则 $\overline{D}\leqslant D$ 时，有

$$h(X|Y)\leqslant\frac{1}{2}\log(2\pi\mathrm{e}D) \tag{7-42}$$

由于信源是高斯信源，$h(X)=\frac{1}{2}\log(2\pi\mathrm{e}\sigma^2)$，所以平均互信息为

$$I(X;Y)=h(X)-h(X|Y)\geqslant\frac{1}{2}\log\left(\frac{\sigma^2}{D}\right) \tag{7-43}$$

至此，就找到了平均互信息 $I(X;Y)$的一个下界。如果式（7-43）能够达到等式，则该下界就是我们寻找的式（7-31）的下确界。

首先，当 $D<\sigma^2$ 时，$\frac{1}{2}\log\left(\frac{\sigma^2}{D}\right)>0$，构建一个如图 7-9 所示的反向试验信道。

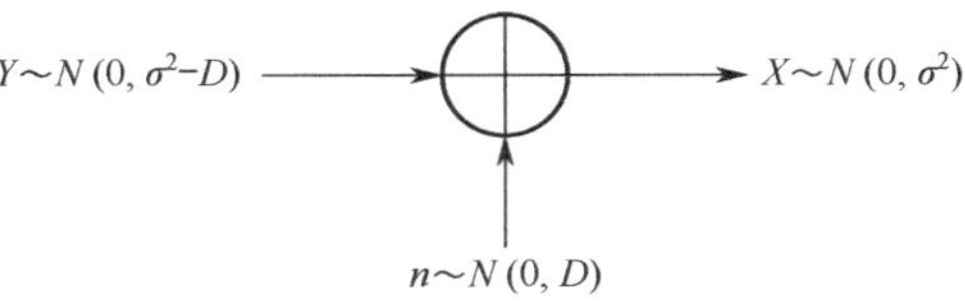

图 7-9　反向试验信道

输入符号 Y 是一个均值为 0、方差为 σ^2-D 的高斯变量，噪声符号 n 是一个均值为 0、方差为 D 的高斯变量，Y 和 n 相互独立，因此输出符号 X 是一个均值为 0、方差为 σ^2 的高斯变量。另外，根据定理 6-2，$p(x|y)=p(n)$。这个反向信道的平均失真度为

$$\begin{aligned}\overline{D} &= \int_{-\infty}^{\infty}\int_{-\infty}^{\infty} p(y)p(x\mid y)(x-y)^2\mathrm{d}x\mathrm{d}y = \int_{-\infty}^{\infty}\int_{-\infty}^{\infty} p(y)p(n)n^2\mathrm{d}n\mathrm{d}y \\ &= \int_{-\infty}^{\infty} p(y)\mathrm{d}y\int_{-\infty}^{\infty} p(n)n^2\mathrm{d}n = \int_{-\infty}^{\infty} p(n)n^2\mathrm{d}n = D\end{aligned}$$

这说明该反向试验信道也满足保真度准则 $\overline{D}\leqslant D$，或者说该信道在 C_D 集合中，$R(D)$应该小于等于该信道的互信息 $I(Y;X)$，后者为

$$I(Y;X) = h(X) - h(X\mid Y) = h(X) - h(n) = \frac{1}{2}\log\left(\frac{\sigma^2}{D}\right)$$

所以有

$$R(D) \leqslant \frac{1}{2}\log\left(\frac{\sigma^2}{D}\right) \tag{7-44}$$

综合式（7-43）和式（7-44）可知，$R(D)=\frac{1}{2}\log\left(\frac{\sigma^2}{D}\right)$。

其次，当 $D=\sigma^2$ 时，在图 7-9 中 Y 的均值为 0，方差为 0，因此退化为常量 0，所以 $X=n$，X 和 Y 完全独立，$I(X;Y)=0$，所以有 $R(\sigma^2)=0$。

最后，当 $D>\sigma^2$ 时，根据 $R(D)$的非负性和单调递减性可知，$R(D)=0$ 恒成立。综上所述，高斯信源 X 的率失真函数为

$$R(D) = \begin{cases}\frac{1}{2}\log\left(\frac{\sigma^2}{D}\right), & 0\leqslant D<\sigma^2 \\ 0, & D\geqslant\sigma^2\end{cases}$$ ■

由上面推导率失真函数的各例可以看出，即使对于二元信源和高斯信源这样比较简单的信源，率失真函数 $R(D)$的计算也不是一件容易的事情。对于一般的信源，与信道容量 C 的计算类似，率失真函数 $R(D)$的计算可能需要计算机迭代求解，请参考文献［2］。

7.6 保真度准则下的信源编码定理

定理 7-3（保真度准则下的信源编码定理）：设 $R(D)$是一个离散、平稳、无记忆信源的率失真函数，失真度有限，对于任意的失真度 $D\geqslant 0$ 和任意小的 $\varepsilon\geqslant 0$，若信息传输率满足

$$R>R(D)$$

只要码长 n 足够长，一定存在一种信源编码 E，使译码后的平均失真度

$$\overline{D}(E)\leqslant D+\varepsilon$$

反之，若

$$R<R(D)$$

则无论采用什么编码方式，都会有

$$\overline{D}(E)>D$$ ■

保真度准则下的信源编码定理又称**香农第三定理**，该定理说明在满足保真度准则的要求下，对信源压缩的下限就是 $R(D)$，只要信息传输率 R 大于该极限，译码失真就可以控制在失真度门限 D 之内，但如果进一步压缩使 $R<R(D)$，则译码失真将超过失真度门限 D。

与香农第一定理、香农第二定理一样，香农第三定理也是一个存在性定理。该定理只保证了当 $R>R(D)$时满足保真度准则的信源编码的存在性，并没有给出具体的编码方法。总结一下，香农三大定理分别给出了无失真信源压缩、有噪信道传输、有失真信源压缩这 3 个通信模块中码率的临界值和工作区间，如表 7-3 所示。香农三大定理虽然没有给出具体的编码方法，但在 7-3 中临界值和工作区间的结论对通信系统的设计具有指导意义。

表 7-3　香农三大定理的比较

	临界值	工作区间	指　标	功　能
香农第一定理	$H(X)$	$R>H(X)$	无失真或失真度为 0	无失真信源编码
香农第二定理	C	$R<C$	平均译码错误概率 $P_E\to 0$	有噪信道编码
香农第三定理	$R(D)$	$R>R(D)$	平均失真度 $\overline{D}\leqslant D$	有失真信源编码

7.7 本章小结

率失真理论是香农信息理论的重要组成部分，是连续信源编码的理论基础，又称为有失真信源编码、保真度准则下的信源编码理论或熵压缩信源编码理论。本章的第一个重要概念是失真度和失真矩阵，需要强调的是失真度是人为定义的，这一点和信道转移概率不同，信道转移概率是信道的物理特性。基于失真矩阵和信道矩阵，就可以定义和计算平均失真度 $\overline{D}$，并定义保真度准则式（7-8）。信道容量问题和保真度问题是两个对偶的问题，二者分别源于平均互信息 $I(X;Y)$的上凸性和下凸性。信道容量讨论的是在给定信道矩阵的

条件下如何通过调整信源的概率分布 $p(x_i)$得到 $I(X;Y)$的最大值——信道容量的问题；保真度问题则是在给定信源先验概率分布 $p(x_i)$和失真度 $d(x_i, y_j)$的条件下，在满足保真度准则 $\overline{D} \leqslant D$ 的试验信道集合 C_D 中，寻找或确定某个试验信道 $\boldsymbol{P}=\{p(y_j|x_i)\}$，使其对应的码率 $R=I(X;Y)$是 C_D 中所有试验信道平均互信息的最小值。该问题源于 R 越小意味着对信源压缩得越彻底。显然，这个最小的码率 $R=I(X;Y)$是失真度门限 D 的函数，称为率失真函数 $R(D)$。

本章还介绍了如何确定 $R(D)$的定义域、$R(D)$的性质，以及如何推导 $R(D)$表达式。对于离散信源，可以采用拉格朗日乘数法求解 $R(D)$；但对于一般的连续信源，$R(D)$的计算并不是一件容易的事。本章最后介绍了香农第三定理，又称保真度准则下的信源编码定理。该定理说明在满足保真度准则的要求下对信源压缩的下限就是 $R(D)$。只要信息传输率 R 大于该下限，译码失真就可以控制在失真度门限 D 之内，但如果进一步压缩使 $R<R(D)$，则译码失真将超过失真度门限 D。香农第三定理也是一个存在性定理，该定理只保证了当 $R>R(D)$时满足保真度准则的信源编码的存在性，并没有给出具体的编码方法。

习　题

1．三元对称信源 $X=\{0, 1, 2\}$服从等概分布，试验信道的输出为 $Y=\{0, 1, 2\}$，汉明失真定义为

$$d\left(x_i, y_j\right)=\begin{cases}1, & i \neq j \\ 0, & i=j\end{cases}$$

求 $D_{\min}$、$D_{\max}$、$R(D)$。

2．二元信源 X 服从等概分布，失真矩阵 $\boldsymbol{D}=\begin{bmatrix}0 & \alpha \\ \alpha & 0\end{bmatrix}$，求 $D_{\min}$、$D_{\max}$、$R(D)$。

3．失真矩阵为 $\boldsymbol{D}=\begin{bmatrix}1 & 2 \\ 2 & 1 \\ 1 & 1\end{bmatrix}$，信源符号的先验概率为 $\left[\dfrac{\omega}{2}, \dfrac{\omega}{2}, 1-\omega\right]$，求 $D_{\min}$、$D_{\max}$、$R(D)$。

4．二元信源 X 服从等概分布，输出 3 个符号，失真矩阵 $\boldsymbol{D}=\begin{bmatrix}0 & 1 & \infty \\ \infty & 1 & 0\end{bmatrix}$，求 $D_{\min}$、$D_{\max}$、$R(D)$。

5．三元信源 X 的概率分布为(0.4, 0.4, 0.2)，输出 3 个符号，输入、输出之间为汉明失真，求 $D_{\min}$、$D_{\max}$、$R(D)$。

6．二元信源 X 服从等概分布，失真矩阵 $\boldsymbol{D}=\begin{bmatrix}0 & \infty \\ 1 & 0\end{bmatrix}$，求 $D_{\min}$、$D_{\max}$、$R(D)$。

7．二元信源 X 服从等概分布，该信源每秒发出 3 个符号，把该信源和一个无噪、无损的二元信道相连接，信道符号速率为 2 信道符号/s，试问：

（1）信源能否通过此信道无失真传输？

（2）如果不能，该信源可以多大的失真度通过该信道传输？设失真测度为汉明失真。

8．二元信源 X 的概率分布为 $(p, 1-p)$，该信源每秒发出 1.5 个符号，把该信源和一个转移概率为 ε 的 BSC 信道相连接，信道符号速率为 2 信道符号/s，设失真测度为汉明失真，则该信源能够由该信道传输的最小失真度是多少？

9．二元信源 X 服从等概分布，设失真测度为汉明失真，把该信源和一个转移概率为 ε 的 BSC 信道相连接，则平均失真度是多少？

10. 二元信源 X 服从等概分布，失真矩阵 $\boldsymbol{D}=\begin{bmatrix}0 & 1\\ 2 & 0\end{bmatrix}$，求 $D_{\min}$、$D_{\max}$、$R(D_{\min})$、$R(D_{\max})$，以及对应于 $R(D_{\min})$ 和 $R(D_{\max})$ 的转移概率矩阵。

11. 二元信源 X 服从等概分布，输出 3 个符号，失真矩阵 $\boldsymbol{D}=\begin{bmatrix}0 & 1 & 1/2\\ 1 & 0 & 1/2\end{bmatrix}$，求 $D_{\min}$、$D_{\max}$、$R(D_{\min})$、$R(D_{\max})$，以及对应于 $R(D_{\min})$ 和 $R(D_{\max})$ 的转移概率矩阵。

12. 四元信源 X 服从等概分布，输出 4 个符号，失真测度为汉明失真，求 $D_{\min}$、$D_{\max}$、$R(D_{\min})$、$R(D_{\max})$，以及对应于 $R(D_{\min})$ 和 $R(D_{\max})$ 的转移概率矩阵。

13. Z 信道的信道转移矩阵 $\boldsymbol{P}=\begin{bmatrix}1 & 0\\ q & 1-q\end{bmatrix}$，输入符号的先验概率为 $(p,1-p)$，设失真测度为汉明失真。

（1）计算平均失真度。

（2）$R(D)$ 的最大值是多少？$R(D)$ 取最大值时 q 和 D 的取值是多少？

（3）$R(D)$ 的最小值是多少？$R(D)$ 取最小值时 q 和 D 的取值是多少？

14. 三元信源 X 的概率分布为(0.2, 0.3, 0.5)，输出 3 个符号，失真矩阵

$$\boldsymbol{P}=\begin{bmatrix}4 & 2 & 1\\ 0 & 3 & 2\\ 2 & 0 & 1\end{bmatrix}$$

求 $D_{\min}$、$D_{\max}$。

第8章

线性分组码

通信的目的是把对方不知道的消息及时、可靠地传送给对方，因此要求一个通信系统传输消息必须可靠、快速，在数字通信系统中可靠和快速往往是一对矛盾。若要求快速，则必然使得每个数据码元所占的时间缩短、波形变窄、能量减少，这会导致在受到干扰后产生错误的可能性增加，传送消息的可靠性降低；反之，若要求可靠，则需要提高比特能量 E_b，这要求波形变宽，每个数据码元所占的时间延长，传送消息的速度变慢，导致有效性降低。因此，如何合理地解决可靠性与有效性这对矛盾，是通信系统设计的一个关键问题，通信理论正是在解决这对矛盾的过程中不断发展起来的。在数字通信系统中，可以通过基带信号设计、匹配滤波、均衡、选择调制解调方式等手段使误比特率 P_b 尽量降低。但是，若 P_b 仍然不能满足可靠性要求，则需要采用差错控制编码技术进行纠错。

差错控制编码可以从不同的角度加以分类。

（1）按照信息码元与监督码元之间的检验关系可以分为线性码与非线性码。如果信息码元与监督码元之间为线性关系，满足线性叠加原理或者满足线性方程式，则称为线性码；否则就是非线性码。

（2）根据信息序列和码字之间的对应关系，可以分为分组码与卷积码。前者把信源输出的信息序列，每 k 个码元分为一组，通过编码器为这 k 个信息码元按一定规则产生 r 个监督码元，并输出长为 $n=k+r$ 的码组。因此，分组码的监督码元仅与本组的信息码元有关，与其他组的信息码元无关。分组码用(n, k)表示，n 表示码长，k 表示信息码元的数目。而在卷积码中，监督码元不仅与本组的信息码元有关，而且与前面码组的信息码元有约束关系。

（3）根据信息码元在码字中的位置可以分为系统码与非系统码。在系统码中，信息码元保持原样不变，与监督码元分别放置；在非系统码中，信息码元改变了原来的形式，码字中没有明确的信息码元和监督码元的区别。

（4）根据纠正的错误图样的特点分为纠随机错误码与纠突发错误码。随机错误是指加性高斯白噪声随机、独立地影响码元，各码元出错与否彼此无关，随机错误常出现在像深空通信、卫星通信等无记忆信道中。突发错误是指由突发噪声造成的成串、成片的码元错误，错误有很强的关联性，突发错误常出现在移动通信信道、短波信道、磁记录信道等有记忆信道中，由雷电、太阳黑子和磁介质损坏引起。

（5）根据采用的数学方法可以分为代数码、几何码、算术码等。

信道编码的理论基础是香农第二定理，该定理告诉我们：只要信道的信息传输率 R

不大于信道容量 C，只要码长 n 足够长，总可以在输入的符号集 X^n 中找到 2^{nR} 个许用码字和相应的译码规则，使得平均译码错误概率 $P_E \to 0$，从而实现信息的可靠传输。香农第二定理是一个存在性定理，香农在证明该定理的过程中使用的是随机编码的方法。然而，随机编码并不具有工程可操作性，由于随机编码得到的码集很大，通过搜索得到好码很难实现，即使通过随机编码的方法找到了好码，这种码的码字也是毫无结构的。这就意味着在信宿只能通过查找表的方法进行译码，当码长 n 很大时这种查找表占用的存储空间将会是难以承受的。所以，在工程应用中更为实用的信道纠错码必须具有某种代数结构。本章讨论最经典的、代数结构最完美的代数码——线性分组码。

8.1 线性分组码的一般理论

8.1.1 基本概念

如图 8-1 所示，一个(n, k)线性分组码的编码就是将一个 k bit 的信息序列 $\boldsymbol{u}$ 一一映射为一个 n bit 的码序列 $\boldsymbol{v}$，$\boldsymbol{v}$ 也被称为许用码字。经过编码信道传输后，在接收端收到一个 n bit 的码序列 $\boldsymbol{r}$。由于噪声的影响，接收码字 $\boldsymbol{r}$ 和发送码字 $\boldsymbol{v}$ 可能相同（未发生错误），也可能不同（发生了错误）。接收端的信道译码器在收到码字 $\boldsymbol{r}$ 后，首先判断是否发生了错误，如果发生了错误则进行译码纠错，其结果将生成一个对发送码字 $\boldsymbol{v}$ 的估计码字 $\hat{\boldsymbol{v}}$，并根据 $\hat{\boldsymbol{v}}$ 进行逆映射得到信息序列的估计值 $\hat{\boldsymbol{u}}$，从而完成信道译码。

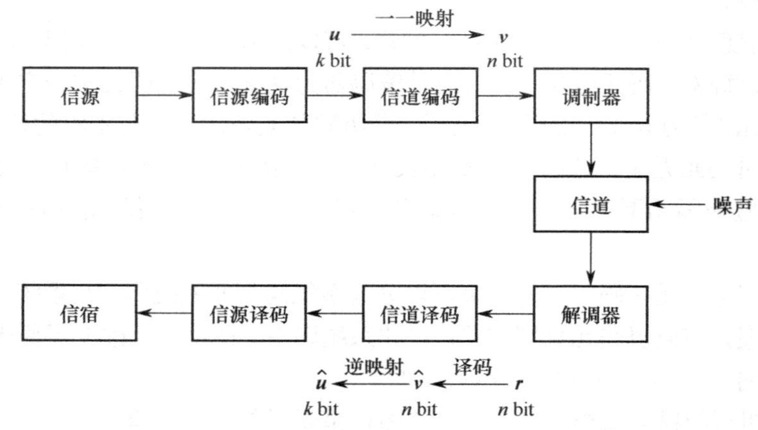

图 8-1　线性分组码编译码框图

在整个信道编译码的过程中，无论是 $\boldsymbol{u} \to \boldsymbol{v}$ 的映射，还是 $\hat{\boldsymbol{v}} \to \hat{\boldsymbol{u}}$ 的逆映射，都是根据预先定义好的码书中的一一映射表进行的，并没有实质性的困难。然而，从接收序列 $\boldsymbol{r}$ 判断发送的是哪个许用码字 $\boldsymbol{v}$，即 $\boldsymbol{r} \to \hat{\boldsymbol{v}}$，却存在实质性困难。其原因在于接收端并不知道发送端发送的是哪个码字 $\boldsymbol{v}$，只能根据接收的码字 $\boldsymbol{r}$ 猜测和估计发送的是哪个 $\boldsymbol{v}$，这个过程必然存在一定的平均译码错误概率，在这一步接收端如何进行猜测和估计（如何译码），以及如何尽可能地降低平均译码错误概率正是线性分组码的精髓所在，将在后文探讨。

下面首先来看如何构造 $\boldsymbol{u}\rightarrow\boldsymbol{v}$ 的一一映射，即如何进行信道编码。对于构建在 GF(2) 上的(n, k)分组码而言，其编码过程相当于从 2^n 个 n bit 码序列中选取 2^k 个作为许用码字，并与 2^k 个 k bit 信息序列建立一一对应关系，如图 8-2 所示。在码序列中，实心圆圈表示被选中的许用码字，空心圆圈表示没被选中的禁用码字。如果不加任何限制，这种选择和对应可以是非常任意和没有规律的，无疑会增加编译码复杂度，尤其是当 n 和 k 比较大时。为此，线性分组码为这个信息序列和许用码字之间的映射关系增加了线性约束条件，从而大大降低了编码复杂度。

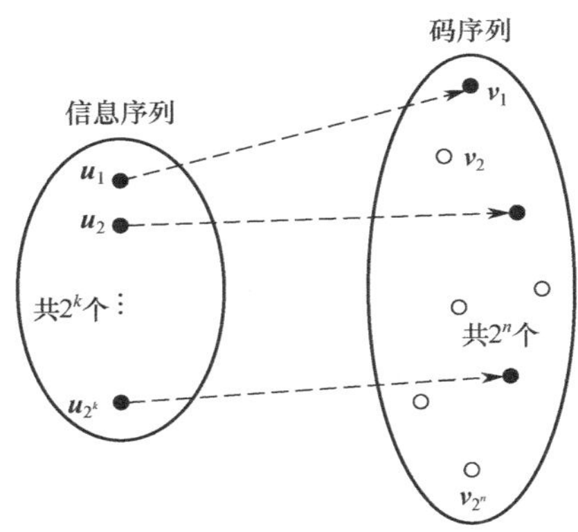

图 8-2　信息序列与码序列的一一对应关系

定义 8-1：(n, k)线性分组码是 GF(2)上的 n 维向量空间 $\boldsymbol{V}_n$ 中的一个 k 维子空间 $\boldsymbol{V}_{n,k}$。

由于该线性子空间 $\boldsymbol{V}_{n,k}$ 在加法运算下构成 Abel 群（见附录 B 线性空间的定义），所以线性分组码又称为群码。由于在群中必须要有单位元，所以 $\boldsymbol{v}=(0\ 0\ \cdots\ 0)$一定是个许用码字。此外，由群的封闭性可知，对于任意两个许用码字 $\boldsymbol{v}_1$、$\boldsymbol{v}_2$，二者的和 $\boldsymbol{v}_1+\boldsymbol{v}_2$（在模 2 加意义下也等于 $\boldsymbol{v}_1-\boldsymbol{v}_2$）也必然是一个许用码字。由此可知，两个码字 $\boldsymbol{v}_1$、$\boldsymbol{v}_2$ 的码距 $d(\boldsymbol{v}_1, \boldsymbol{v}_2)$ 必等于码字 $\boldsymbol{v}_1+\boldsymbol{v}_2$ 的码重，所以一个(n, k)线性分组码的最小距离一定等于码中非零码字的最小重量。由此可以总结线性分组码具有如下两个性质。

性质 8-1：任意两个许用码字之和仍为一个许用码字，即线性码具有封闭性。

性质 8-2：码的最小距离=非零码最小重量。

8.1.2　*G* 矩阵和 *H* 矩阵

定义 8-1 同时也给出了(n, k)线性分组码的构造方法：在 n 维向量空间 $\boldsymbol{V}_n$ 中找到 k 个线性独立的向量 $\boldsymbol{g}_0, \boldsymbol{g}_1, \cdots, \boldsymbol{g}_{k-1}$ 作为 k 维子空间 $\boldsymbol{V}_{n,k}$ 的基底，任何许用码字 $\boldsymbol{v}$ 都可以写成 $\boldsymbol{g}_0, \boldsymbol{g}_1, \cdots, \boldsymbol{g}_{k-1}$ 的线性组合的形式，即

$$\boldsymbol{v}=u_0\boldsymbol{g}_0+u_1\boldsymbol{g}_1+\cdots+u_{k-1}\boldsymbol{g}_{k-1} \tag{8-1}$$

其中，$\boldsymbol{u}=(u_0, u_1, \cdots, u_{k-1})$就是 k bit 信息序列。式（8-1）也可以写成矩阵的形式，即

$$\boldsymbol{v}=\boldsymbol{uG}=\begin{bmatrix}u_0 & u_1 & \cdots & u_{k-1}\end{bmatrix}\begin{bmatrix}\boldsymbol{g}_0\\ \boldsymbol{g}_1\\ \vdots\\ \boldsymbol{g}_{k-1}\end{bmatrix}$$

$$=\begin{bmatrix}u_0 & u_1 & \cdots & u_{k-1}\end{bmatrix}\begin{bmatrix}g_{0,0} & g_{0,1} & \cdots & g_{0,n-1}\\ g_{1,0} & g_{1,1} & \cdots & g_{1,n-1}\\ \vdots & \vdots & \vdots & \vdots\\ g_{k-1,0} & g_{k-1,1} & \cdots & g_{k-1,n-1}\end{bmatrix}$$

上式中 $k\times n$ 维矩阵 $\boldsymbol{G}$ 为

$$\boldsymbol{G}=\begin{bmatrix}\boldsymbol{g}_0\\ \boldsymbol{g}_1\\ \vdots\\ \boldsymbol{g}_{k-1}\end{bmatrix}=\begin{bmatrix}g_{0,0} & g_{0,1} & \cdots & g_{0,n-1}\\ g_{1,0} & g_{1,1} & \cdots & g_{1,n-1}\\ \vdots & \vdots & \vdots & \vdots\\ g_{k-1,0} & g_{k-1,1} & \cdots & g_{k-1,n-1}\end{bmatrix}$$

$\boldsymbol{G}$ 被称为**生成矩阵**，简称 $\boldsymbol{G}$ 矩阵。该矩阵主要用在发送端编码。

(n, k)线性分组码的许用码字构成了 n 维向量空间 $\boldsymbol{V}_n$ 的一个 k 维子空间 $\boldsymbol{V}_{n,k}$，该子空间是由基 $\boldsymbol{g}_0, \boldsymbol{g}_1, \cdots, \boldsymbol{g}_{k-1}$ 张成的子空间。根据线性空间的知识（见附录 B）可知，在 $\boldsymbol{V}_n$ 中一定存在 $\boldsymbol{V}_{n,k}$ 的零空间 $\boldsymbol{V}'_{n,k}$，该子空间是 $n-k$ 维的，且其中每个向量都与 $\boldsymbol{V}_{n,k}$ 中的各向量正交。以 $\boldsymbol{h}_0, \boldsymbol{h}_1, \cdots, \boldsymbol{h}_{n-k-1}$ 表示 $\boldsymbol{V}'_{n,k}$ 的基底，并将 $\boldsymbol{h}_0, \boldsymbol{h}_1, \cdots, \boldsymbol{h}_{n-k-1}$ 排列成矩阵的形式，可得

$$\boldsymbol{H}=\begin{bmatrix}\boldsymbol{h}_0\\ \boldsymbol{h}_1\\ \vdots\\ \boldsymbol{h}_{n-k-1}\end{bmatrix}=\begin{bmatrix}h_{0,0} & h_{0,1} & \cdots & h_{0,n-1}\\ h_{1,0} & h_{1,1} & \cdots & h_{1,n-1}\\ \vdots & \vdots & \vdots & \vdots\\ h_{n-k-1,0} & h_{n-k-1,1} & \cdots & h_{n-k-1,n-1}\end{bmatrix}$$

这个$(n-k)\times n$ 维矩阵 $\boldsymbol{H}$ 称为线性分组码的**校验矩阵**，简称 $\boldsymbol{H}$ 矩阵。该矩阵主要用在接收端译码。由于 $\boldsymbol{g}_0, \boldsymbol{g}_1, \cdots, \boldsymbol{g}_{k-1}$ 和 $\boldsymbol{h}_0, \boldsymbol{h}_1, \cdots, \boldsymbol{h}_{n-k-1}$ 各自张成的子空间 $\boldsymbol{V}_{n,k}$ 和 $\boldsymbol{V}'_{n,k}$ 互为零空间，所以 $\boldsymbol{G}$ 矩阵和 $\boldsymbol{H}$ 矩阵的行向量彼此正交。又因为任何一个许用码字 $\boldsymbol{v}$ 都从属于子空间 $\boldsymbol{V}_{n,k}$，所以 $\boldsymbol{v}$ 一定与子空间 $\boldsymbol{V}'_{n,k}$ 中的任何一个向量正交，$\boldsymbol{v}$ 当然也和 $\boldsymbol{H}$ 矩阵的行向量正交，所以线性分组码有如下性质。

性质 8-3：当且仅当 $\boldsymbol{vH}^{\mathrm{T}}=\boldsymbol{0}$ 时，一个 n 维向量 $\boldsymbol{v}$ 成为(n, k)线性分组码的许用码字。

由此可见，$\boldsymbol{G}$ 矩阵和 $\boldsymbol{H}$ 矩阵都唯一确定了(n, k)线性分组码，$\boldsymbol{G}$ 矩阵用在发送端编码，$\boldsymbol{H}$ 矩阵用在接收端译码，但这两个矩阵及由它们确定的码书是发送端和接收端共有的知识。此外，由于零空间具有对称性，即 $\boldsymbol{V}_{n,k}$ 和 $\boldsymbol{V}'_{n,k}$ 互为零空间，所以 $\boldsymbol{G}$ 矩阵和 $\boldsymbol{H}$ 矩阵的角色可以互换，也就是把一个(n, k)线性分组码的 $\boldsymbol{H}$ 矩阵当成一个$(n, n-k)$线性分组码的 $\boldsymbol{G}$ 矩阵，这样得到的一对码称为对偶码。

例 8-1：(7, 3)码的监督矩阵可用作(7, 4)码的生成矩阵。

$$G_{(7,4)}=H_{(7,3)}=\begin{bmatrix}1&0&1&1&0&0&0\\1&1&1&0&1&0&0\\1&1&0&0&0&1&0\\0&1&1&0&0&0&1\end{bmatrix}$$

线性空间 $\boldsymbol{V}_n$ 的子空间 $\boldsymbol{V}_{n,k}$ 和 $\boldsymbol{V}'_{n,k}$ 的基底并不唯一，所以生成矩阵 $\boldsymbol{G}$ 和校验矩阵 $\boldsymbol{H}$ 也不唯一。$\boldsymbol{G}$ 和 $\boldsymbol{H}$ 有一种比较简洁的形式为

$$\boldsymbol{G}=[\boldsymbol{I}_k,\boldsymbol{P}]\ ;\ \boldsymbol{H}=[\boldsymbol{P}^{\mathrm{T}},\boldsymbol{I}_{n-k}]$$

$\boldsymbol{I}_k$ 表示 k 维的单位矩阵，该形式称为 $\boldsymbol{G}$ 矩阵和 $\boldsymbol{H}$ 矩阵的典型形式，采用典型形式生成矩阵得到的线性分组码是系统码，即信息码元和校验码元明确区分、分别放置。

性质 8-2 说明线性分组码的最小码距等于最小码重，后面还将看到最小码距 $d_{\min}$ 和线性分组码的检错、纠错能力密切相关，因此最小码距 $d_{\min}$ 是一个非常重要的参数。对于一个线性分组码来说，一个直观地求解 $d_{\min}$ 的方法是把全部许用码字的码距计算出来，再取最小值。但这种方法过于笨重。下面的定理和推论说明，$d_{\min}$ 和 $\boldsymbol{H}$ 矩阵紧密相关。

定理 8-1：一个(n, k)线性分组码及其校验矩阵 $\boldsymbol{H}$，在许用码字中如果存在码重为 l 的码字，那么在 $\boldsymbol{H}$ 矩阵的列矢量中一定存在 l 个列矢量，它们的和等于 **0** 矢量；反过来，如果在 $\boldsymbol{H}$ 矩阵的列矢量中存在 l 个列矢量，它们的和等于 **0** 矢量，则许用码字中一定存在码重为 l 的码字。

证明：先证明定理的前半部分，设 $\boldsymbol{H}=\{\boldsymbol{t}_0,\boldsymbol{t}_1,\cdots,\boldsymbol{t}_{n-1}\}$，$\boldsymbol{t}_i$ 为校验矩阵的列向量，注意 $\boldsymbol{H}$ 的列向量 $\boldsymbol{t}_i$ 和行向量 $\boldsymbol{h}_i$ 的区别。另外，设 $\boldsymbol{v}$ 是一个码重为 l 的许用码字，设 $v_{i_1}=v_{i_2}=\cdots=v_{i_l}=1$ 是 $\boldsymbol{v}$ 中的非 0 比特位，$\boldsymbol{v}$ 中其他比特位是 0。则有

$$0=\boldsymbol{v}\boldsymbol{H}^{\mathrm{T}}=[v_0\ \ \cdots\ \ v_{n-1}]\begin{bmatrix}\boldsymbol{t}_0\\\vdots\\\boldsymbol{t}_{n-1}\end{bmatrix}=\sum_{j=i_1}^{i_l}v_j\boldsymbol{t}_j$$

这就证明了定理的前半部分。

对于定理的后半部分，设校验矩阵 $\boldsymbol{H}$ 中有 l 个列向量 $\boldsymbol{t}_{i_1}+\cdots+\boldsymbol{t}_{i_l}=0$，构造一个 n 维比特向量 $\boldsymbol{x}=\{x_0,x_1,\cdots,x_{n-1}\}$，该向量对应于 $i_1,i_2,\cdots,i_l$ 的位置取 1，其他位置取 0，因此 $\boldsymbol{x}$ 的重量为 l。不难验证 $\boldsymbol{x}\boldsymbol{H}^{\mathrm{T}}=0$。根据性质8-3可知 $\boldsymbol{x}$ 一定是许用码字。 ■

推论 8-1：一个(n, k)线性分组码及其校验矩阵 $\boldsymbol{H}$，最小码距 $d_{\min}$ 等于最小码重，也等于 $\boldsymbol{H}$ 的列向量中取和等于 **0** 向量的最少的列向量数。

例 8-2：某(7, 4)线性分组码的校验矩阵如下，可以验证 $\boldsymbol{H}$ 中没有任何两个列向量取和为 **0**，但第 1 个、第 3 个、第 7 个列向量取和为 **0**，所以 $d_{\min}$=3。

$$\boldsymbol{H}=\begin{bmatrix}1&0&0&1&0&1&1\\0&1&0&1&1&1&0\\0&0&1&0&1&1&1\end{bmatrix}$$

8.1.3 伴随式

根据图 8-1，发送码字 $\boldsymbol{v}$ 经过信道传输，由于噪声的影响可能发生错误，导致接收端收到的符号序列 $\boldsymbol{r}$ 与 $\boldsymbol{v}$ 不同。以下仅考虑加性信道，假设错误图样为 $\boldsymbol{e}=(e_0, e_1, \cdots, e_{n-1})$，其中 $e_i=1$ 表示 $\boldsymbol{v}$ 的第 i 个比特位发生了比特错误，比如从 1 变成 0 或从 0 变成 1，因此有

$$\boldsymbol{r}=\boldsymbol{v}+\boldsymbol{e} \tag{8-2}$$

因为 $\boldsymbol{e}$ 是 n bit 序列，这个序列一共有 2^n 个可能的取值，其中只有 $\boldsymbol{e}=(0\ 0\ \cdots\ 0)$不是错误，所以可能的错误图样一共有 2^n-1 个。

定义 8-2：称 $n-k$ 维向量 $\boldsymbol{s}=\boldsymbol{r}\boldsymbol{H}^{\mathrm{T}}$ 为**伴随式**。

写成矩阵形式为

$$\boldsymbol{s}=[s_0,s_1,\cdots,s_{n-k-1}]=\boldsymbol{r}\boldsymbol{H}^{\mathrm{T}}=[r_0,r_1,\cdots,r_{n-1}]\begin{bmatrix} h_{0,0} & h_{1,0} & \cdots & h_{n-k-1,0} \\ h_{0,1} & h_{1,1} & \cdots & h_{n-k-1,1} \\ \vdots & \vdots & \vdots & \vdots \\ h_{0,n-1} & h_{1,n-1} & \cdots & h_{n-k-1,n-1} \end{bmatrix}$$

把式（8-2）代入 $\boldsymbol{s}=\boldsymbol{r}\boldsymbol{H}^{\mathrm{T}}$，并考虑到 $\boldsymbol{v}\boldsymbol{H}^{\mathrm{T}}=\boldsymbol{0}$ 可得，$\boldsymbol{s}=\boldsymbol{r}\boldsymbol{H}^{\mathrm{T}}=(\boldsymbol{v}+\boldsymbol{e})\boldsymbol{H}^{\mathrm{T}}=\boldsymbol{v}\boldsymbol{H}^{\mathrm{T}}+\boldsymbol{e}\boldsymbol{H}^{\mathrm{T}}=\boldsymbol{e}\boldsymbol{H}^{\mathrm{T}}$，由此可得

$$\boldsymbol{r}\boldsymbol{H}^{\mathrm{T}}=\boldsymbol{s}=\boldsymbol{e}\boldsymbol{H}^{\mathrm{T}} \tag{8-3}$$

式（8-3）似乎表明 $\boldsymbol{r}=\boldsymbol{e}$，是不是这样呢?答案是否定的。请读者思考为什么。

式（8-2）给了我们一个提示：只要能确定错误图样 $\boldsymbol{e}$，就能在接收端计算发送的是哪个许用码字 $\boldsymbol{v}$，即

$$\hat{\boldsymbol{v}}=\boldsymbol{r}-\boldsymbol{e}=\boldsymbol{r}+\boldsymbol{e} \tag{8-4}$$

根据 $\boldsymbol{s}=\boldsymbol{r}\boldsymbol{H}^{\mathrm{T}}$，在接收端可以计算伴随式 $\boldsymbol{s}$，那么问题就集中到了在已知 $\boldsymbol{s}$ 的条件下如何由 $\boldsymbol{s}=\boldsymbol{e}\boldsymbol{H}^{\mathrm{T}}$ 来确定错误图样 $\boldsymbol{e}$。这是线性分组码译码的关键，留待稍后解决。

8.1.4 检错和纠错

首先看检错，接收端通过 $\boldsymbol{s}=\boldsymbol{r}\boldsymbol{H}^{\mathrm{T}}$ 可以计算伴随式 $\boldsymbol{s}$，当接收矢量 $\boldsymbol{r}$ 是某个许用码字 $\boldsymbol{v}$ 时，因为 $\boldsymbol{v}\boldsymbol{H}^{\mathrm{T}}=\boldsymbol{0}$，所以此时得到的伴随式 $\boldsymbol{s}$ 必然为 $\boldsymbol{0}$；反之，如果伴随式不是 $\boldsymbol{0}$ 矢量，则说明接收矢量 $\boldsymbol{r}$ 不是许用码字，此时接收端可以断定在传输过程中一定发生了错误，据此依靠伴随式 $\boldsymbol{s}$ 就实现了检错功能。

判据 1：$\boldsymbol{s}=\boldsymbol{r}\boldsymbol{H}^{\mathrm{T}}=\boldsymbol{0}$，无错，即 $\boldsymbol{e}=\boldsymbol{0}$。

判据 2：$\boldsymbol{s}=\boldsymbol{r}\boldsymbol{H}^{\mathrm{T}}\neq\boldsymbol{0}$，有错，即 $\boldsymbol{e}\neq\boldsymbol{0}$。

判据 2 一定是成立的，$\boldsymbol{s}=\boldsymbol{r}\boldsymbol{H}^{\mathrm{T}}\neq\boldsymbol{0}$ 必然表明接收矢量 $\boldsymbol{r}$ 不是码书中允许使用的码字，由此可以断定在传输过程中一定发生了错误。然而，判据 1（$\boldsymbol{s}=\boldsymbol{r}\boldsymbol{H}^{\mathrm{T}}=\boldsymbol{0}$）表明 $\boldsymbol{r}$ 一定是码书中某个许用码字，但这并不能推出收到的这个许用码字 $\boldsymbol{r}$ 一定就是发送的那个许用码字 $\boldsymbol{v}$。仔细思考会发现，判据 1 成立还可能隐含着另一种可能的错误，那就是当错误图样 $\boldsymbol{e}$ 恰好使发送码字由一个许用码字 $\boldsymbol{v}$ 改造成另一个许用码字 $\boldsymbol{v}'$时，即 $\boldsymbol{v}'=\boldsymbol{v}+\boldsymbol{e}$，由于接收符号序列 $\boldsymbol{r}=\boldsymbol{v}'$也是许用码字，所以接收端计算的伴随式 $\boldsymbol{s}=0$，根据判据 1 认定在传输中没有错误发

生，就会造成检错错误。像这种把一个许用码组改成另一个许用码组的错误图样被称为**不可检测错误图样**。对于这种错误，接收端是无法识别，也是无能为力的。那么，这种错误图样是什么样的呢？一共有多少个呢？这是一个很有意义的问题。根据线性分组码的性质1，即两个许用码字的和一定还是许用码字，因此能把一个许用码字 $\boldsymbol{v}$ 改造成另一个许用码字 $\boldsymbol{v}'$ 的错误图样 $\boldsymbol{e}$ 一定还是一个许用码字，由此可断定不可检测错误图样一定是某个非0许用码字。由于一共有 2^k-1 个非0许用码字，所以不可检测错误图样的总数等于 2^k-1 个。

与检错相比，纠错要复杂得多。在接收端为了应用前向纠错（Forward Error Correction，FEC）策略进行纠错，不但要检测接收矢量发生了错误，还要确定错误比特的位置，也就是说需要确定错误图样 $\boldsymbol{e}$。在式（8-3）$\boldsymbol{s}=\boldsymbol{e}\boldsymbol{H}^{\mathrm{T}}$ 中，$\boldsymbol{H}$ 是给定不变的监督矩阵，如果把 $\boldsymbol{s}$ 和 $\boldsymbol{e}$ 看成两个变量的话，由于 $\boldsymbol{s}$ 是 $n-k$ 维矢量，$\boldsymbol{e}$ 是 n 维矢量，因此伴随式 $\boldsymbol{s}$ 完全由错误图样 $\boldsymbol{e}$ 决定。但反过来不成立，即错误图样 $\boldsymbol{e}$ 不完全由伴随式 $\boldsymbol{s}$ 决定，或者说依靠 $\boldsymbol{s}$ 不能毫无疑义地解出 $\boldsymbol{e}=(e_0, e_1, \cdots, e_{n-1})$ 这 n 个未知量。为了说明这个问题，把 $\boldsymbol{s}=\boldsymbol{e}\boldsymbol{H}^{\mathrm{T}}$ 写成矩阵形式，即

$$\boldsymbol{s}=[s_0,s_1,\cdots,s_{n-k-1}]=\boldsymbol{e}\boldsymbol{H}^{\mathrm{T}}=[e_0,e_1,\cdots,e_{n-1}]\begin{bmatrix} h_{0,0} & h_{1,0} & \cdots & h_{n-k-1,0} \\ h_{0,1} & h_{1,1} & \cdots & h_{n-k-1,1} \\ \vdots & \vdots & \vdots & \vdots \\ h_{0,n-1} & h_{1,n-1} & \cdots & h_{n-k-1,n-1} \end{bmatrix}$$

写成方程组的形式为

$$\begin{cases} e_0h_{0,0}+e_1h_{0,1}+e_{n-1}h_{0,n-1}=s_0 \\ e_0h_{1,0}+e_1h_{1,1}+e_{n-1}h_{1,n-1}=s_1 \\ \qquad\vdots \\ e_0h_{n-k-1,0}+e_1h_{n-k-1,1}+e_{n-1}h_{n-k-1,n-1}=s_{n-k-1} \end{cases} \tag{8-5}$$

译码器的任务就是通过求解这 $n-k$ 个方程构成的方程组，确定错误图样

$$\boldsymbol{e}=(e_0, e_1, \cdots, e_{n-1})$$

遗憾的是，用式（8-5）的 $n-k$ 个方程求解 $e_0, e_1, \cdots, e_{n-1}$ 这 n 个未知量的解并不唯一。

例 8-3：把 $\boldsymbol{s}=\boldsymbol{e}\boldsymbol{H}^{\mathrm{T}}$ 改写成 $\boldsymbol{s}^{\mathrm{T}}=\boldsymbol{H}\boldsymbol{e}^{\mathrm{T}}$，如下所示，对应同一个校验矩阵，错误图样（1 1 0 0 0 0 0）和（0 0 1 0 1 0 0）产生了相同的伴随式。

$$\begin{bmatrix} 1 & 0 & 1 & 1 & 0 & 0 & 0 \\ 1 & 1 & 1 & 0 & 1 & 0 & 0 \\ 1 & 1 & 0 & 0 & 0 & 1 & 0 \\ 0 & 1 & 1 & 0 & 0 & 0 & 1 \end{bmatrix}\begin{bmatrix} 1 \\ 1 \\ 0 \\ 0 \\ 0 \\ 0 \\ 0 \end{bmatrix}=\begin{bmatrix} 1 \\ 0 \\ 0 \\ 1 \end{bmatrix};\quad \begin{bmatrix} 1 & 0 & 1 & 1 & 0 & 0 & 0 \\ 1 & 1 & 1 & 0 & 1 & 0 & 0 \\ 1 & 1 & 0 & 0 & 0 & 1 & 0 \\ 0 & 1 & 1 & 0 & 0 & 0 & 1 \end{bmatrix}\begin{bmatrix} 0 \\ 0 \\ 1 \\ 0 \\ 1 \\ 0 \\ 0 \end{bmatrix}=\begin{bmatrix} 1 \\ 0 \\ 0 \\ 1 \end{bmatrix}$$

事实上，对于给定的伴随式 $\boldsymbol{s}$ 和 $\boldsymbol{H}$，方程组（8-5）能够求出 2^k 个错误图样。也就是

说，对于某一个伴随式 $\boldsymbol{s}=(s_0, s_1, \cdots, s_{n-k-1})$，有 2^k 个可能的错误图样与之相对应。图 8-3 显示了对全部 2^n 个错误图样的划分，其中有 1 个全 0 错误图样 $\boldsymbol{e}_0=(0\ 0\ \cdots\ 0)$和 2^k-1 个不可检测的错误图样。这两部分一共包括 2^k 个错误图样，其中每个都对应于全 0 伴随式 $\boldsymbol{s}_0=(0\ 0\ \cdots\ 0)$。除此之外，还剩余 2^n-2^k 个可以检测的错误图样，它们被分割成了 $2^{n-k}-1$ 个子集，每个子集对应一个非全 0 的伴随式，正好和 $2^{n-k}-1$ 个非全 0 的伴随式一一对应。如此就把全部 2^n 个错误图样划分完毕。

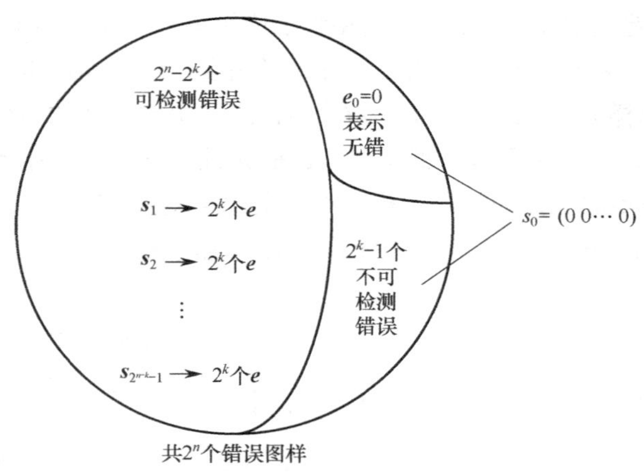

图 8-3　对 2^n 个错误图样的划分

根据上面的分析，由于方程组（8-5）能够求出 2^k 个错误图样 $\boldsymbol{e}$，或者说每个非全 0 伴随式 $\boldsymbol{s}$ 都对应着 2^k 个可能的错误图样，而真正发生的错误图样只能是其中之一，所以接收端译码器必须做出取舍、选择和估计，从这 2^k 个可能的错误图样中选择一个，认定它就是真正发生的错误图样，并通过 $\hat{\boldsymbol{v}} = \boldsymbol{r} + \boldsymbol{e}$ 进行译码。综上所述，概括接收端译码过程如下。

第 1 步：根据接收向量 $\boldsymbol{r}$ 和校验矩阵 $\boldsymbol{H}$ 计算伴随式 $\boldsymbol{s}=\boldsymbol{r}\boldsymbol{H}^{\mathrm{T}}$。

第 2 步：根据伴随式 $\boldsymbol{s}$ 和校验矩阵 $\boldsymbol{H}$ 求解方程组（8-5），得到 2^k 个可能的错误图样。

第 3 步：从这 2^k 个可能的错误图样中选择一个，认定其为真正发生的错误图样 $\boldsymbol{e}$。

第 4 步：通过 $\hat{\boldsymbol{v}} = \boldsymbol{r} + \boldsymbol{e}$ 进行译码得到发送序列 $\boldsymbol{v}$ 的估计值。

上述译码过程的第 1 步和第 4 步只是简单的矩阵和向量计算，第 2 步是求解线性方程组，因此这 3 步没有太大的困难。线性分组码译码的关键点和困难之处在于第 3 步。由于译码器必须从 2^k 个可能的错误图样 $\boldsymbol{e}$ 中选择一个，那么就存在选择正确和选择错误的问题。如果选择的错误图样就是真正发生的错误图样，那么选择正确，从而译码正确；反之，如果选择的错误图样不是真正发生的错误图样，那么选择错误，就会导致译码错误。

由此可见，接收端需要制定一个选择策略来选择错误图样 $\boldsymbol{e}$。这个选择会以一定的概率“选择正确”和“选择错误”，不同的选择策略会表现出不同的性能。毋庸置疑，最好的选择策略应该把“选择正确”的概率最大化。那么，什么样的选择策略才能最大化选择正确的概率呢？为了回答这个问题，让我们再来观察错误图样 $\boldsymbol{e}=(e_0, e_1, \cdots, e_{n-1})$，其中 $e_i=1$

表示对应接收矢量的第 i 位发生了错误（1→0 或 0→1）。对于 BSC 信道来说，单比特信道转移概率 p 通常是小于 0.5 的，也就是说信道传递正确的概率要大于传递错误的概率。那么，对于 BSC 信道的 n 次无记忆扩展信道的错误图样 $\boldsymbol{e}$ 来说，$\boldsymbol{e}$ 中 0 的个数越多（等价地，1 的个数越少），该错误图样发生的概率就越大。以 n=7，p=0.1 为例，有

$$P(\boldsymbol{e}_1=1\ 1\ 0\ 0\ 1\ 0\ 0)=0.1^3\times 0.9^4<P(\boldsymbol{e}_2=1\ 0\ 0\ 0\ 0\ 0\ 0)=0.1\times 0.9^6$$

因此，在这 2^k 个可能的错误图样中发生概率最大的错误图样应该是码重最轻的错误图样，这种选择策略可以最大化“选择正确”的概率。下面讲到的标准阵译码就是这样一种思路。

8.1.5 标准阵译码和伴随式译码

Slepian 在 1956 年提出的标准阵译码是一种在 BSC 信道中平均译码错误概率最小的译码方法。该方法的基本思想是把 n 维线性空间 $\boldsymbol{V}_n$ 中的 2^n 个元素分割成子空间 $\boldsymbol{V}_{n,k}$ 的若干陪集（参考附录 A）。

1. 标准阵译码

第 1 步：建立一个维数为 $2^{n-k}\times 2^k$ 的阵列，并把 2^k 个许用码字 $\boldsymbol{V}_{n,k}$ 排在阵列的第 0 行。

第 2 步：首先，在从全部错误图样去掉阵列第 0 行后剩余的错误图样中，即$\{\boldsymbol{V}_n$−阵列第 0 行$\}$中，挑选 1 个错误图样 $\boldsymbol{e}_1$，计算 $\boldsymbol{V}_{n,k}$ 的包含 $\boldsymbol{e}_1$ 的陪集，并把该陪集排在第 1 行，由 $\boldsymbol{e}_1$ 充当陪集首。其次，在从全部错误图样去掉阵列第 0 行和第 1 行后剩余的错误图样中，即$\{\boldsymbol{V}_n$−阵列第 0 行−阵列第 1 行$\}$中，挑选 1 个错误图样 $\boldsymbol{e}_2$，计算 $\boldsymbol{V}_{n,k}$ 的包含 $\boldsymbol{e}_2$ 的陪集，并把该陪集排在第 2 行，由 $\boldsymbol{e}_2$ 充当陪集首。依次类推，按 i（i 由 3 到 $2^{n-k}-1$）递增的顺序选择错误图样 $\boldsymbol{e}_i$ 作为陪集首，并把 $\boldsymbol{V}_{n,k}$ 的包含 $\boldsymbol{e}_i$ 的陪集排在第 i 行。这样就把 $\boldsymbol{V}_n$ 中所有 2^n 个 n bit 序列划分为 2^{n-k} 个陪集。

第 3 步：收到的码字 $\boldsymbol{r}$ 落在哪一列，就译作该列最上方对应的发送码字。

许用码字	$\boldsymbol{v}_0=\boldsymbol{e}_0=(0\ 0\cdots 0)$	$\boldsymbol{v}_1$	$\boldsymbol{v}_2$	…	$\boldsymbol{v}_{2^k-1}$
禁用码字	$\boldsymbol{e}_1$	$\boldsymbol{v}_1+\boldsymbol{e}_1$	$\boldsymbol{v}_2+\boldsymbol{e}_1$	…	$\boldsymbol{v}_{2^k-1}+\boldsymbol{e}_1$
	$\boldsymbol{e}_2$	$\boldsymbol{v}_1+\boldsymbol{e}_2$	$\boldsymbol{v}_2+\boldsymbol{e}_2$	…	$\boldsymbol{v}_{2^k-1}+\boldsymbol{e}_2$
	…	…	…	…	…
	$\boldsymbol{e}_{2^{n-k}-1}$	$\boldsymbol{v}_1+\boldsymbol{e}_{2^{n-k}-1}$	$\boldsymbol{v}_2+\boldsymbol{e}_{2^{n-k}-1}$	…	$\boldsymbol{v}_{2^k-1}+\boldsymbol{e}_{2^{n-k}-1}$

此方法的关键在于第 2 步作为陪集首的错误图样 $\boldsymbol{e}_1, \boldsymbol{e}_2, \cdots, \boldsymbol{e}_{2^{n-k}-1}$ 的选择上。在这个过程中，首先要注意的是 $\boldsymbol{e}_i$ 必须从还没被排在阵列中的 n bit 序列中选择，其次要选择重量最轻的错误图样作为陪集首。这是因为在 BSC 信道中重量越轻的错误图样发生的概率越大，所以在译码时要先照顾这种出现可能性最大的错误图样并加以纠正。

有人可能会质疑：在按照上面方法建立的标准阵列中，如果有元素重复出现，那么总的元素个数就少于 2^n，会不会发生这种情况呢？答案是否定的。这是由陪集的特点决定的，由于每次都是在还没有使用过的 n bit 序列中选择陪集首 $\boldsymbol{e}_i$，这就保证了阵列的每行都是

$V_{n,k}$的一个陪集。根据近世代数的知识（见附录A）可知，对于任何群 G 来讲，某个子群 H 的各陪集彼此都是不相交的，所以上面的标准阵列的各行都是不相交的，不会有某个元素重复出现。

例 8-4：按照上面的方法，构造(6, 3)线性分组码的标准阵如下。

许用码字	000000	100110	010011	001111	110101	101001	011100	111010
禁用码字	100000	000110	110011	101111	010101	001001	111100	011010
	010000	110110	000011	011111	100101	111001	001100	101010
	001000	101110	011011	000111	111101	100001	010100	110010
	000100	100010	010111	001011	110001	101101	011000	111110
	000010	100100	010001	001101	110111	101011	011110	111000
	000001	100111	010010	001110	110100	101000	011101	111011
	110000	010110	100011	111111	000101	011001	101100	001010

标准阵译码能且只能纠正作为陪集首的错误图样 $e_1, e_2, \cdots, e_{2^{n-k}-1}$，并不能把所有错误图样都加以纠正。当实际发生的错误图样不是陪集首时，就会产生译码错误。例如，在例 8-4 中，设发送码字为 100110，如果错误图样为 001000，接收序列将会是 101110，根据译码规则将译作 100110，译码正确；但如果错误图样为 101101，接收序列将会是 001011，根据译码规则将译作 001111，译码错误；再例如，设发送码字为 010011，错误图样为 101101，接收序列将为 111110，根据译码表将译作 111010，译码错误。因此，只有当实际发生的错误图样是陪集首的那些错误图样，即 $e_1, e_2, \cdots, e_{2^{n-k}-1}$ 时，才能保证译码正确。请不要忘记这种译码方法的主旨思想是纠正那些发生可能性最大的错误。该方法既不能纠正所有可能的 2^n-1 个错误，也不能保证绝对不发生译码错误，只能使平均译码错误概率最小。

根据上面的分析，在使用标准阵译码时，只有当错误图样是陪集首的时候才会译码正确。因此基于 n 重 BSC 信道构造的(n, k)线性分组码的平均译码错误概率为

$$P_{\mathrm{E}} = 1 - \sum_{i=0}^{n} w_i p^i q^{(n-i)} \tag{8-6}$$

其中，求和计算的是译码正确的概率，即错误图样属于陪集首的概率；p 和 $q=1-p$ 是 BSC 信道的转移概率；w_i 表示重量等于 i 的陪集首的个数，$w_0, w_1, \cdots, w_n$ 也称陪集首的重量分布。对于例 8-4 给出的(6, 3)码而言，$w_0=1$，$w_1=6$，$w_2=1$，w_3～w_6 都等于 0，取 $p=0.01$，应用式（8-6）可以计算(6, 3)码的平均译码错误概率为

$$P_{\mathrm{E}}=1-0.99^6-6\times0.01\times0.99^5-0.01^2\times0.99^4=1.37\times10^{-3}$$

当 n 和 k 很大时，标准阵译码需要存储一个庞大的矩阵，这在工程应用中是很不方便的。与标准阵译码等效的、更简单易行的是伴随式译码。其基本思想很简单，由于在标准阵中同一行（同一个陪集）中所有 n bit 序列都对应着同一个伴随式，因此可以把标准阵缩减成一个错误图样 e_i 和伴随式 s_i 之间的查找表，如表 8-1 所示。

表 8-1　错误图样和伴随式对应表

$\boldsymbol{e}_0$=(0 0 ⋯ 0)	$\boldsymbol{s}_0$=(0 0 ⋯ 0)
$\boldsymbol{e}_1$	$\boldsymbol{s}_1$
$\boldsymbol{e}_2$	$\boldsymbol{s}_2$
⋯	⋯
$\boldsymbol{e}_{2^{n-k}-1}$	$\boldsymbol{s}_{2^{n-k}-1}$

当接收端收到符号序列 $\boldsymbol{r}$ 后，伴随式译码步骤如下。

2. 伴随式译码

第 1 步：计算伴随式 $\boldsymbol{s}=\boldsymbol{r}\boldsymbol{H}^{\mathrm{T}}$。

第 2 步：根据表 8-1 查找与 $\boldsymbol{s}$ 相对应的错误图样，假设结果为 $\boldsymbol{e}_i$。

第 3 步：应用 $\hat{\boldsymbol{v}} = \boldsymbol{r} + \boldsymbol{e}_i$ 译码。

伴随式译码和标准阵译码的本质是相同的，因此纠错能力和平均译码错误概率都是相同的。伴随式译码只对标准阵译码稍加改造，节省了存储阵列的空间而已。

8.1.6　线性分组码的几何解释和检错、纠错能力

从几何的角度理解，码的陪集划分相当于把 n 维线性空间 V_n 按照该线性分组码 $V_{n,k}$ 划分。共有 2^k 个码字，相当于有 2^k 个互不相交的球，球的半径是陪集首中错误图样的最大码重，这 2^k 个球把整个线性空间 V_n 充满，所有禁用码组将分别落在不同的球中。当发送某个码字时，如果错误图样的影响使接收序列位于发送码字的球内，这相当于错误图样出现在陪集首，错误图样中 1 的个数很少，错误不是太严重，则接收端可以根据标准阵正确译码；如果错误图样的影响使接收码字序列落在其他许用码字的球内，这相当于错误很严重，错误图样中 1 的个数很多，错误图样不属于陪集首，则接收端根据标准阵译码就会产生译码错误。

结合这个几何解释，可以分析线性分组码检错、纠错能力与最小码距 $d_{\min}$ 之间的关系。首先，为了能检测出一个码组中发生的全部 e bit 的错误，要求 $d_{\min} \geqslant e+1$。只有这样，该 e bit 错误才不至于把一个许用码组变为另一个许用码组。其次，为了能纠正一个码组中发生的全部 t bit 的错误，要求 $d_{\min} \geqslant 2t+1$，如图 8-4 所示。只有满足了这个条件才能保证这个 t bit 错误引起的禁用码组仍位于以发送码字为球心的球内。最后，在一个码组中，为了能纠正所有 t bit 的错误，并同时检测所有 e bit（$e \geqslant t$）的错误，要求 $d_{\min} \geqslant t+e+1$。当误码数 $<t$ 时，能纠正所有 t bit 错误，当 $t<$ 误码数 $<t+e+1$ 时，能检测所有 e bit 错误。综上所述，把线性分组码的检错、纠错能力和最小码距之间的关系总结如下：

（1）在一个码组中检测 e 个误码，要求 $d_{\min} \geqslant e+1$。

（2）在一个码组中纠正 t 个误码，要求 $d_{\min} \geqslant 2t+1$。

（3）在一个码组中纠正 t 个误码，同时检测 e（$e \geqslant t$）个误码，要求 $d_{\min} \geqslant t+e+1$。

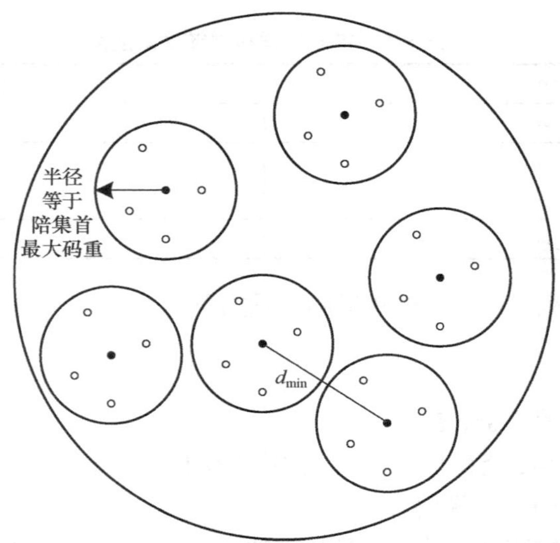

注：全部2^n个码序列被划分为2^k个不相交的球，分别以某个许用码字为球心，实心圆点表示许用码字，空心圆点表示禁用码字。

图 8-4 对线性分组码的几何解释

8.2 汉明码（Hamming Code）

汉明码是第一类用于纠错的线性分组码，8.1 节关于一般线性分组码的理论和性质对于汉明码都成立。对于任意给定的正整数 r，可以构造具有如下参数的汉明码。

码长：$n=2^r-1$；信息位长度：$k=n-r=2^r-r-1$；监督位长度：r；纠错能力：$t=1$；最小码距：$d_{min}=3$。

汉明码的构造可以采用一般线性分组码的构造方法，也可以采用更简单的方法，下面举例说明如何构造系统形式的汉明码。

例 8-5：$r=3$，$n=2^r-1=7$，$k=n-r=4$，这是(7, 4)汉明码，记码字为 $\boldsymbol{v}=(a_6, a_5, a_4, a_3, a_2, a_1, a_0)$，其中，$(a_6, a_5, a_4, a_3)$是信息位，$(a_2, a_1, a_0)$是监督位。由于伴随式长度为 $n-k=3$，伴随式序列一共有 7 种非全 0 取值，为了纠正码字序列中任意的 1bit 错误，把这些非全 0 伴随式一一对应于码字的 7 个比特位，如表 8-2 所示。

表 8-2 匹配伴随式和误码位

s_0 s_1 s_2	误 码 位	s_0 s_1 s_2	误 码 位
0 0 0	无错	0 1 1	a_3
0 0 1	a_0	1 0 1	a_4
0 1 0	a_1	1 1 0	a_5
1 0 0	a_2	1 1 1	a_6

当误码发生在 a_6 或 a_5 或 a_4 或 a_2 处时，$s_0=1$；当误码发生在 a_6 或 a_5 或 a_3 或 a_1 处时，

s_1=1；当误码发生在 a_6 或 a_4 或 a_3 或 a_0 处时，s_2=1，所以有

$$\begin{cases} s_0 = a_6 + a_5 + a_4 + a_2 \\ s_1 = a_6 + a_5 + a_3 + a_1 \\ s_2 = a_6 + a_4 + a_3 + a_0 \end{cases} \tag{8-7}$$

监督码元 a_2、a_1、a_0 由监督方程决定，即

$$\begin{cases} a_6 + a_5 + a_4 + a_2 = 0 \\ a_6 + a_5 + a_3 + a_1 = 0 \\ a_6 + a_4 + a_3 + a_0 = 0 \end{cases} \Rightarrow \begin{cases} a_2 = a_6 + a_5 + a_4 \\ a_1 = a_6 + a_5 + a_3 \\ a_0 = a_6 + a_4 + a_3 \end{cases} \tag{8-8}$$

由式（8-8），根据信息码元 a_6、a_5、a_4、a_3 的 16 种不同取值可得 16 个许用码组，如表 8-3 所示。

表 8-3　(7, 4)汉明码许用码字

信 息 位	监 督 位	信 息 位	监 督 位
a_6　a_5　a_4　a_3	a_2　a_1　a_0	a_6　a_5　a_4　a_3	a_2　a_1　a_0
0　0　0　0	0　0　0	1　0　0　0	1　1　1
0　0　0　1	0　1　1	1　0　0　1	1　0　0
0　0　1　0	1　0　1	1　0　1　0	0　1　0
0　0　1　1	1　1　0	1　0　1　1	0　0　1
0　1　0　0	1　1　0	1　1　0　0	0　0　1
0　1　0　1	1　0　1	1　1　0　1	0　1　0
0　1　1　0	0　1　1	1　1　1　0	1　0　0
0　1　1　1	0　0　0	1　1　1　1	1　1　1

综上所述，概括(n, k)汉明码的编码过程如下：

（1）根据监督码元位数 r 确定信息码元数 k 和码长 n；

（2）指定误码位；

（3）写伴随式；

（4）写监督方程式；

（5）写监督码元；

（6）列出所有许用码组。

在接收端收到 7bit 符号序列后，根据式（8-7）计算伴随式(s_0, s_1, s_2)，如不全为 0，则根据误码图样（见表 8-2）确定误码位，并加以纠正。例如，收到 0 0 0 0 0 1 1，计算得到(s_0, s_1, s_2)=(0 1 1)，所以断定误码发生在 a_3。

上述(n, k)汉明码的编译码也可以写成矩阵形式。监督方程为

$$\begin{cases} a_6 + a_5 + a_4 + a_2 = 0 \\ a_6 + a_5 + a_3 + a_1 = 0 \\ a_6 + a_4 + a_3 + a_0 = 0 \end{cases}$$

写成矩阵形式，有

$$\begin{cases}1\times a_6+1\times a_5+1\times a_4+0\times a_3+1\times a_2+0\times a_1+0\times a_0=0\\1\times a_6+1\times a_5+0\times a_4+1\times a_3+0\times a_2+1\times a_1+0\times a_0=0\\1\times a_6+0\times a_5+1\times a_4+1\times a_3+0\times a_2+0\times a_1+1\times a_0=0\end{cases}$$

$$\begin{bmatrix}1&1&1&0&1&0&0\\1&1&0&1&0&1&0\\1&0&1&1&0&0&1\end{bmatrix}\begin{bmatrix}a_6\\a_5\\a_4\\a_3\\a_2\\a_1\\a_0\end{bmatrix}=\begin{bmatrix}0\\0\\0\end{bmatrix}\begin{matrix}s_0\\s_1\\s_2\end{matrix}$$

其中

$$\boldsymbol{H}=\begin{bmatrix}1&1&1&0&1&0&0\\1&1&0&1&0&1&0\\1&0&1&1&0&0&1\end{bmatrix}$$
$$\qquad\boldsymbol{P}_{r\times k}\qquad\quad \boldsymbol{I}_r$$

这个 $r\times n$ 矩阵就是系统形式的 $\boldsymbol{H}$ 矩阵。此外，由监督方程式可得

$$\begin{bmatrix}a_2\\a_1\\a_0\end{bmatrix}=\begin{bmatrix}1&1&1&0\\1&1&0&1\\1&0&1&1\end{bmatrix}\begin{bmatrix}a_6\\a_5\\a_4\\a_3\end{bmatrix}$$

或写为

$$[a_6\ a_5\ a_4\ a_3\ a_2\ a_1\ a_0]=[a_6\ a_5\ a_4\ a_3]\underbrace{\begin{bmatrix}1\,0\,0\,0\,1\,1\,1\\0\,1\,0\,0\,1\,1\,0\\0\,0\,1\,0\,1\,0\,1\\0\,0\,0\,1\,0\,1\,1\end{bmatrix}}_{\substack{\boldsymbol{I}_k\qquad\boldsymbol{Q}\\ G\text{矩阵 } k\times n}}，\quad \boldsymbol{Q}=\boldsymbol{P}^{\mathrm{T}}$$

这个 $k\times n$ 矩阵就是系统形式的 $\boldsymbol{G}$ 矩阵。可见，生成矩阵 $\boldsymbol{G}$ 和监督矩阵 $\boldsymbol{H}$ 都由监督方程唯一确定。

8.3 本章小结

线性分组码是最经典的、代数结构最完美的纠错码方案，是理解信道编码的最好例子。线性分组码理论建立在线性分组码定义（见定义 8-1）基础之上，深入理解该定义对于理解线性分组码的性质、编码和译码至关重要。(n, k)线性分组码是 GF(2)上的 n 维向量空间 $\boldsymbol{V}_n$ 中的一个 k 维子空间，该子空间中的全部 2^k 个矢量都是许用码字。$\boldsymbol{G}$ 矩阵由该子空间

的 k 个基向量组成，任何一个许用码字都可以由 $\boldsymbol{v}=\boldsymbol{uG}$ 生成。$\boldsymbol{H}$ 矩阵中的$(n-k)$个向量张成 $\boldsymbol{V}_n$ 中的一个 $n-k$ 维子空间。该子空间和生成矩阵子空间正交，互为零空间，因此当信道中未发生错误时，接收矢量是发送的许用码字，伴随式 $\boldsymbol{s}=\boldsymbol{rH}^{\mathrm{T}}$ 必然是全 0 矢量，否则就可以断定在信道中发生了错误。进一步，当伴随式 $\boldsymbol{s}$ 不是全零矢量时，可以为每个伴随式 $\boldsymbol{s}$ 唯一地指定错误图样 $\boldsymbol{e}$ 加以纠错。然而，由于每个伴随式 $\boldsymbol{s}$ 不是唯一地对应某个错误图样 $\boldsymbol{e}$，所以必须在错误图样中加以选择。一个基本的选取原则是选择发生概率最大的错误图样 $\boldsymbol{e}$，本章介绍的标准阵译码或伴随式译码就依据此原则。最后，本章还介绍了线性分组码的一种简单实现方法——Hamming 码，这是一种参数彼此相关的用于纠正 1bit 错误的线性分组码，线性分组码的一般结论和性质对于 Hamming 码都成立。

习　题

1．某线性分组码的生成矩阵 $\boldsymbol{G}$ 和校验矩阵 $\boldsymbol{H}$ 如下，试求：

（1）当输入的消息序列为 $\boldsymbol{u}$=(1 1 0 1)时，编码生成的码字 $\boldsymbol{v}$。

（2）假设接收端收到的码字为 $\boldsymbol{r}$=(1 0 0 1 0 0 1)，请计算伴随式 $\boldsymbol{s}$。

（3）根据（2）得到的伴随式 $\boldsymbol{s}$，假设在传输过程中只发生了 1bit 错误，则发送的码字是什么？

$$\boldsymbol{G}=\begin{bmatrix}1&1&0&1&0&0&0\\0&1&1&0&1&0&0\\1&1&1&0&0&1&0\\1&0&1&0&0&0&1\end{bmatrix},\quad \boldsymbol{H}=\begin{bmatrix}1&0&0&1&0&1&1\\0&1&0&1&1&1&0\\0&0&1&0&1&1&1\end{bmatrix}$$

2．基于 n=5 次无记忆 BSC 扩展信道设计线性分组码，许用码字为(0 0 0 0 0)和(1 1 1 1 1)，即二元重复码，设该码能检测出全部 e bit 错误，能纠正全部 t bit 错误，求 e 和 t 等于多少？设 BSC 信道的转移概率为 p，则平均译码错误概率等于多少？

3．一个(6, 3)系统线性分组码的生成矩阵 $\boldsymbol{G}$ 如下，试求：

（1）校验矩阵 $\boldsymbol{H}$；

（2）列出全部许用码字；

（3）给出一种标准阵译码方案；

（4）给出每个陪集对应的伴随式；

（5）求最小码距；

（6）发送码字为(0 1 0 1 0 1)，设错误图样为(1 1 1 0 0 0)，接收矢量是多少？根据标准阵译码应该译成什么？是否实现了纠错？如果没有实现纠错，为什么？

$$\boldsymbol{G}=\begin{bmatrix}1&0&0&0&0&1\\0&1&0&1&0&1\\0&0&1&1&1&1\end{bmatrix}$$

4．一个线性分组码的校验矩阵 $\boldsymbol{H}$ 如下，请给出与之对应的系统形式的生成矩阵 $\boldsymbol{G}$，最小码距 $d_{\min}$ 等于多少？

$$H=\begin{bmatrix}1&0&0&1&0&0&1&1&0\\1&0&1&0&1&0&0&1&0\\0&1&1&1&0&0&0&0&1\\1&0&1&0&1&1&1&0&1\end{bmatrix}$$

5．一个系统型(8, 4)线性分组码的校验方程如下，u_i 和 v_i 分别表示信息位和校验位，请给出校验矩阵 $\boldsymbol{H}$ 和生成矩阵 $\boldsymbol{G}$，并计算最小码距 $d_{\min}$。

$$\begin{cases}v_0=u_1+u_2+u_3\\v_1=u_0+u_1+u_2\\v_2=u_0+u_1+u_3\\v_3=u_0+u_2+u_3\end{cases}$$

6．一个(n, k)线性分组码的编码规则为

$$x_1=u_1，x_2=u_2，x_3=u_3，x_4=u_1+u_2，x_5=u_1+u_3，x_6=u_2+u_3，x_7=u_1+u_2+u_3$$

u_i 和 x_i 分别表示信息位和码元，请确定 n、k、$\boldsymbol{H}$、$\boldsymbol{G}$、$d_{\min}$？

7．4 个消息被编成码字(0 0 0 0 0)、(0 1 1 0 1)、(1 0 1 1 1)、(1 1 0 1 0)，这是不是线性分组码？如果是，请给出码的校验规则。

8．某线性分组码的校验矩阵如下，把序列(0 1 1 0 1 1 0 0 1 0 1 1)送入编码器，对应的输出序列是什么？

$$H=\begin{bmatrix}1&1&1&0&1&0&0\\0&1&1&1&0&1&0\\1&1&0&1&0&0&1\end{bmatrix}$$

9．某(7, 3)线性分组码的生成矩阵如下，把 $\boldsymbol{G}$ 改为系统形式，求校验矩阵和 $d_{\min}$，该码能可靠地纠正几比特的错误？

$$G=\begin{bmatrix}0&0&1&1&1&0&1\\0&1&0&0&1&1&1\\1&0&0&1&1&1&0\end{bmatrix}$$

10．某(n, k)线性分组码的全部码字包括(0 0 0 0 0 0)、(0 0 0 1 1 1)、(0 1 1 0 0 1)、(0 1 1 1 1 0)、(1 0 1 0 1 1)、(1 0 1 1 0 0)、(1 1 0 0 1 0)、(1 1 0 1 0 1)，问 n 和 k 取何值，并给出该码的 $\boldsymbol{G}$ 矩阵和 $\boldsymbol{H}$ 矩阵。

第 9 章

循环码

循环码是线性分组码的一个子类，因此线性分组码具有的属性循环码也都满足，如任意两个许用码字的和仍是一个许用码字，码的最小距离等于非零码字的最小重量等。但循环码也有其特有的性质和优势。例如，任何一个许用码字的循环移位仍然是一个许用码字，循环码的编码和伴随式计算易于用带反馈的移位寄存器电路实现，循环码具有的良好代数结构使其更易于译码等。

9.1 基本概念

定义 9-1：对于一个(n, k)线性分组码而言，如果码书中每个许用码字的循环移位仍然是许用码字，则称为**循环码**。

例 9-1：表 9-1 为一个(7, 4)循环码的码书，该码书可以划分为 4 个集合，每个集合都由同一个许用码字循环移位生成，这 4 个集合分别是$\{\boldsymbol{v}_0\}$、$\{\boldsymbol{v}_8\}$、$\{\boldsymbol{v}_1, \boldsymbol{v}_2, \boldsymbol{v}_3, \boldsymbol{v}_4, \boldsymbol{v}_5, \boldsymbol{v}_6, \boldsymbol{v}_7\}$、$\{\boldsymbol{v}_9, \boldsymbol{v}_{10}, \boldsymbol{v}_{11}, \boldsymbol{v}_{12}, \boldsymbol{v}_{13}, \boldsymbol{v}_{14}, \boldsymbol{v}_{15}\}$。

表 9-1　一个(7, 4)循环码的码书

$\boldsymbol{v}_0$=(0 0 0 0 0 0 0)	$\boldsymbol{v}_8$= (1 1 1 1 1 1 1)
$\boldsymbol{v}_1$= (1 1 0 1 0 0 0)	$\boldsymbol{v}_9$= (1 0 1 1 1 0 0)
$\boldsymbol{v}_2$= (0 1 1 0 1 0 0)	$\boldsymbol{v}_{10}$= (0 1 0 1 1 1 0)
$\boldsymbol{v}_3$= (0 0 1 1 0 1 0)	$\boldsymbol{v}_{11}$= (0 0 1 0 1 1 1)
$\boldsymbol{v}_4$= (0 0 0 1 1 0 1)	$\boldsymbol{v}_{12}$= (1 0 0 1 0 1 1)
$\boldsymbol{v}_5$= (1 0 0 0 1 1 0)	$\boldsymbol{v}_{13}$= (1 1 0 0 1 0 1)
$\boldsymbol{v}_6$= (0 1 0 0 0 1 1)	$\boldsymbol{v}_{14}$= (1 1 1 0 0 1 0)
$\boldsymbol{v}_7$= (1 0 1 0 0 0 1)	$\boldsymbol{v}_{15}$= (0 1 1 1 0 0 1)

9.2 循环码的多项式表示法

与一般的线性分组码相同，(n, k)循环码也可以用 n 维向量表示，并由 $\boldsymbol{G}$ 矩阵和 $\boldsymbol{H}$ 矩阵进行编译码运算，但由于具有特殊的代数结构，循环码的码字更适于用多项式表示法。假设一个(n, k)循环码的某个码字为 $\boldsymbol{v}=(v_0, v_1, v_2, \cdots, v_{n-1})$，该码字可以表示成系数取自 GF(2)

的二元多项式如下：

$$v(x)=v_0+v_1x+v_2x^2+\cdots+v_{n-1}x^{n-1}$$

需要注意的是，在本章中，当把比特序列写成多项式形式的时候，最左侧比特对应多项式的最低次项，最右侧比特对应多项式的最高次项。

如果以 $\boldsymbol{v}^{(i)}$和 $v^{(i)}(x)$分别表示码字 $\boldsymbol{v}$ 的 i 步循环右移位及其对应的多项式，则 $v(x)$和 $v^{(i)}(x)$满足

$$x^iv(x)=q(x)(x^n+1)+v^{(i)}(x) \tag{9-1}$$

也就是说

$$v^{(i)}(x)=(x^iv(x)) \bmod (x^n+1) \tag{9-2}$$

例 9-2：$\boldsymbol{v}$=(1 1 0 1 0 1 0)，$v(x)=1+x+x^3+x^5$，$\boldsymbol{v}$ 的 3 步循环右移位为 $\boldsymbol{v}^{(3)}$=(0 1 0 1 1 0 1)，对应的多项式为 $v^{(3)}(x)=x+x^3+x^4+x^6$，在 GF(2)上应用多项式长除法可以验证 $v^{(3)}(x)=[x^3v(x)] \bmod(x^7+1)$。■

定理 9-1：在循环码的所有非 0 码多项式中，次数最小的码多项式只能有一个。

证明：设 $g(x)=g_0+g_1x+g_2x^2+\ldots+g_{r-1}x^{r-1}+x^r$ 和 $h(x)=h_0+h_1x+h_2x^2+\ldots+h_{r-1}x^{r-1}+x^r$ 同时是某循环码中两个次数最小的码多项式，且最小次数等于 r，$g(x)$和 $h(x)$彼此不同，也就是说，至少存在一个下标 i，使得系数 $g_i \neq h_i$。由线性分组码的群封闭性可知：

$$g(x)+h(x)=(g_0+h_0)+(g_1+h_1)x+(g_2+h_2)x^2+\ldots+(g_{r-1}+h_{r-1})x^{r-1}$$

也一定是许用码多项式，这显然与最小次数等于 r 相矛盾。

注：由于在 GF(2)上进行加法运算，所以两个 x^r 相抵消。■

定理 9-2：循环码次数最小的码多项式 $g(x)=g_0+g_1x+g_2x^2+\cdots+g_{r-1}x^{r-1}+x^r$ 的常数项 $g_0=1$。

证明：假设 $g_0=0$，则 $g(x)$可以写成 $g(x)=x(g_1+g_2x+\cdots+g_{r-1}x^{r-2}+x^{r-1})$，不难发现，$x(g_1+g_2x+\cdots+g_{r-1}x^{r-2}+x^{r-1})$相当于 $g_1+g_2x+\ldots+g_{r-1}x^{r-2}+x^{r-1}$ 循环右移 1 位，根据循环码的循环移位特性可知，$g_1+g_2x+\cdots+g_{r-1}x^{r-2}+x^{r-1}$ 一定也是一个许用的码多项式，这与循环码的最小次数等于 r 相矛盾，因此必然有 $g_0=1$ 成立。■

由定理 9-1 和定理 9-2 可知，循环码中的次数最小的多项式一定形如

$$g(x)=1+g_1x+g_2x^2+\cdots+g_{r-1}x^{r-1}+x^r \tag{9-3}$$

进一步，基于这个次数最小的多项式 $g(x)$，考察表 9-2 给出的一组多项式。

表 9-2　$g(x)$的倍式

多　项　式	次　　数
$g(x)$	r
$xg(x)$	$r+1$
…	…
$x^{n-r-1}g(x)$	$n-1$

这组多项式由 $k=n-r$ 个多项式构成。首先，这组多项式的次数彼此不同，因此，彼此是线性无关的；其次，每个多项式都是 $g(x)$的循环右移位，因此，都是许用的码多项式。在构造线性分组码时，其方法是在 n 维向量空间 $\boldsymbol{V}_n$ 中首先确定 k 个线性独立的向量 $\boldsymbol{g}_0, \boldsymbol{g}_1, \cdots, \boldsymbol{g}_{k-1}$，并将其作为 k 维子空间 $\boldsymbol{V}_{n,k}$ 的基底，然后把任何许用码字 $\boldsymbol{v}$ 都写成 $\boldsymbol{g}_0, \boldsymbol{g}_1, \cdots, \boldsymbol{g}_{k-1}$ 的线性组合的形式，即

$$\boldsymbol{v}=u_0\boldsymbol{g}_0+u_1\boldsymbol{g}_1+\cdots+u_{k-1}\boldsymbol{g}_{k-1}$$

根据上面的分析，由于 $g(x), xg(x), \cdots, x^{n-r-1}g(x)$是线性无关的，因此，可以扮演 $\boldsymbol{g}_0, \boldsymbol{g}_1, \cdots, \boldsymbol{g}_{k-1}$ 在线性分组码中的角色，充当循环码的基底，循环码的任何一个许用码多项式都应该可以表示为

$$v(x)=(u_0+u_1x+u_2x^2+\cdots+u_{n-r-1}x^{n-r-1})g(x) \qquad u_i\in \mathrm{GF}(2) \tag{9-4}$$

其中，$\boldsymbol{u}=(u_0, u_1, \cdots, u_{n-r-1})=(u_0, u_1, \cdots, u_{k-1})$就是 k bit 信息序列。这个结论由下面定理给出。

定理 9-3：若 $g(x)$是某循环码的次数最小多项式，则一个次数小于等于 $n-1$ 的多项式 $v(x)$成为该循环码的许用码多项式，当且仅当 $v(x)$是 $g(x)$的倍式时成立，即

$$v(x)=(u_0+u_1x+u_2x^2+\cdots+u_{n-r-1}x^{n-r-1})g(x)$$

证明：

（1）充分性。

由于 $g(x), xg(x), \cdots, x^{n-r-1}g(x)$都是许用码多项式，根据线性分组码的群封闭性，$v(x)$作为 $g(x), xg(x), \cdots, x^{n-r-1}g(x)$的线性组合一定也是许用码多项式。

（2）必要性。

假设 $v(x)$是一个许用码多项式，但 $g(x)$不能整除 $v(x)$，则有 $v(x)=a(x)g(x)+b(x)$，且作为余式，$b(x)$的次数一定小于 $g(x)$的次数 r，又因为 $v(x)$和 $a(x)g(x)$都是许用码多项式，根据线性分组码的群封闭性，$b(x)$一定也是许用码多项式，而这与最小次数等于 r 相矛盾，所以 $g(x)$一定整除 $v(x)$。 ■

式（9-4）给出了循环码的编码方法，同时也说明循环码完全可以由次数最小多项式 $g(x)$生成，因此称 **$g(x)$为循环码的生成多项式**。式（9-4）还确定了循环码参数之间的关系，即信息位长度 $k=n-r$。或者反过来说，(n, k)循环码的生成多项式 $g(x)$的次数 $r=n-k$。式（9-4）也可以简写为

$$v(x)=u(x)g(x)$$

其中，$v(x)$、$u(x)$、$g(x)$分别被称为码多项式、信息多项式、生成多项式，它们的最高次数分别为 $n-1$、$k-1$、$r=n-k$。

例 9-3：表 9-3 是以 $g(x)=1+x+x^3$ 为生成多项式生成的(7, 4)循环码。

表 9-3　以生成多项式 $g(x)=1+x+x^3$ 生成的(7, 4)循环码

u $u_0\ u_1\ u_2\ u_3$	v $v_0\ v_1\ v_2\ v_3\ v_4\ v_5\ v_6$	$v(x)$
(0 0 0 0)	(0 0 0 0 0 0 0)	$0\times g(x)=0$
(1 0 0 0)	(1 1 0 1 0 0 0)	$1\times g(x)=1+x+x^3$
(0 1 0 0)	(0 1 1 0 1 0 0)	$xg(x)=x+x^2+x^4$
(1 1 0 0)	(1 0 1 1 1 0 0)	$(1+x)g(x)=1+x^2+x^3+x^4$
(0 0 1 0)	(0 0 1 1 0 1 0)	$x^2g(x)=x^2+x^3+x^5$
(1 0 1 0)	(1 1 1 0 0 1 0)	$(1+x^2)g(x)=1+x+x^2+x^5$
(0 1 1 0)	(0 1 0 1 1 1 0)	$(x+x^2)g(x)=x+x^3+x^4+x^5$
(1 1 1 0)	(1 0 0 0 1 1 0)	$(1+x+x^2)g(x)=1+x^4+x^5$
(0 0 0 1)	(0 0 0 1 1 0 1)	$x^3g(x)=x^3+x^4+x^6$
(1 0 0 1)	(1 1 0 0 1 0 1)	$(1+x^3)g(x)=1+x+x^4+x^6$
(0 1 0 1)	(0 1 1 1 0 0 1)	$(x+x^3)g(x)=x+x^2+x^3+x^6$
(1 1 0 1)	(1 0 1 0 0 0 1)	$(1+x+x^3)g(x)=1+x^2+x^6$
(0 0 1 1)	(0 0 1 0 1 1 1)	$(x^2+x^3)g(x)=x^2+x^4+x^5+x^6$
(1 0 1 1)	(1 1 1 1 1 1 1)	$(1+x^2+x^3)g(x)=1+x+x^2+x^3+x^4+x^5+x^6$
(0 1 1 1)	(0 1 0 0 0 1 1)	$(x+x^2+x^3)g(x)=x+x^5+x^6$
(1 1 1 1)	(1 0 0 1 0 1 1)	$(1+x+x^2+x^3)g(x)=1+x^3+x^5+x^6$

至此，当给定生成多项式 $g(x)$时，我们就可以根据式（9-4）得到循环码的全部码多项式，也就是说完成编码。然而，还有一个问题没有回答，我们已经知道 $g(x)$是一个次数为 $r=n-k$，且常数项等于 1 的多项式，是不是满足这两个条件的多项式都可以作为循环码的生成多项式呢？如果不是，还需要有什么限制条件呢？下面的定理给出了这个问题的答案。

定理 9-4： (n, k)循环码的生成多项式 $g(x)$一定是 x^n+1 的因式。

证明： 我们已知 $g(x)$的次数为 $r=n-k$，且常数项等于 1，即

$$g(x)=1+g_1x+g_2x^2+\cdots+g_{n-k-1}x^{n-k-1}+x^{n-k}$$

因此 $x^kg(x)=x^k+g_1x^{k+1}+g_2x^{k+2}+\cdots+g_{n-k-1}x^{n-1}+x^n$。由式（9-1）有，$x^kg(x)=q(x)(x^n+1)+g^{(k)}(x)$，显然 $q(x)=1$，否则等式右侧的次数高于等式左侧的次数，因此 $x^kg(x)=(x^n+1)+g^{(k)}(x)$。又因为 $g^{(k)}(x)$是 $g(x)$的循环移位，所以 $g^{(k)}(x)$也是许用码多项式。根据定理 9-3，$g^{(k)}(x)$是 $g(x)$的倍式，设 $g^{(k)}(x)=a(x)g(x)$，则有

$$[x^k-a(x)]g(x)=(x^n+1)$$

因此 $g(x)$是 x^n+1 的因式。 ■

定理 9-5： 次数为 $n-k$ 的 x^n+1 的因式 $g(x)$可以生成(n, k)循环码。

当 n 很大时，x^n+1 可能有很多因式，如 $x^7+1=(x+1)(x^3+x^2+1)(x^3+x+1)$。这些因式都可以用作生成多项式，但不同的生成多项式生成的循环码的性能不同。

9.3　循环码的 G 矩阵和 H 矩阵

循环码的编码写成矩阵形式，有

$$v(x)=\begin{bmatrix}v_0 & v_1 & \cdots & v_{n-1}\end{bmatrix}\begin{bmatrix}1\\ x\\ x^2\\ \vdots\\ x^{n-1}\end{bmatrix}=\begin{bmatrix}u_0 & u_1 & \cdots & u_{k-1}\end{bmatrix}\begin{bmatrix}g(x)\\ xg(x)\\ \vdots\\ x^{k-1}g(x)\end{bmatrix}$$

$$=\begin{bmatrix}u_0 & u_1 & \cdots & u_{k-1}\end{bmatrix}\begin{bmatrix}g_0 & g_1 & g_2 & \cdots & \cdots & \cdots & g_{n-k} & 0 & \cdots & \cdots & 0\\ 0 & g_0 & g_1 & g_2 & \cdots & \cdots & \cdots & g_{n-k} & 0 & \cdots & 0\\ \vdots & \vdots & \vdots & \vdots & \vdots & \vdots & \vdots & \vdots & \vdots & \vdots & \vdots\\ 0 & 0 & \cdots & 0 & g_0 & g_1 & g_2 & \cdots & \cdots & \cdots & g_{n-k}\end{bmatrix}\begin{bmatrix}1\\ x\\ x^2\\ \vdots\\ x^{n-1}\end{bmatrix}$$

其中

$$\boldsymbol{G}=\begin{bmatrix}g_0 & g_1 & g_2 & \cdots & \cdots & \cdots & g_{n-k} & 0 & \cdots & \cdots & 0\\ 0 & g_0 & g_1 & g_2 & \cdots & \cdots & \cdots & g_{n-k} & 0 & \cdots & 0\\ \vdots & \vdots & \vdots & \vdots & \vdots & \vdots & \vdots & \vdots & \vdots & \vdots & \vdots\\ 0 & 0 & \cdots & 0 & g_0 & g_1 & g_2 & \cdots & \cdots & \cdots & g_{n-k}\end{bmatrix}$$

把上述编码过程由多项式形式改写成矩阵的形式，即

$$[v_0\ v_1\ \cdots\ v_{n-1}]=[u_0\ u_1\ \cdots\ u_{k-1}]\boldsymbol{G}$$

$k\times n$ 维矩阵 $\boldsymbol{G}$ 称为 (n, k) 循环码的生成矩阵，即 $\boldsymbol{G}$ 矩阵。

由于生成多项式 $g(x)$ 是 x^n+1 的因式，所以有 $x^n+1=g(x)h(x)$，又因为

$$g(x)=1+g_1x+g_2x^2+\cdots+g_{n-k-1}x^{n-k-1}+x^{n-k}$$

是 $n-k$ 次多项式，所以 $h(x)$ 一定是 k 次多项式，且常数项一定等于 1，否则 $x^n+1=g(x)h(x)$ 不成立，所以 $h(x)$ 一定形如

$$h(x)=1+h_1x+h_2x^2+\cdots+h_{k-1}x^{k-1}+x^k$$

把满足 $x^n+1=g(x)h(x)$ 的 k 次多项式 **$h(x)$ 称为循环码的校验多项式。**

类似于 $\boldsymbol{G}$ 矩阵，也可以把校验多项式系数按一定顺序排列得到 $(n-k)\times n$ 维校验矩阵 $\boldsymbol{H}$ 如下

$$\boldsymbol{H}=\begin{bmatrix}h_k & h_{k-1} & h_{k-2} & \cdots & \cdots & \cdots & h_0 & 0 & \cdots & \cdots & 0\\ 0 & h_k & h_{k-1} & h_{k-2} & \cdots & \cdots & \cdots & h_0 & 0 & \cdots & 0\\ \vdots & \vdots & \vdots & \vdots & \vdots & \vdots & \vdots & \vdots & \vdots & \vdots & \vdots\\ 0 & 0 & \cdots & 0 & h_k & h_{k-1} & h_{k-2} & \cdots & \cdots & \cdots & h_0\end{bmatrix}$$

$g_0=g_{n-k}=h_0=h_k=1$ 分别表示这两个多项式 $g(x)$ 和 $h(x)$ 最高次项系数和常数项系数，由 $x^n+1=g(x)h(x)$ 可得

$$\sum_{i+j=m} g_i h_j = 0, \qquad m = 1,2,\cdots,n-1$$

这说明 **G** 矩阵和 **H** 矩阵的行向量彼此正交，这也符合线性分组码的特征。

9.4 系统循环码

循环码也可以写成系统形式，即信息码元和监督码元分别放置。对信息多项式 $u(x)=u_{k-1}x^{k-1}+\cdots+u_2x^2+u_1x+u_0$ 稍加改造，得

$$x^{n-k}u(x)=u_{k-1}x^{n-1}+\cdots+u_2x^{n-k+2}+u_1x^{n-k+1}+u_0x^{n-k}$$

此多项式对应于序列$(0, \cdots, 0, u_0, u_1, \cdots, u_{k-1})$，相当于为原信息序列附加了 $n-k$ 个 0。设 $x^{n-k}u(x)$对 $g(x)$取模的结果为 $b(x)$，即

$$x^{n-k}u(x) = a(x)g(x) + b(x)$$

改写为 $x^{n-k}u(x)+b(x) = a(x)g(x)$，可见 $x^{n-k}u(x)+b(x)$是 $g(x)$的倍式，因此也是一个许用码字。因为 $g(x)$的次数等于 $n-k$，所以 $b(x)$的次数小于等于 $n-k-1$。比较 $x^{n-k}u(x)$和 $b(x)$的次数可以发现，对于多项式 $x^{n-k}u(x)+b(x)$所对应的序列来说，高 k 位都是信息码元 u_i，低 $n-k$ 位都是 $b(x)$对应的码元 b_i，相当于监督码元，由此就实现了信息码元和监督码元的分离。

例 9-4：表 9-4 是以 $g(x)=1+x+x^3$ 为生成多项式生成的(7, 4)系统循环码。

表 9-4 以生成多项式 $g(x)=1+x+x^3$ 生成的(7, 4)系统循环码

$\boldsymbol{u}$ $u_0\ u_1\ u_2\ u_3$	$u(x)$	$x^3u(x)$	$b(x)$	$\boldsymbol{v}$ $v_0\ v_1\ v_2\ v_3\ v_4\ v_5\ v_6$
(0 0 0 0)	0	0	0	(0 0 0 0 0 0 0)
(1 0 0 0)	1	x^3	$1+x$	(1 1 0 1 0 0 0)
(0 1 0 0)	x	x^4	$x+x^2$	(0 1 1 0 1 0 0)
(1 1 0 0)	$1+x$	x^3+x^4	$1+x^2$	(1 0 1 1 1 0 0)
(0 0 1 0)	x^2	x^5	$1+x+x^2$	(1 1 1 0 0 1 0)
(1 0 1 0)	$1+x^2$	x^3+x^5	x^2	(0 0 1 1 0 1 0)
(0 1 1 0)	$x+x^2$	x^4+x^5	1	(1 0 0 0 1 1 0)
(1 1 1 0)	$1+x+x^2$	$x^3+x^4+x^5$	x	(0 1 0 1 1 1 0)
(0 0 0 1)	x^3	x^6	$1+x^2$	(1 0 1 0 0 0 1)
(1 0 0 1)	$1+x^3$	x^3+x^6	$x+x^2$	(0 1 1 1 0 0 1)
(0 1 0 1)	$x+x^3$	x^4+x^6	$1+x$	(1 1 0 0 1 0 1)
(1 1 0 1)	$1+x+x^3$	$x^3+x^4+x^6$	0	(0 0 0 1 1 0 1)
(0 0 1 1)	x^2+x^3	x^5+x^6	x	(0 1 0 0 0 1 1)
(1 0 1 1)	$1+x^2+x^3$	$x^3+x^5+x^6$	1	(1 0 0 1 0 1 1)
(0 1 1 1)	$x+x^2+x^3$	$x^4+x^5+x^6$	x^2	(0 0 1 0 1 1 1)
(1 1 1 1)	$1+x+x^2+x^3$	$x^3+x^4+x^5+x^6$	$1+x+x^2$	(1 1 1 1 1 1 1)

概括可得，系统循环码的编码过程包括如下 3 步：

（1）$x^{n-k}u(x)$；

（2）$b(x)=[x^{n-k}u(x)] \bmod [g(x)]$；

（3）把 $u(x)$对应的信息码元和 $b(x)$对应的校验码元分别排列，组成码字 $\boldsymbol{v}$。

9.5　循环码的编码

系统循环码可以由如图 9-1 所示的编码电路实现，这是一个除法求余电路。寄存器的初始状态为全 0，在开始工作时开关 2 拨向下方，开关 1 闭合，k bit 信息序列 $\boldsymbol{u}$ 直接由开关 2 逐位输出，注意顺序由高位在前、低位在后，也就是先输入 u_{k-1}，最后输入 u_0。另外，信息序列 $\boldsymbol{u}$ 同时逐位向上送入除法求余电路。当全部信息位传输完毕后，在求余电路的 $n-k$ 个寄存器中就保存了 $n-k$ 个校验码元 $b_0, b_1, \cdots, b_{n-k-1}$，排列顺序如图 9-1 所示。此时，开关 1 断开，开关 2 拨向上方，$n-k$ 个校验码元 $b_0, b_1, \cdots, b_{n-k-1}$ 逐位由开关 2 输出。这样，经过 n 个时钟节拍，码字 $\boldsymbol{v}$ 的全部位（$b_0, b_1, \cdots, b_{n-k-1}$，$u_0, u_1, \cdots, u_{k-1}$）都产生，并从开关 2 送出，从而完成了这组信息序列的编码。

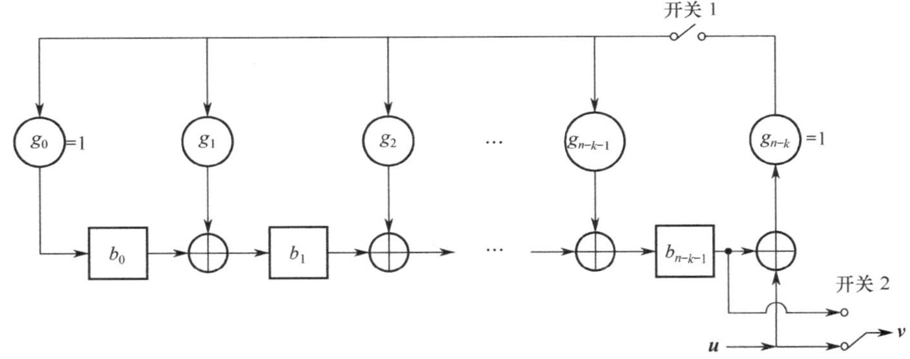

图 9-1　(n, k)系统循环码的编码电路

例 9-5： 由生成多项式 $g(x)=1+x+x^3$ 生成的(7, 4)系统循环码的编码电路如图 9-2 所示。

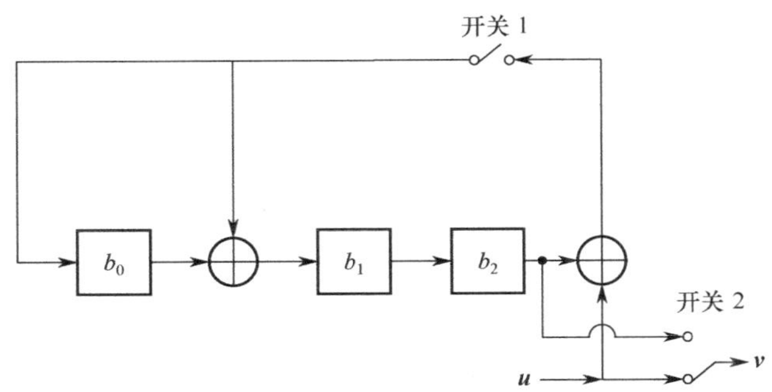

图 9-2　(7, 4)系统循环码的编码电路

以输入的信息序列$(u_0\ u_1\ u_2\ u_3)=(0\ 1\ 0\ 1)$为例，该时序电路寄存器的变化如表 9-5 所示，

所以最后输出的码字为$(b_0\ b_1\ b_2\ u_0\ u_1\ u_2\ u_3)$=(1 1 0 0 1 0 1)，此结果和表 9-4 是一致的。

表 9-5 在信息序列(1 0 1 0)输入时寄存器内容的变化

时钟节拍	信息码元	b_0	b_1	b_2
		0	0	0
1	u_3=1	1	1	0
2	u_2=0	0	1	1
3	u_1=1	0	0	1
4	u_0=0	1	1	0

9.6 循环码的译码

循环码的译码过程和线性分组码一样，也采用伴随式译码的方法。首先，根据接收码组 $\boldsymbol{r}$ 和校验矩阵 $\boldsymbol{H}$，通过 $\boldsymbol{s}=\boldsymbol{r}\boldsymbol{H}^{\mathrm{T}}$ 计算伴随式 $\boldsymbol{s}$；然后，根据伴随式 $\boldsymbol{s}$ 匹配错误图样 $\boldsymbol{e}$；最后，通过 $\hat{\boldsymbol{v}}=\boldsymbol{r}+\boldsymbol{e}$ 得到发送序列的估计值。另外，结合循环码的特点，此译码过程也可以很方便地采用多项式来实现。

定义 9-2：称 $s(x)=r(x) \bmod [g(x)]$为接收码多项式 $r(x)$对应的伴随式多项式。

可以证明，这样生成的伴随式多项式 $s(x)$和 $\boldsymbol{s}=\boldsymbol{r}\boldsymbol{H}^{\mathrm{T}}$ 生成的伴随式序列 $\boldsymbol{s}$ 是一一对应的。显然，如果 $s(x)=0$，则 $r(x)$成为 $g(x)$的倍式，也就成为一个许用码字；反之，如果 $s(x)\neq 0$，则说明 $r(x)$不是一个许用码字。另外，由 $r(x)=v(x)+e(x)$可得，$s(x)=e(x) \bmod [g(x)]$。应用多项式表示，循环码的译码过程分为 3 步：

（1）应用 $s(x)=r(x) \bmod [g(x)]$计算得到伴随式；

（2）在满足 $s(x)=e(x) \bmod [g(x)]$的错误图样中选择匹配一个概率最大的错误图样；

（3）应用 $\hat{v}(x)=r(x)+e(x)$计算得到发送码字 $v(x)$的估计值 $\hat{v}(x)$。

由于循环码属于线性分组码，所以与线性分组码类似，第 2 步计算得到的伴随式 $s(x)$也对应 2^k 个可能的错误图样 $e(x)$，因此，如何由伴随式 $s(x)$估计或匹配错误图样 $e(x)$成为译码正确的关键所在。通常采用的策略是选择发生概率最大的错误图样。

上述译码过程的第 1 步是一个求余运算，因此可以应用如图 9-3 所示的循环码的伴随式生成电路来实现，只不过与如图 9-1 所示的编码电路不同的是，伴随式计算电路的接收序列是从电路左侧送入的。

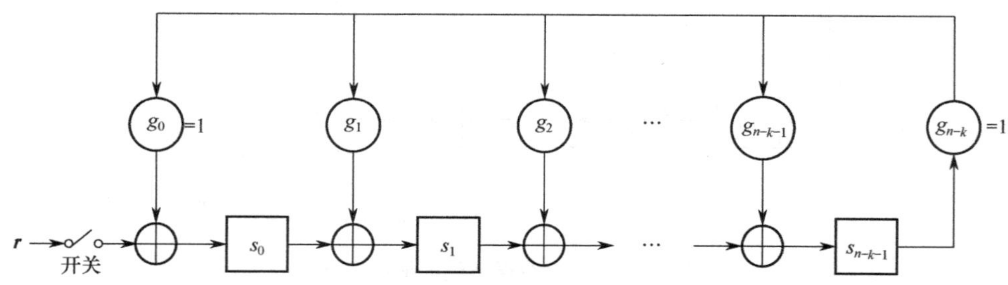

图 9-3 循环码的伴随式生成电路

定理 9-6：若 $s(x)$是 $r(x)$的伴随式，则 $s(x)$在如图 9-3 所示的伴随式生成电路中经过 i 个时钟节拍移位后得到的序列 $s_{(i)}(x)$是 $r^{(i)}(x)$的伴随式。其中，$r^{(i)}(x)$表示 $r(x)$的 i 步循环右移位，用 $s_{(i)}(x)$表示 $s(x)$在伴随式电路中的移位而不是循环移位。

例 9-6：如图 9-4 所示为生成多项式 $g(x)=1+x+x^3$ 生成的(7, 4)系统循环码的伴随式生成电路，以接收码字 $\boldsymbol{r}$=(0 0 1 0 1 1 0)为例，寄存器的变化如表 9-6 所示，可见 $\boldsymbol{r}$ 所对应的伴随式 $\boldsymbol{s}$=(1 0 1)在第 7 个节拍生成。可以验证第 8、9 个节拍移位得到的伴随式(1 0 0)和(0 1 0)分别是序列 $\boldsymbol{r}^{(1)}$=(0 0 0 1 0 1 1)和 $\boldsymbol{r}^{(2)}$=(1 0 0 0 1 0 1)对应的伴随式，请读者自行验证。

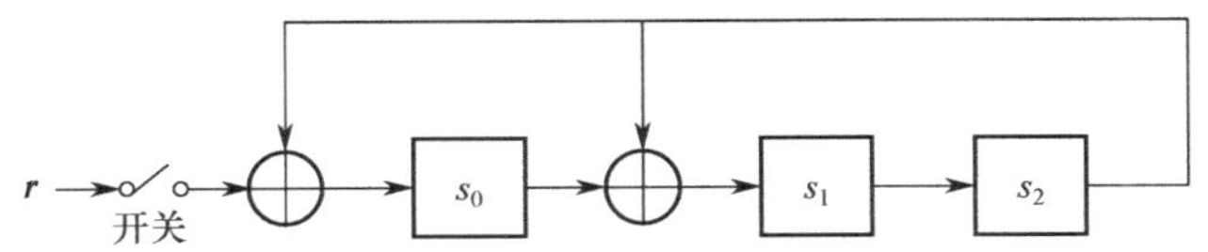

图 9-4　(7, 4)系统循环码的伴随式生成电路

表 9-6　在 $\boldsymbol{r}$=(0 0 1 0 1 1 0)输入时寄存器的变化

时钟节拍	接收码元	s_0	s_1	s_2
		0	0	0
1	r_6=0	0	0	0
2	r_5=1	1	0	0
3	r_4=1	1	1	0
4	r_3=0	0	1	1
5	r_2=1	0	1	1
6	r_1=0	1	1	1
7	r_0=0	1	0	1
8		1	0	0
9		0	1	0

■

定理 9-6 反映了如图 9-3 所示的伴随式生成电路的一个非常好的属性，后面将会看到，这种伴随式电路移位和接收序列循环移位之间的对应关系非常有助于译码。利用循环码伴随式生成电路的移位特性，研究者提出了一些具体的译码方法，包括梅吉特译码、捕错译码、大数逻辑译码等，以下分别加以介绍。

9.6.1　梅吉特译码

梅吉特（Meggit）译码器可用于纠(n, k)循环码发生的单比特错误，它巧妙地利用了定理 9-6 给出的伴随式 $s(x)$和接收码字 $r(x)$之间的移位对应关系进行译码纠错。下面举一个例子来说明该译码器的工作原理。

例 9-7：如图 9-5 所示为生成多项式 $g(x)=1+x+x^3$ 生成的(7, 4)系统循环码的译码纠错电路，该电路包括 3 部分：伴随式生成、错误图样匹配、纠错及输出。该电路匹配的错误图

样为 $\boldsymbol{e}_6=(e_0, e_1, \cdots, e_6)=(0\,0\,0\,0\,0\,0\,1)$，即第 1 位（最高位）发生错误，它对应的多项式为 $e(x)=x^6$，由 $s(x)=e(x) \bmod [g(x)]=1+x^2$，即 $\boldsymbol{s}=(1\,0\,1)$，所以错误图样匹配电路采用了图 9-5 中间与非电路的设计，在第 8 个时钟节拍，与非电路输出 1，正好纠正此时缓存器输出的 r_6。

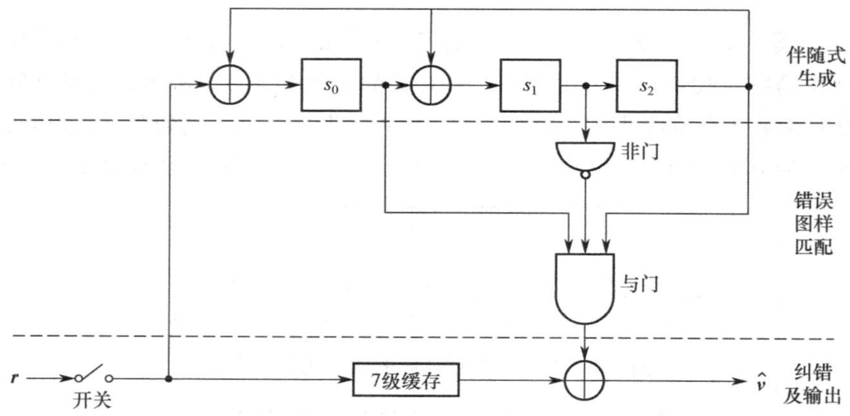

图 9-5 (7, 4)系统循环码的译码纠错电路

需要说明的是，虽然在图 9-5 中错误图样匹配电路是按照纠正第 1 比特位错误设计的，但对于其他 6 个单位比特的错误图样 $\boldsymbol{e}_0 \sim \boldsymbol{e}_5$，该电路也是能纠正的。其原因就在于定理 9-6 反映的伴随式电路移位和接收码组循环移位之间的对应关系，以 $\boldsymbol{e}_5=(e_0, e_1, \cdots, e_6)=(0\,0\,0\,0\,0\,1\,0)$为例，此时第 2 比特位发生错误，$e(x)=x^5$，该错误图样对应的伴随式应该是 $s(x)=e(x) \bmod [g(x)]=1+x+x^2$，即在第 7 个时钟节拍，寄存器中生成的伴随式为 $\boldsymbol{s}=(1\;1\;1)$，此时接收序列输入开关关闭，经过 1 个时钟节拍，在第 8 个时钟节拍，寄存器中存储的伴随式变为 $\boldsymbol{s}=(1\,0\,1)$，那么在第 9 个时钟节拍，与非电路输出 1，正好纠正此时缓存器输出的 r_5。

来看一个具体的例子，假设发送码字为 $\boldsymbol{v}=(v_0, v_1, \cdots, v_6)=(1\,1\,0\,0\,1\,0\,1)$，在错误图样 $\boldsymbol{e}=(e_0, e_1, \cdots, e_6)=(0\,0\,0\,0\,0\,0\,1)$的作用下，接收码组为 $\boldsymbol{r}=(r_0, r_1, \cdots, r_6)=(1\,1\,0\,0\,1\,0\,0)$，$\boldsymbol{r}$ 按照高位先入的次序送入该电路，当 7bit 全部送进去后，寄存器内存储的内容正好是 $(1\,0\,1)$，如表 9-7 所示。在第 8 个时钟节拍与非电路输出 1 纠正 7 级缓存第 1 比特位（r_6）的输出错误，从而得到正确的发送码字。

表 9-7 在 $\boldsymbol{r}=(1\,1\,0\,0\,1\,0\,0)$输入时寄存器的变化

时钟节拍	信息码元	s_0	s_1	s_2
		0	0	0
1	$r_6=0$	0	0	0
2	$r_5=0$	0	0	0
3	$r_4=1$	1	0	0
4	$r_3=0$	0	1	0
5	$r_2=0$	0	0	1
6	$r_1=1$	0	1	0
7	$r_0=1$	1	0	1
8	与非电路输出 1，缓存器输出 r_6			

本例如果错误发生在第 3 比特位，也就是说，错误图样为 $\boldsymbol{e}=(e_0, e_1, \cdots, e_{n-1}) = (0\ 0\ 0\ 0\ 1\ 0\ 0)$，则接收码组为 $\boldsymbol{r}=(r_0, r_1, \cdots, r_{n-1}) = (1\ 1\ 0\ 0\ 0\ 0\ 1)$，经过 7 个时钟节拍，接收的 7bit 全部送入电路和 7 级缓存器，伴随式的变化如表 9-8 所示，可见在第 10 个时钟节拍，与非电路输出 1，从而纠正 r_4 的错误。

表 9-8　在 $\boldsymbol{r}$=(1 1 0 0 0 0 1)输入时寄存器的变化

时钟节拍	信息码元	s_0	s_1	s_2
		0	0	0
1	r_6=1	1	0	0
2	r_5=0	0	1	0
3	r_4=0	0	0	1
4	r_3=0	1	1	0
5	r_2=0	0	1	1
6	r_1=1	0	1	1
7	r_0=1	0	1	1
8		1	1	1
9		1	0	1
10	与非电路输出 1，缓存器输出 r_4			

■

针对一般的(n, k)循环码的梅吉特译码器的电路结构与图 9-5 是类似的。随着参数 n 和 k 及生成多项式 $g(x)$的不同，伴随式生成电路可仿照图 9-3 绘制。此外，需要根据 $g(x)$计算 $\boldsymbol{e}=(e_0, e_1, \cdots, e_{n-1}) = (0\ 0 \cdots 0\ 1)$所对应的伴随式 $\boldsymbol{s}$，并根据 $\boldsymbol{s}$ 设计与非电路。

上述(n, k)循环码的梅吉特译码器需要 $2n$ 个时钟节拍完成 n bit 码字的译码纠错。前 n 个时钟节拍用于 7 级缓存和伴随式生成，然后用于接收码组的开关关闭；后 n 个时钟节拍用于输出 7 级缓存中的比特和纠错，在后 n 个时钟节拍中图 9-5 的 7 级缓存是不能接收新的码字输入的。由此可见，这种工作方式的效率很低，一种改进方法是采用两套电路并行工作，一套电路在输出和纠错时，另一套电路可以缓存和生成伴随式，两套电路交替工作大大提高了效率。

9.6.2　捕错译码

设码字 $v(x)$是某个纠 t（$t \leqslant n-k$）个错误的系统(n, k)循环码的码字，在到达接收端译码器时成为 $r(x)=v(x)+e(x)$，通过译码电路可得伴随式为

$$s(x)=e(x) \bmod [g(x)]=[e_{\mathrm{I}}(x)+e_{\mathrm{P}}(x)] \bmod[g(x)]$$

其中，

$$e_{\mathrm{I}}(x)=e_{n-1}x^{n-1}+\cdots+e_{n-k}x^{n-k} \text{ 为信息位错误图样；}$$

$$e_{\mathrm{P}}(x)=e_{n-k-1}x^{n-k-1}+\cdots+e_1x+e_0 \text{ 为校验位错误图样。}$$

假设 $e(x)$的最高次数小于等于 $n-k-1$，即所有 t 个错误都集中在校验位上，信息位无错，则有 $e_{\mathrm{I}}(x)=0$，$e(x)=e_{\mathrm{P}}(x)$，再考虑到 $g(x)$是 $n-k$ 次的，所以有伴随式 $s(x)=e_{\mathrm{P}}(x) \bmod[g(x)]=e_{\mathrm{P}}(x)$，说明错误图样就是 $s(x)$，这样只要译码器算出了伴随式 $s(x)$，用接收序列

$r(x)$减去 $s(x)$就实现了纠错。当然，在实际情况中，t 个错误不会只出现在校验位上，但只要错误集中在任意的 $n-k$ 位码元段内，根据循环码的特点，把 $r(x)$和相应的 $s(x)$同时在各自的移位寄存器上移位几次，就可以使错误集中在校验位上，从而使用上述方法。

这种译码方法是通过 $r(x)$和 $s(x)$的循环移位计算的，把错误捕获到 $n-k$ 位低次码元段，故称为捕错译码，该方法适用于纠突发错误码，以及某些低码率和码长较短、纠错能力较弱的码。

9.6.3 大数逻辑译码

例 9-8：(7, 3)循环码的生成多项式 $g(x)=x^4+x^3+x^2+1$，校验矩阵为

$$\boldsymbol{H}=\begin{bmatrix}1&0&1&1&0&0&0\\1&1&1&0&1&0&0\\1&1&0&0&0&1&0\\0&1&1&0&0&0&1\end{bmatrix}$$

接收序列 $\boldsymbol{r}=\boldsymbol{v}+\boldsymbol{e}$，发送码字 $\boldsymbol{v}$ 和错误图样 $\boldsymbol{e}$ 分别为 $\boldsymbol{v}=(v_6, \cdots, v_1, v_0)$和 $\boldsymbol{e}=(e_6, \cdots, e_1, e_0)$，有

$$\boldsymbol{s}^{\mathrm{T}}=\boldsymbol{H}\boldsymbol{e}^{\mathrm{T}}=\begin{bmatrix}1&0&1&1&0&0&0\\1&1&1&0&1&0&0\\1&1&0&0&0&1&0\\0&1&1&0&0&0&1\end{bmatrix}\begin{bmatrix}e_6\\e_5\\e_4\\e_3\\e_2\\e_1\\e_0\end{bmatrix}=\begin{bmatrix}s_3\\s_2\\s_1\\s_0\end{bmatrix}$$

由此可以构造一组新的校验方程组为

$$\begin{cases}A_3=s_3=e_6+e_4+e_3\\A_2=s_1=e_6+e_5+e_1\\A_1=s_2+s_0=e_6+e_2+e_0\end{cases}\tag{9-5}$$

该方程所对应的校验矩阵为

$$\boldsymbol{H}_0=\begin{bmatrix}1&0&1&1&0&0&0\\1&1&0&0&0&1&0\\1&0&0&0&1&0&1\end{bmatrix}$$

由校验方程的定义可知，$\boldsymbol{H}_0$ 的行向量是 $\boldsymbol{H}$ 的行向量的线性组合，因为 $\boldsymbol{vH}=\boldsymbol{0}$，即发送码字 $\boldsymbol{v}$ 与校验矩阵 $\boldsymbol{H}$ 的各行正交，所以有 $\boldsymbol{vH}_0=\boldsymbol{0}$，即发送码字 $\boldsymbol{v}$ 也与校验矩阵 $\boldsymbol{H}_0$ 的各行正交，因此，$\boldsymbol{rH}_0=(\boldsymbol{v}+\boldsymbol{e})\boldsymbol{H}_0=\boldsymbol{eH}_0$。

另外，观察校验方程组（9-5）可知，e_6 含在每个方程中，$e_5, e_4, \cdots, e_0$ 含且仅含在一个方程中。具有这样特点的校验方程被称为正交于 e_6 的正交校验方程，e_6 称为正交码元，$\boldsymbol{H}_0$ 称为正交校验矩阵。观察校验方程组（9-5）可以发现如下规律，如果错误图样为

（1）发生一个错误，且在正交码元位上，即 $e_6=1$，则 $A_1=1$，$A_2=1$，$A_3=1$。

（2）发生一个错误，且不在正交码元位上，即 $e_6=0$，某个 $e_i=1$，则 A_1、A_2、A_3 有且

只有一个为 1。

（3）发生两个错误，一个在正交码元位上，一个不在正交码元位上，则 e_6=1，某个 e_i=1，则在 A_1、A_2、A_3 中有两个 1，一个 0。

（4）发生两个错误，都不在正交码元位上，则 A_1、A_2、A_3 或者都为 0，或者两个为 1，一个为 0。

基于此，当传输中只发生 1bit 错误时，可以根据 A_i 中取值为 1 的个数的多少，对 r_6 的取值进行纠错。又由于是循环码，在对 r_6 校验后，再循环移位对 $r_5, \cdots, r_0$ 按照同样的方法进行校验，像这种根据正交方程中取值为 1 的个数的多少进行译码的方法称为大数逻辑译码。这种方法适用于纠随机错误。■

9.7　本章小结

循环码是线性分组码的一个子类，因此线性分组码具有的属性循环码也都具有，但循环码的任何一个许用码字的循环移位仍然是一个许用码字，这一性质使得循环码的码字更适合用多项式加以表示。在(n, k)循环码许用码字对应的多项式中，非零码多项式中次数最小的多项式一定是形如 $g(x)=1+g_1x+g_2x^2+\cdots+g_{n-k-1}x^{n-k-1}+x^{n-k}$ 的。这个多项式不唯一，但一定是 x^n+1 的因式，所有其他的非零码多项式一定是它的倍式，称 $g(x)$为循环码的生成多项式。它起到类似于线性分组码的生成矩阵的作用。由于 $g(x)$是 x^n+1 的因式，所以一定有 $x^n+1=g(x)h(x)$，$h(x)$是一个 k 次的多项式，被称为校验多项式。它起到类似于线性分组码的校验矩阵的作用。基于循环码的循环移位特性可以很容易地应用移位寄存器电路设计循环码的编译码电路，其中梅吉特译码器能够完美地纠正 1bit 错误。

习　　题

1. $(15, 11)$循环码的生成多项式是 $g(x)=1+x+x^4$，求其校验多项式 $h(x)$。

2. 以 $g(x)=x+1$ 为生成多项式。

   （1）证明 $g(x)$ 可以构成任意长度的循环码；

   （2）求 $h(x)$；

   （3）证明该循环码等价于偶校验码。

3. 以 $g(x)=1+x^2+x^3$ 为生成多项式构造$(7, 4)$系统循环码。

   （1）计算对应于信息码元(1 1 0 1)的校验码元；

   （2）设计该循环码的梅吉特译码电路；

   （3）假设发送码字为 $\boldsymbol{v}=(v_0, v_1, \cdots, v_6)=(0\,0\,1\,1\,1\,0\,1)$，接收码组为 $\boldsymbol{r}=(r_0, r_1, \cdots, r_{n-1})=(0\,0\,1\,1\,0\,0\,1)$，也就是说 r_4 发生了错误，验证该译码电路能否成功纠错。

4. $g(x)=1+2x^2+x^3$ 和 $f(x)=1+2x^3+x^4+2x^5+x^7$ 是定义在 GF(3)上的两个多项式，计算 $f(x)/g(x)$。

5. 分别以 $g(x)=1+x^2+x^3$ 和 $g(x)=1+x+x^3$ 为生成多项式构造$(7, 4)$系统循环码，比较二者的许用码字。

第 10 章
卷积码

10.1 一般概念

(n, k)线性分组码把原始消息划分成若干个组，每组 k bit，在编码时以组为单位送入编码器，编码器在收到某组的 k bit 信息码元后，对其进行编码生成 n bit 码字，从而完成编码。如果是系统码，则信息码元和监督码元分开放置；如果是非系统形式的码，则码字中不区分信息码元和监督码元。在接收端，译码器也以组为单位进行纠错、译码，并解析出原始的 k bit 信息码元，从而完成译码和这次的通信过程。可见，分组码的编译码都是以组为单位进行的，是一种批处理的工作方式，组与组之间没有关联，某一组的监督码元和码字只取决于该组的信息码元，而不受其他组信息码元的影响，因此称为分组码。

与分组码不同，卷积码采用的不是批处理的工作方式，其某一时刻的输出不仅和该时刻的输入有关，还和之前若干时刻的输入有关，如下例。

例 10-1：如图 10-1 所示的电路由 3 个移位寄存器和两个模 2 和加法器构成，移位寄存器的初始状态为 0，以输入序列 $\boldsymbol{u}$=(1 0 1 1 1)为例（注：本章所有电路的输入/输出比特序列，按照左端比特先入先出的顺序），当全部 5bit 输入完毕后，再补充输入 3bit 0 以清空寄存器。在整个过程中，寄存器和输出序列如表 10-1 所示。系统的最终输出序列由编码器两个输出序列合并而成，即 $\boldsymbol{v}$=(1 1, 0 1, 0 0, 0 1, 0 1, 0 1, 0 0, 1 1)，其中，每组的 2bit 中，前 1bit 取自上支路，后 1bit 取自下支路。

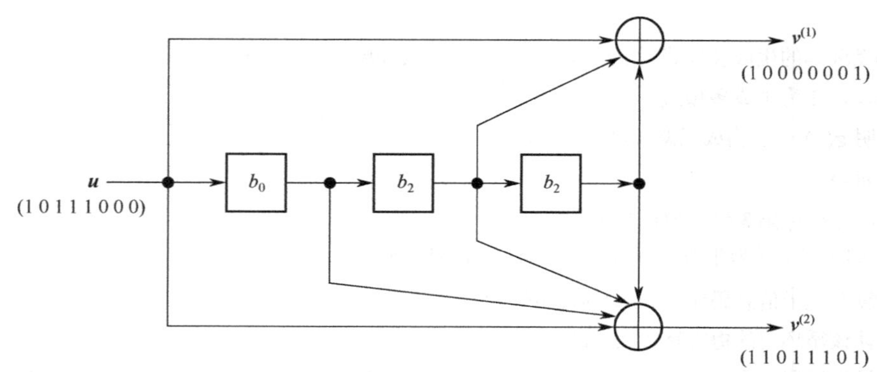

图 10-1　(2, 1, 3)卷积码编码电路

表 10-1　在输入 $\boldsymbol{u}$=(1 0 1 1 1)时，寄存器和输出序列的变化

时钟节拍	信息码元	b_0	b_1	b_2	$v^{(1)}$	$v^{(2)}$
		0	0	0		
1	u_4=1	1	0	0	1	1
2	u_3=0	0	1	0	0	1
3	u_2=1	1	0	1	0	0
4	u_1=1	1	1	0	0	1
5	u_0=1	1	1	1	0	1
6	补充 0	0	1	1	0	1
7	补充 0	0	0	1	0	0
8	补充 0	0	0	0	1	1

■

由例 10-1 可见，卷积码的编码电路在某个时刻的输出不仅和该时刻的输入有关，还和寄存器存储的内容有关。由于寄存器存储的是前面若干时刻的输入，因此换句话说，某时刻的输出还和之前的输入有关，其关联长度取决于寄存器的个数。一般地，称一个卷积码为(n, k, m)卷积码是指编码电路有 k 个输入端和 n 个输出端，每个输入端都对应着一组移位寄存器，各寄存器组的长度可能相同或不同，记最长的移位寄存器长度为 m，并称 m 为该卷积码的记忆阶数。据此，例 10-1 对应于(2, 1, 3)卷积码。

(n, k, m)卷积码也可以构造成系统形式，(n, k, m)系统卷积码是指编码电路的前 k 个输出序列就对应着 k 个输入序列，即 n 个输出序列应该为 $\boldsymbol{v}^1=\boldsymbol{u}^1$，$\boldsymbol{v}^2=\boldsymbol{u}^2$，…，$\boldsymbol{v}^k=\boldsymbol{u}^k$，$\boldsymbol{v}^{k+1}$，…，$\boldsymbol{v}^n$。系统卷积码具有硬件电路简单且易于提取信息位的特点。

例 10-2：如图 10-2 所示为一个(2, 1, 3)系统卷积码的编码电路。

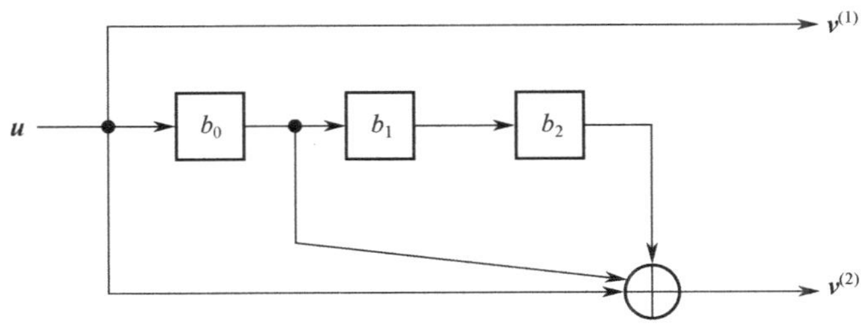

图 10-2　(2, 1, 3)系统卷积码的编码电路

可见该电路上支路的输出序列精确地等于输入序列。■

在卷积码的编码电路中，模 2 和加法是一种线性运算，所以卷积码是一种线性码，其编码电路是一个线性系统，因此可以用单位冲激响应来描述该系统。

例 10-3：为如图 10-1 所示的电路输入序列 $\boldsymbol{u}$=(1 0 0…)可得其单位冲激响应。其中，上支路 $\boldsymbol{v}^{(1)}$的单位冲激响应为 $\boldsymbol{g}^{(1)}$=(1 0 1 1)，下支路 $\boldsymbol{v}^{(2)}$的单位冲激响应为 $\boldsymbol{g}^{(2)}$=(1 1 1 1)。对于任意的输入序列 $\boldsymbol{u}$，各支路的输出序列等于该支路的单位冲激响应和此输入序列的卷积

和。例如，当输入 $\boldsymbol{u}$=(1 0 1 1 1)时，上支路和下支路的输出分别为

$$\boldsymbol{u}\otimes\boldsymbol{g}^{(1)}=(1\,0\,1\,1\,1)\otimes(1\,0\,1\,1)=(1\,0\,0\,0\,0\,0\,0\,1)$$

$$\boldsymbol{u}\otimes\boldsymbol{g}^{(2)}=(1\,0\,1\,1\,1)\otimes(1\,1\,1\,1)=(1\,1\,0\,1\,1\,1\,0\,1)$$

上式中⊗表示 GF(2)上的卷积和运算。本例的卷积过程如图 10-3 所示，此结果与例 10-1 是相同的。

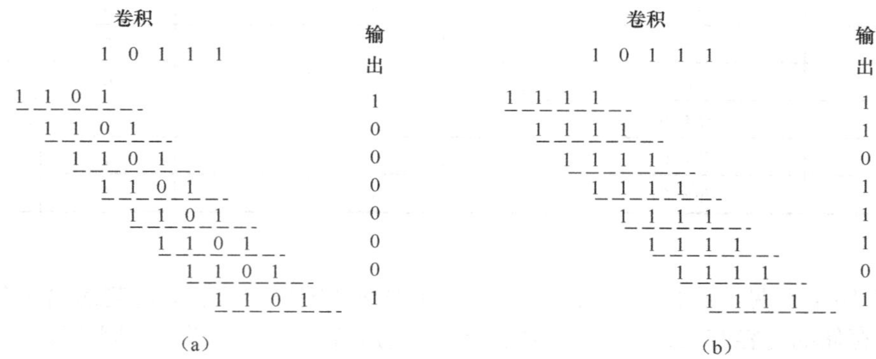

图 10-3　(2, 1, 3)卷积码的卷积过程 ■

卷积码最终的输出码字由各支路输出的比特组合而成，以例 10-3 为例，其最终输出为

$$\boldsymbol{v}=(1\,1, 0\,1, 0\,0, 0\,1, 0\,1, 0\,1, 0\,0, 1\,1)$$

卷积码各输出支路的单位冲激响应 $\boldsymbol{g}^{(i)}$也被称为**生成序列**，其长度等于 m+1。若输入序列 $\boldsymbol{u}$ 的长度为 L，则每个支路的输出序列的长度为 $L+m$。

卷积码的编码也可以用生成矩阵来表示，不失一般性地，以 n=2 为例，即电路有两个支路输出，假设生成序列为 $\boldsymbol{g}^{(1)}=(g_{10}, g_{11}, \cdots, g_{1m})$，$\boldsymbol{g}^{(2)}=(g_{20}, g_{21}, \cdots, g_{2m})$，另设输入序列 $\boldsymbol{u}$ 的长度为 L，则 $L\times2(m+L)$维的生成矩阵为

$$\boldsymbol{G}=\begin{bmatrix} g_{10} & g_{20} & g_{11} & g_{21} & \cdots & \cdots & g_{1m} & g_{2m} & 0 & \cdots & \cdots \\ 0 & 0 & g_{10} & g_{20} & g_{11} & g_{21} & \cdots & \cdots & g_{1m} & g_{2m} & \cdots \\ \vdots & \vdots & \vdots & \vdots & \vdots & \vdots & \vdots & \vdots & \vdots & \vdots & \vdots \end{bmatrix}$$

推广到一般的$(n, 1, m)$码，假设输入序列 $\boldsymbol{u}$ 的长度为 L bit，输出序列 $\boldsymbol{v}$ 的长度为 $n(m+L)$ bit，则生成矩阵的维数等于 $L\times n(m+L)$。

例 10-4：例 10-3 的生成矩阵为

$$\boldsymbol{G}=\begin{bmatrix} 11 & 01 & 11 & 11 & & & & \\ & 11 & 01 & 11 & 11 & & & \\ & & 11 & 01 & 11 & 11 & & \\ & & & 11 & 01 & 11 & 11 & \\ & & & & 11 & 01 & 11 & 11 \end{bmatrix}$$

代入 $\boldsymbol{u}$=(1 0 1 1 1)和 $\boldsymbol{v}$=(1 1, 0 1, 0 0, 0 1, 0 1, 0 1, 0 0, 1 1)，可以验证 $\boldsymbol{v}=\boldsymbol{u}\boldsymbol{G}$ 是正确的。 ■

对于一般的(n, k, m)码来说，当 k>1 时，编码电路有不止一个输入端口，此时 k 个输入端对应 k 个移位寄存器组。对于这样的电路结构，为了分析其单位冲激响应，需要一次

为一个输入端送入单位冲激序列 $\boldsymbol{u}$=(1 0 0 ⋯)，而为其他输入端送入零序列(0 0 0⋯)，来看一个例子。

例 10-5：为如图 10-4 所示(3, 2, 1)卷积码的编码电路输入序列 $\boldsymbol{u}^{(1)}$=(1 0 0 ⋯)，$\boldsymbol{u}^{(2)}$=(0 0 0 ⋯)，可得第一组单位冲激响应为

$$\boldsymbol{g}_1^{(1)}=(g_{1,0}^{(1)},g_{1,1}^{(1)})=(1\ \ 1),\quad \boldsymbol{g}_1^{(2)}=(g_{1,0}^{(2)},g_{1,1}^{(2)})=(0\ \ 1),\quad \boldsymbol{g}_1^{(3)}=(g_{1,0}^{(3)},g_{1,1}^{(3)})=(1\ \ 1)$$

输入序列 $\boldsymbol{u}^{(1)}$=(0 0 0⋯)，$\boldsymbol{u}^{(2)}$=(1 0 0 ⋯)，可得第二组单位冲激响应为

$$\boldsymbol{g}_2^{(1)}=(g_{2,0}^{(1)},g_{2,1}^{(1)})=(0\ \ 1),\quad \boldsymbol{g}_2^{(2)}=(g_{2,0}^{(2)},g_{2,1}^{(2)})=(1\ \ 0),\quad \boldsymbol{g}_2^{(3)}=(g_{2,0}^{(3)},g_{2,1}^{(3)})=(1\ \ 0)$$

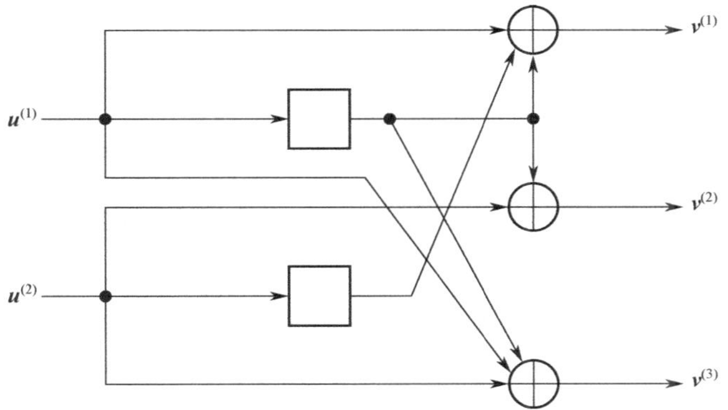

图 10-4　(3, 2, 1)卷积码的编码电路

那么，当给定任意一对输入序列 $\boldsymbol{u}^{(1)}$和 $\boldsymbol{u}^{(2)}$时，就可以用卷积和的方法计算电路的 3 个输出序列 $\boldsymbol{v}^{(1)}$，$\boldsymbol{v}^{(2)}$，$\boldsymbol{v}^{(3)}$，即

$$\begin{cases}\boldsymbol{v}^{(1)}=\boldsymbol{u}^{(1)}\otimes\boldsymbol{g}_1^{(1)}+\boldsymbol{u}^{(2)}\otimes\boldsymbol{g}_2^{(1)} & (10\text{-}1)\\ \boldsymbol{v}^{(2)}=\boldsymbol{u}^{(1)}\otimes\boldsymbol{g}_1^{(2)}+\boldsymbol{u}^{(2)}\otimes\boldsymbol{g}_2^{(2)} & (10\text{-}2)\\ \boldsymbol{v}^{(3)}=\boldsymbol{u}^{(1)}\otimes\boldsymbol{g}_1^{(3)}+\boldsymbol{u}^{(2)}\otimes\boldsymbol{g}_2^{(3)} & (10\text{-}3)\end{cases}$$

上面各式中“+”表示逐位模 2 和运算。以输入 $\boldsymbol{u}^{(1)}$=(1 0 1)和 $\boldsymbol{u}^{(2)}$=(1 1 0)为例，代入上式可得 $\boldsymbol{v}^{(1)}$=(1 0 0 1)，$\boldsymbol{v}^{(2)}$=(1 0 0 1)，$\boldsymbol{v}^{(3)}$=(0 0 1 1)，所以最后的输出码字为 $\boldsymbol{v}$=(1 1 0, 0 0 0, 0 0 1, 1 1 1)。本例的生成矩阵为

$$\boldsymbol{G}=\begin{bmatrix} g_{1,0}^{(1)}g_{1,0}^{(2)}g_{1,0}^{(3)} & g_{1,1}^{(1)}g_{1,1}^{(2)}g_{1,1}^{(3)} & & \\ g_{2,0}^{(1)}g_{2,0}^{(2)}g_{2,0}^{(3)} & g_{2,1}^{(1)}g_{2,1}^{(2)}g_{2,1}^{(3)} & & \\ & g_{1,0}^{(1)}g_{1,0}^{(2)}g_{1,0}^{(3)} & g_{1,1}^{(1)}g_{1,1}^{(2)}g_{1,1}^{(3)} & \\ & g_{2,0}^{(1)}g_{2,0}^{(2)}g_{2,0}^{(3)} & g_{2,1}^{(1)}g_{2,1}^{(2)}g_{2,1}^{(3)} & \\ & & g_{1,0}^{(1)}g_{1,0}^{(2)}g_{1,0}^{(3)} & g_{1,1}^{(1)}g_{1,1}^{(2)}g_{1,1}^{(3)} \\ & & g_{2,0}^{(1)}g_{2,0}^{(2)}g_{2,0}^{(3)} & g_{2,1}^{(1)}g_{2,1}^{(2)}g_{2,1}^{(3)} \end{bmatrix}=\begin{bmatrix} 101 & 111 & & \\ 011 & 100 & & \\ & 101 & 111 & \\ & 011 & 100 & \\ & & 101 & 111 \\ & & 011 & 100 \end{bmatrix}$$

代入 $\boldsymbol{u}$=(1 1, 0 1, 1 0)，可以验证 $\boldsymbol{v}=\boldsymbol{u}\boldsymbol{G}$ 是成立的。■

一般地，对于(n, k, m)码，其生成矩阵为

$$G=\begin{bmatrix} G_0 & G_1 & \cdots & \cdots & G_m & 0 & & \\ 0 & G_0 & G_1 & \cdots & \cdots & G_m & 0 & \\ & 0 & \vdots & \vdots & \vdots & \vdots & \vdots & 0 \\ & & 0 & \vdots & \vdots & \vdots & \vdots & \vdots \\ & & & 0 & \vdots & \vdots & \vdots & \vdots \end{bmatrix}$$

这是一个 $L\times(m+L)$维的分块矩阵，其中，每个 $k\times n$ 维的子矩阵 G_i 为

$$G_i=\begin{bmatrix} g_{1,i}^{(1)} & g_{1,i}^{(2)} & \cdots & g_{1,i}^{(n)} \\ g_{2,i}^{(1)} & g_{2,i}^{(2)} & \cdots & g_{2,i}^{(n)} \\ \vdots & \vdots & \vdots & \vdots \\ g_{k,i}^{(1)} & g_{k,i}^{(2)} & \cdots & g_{k,i}^{(n)} \end{bmatrix}$$

其中，$g_{j,i}^{(k)}$ 表示当第 j 个输入端输入单位冲激序列(1 0 0 …)时，在第 k 个输出端产生的单位冲激响应序列的第 i 个分量。

当卷积码的编码电路存在多个寄存器组时，各寄存器组的长度可以不同，此时卷积码的记忆阶数由最大的寄存器组长度确定，如下例。

例 10-6：如图 10-5 所示为(4, 3, 2)卷积码的编码电路，该电路的记忆阶数为 m=2，3 组单位冲激响应分别为

$$g_1^{(1)}=(1\ 0\ 0),\quad g_1^{(2)}=(1\ 0\ 0),\quad g_1^{(3)}=(1\ 0\ 0),\quad g_1^{(4)}=(1\ 0\ 0)$$
$$g_2^{(1)}=(0\ 0\ 0),\quad g_2^{(2)}=(1\ 1\ 0),\quad g_2^{(3)}=(0\ 1\ 0),\quad g_2^{(4)}=(1\ 0\ 0)$$
$$g_3^{(1)}=(0\ 0\ 0),\quad g_3^{(2)}=(0\ 1\ 0),\quad g_3^{(3)}=(1\ 0\ 1),\quad g_3^{(4)}=(1\ 0\ 1)$$

其生成矩阵为 $G=\begin{bmatrix} G_0 & G_1 & G_2 & 0 & \\ 0 & G_0 & G_1 & G_2 & 0 \\ & 0 & \vdots & \vdots & \vdots & \vdots \end{bmatrix}$

其中，$G_0=\begin{bmatrix} 1 & 1 & 1 & 1 \\ 0 & 1 & 0 & 1 \\ 0 & 0 & 1 & 1 \end{bmatrix}$，$G_1=\begin{bmatrix} 0 & 0 & 0 & 0 \\ 0 & 1 & 1 & 0 \\ 0 & 1 & 0 & 0 \end{bmatrix}$，$G_2=\begin{bmatrix} 0 & 0 & 0 & 0 \\ 0 & 0 & 0 & 0 \\ 0 & 0 & 1 & 1 \end{bmatrix}$

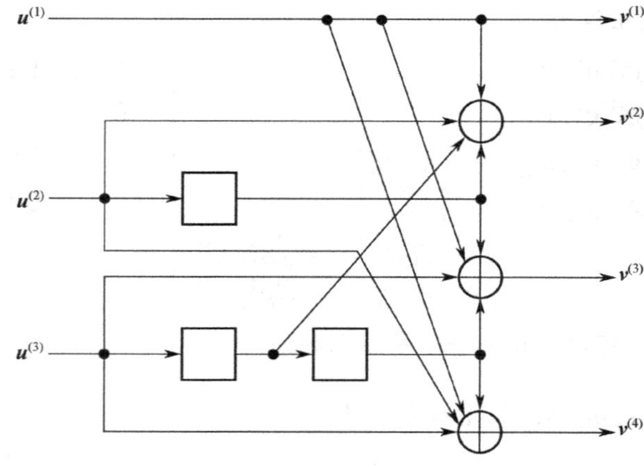

图 10-5　(4, 3, 2)卷积码的编码电路 ■

在(n, k)线性分组码中定义码率$R=(k/n)$，其含义是为了传输k信息比特，需要n码字比特。在(n, k, m)卷积码中，为了传输kL信息比特，需要$n(L+m)$码字比特，因此其码率为

$$R=\frac{kL}{n(L+m)}$$

可见，(n, k, m)卷积码的码率与输入信息序列的长度有关，但当$L \gg m$时，该码率也近似等于k/n。

10.2 卷积码的多项式表示

由卷积码的编码电路可以很容易得到其编码生成多项式，以例 10-1 中(2, 1, 3)卷积码为例，其生成多项式为

$$g^{(1)}(D) = 1+D^2+D^3$$
$$g^{(2)}(D) = 1+D+D^2+D^3$$

对于某个输出，从左至右把所有抽头按照次数由低到高排列取和，最左侧为常数项，最右侧为最高次项，就是该输出的生成多项式。以$u(D)$和$v(D)$分别表示信息多项式和码多项式，则有

$$v^{(1)}(D) =u(D)g^{(1)}(D) \quad (10\text{-}4)$$
$$v^{(2)}(D) =u(D)g^{(2)}(D) \quad (10\text{-}5)$$

在例 10-3 中，码序列等于信息序列和生成序列的卷积，而此处码多项式等于信息多项式和生成多项式的乘积，可见多项式运算是一种变换域运算。设输入的信息序列$\boldsymbol{u}$=(1 0 1 1 1)，其对应的信息多项式$u(D)=1+D^2+D^3+D^4$，也就是说，在把比特序列写成多项式的时候，左侧比特对应多项式的低次项，右侧比特对应多项式的高次项。这种把比特序列转换成多项式的次序与第 9 章循环码是一致的。但在编码器电路中，系统循环码的除法求余电路（见图 9-1）是最右侧比特先进入电路，而卷积码的编码电路（见图 10-1）是最左侧比特先进入电路，二者正好相反，请读者稍加注意。

把$u(D)$代入式（10-4）和式（10-5）可得，$v^{(1)}(D)=1+D^7$，$v^{(2)}(D)=1+D+D^3+D^4+D^5+D^7$，对应的码序列分别为$\boldsymbol{v}^{(1)}$= (1 0 0 0 0 0 0 1)，$\boldsymbol{v}^{(2)}$= (1 1 0 1 1 1 0 1)。与输入类似，输出多项式的低次项对应先输出的比特，高次项对应后输出的比特，该结果与例 10-3 是一致的。把$\boldsymbol{v}^{(1)}$和$\boldsymbol{v}^{(2)}$交叉排列可得该电路的最终输出为$\boldsymbol{v}$=(1 1, 0 1, 0 0, 0 1, 0 1, 0 1, 0 0, 1 1)，对应的多项式为$v(D) =1+ D+D^2+D^6+D^8+D^{10}+D^{14}+D^{15}$。这种码字的交叉排列也可以用多项式表示，$v(D)$和$v^{(1)}(D)$、$v^{(2)}(D)$之间满足

$$v(D)=Dv^{(1)}(D^2)+v^{(2)}(D^2)$$

一般地，对于(n, k, m)卷积码有

$$v(D)=D^{n-1}v^{(1)}(D^n) +D^{n-2}v^{(2)}(D^n)+\cdots+Dv^{(n-1)}(D^n)+v^{(n)}(D^n)$$

生成多项式亦称为传递函数。对于(n, k, m)卷积码，每个输入对应n个传递函数，因此共有kn个传递函数，记忆阶数m对应传递函数的最高次数，把这kn个传递函数排列成$k\times n$

维矩阵 $\boldsymbol{G}$，则可以把编码过程表示成矩阵相乘的形式，即

$$\left[v^{(1)}(D)\quad v^{(2)}(D)\quad \cdots\quad v^{(n)}(D)\right]=\left[u^{(1)}(D)\quad u^{(2)}(D)\quad \cdots\quad u^{(k)}(D)\right]\boldsymbol{G}$$

例 10-7：例 10-5 给出的(3, 2, 1)卷积码的传递函数为

$$g_1^{(1)}(D)=1+D,\ \ g_1^{(2)}(D)=D,\ \ g_1^{(3)}(D)=1+D,$$
$$g_2^{(1)}(D)=D,\ \ g_2^{(2)}(D)=1\ ,\ \ g_2^{(3)}(D)=1$$

把这 6 个传递函数排列成矩阵的形式如下：

$$\boldsymbol{G}=\begin{bmatrix} g_1^{(1)}(D) & g_1^{(2)}(D) & g_1^{(3)}(D) \\ g_2^{(1)}(D) & g_2^{(2)}(D) & g_2^{(3)}(D) \end{bmatrix}=\begin{bmatrix} 1+D & D & 1+D \\ D & 1 & 1 \end{bmatrix}$$

则卷积码编码可以写成如下矩阵的形式

$$\left[v^{(1)}(D)\quad v^{(2)}(D)\quad v^{(3)}(D)\right]=\left[u^{(1)}(D)\quad u^{(2)}(D)\right]\boldsymbol{G}$$

以输入 $\boldsymbol{u}^{(1)}=(1\ 0\ 1)$和 $\boldsymbol{u}^{(2)}=(1\ 1\ 0)$为例，对应的多项式为 $u^{(1)}(D)=D^2+1$，$u^{(2)}(D)=1+D$，代入上式可得，$v^{(1)}(D)=1+D^3$，$v^{(2)}(D)=1+D^3$，$v^{(3)}(D)=D^2+D^3$，即 $\boldsymbol{v}^{(1)}=(1\ 0\ 0\ 1)$，$\boldsymbol{v}^{(2)}=(1\ 0\ 0\ 1)$，$\boldsymbol{v}^{(3)}=(0\ 0\ 1\ 1)$，可见其与例 10-5 是一致的。 ■

10.3 卷积码的状态图表示

卷积码的编码电路属于时序电路，所以可以用状态转移图加以描述。如果把第 i 个寄存器组的寄存器个数记为 k_i 的话，则(n, k, m)卷积码编码器总的寄存器个数为

$$K=\sum_{i=1}^{k}k_i$$

把这 K 个寄存器存储的内容看作电路的状态，则(n, k, m)卷积码一共包括 2^K 个不同的状态。当电路位于某个状态时，随着某时刻输入的 k bit 的不同取值，系统将输出 n bit，同时发生状态跳转。

例 10-8：例 10-1 给出的(2, 1, 3)卷积码有 3 个移位寄存器，即 b_2、b_1、b_0，定义其 8 个状态如表 10-2 所示。

表 10-2 (2, 1, 3)卷积码 8 个状态

$(b_0\ b_1\ b_2)$	状　态	$(b_0\ b_1\ b_2)$	状　态
(0 0 0)	S_0	(0 0 1)	S_4
(1 0 0)	S_1	(1 0 1)	S_5
(0 1 0)	S_2	(0 1 1)	S_6
(1 1 0)	S_3	(1 1 1)	S_7

该电路的状态转移图如图 10-6 所示，其中(1/1 0)表示输入 1，输出 1 0。

在初始时刻，电路位于状态 $S_0=(0\ 0\ 0)$，以输入序列 $\boldsymbol{u}=(1\ 0\ 1\ 1\ 1)$为例，为了清空寄存器，附加输入 3 个 0，因此总输入序列为(1 0 1 1 1 0 0 0)。在这个输入序列的作用下，系

统的状态跳转和输出序列如表 10-3 所示。

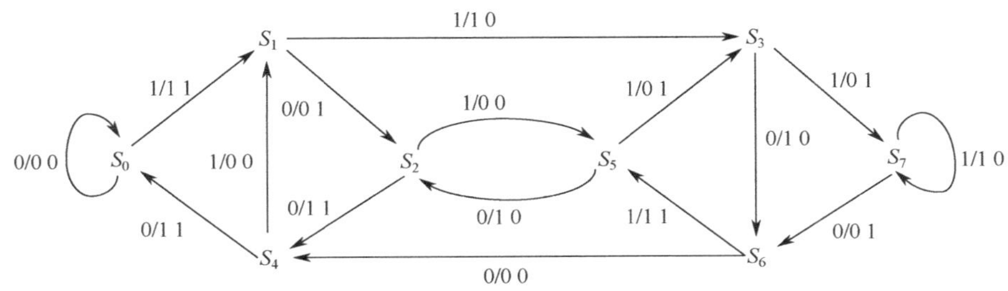

图 10-6　(2, 1, 3)卷积码的状态转移图

表 10-3　(2, 1, 3)卷积码的输入、状态和输出

时　序	0	1	2	3	4	5	6	7	8
输　入		1	0	1	1	1	0	0	0
状　态	S_0	S_1	S_2	S_5	S_3	S_7	S_6	S_4	S_0
输　出		1 1	0 1	0 0	0 1	0 1	0 1	0 0	1 1

■

10.4　卷积码的网格图表示

由状态转移图可以进一步得到卷积码的网格图表示。

例 10-9：如图 10-7 所示为(3, 1, 2)卷积码的编码电路，其状态转移图如图 10-8 所示，4 个状态分别是 $S_0=(b_0, b_1)=(0\ 0)$，$S_1=(b_0, b_1)=(1\ 0)$，$S_2=(b_0, b_1)=(0\ 1)$，$S_3=(b_0, b_1)=(1\ 1)$。该系统的网格如图 10-9 所示，从左向右表示时间的推进，每个状态 S_i 都有上、下两个支路输出，上支路表示输入 1 对应的输出，下支路表示输入 0 对应的输出。以输入序列 $\boldsymbol{u}$=(1 0 1 1 1)为例，补充两个 0 用来清空寄存器，因此总输入序列为(1 0 1 1 1 0 0)。在这个输入序列的作用下，系统的转移路径如图 10-9 中的虚线所示。因此，总的输出为 $\boldsymbol{v}$=(1 1 1, 1 0 1, 1 0 0, 0 1 0, 0 0 1, 1 1 0, 0 1 1)。

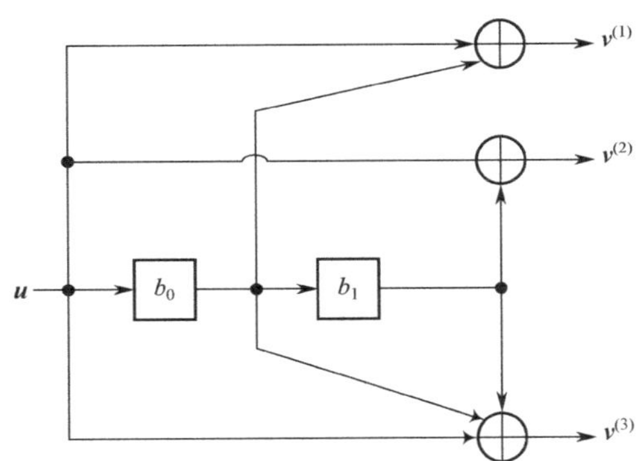

图 10-7　(3, 1, 2)卷积码的编码电路

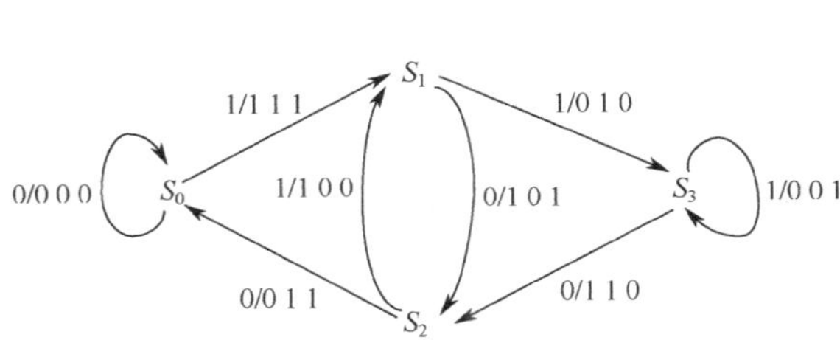

图 10-8　(3, 1, 2)卷积码的状态转移图

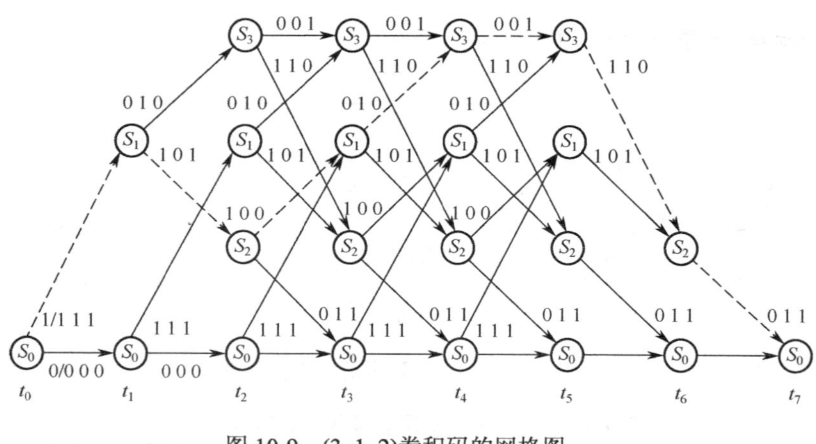

图 10-9 (3, 1, 2)卷积码的网格图 ■

一般地，对于(*n*, *k*, *m*)卷积码，网格图中每个状态应该有 2^k 个输出分支，分别对应某时刻 *k* bit 的各种可能取值，这种网格图的结构会比较复杂。

10.5 维特比译码

基于卷积码的网格图表示可以得到一种非常高效的卷积码译码方法。该方法以其提出者名字命名，称为维特比（Viterbi）译码。以一个例子来演示其操作过程。

例 10-10：图 10-10 是(2, 1, 2)卷积码的编码电路，其状态转移图和网格图分别如图 10-11 和图 10-12 所示。假设发送的信息序列为 ***u***=(1 0 1 1 1 0 0)，编码生成的码字为 ***v***=(1 1, 1 0, 0 0, 0 1, 1 0, 0 1, 1 1)，经过信道传输后，假设接收到的码字为 ***r***=(1 0, 1 0, 0 0, 0 1, 1 1, 0 1, 1 1)，也就是说第 2 比特位和第 10 比特位发生了错误，注意左侧比特先输出。

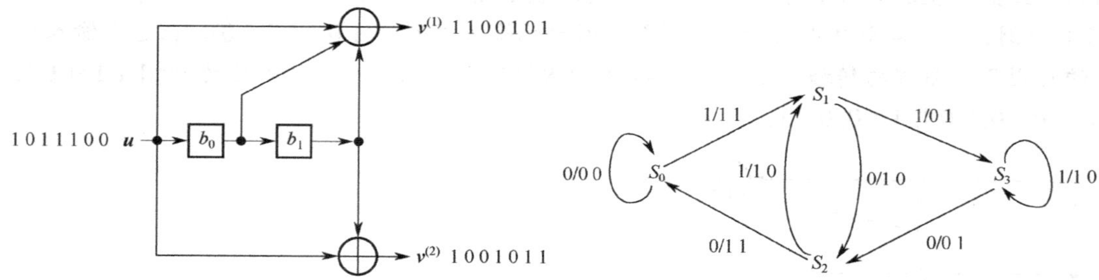

图 10-10 (2, 1, 2)卷积码的编码电路

图 10-11 (2, 1, 2)卷积码的状态转移图

在接收端，系统从状态 S_0 出发，在 t_0 时刻接收码字(1 0)，沿着网格图向右有两条输出支路 $S_0 \rightarrow S_0$ 和 $S_0 \rightarrow S_1$，对应的输出码字分别为(0 0)和(1 1)，计算它们与接收码字的距离并存储在状态变量 *d* 中［见图 10-13（a）］。在 t_1 时刻接收码字(1 0)，从 S_0 和 S_1 出发各有两条输出支路，计算这些支路的输出与接收码字(1 0)的距离，并累加 S_0 和 S_1 各自存储的距离 *d*，结果存储在 t_2 时刻的 4 个状态 S_0、S_1、S_2、S_3 各自的状态变量 *d* 中，如图 10-13（b）

所示。

在 t_2 时刻系统接收码字(0 0)，将从 t_2 时刻的 4 个状态 S_0、S_1、S_2、S_3 跳转到 t_3 时刻的 4 个状态 S_0、S_1、S_2、S_3，从图 10-12 所示的网格图来看，t_3 时刻的 4 个状态 S_0、S_1、S_2、S_3 各自有两条输入路径。以 S_0 为例，其两条输入路径分别为 $S_0{\to}S_0$ 和 $S_2{\to}S_0$，对应的码字分别为(0 0)和(1 1)，计算这两个输出码字与接收码字(0 0)之间的距离，并累加 t_2 时刻 S_0 和 S_2 存储的距离 d，可得路径 $S_0{\to}S_0$ 总距离为 2，$S_2{\to}S_0$ 总距离为 3。依据最短距离准则，选择 $S_0{\to}S_0$ 作为 t_3 时刻状态 S_0 的输入路径，称为幸存路径，丢弃或删除路径 $S_2{\to}S_0$。基于同样的处理，可以为 t_3 时刻每个状态仅保留一条幸存路径，如图 10-13（c）所示。另外，由于从 t_2 时刻 S_3 状态发出的两条路径都被删除，因此把该状态从幸存路径中删除。基于同样的处理，可以为 t_4、t_5 时刻的每个状态生成一条幸存路径，如图 10-13（d）和图 10-13（e）所示。

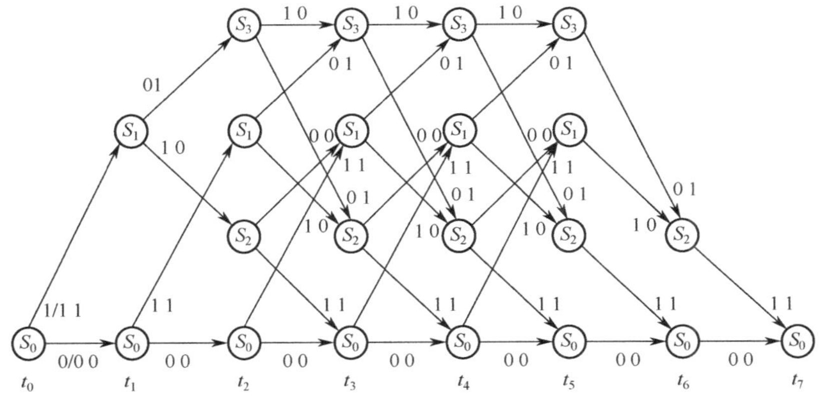

图 10-12　(2, 1, 2)卷积码的网格图

到了 t_6 时刻，网格图仅有两个状态 S_0、S_2，采用同样的方法生成这两个状态各自的幸存路径，并记录状态变量 d，如图 10-13（f）所示。同理，可得 t_7 时刻状态 S_0 的唯一一条幸存路径，如图 10-13（g）所示。该路径为 $S_0{\to}S_1{\to}S_2{\to}S_1{\to}S_3{\to}S_3{\to}S_2{\to}S_0$，该路径所对应的输入序列正好为 $\boldsymbol{u}$=(1 0 1 1 1 0 0)。

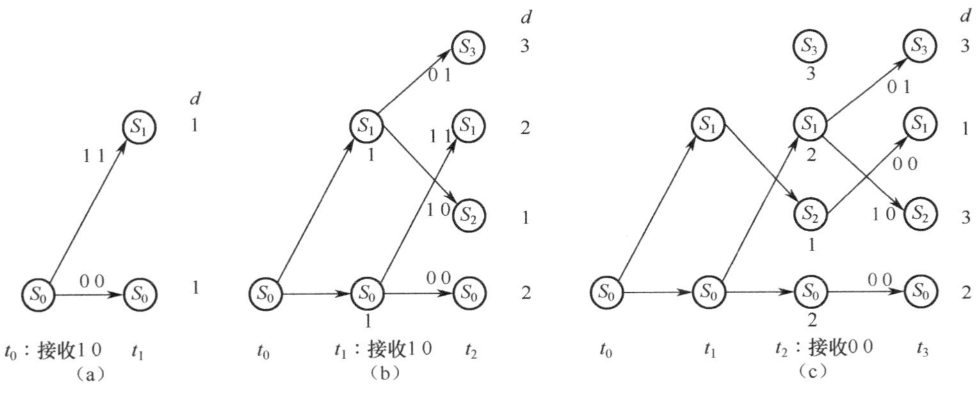

图 10-13　(2, 1, 2)卷积码的维特比译码过程

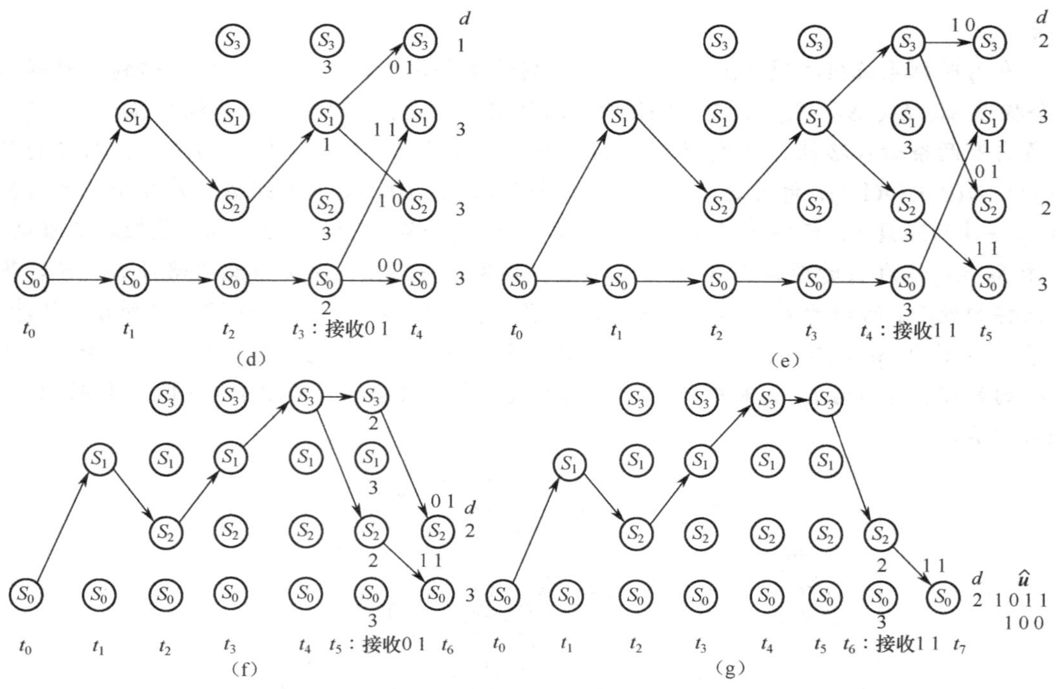

图 10-13 (2, 1, 2)卷积码的维特比译码过程（续）

需要说明的是，在某时刻为某一状态从两条输入路径中选择幸存路径时，有可能出现两条输入路径的累积距离相等的可能，如图 10-13（d）中在为 t_4 时刻状态 S_2 选择幸存路径时，两条输入路径 $S_1 \to S_2$ 和 $S_3 \to S_2$ 的累积距离都等于 3，此时任选一条即可，不会影响最后的译码结果。■

最后，总结维特比译码的基本思想是，“接收一段，比较一段，选择一段。”这是一种串行计算方法，其效率远比计算和比较 2^{kL} 个码字与接收矢量 $\boldsymbol{r}$ 之间的汉明距离要高。

10.6 本章小结

与线性分组码不同，卷积码采用的不是批处理的工作方式，其某一时刻的输出不仅和该时刻的输入有关，还和之前若干时刻的输入有关，因此卷积码具有记忆性。卷积码的编码电路是一种抽头移位寄存器电路，其参数为(n, k, m)，其中，n 代表输出支路的个数，k 代表输入支路的个数，m 代表记忆阶数（等于各个输入支路对应的移位寄存器个数的最大值）。卷积码的编码电路是一个线性系统，其输出序列 $\boldsymbol{v}$ 等于输入序列 $\boldsymbol{u}$ 和单位冲激响应 $\boldsymbol{g}$ 的卷积，故命名为卷积码。由卷积码的编码电路可以很容易得到卷积码的多项式表示，这相当于变换域表示，输出多项式 $v(D)$等于输入多项式 $u(D)$和生成多项式 $g(D)$的乘积。此外，卷积码还有状态图表示和网格图表示。基于后者，本章介绍了著名的维特比译码，这是一种高效的串行译码方法。

习　题

1. 请给出在图 10-10 中(2, 1, 2)卷积码编码器的生成序列和生成多项式，计算信息序列(1 1 0 0 1 0 1 1)对应的输出序列。
2. 某卷积码的生成多项式为 $g^{(1)}(D)=1+D+D^3$ ， $g^{(2)}(D)=1+D^2+D^3$ ， $g^{(3)}(D)=1+D+D^2+D^3$ ，请确定参数 (n, k, m)，并绘制编码器电路。
3. 对于如图 10-10 所示的(2, 1, 2)卷积码编码器，设输入序列仍然是 $\boldsymbol{u}$=(1 0 1 1 1 0 0)，经过信道传输后，接收序列的第 4 比特位和第 8 比特位发生了错误，请给出维特比译码过程。
4. 某(3, 1, 5)系统卷积码的生成序列为 $\boldsymbol{g}^{(2)}$=(1 0 1 1 0 1)，$\boldsymbol{g}^{(3)}$=(1 1 0 0 1 1)，请画出其编码器电路。
5. 请自行设计一个(2, 2, 3)卷积码编码器的电路。

第11章

多用户信息论

前面 10 章讨论了单信源的信源编码问题和单链路连接的单源单宿通信系统的信道容量问题。一个很自然的想法，同时也是在实际应用中广泛存在的问题是：对多信源进行数据压缩和在多链路通信系统中进行数据传输的理论极限是什么？这就是多用户信息论要解决的问题。

11.1 相关信源编码

考虑这样一个问题：在通信系统中存在两个离散的、统计相关的信源$(X, Y)\sim p(x, y)$，根据无失真信源编码定理，对(X, Y)进行无失真联合编码所需的最小码率为$H(X, Y)$。但在很多应用中，两个信源可能位于空间上相距较远的两个地方，无法进行联合编码，或者为了联合编码需要交互信息的代价太大，所以只能对 X 和 Y 单独进行编码，如果仍然要无失真重建 X 和 Y，那么所需的最小码率等于多少？

显然，码率等于$H(X)$和$H(Y)$的码可以分别无失真地重建 X 和 Y，所以$H(X)+H(Y)$的码率对于重建 X 和 Y 是充分的，但有没有可能以低于$H(X)+H(Y)$的码率无失真地重建 X 和 Y 呢？答案是肯定的。Slepian 和 Wolf 在 1973 年的论文中指出：对相关信源(X, Y)进行分布式编码，无失真地重建 X 和 Y 所需的最小码率仍然等于$H(X, Y)$。这个结论是很有意义的，它说明对相关信源进行单独分布式编码和集中联合式编码具有同样的效果，而前者在复杂度、通信代价、鲁棒性、灵活性等方面比后者更具优势，尤其适合应用于无线传感器网络、协作通信、移动自组织网络等分布式网络中。下面首先给出 Slepian-Wolf 码的定义和 Slepian-Wolf 定理。

定义 11-1：相关信源(X, Y)的$\left[(2^{nR_1},2^{nR_2}), n\right]$分布式信源码包括两个编码映射

$$f_1：\mathcal{X}^n \to \{1, 2,\cdots, 2^{nR_1}\}$$
$$f_2：\mathcal{Y}^n \to \{1, 2,\cdots, 2^{nR_2}\}$$

和一个译码映射

$$g:\{1, 2,\cdots, 2^{nR_1}\}\times\{1, 2,\cdots, 2^{nR_2}\}\to\mathcal{X}^n\times\mathcal{Y}^n$$

其中，$\mathcal{X}$ 和 $\mathcal{Y}$ 分别表示 X 和 Y 的信源符号的字母集，X^n 和 Y^n 分别表示 n 长符号序列，$f_1(X^n)$和$f_2(Y^n)$分别把 X^n 和 Y^n 映射为$1\sim 2^{nR_1}$及$1\sim 2^{nR_2}$的索引号，(R_1, R_2)表示码率对。

定义 11-2：相关信源的分布式信源码的**错误概率**为

$$P_E^{(n)} = P\left[g\left(f_1(X^n), f_2(Y^n)\right) \neq (X^n, Y^n)\right]$$

定义 11-3：对于相关信源(X, Y)，如果存在平均译码错误概率$P_E^{(n)} \to 0$的$\left[(2^{nR_1},\ 2^{nR_2}), n\right]$分布式信源码，则称码率对$(R_1, R_2)$是**可达的**，所有可达的码率对$(R_1, R_2)$构成的集合的闭包称为**可达码率域**。

最简单的针对单符号信源的 Slepian-Wolf 码的编译码系统如图 11-1 所示。

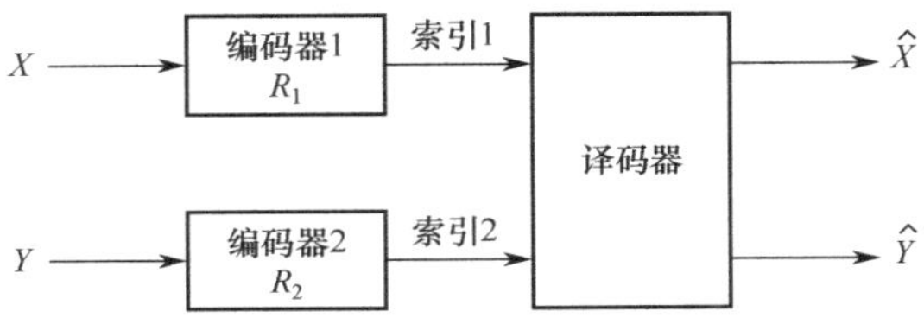

图 11-1　Slepian-Wolf 码的编译码系统

定理 11-1（Slepian-Wolf 定理）：对于相关信源$(X, Y) \sim p(x, y)$进行分布式编码的可达码率域满足

$$R_1 \geqslant H(X|Y) \tag{11-1}$$

$$R_2 \geqslant H(Y|X) \tag{11-2}$$

$$R_1 + R_2 \geqslant H(X, Y) \tag{11-3}$$

对该定理的证明需要用到多随机变量的联合典型序列和随机装箱的思想，证明过程比较抽象复杂，此处从略，感兴趣的读者请参阅文献［6］。

式（11-1）～式（11-3）说明对相关信源进行如图 11-1 所示的单独编码和联合译码，在无失真重建的要求下，X的码率从$H(X)$降为$H(X|Y)$，Y的码率从$H(Y)$降为$H(Y|X)$，二者的码率和的下限与联合编译码的下限相等，等于$H(X, Y)$。这一方面说明在译码器中X和Y互相为对方提供一定量的信息帮助对方译码，从而降低了对方的码率，称这种互相为对方提供的信息为**边信息（Side Information）**；另一方面说明，对X和Y进行单独分布式编码和联合编译码具有相同的码率下限$H(X, Y)$。

由式（11-1）～式（11-3）确定的可达码率域如图 11-2 所示。其中，在可达容量域中任意一点所对应的码率对(R_1, R_2)都是可达的，也就是说，存在平均译码错误概率$P_E^{(n)} \to 0$的$\left(\left(2^{nR_1},\ 2^{nR_2}\right), n\right)$分布式信源码。在可达容量域有两个角点$A$和$B$，$A$点对应$R_1 = H(X)$，$R_2 = H(Y|X)$，这相当于$X$以自己的熵率$H(X)$编码，而$Y$则以低于自己的熵率$H(Y)$编码，但在$X$提供的边信息的帮助下，$Y$依然可以精确重建；反之，对于$B$点亦然。$A$、$B$两点对应着一个信源以自己的熵率进行压缩，另一个信源以低于自己熵率的码率进行压缩，两个信源在编码过程中角色不同，但译码器对这两个信源都可以精确重建，称这种工作模式为非对称 Slepian-Wolf 编码。如果工作点位于AB连线上的某一点，则两个信源都以低于自己熵率的码率进行压缩，称这种工作模式为准对称 Slepian-Wolf 编码。特别地，如果工作点位于AB连线的中点，即两个信源都以码率$H(X, Y)/2$进行压缩，则称为对称 Slepian-Wolf 编码。

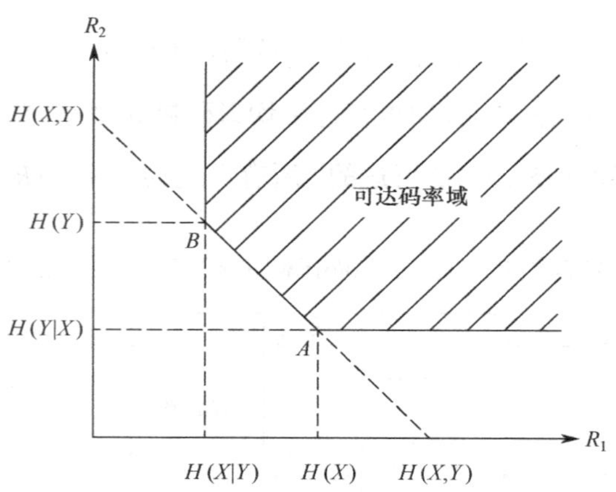

图 11-2 相关信源分布式编码的可达码率域

例 11-1： $\boldsymbol{X}$ 和 $\boldsymbol{Y}$ 分别是两个三重比特串信源，等概地取 8 个可能的比特串，但二者不独立，当 $\boldsymbol{y}=(y_1, y_2, y_3)$ 时，$\boldsymbol{x}$ 等概地取值于$(y_1\ y_2\ y_3,\ \overline{y_1}\ y_2\ y_3,\ y_1\ \overline{y_2}\ y_3,\ y_1\ y_2\ \overline{y_3})$，所以有 $H(Y)=3$，$H(X|Y)=2$。对这对相关信源进行联合编码的方案如图 11-3 所示。其中，$b_1=y_1$，$b_2=y_2$，$b_3=y_3$，$b_4\ b_5$ 取值 0 0, 0 1, 1 0, 1 1 分别代表(x_1, x_2, x_3)所取的 4 个序列，由于信源一共有 32 个可能的、等概的符号序列，所以码率为 $R=H(X, Y)=5$bit/符号序列即可实现无失真重建。

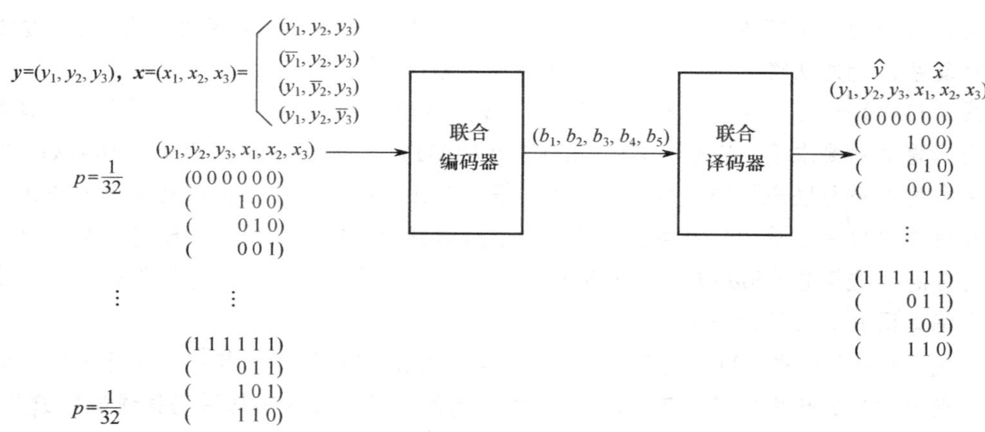

图 11-3 对相关信源进行联合编码的方案

根据 Slepian-Wolf 定理，对 $\boldsymbol{X}$ 和 $\boldsymbol{Y}$ 进行分布式编码，也存在 $R_1+R_2=H(X, Y)=5$ 的无失真编码方案，该方案如图 11-4 所示。在编码器 1 中，信源 $\boldsymbol{y}$ 的 3bit 直接输出。此外，分析 $\boldsymbol{x}$ 和 $\boldsymbol{y}$ 的约束关系可知，$\boldsymbol{y}$ 相当于 $\boldsymbol{x}$ 最多发生 1bit 错误的结果，所以可以把编码器 2 和联合译码器设计成能纠正 1bit 错误的线性分组码，借助于 $\boldsymbol{y}$ 的边信息重建 $\boldsymbol{x}$。该线性分组码的校验矩阵为

$$\boldsymbol{H}=\begin{bmatrix}1 & 1 & 0\\ 1 & 0 & 1\end{bmatrix}$$

应用 $\boldsymbol{H}$ 可以把全部 8 个三重比特串划分为 4 个陪集，即{0 0 0, 1 1 1}、{0 0 1, 1 1 0}、{0 1

0, 1 0 1}、{1 0 0, 0 1 1}，对应的伴随式分别是(0 0)、(0 1)、(1 0)、(1 1)。编码器 2 把 $\boldsymbol{x}$ 对应的伴随式输出，联合译码器则根据伴随式 $\boldsymbol{s}$ 确定陪集，并依据最小距离译码准则译出 $\boldsymbol{x}$ 的估计值。如系统输入为 $\boldsymbol{x}$=(1 1 1)，$\boldsymbol{y}$=(1 1 0)，则伴随式为 $\boldsymbol{s}$=(0 0)，对应的陪集为{0 0 0, 1 1 1}，与 $\boldsymbol{y}$=(1 1 0)距离最小的码字为(1 1 1)，由此重建 $\boldsymbol{x}$。本例说明单独编码、联合译码可以达到和联合编译码相同的压缩效率。

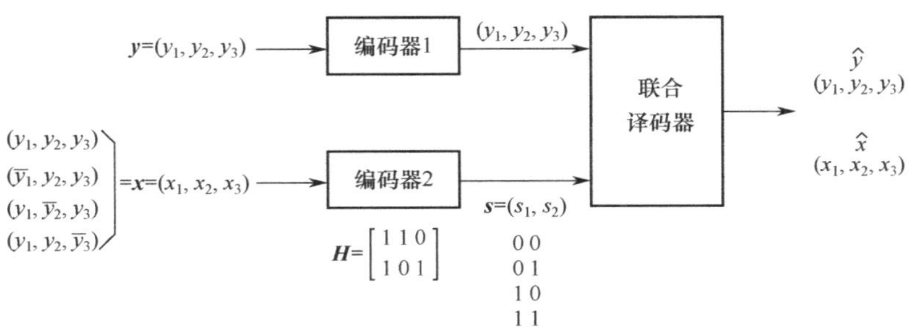

图 11-4　对相关信源的分布编码 ■

11.2　具有边信息的信源编码

考虑一个与相关信源编码非常相似的问题：对两个离散的统计相关的随机变量 X 和 Y 分别进行编码，但与 11.1 节不同的是，本节只需要重建 X，Y 的作用仅是为 X 的重建提供边信息。那么，如果 Y 的码率为 R_2，则无失真重建 X 的最小码率 R_1 应该为多少？

一个极端是 $R_2 \geqslant H(Y)$，那么 Y 可以无失真地重建，根据 11.1 节的结论，$R_1 \geqslant H(X|Y)$；另一个极端是 $R_2=0$，相当于 Y 没有提供任何边信息给 X，那么译码器必须在没有任何帮助的情况下重建 X，所以 $R_1 \geqslant H(X)$。当 R_2 取值介于$(0, H(Y))$时，如果以 $\hat{Y}$ 表示 Y 的估计值，则译码器获得的关于 Y 的信息量 $R_2=I(Y;\hat{Y})$。这部分信息量作为边信息用于为 X 译码，因此有 $R_1 \geqslant H(X|\hat{Y})$。

定理 11-2： $(X, Y)\sim p(x, y)$，X 和 Y 分别以码率 R_1 和 R_2 进行信源编码，则当且仅当满足下面条件时，可以任意小的概率重建 X。

$$R_1 \geqslant H(X|Z) \tag{11-4}$$

$$R_2 \geqslant I(Y;Z) \tag{11-5}$$

其中，Z 为离散型随机变量，使得 $X \to Y \to Z$ 构成马尔可夫链，即 $p(x, y, z)=p(x, y)p(z|y)$。另外，$\|Z\| \leqslant \|Y\|+2$。

11.3　多址接入信道

多输入、单输出的信道被称为多址接入信道。在多址接入信道中，某信源消息在传输过程中可能同时受到噪声和其他信源消息的干扰。最简单的多址接入信道是二址接入信道，如图 11-5 所示。

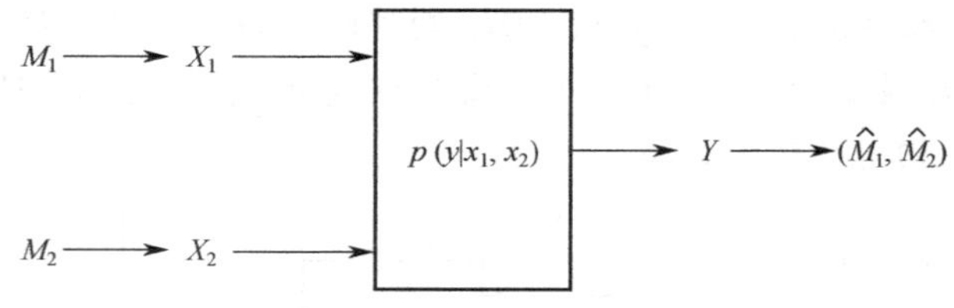

图 11-5　二址接入信道

定义 11-4：离散无记忆二址接入信道由字母集 $\mathcal{X}_1$、$\mathcal{X}_2$ 和 $\mathcal{Y}$，以及概率转移函数 $p(y|x_1, x_2)$构成。

定义 11-5：二址接入信道的信道码$\left[(2^{nR_1}, 2^{nR_2}), n\right]$包括消息集合 $\mathcal{M}_1=\{1, 2,\cdots, 2^{nR_1}\}$ 和 $\mathcal{M}_2=\{1, 2,\cdots, 2^{nR_2}\}$ 到信道码字序列的编码映射，即

$$X_1\text{：}\mathcal{M}_1\to\mathcal{X}_1{}^n$$

$$X_2\text{：}\mathcal{M}_2\to\mathcal{X}_2{}^n$$

还包括信道输出符号序列到消息的译码映射，即

$$g\text{：}\mathcal{Y}^n\to\mathcal{M}_1\times\mathcal{M}_2$$

假设两个信源彼此独立，消息(M_1, M_2)在 $\mathcal{M}_1\times\mathcal{M}_2$ 空间中均匀分布，则二址接入信道的平均译码错误概率为

$$P_{\mathrm{E}}^{(n)}=\frac{1}{2^{n(R_1+R_2)}}\sum_{(M_1,M_2)}P\{g(Y^n)\neq(M_1,M_2)\,|\,(M_1,M_2)\text{ 被发送}\}\tag{11-6}$$

定义 11-6：对于二址接入信道，如果存在平均译码错误概率 $P_{\mathrm{E}}^{(n)}\to0$ 的$\left[(2^{nR_1}, 2^{nR_2}), n\right]$信道码，则称码率对$(R_1, R_2)$是**可达的**，所有可达的码率对$(R_1, R_2)$构成的集合的闭包称为**可达容量域**。

定理 11-3（二址接入信道的可达容量域）：对于二址接入信道$\left[\mathcal{X}_1\times\mathcal{X}_2, p(y|x_1, x_2), \mathcal{Y}\right]$，码率对$(R_1, R_2)$的可达容量域是满足如下不等式组的凸壳的闭包。

$$R_1\leqslant I(X_1;Y|X_2)\tag{11-7}$$

$$R_2\leqslant I(X_2;Y|X_1)\tag{11-8}$$

$$R_1+R_2\leqslant I(X_1, X_2;Y)\tag{11-9}$$

与信道容量相似，(R_1, R_2)可达容量域的上界对应某种乘积概率分布 $p(x_1)p(x_2)$。二址接入信道的可达容量域如图 11-6 所示，除角点 A 和角点 D 外，还有角点 B 和角点 C，分别对应

$$I(X_1, X_2;Y)=I(X_1;Y)+I(X_2;Y|X_1)$$

$$I(X_1, X_2;Y)=I(X_2;Y)+I(X_1;Y|X_2)$$

例 11-2：二址接入信道由两个独立的 BSC 信道组成，一个用于传输信源 X_1，其转移概率等于 p_1；另一个用于传输信源 X_2，其转移概率等于 p_2。由于两个信源彼此无干扰，所以 R_1 和 R_2 分别可达各自的信道容量 $1-H(p_1)$和 $1-H(p_2)$，其可达容量域如图 11-7 所示。

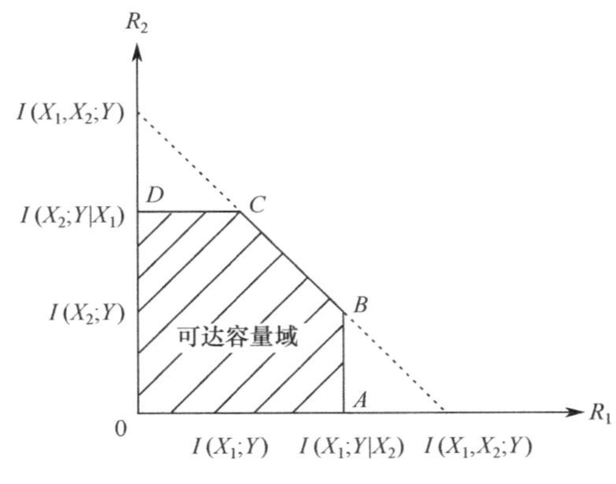

图 11-6 二址接入信道的可达容量域

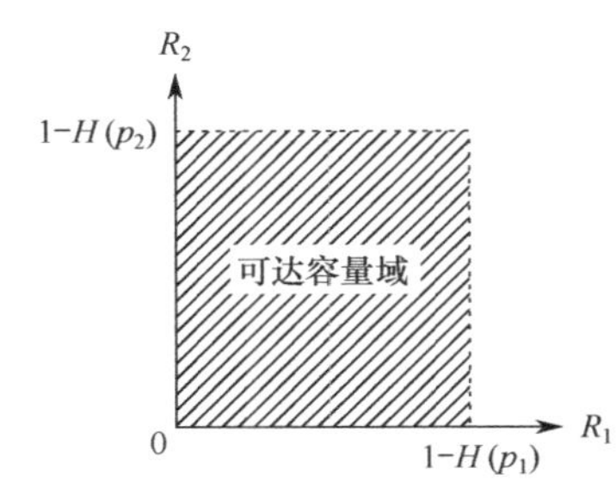

图 11-7 独立二址接入信道的可达容量域

■

例 11-3：二址乘性信道，两个输入为二元随机变量 X_1 和 X_2，输出 $Y=X_1X_2$，试计算 R_1 和 R_2 的可达容量域。当 $X_2=1$ 时，信道可以无错误地传输 X_1，其码率为 1bit/信道符号；反之，当 $X_1=1$ 时，信道可以无错误地传输 X_2，其码率也为 1bit/信道符号。因为输出 Y 是二元符号，所以 $R_1+R_2\leqslant 1$，采用时分多址接入的方式可以实现 $R_1+R_2=1$，所以二址乘性信道的可达容量域如图 11-8 所示。

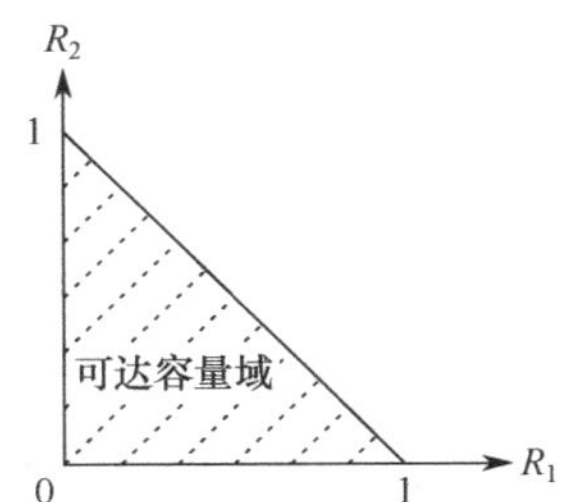

图 11-8 二址乘性信道的可达容量域

■

例 11-4：二址加性信道，两个输入为二元随机变量 X_1 和 X_2，输出 $Y=X_1+X_2$，试计算 R_1 和 R_2 的可达容量域。当 $X_2=0$ 时，信道可以无错误地传输 X_1，其码率为 R_1=1bit/信道符号，同理可得 R_2=1bit/信道符号，这对应着容量域的两个角点。此外，有

$$R=R_1+R_2\leqslant I(X_1,X_2;Y)=H(Y)-H(Y|X_1,X_2)=H(Y)$$

假设 X_1 的先验概率为 $\left[p_1,(1-p_1)\right]$，X_2 的先验概率为 $\left[p_2,(1-p_2)\right]$，3 个随机变量的各种概率分布如图 11-9 所示，根据 Y 的概率分布可得

$$H(Y)=H\left[p_1p_2,p_1+p_2-2p_1p_2,(1-p_1)(1-p_2)\right]$$

当 $p_1=p_2=0.5$ 时，$H(Y)$ 达到最大值 3/2，所以 $R_1+R_2\leqslant 3/2$。二址加性信道的可达容量域如图 11-10 所示。

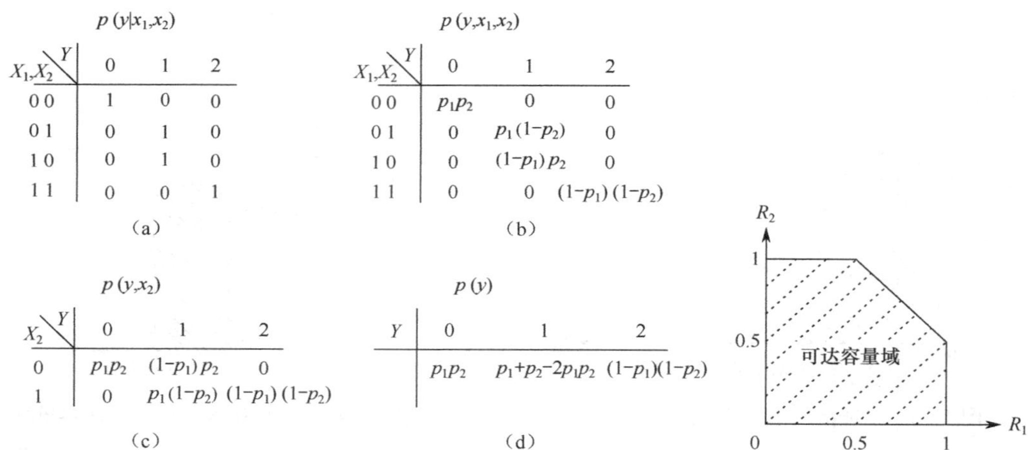

$p(y|x_1,x_2)$

X_1,X_2 \ Y	0	1	2
0 0	1	0	0
0 1	0	1	0
1 0	0	1	0
1 1	0	0	1

(a)

$p(y,x_1,x_2)$

X_1,X_2 \ Y	0	1	2
0 0	p_1p_2	0	0
0 1	0	$p_1(1-p_2)$	0
1 0	0	$(1-p_1)p_2$	0
1 1	0	0	$(1-p_1)(1-p_2)$

(b)

$p(y,x_2)$

X_2 \ Y	0	1	2
0	p_1p_2	$(1-p_1)p_2$	0
1	0	$p_1(1-p_2)$	$(1-p_1)(1-p_2)$

(c)

$p(y)$

Y	0	1	2
	p_1p_2	$p_1+p_2-2p_1p_2$	$(1-p_1)(1-p_2)$

(d)

图 11-9　3 个随机变量的各种概率分布

图 11-10　二址加性信道的可达容量域

■

11.4　广播信道

广播信道与多址接入信道相反，是单输入、多输出的信道。典型的例子是城市电台的音频节目广播，节目从广播电台的发射机发出，分布在城市各处的收音机都可以收到该节目。但电台广播是一种狭义广播，在这种应用中，所有接收者收到的都是相同的信息，对于每个接收者来说，信道转移概率矩阵都相同，因此和单个接收端的点到点通信没什么区别。信息论讨论的广播是指把来自不同信源的信息合成一个信号，经同一个广播信道传输后，由不同接收端译码并获得各自需要的信息。最简单的广播信道是二输出广播信道，如图 11-11 所示。

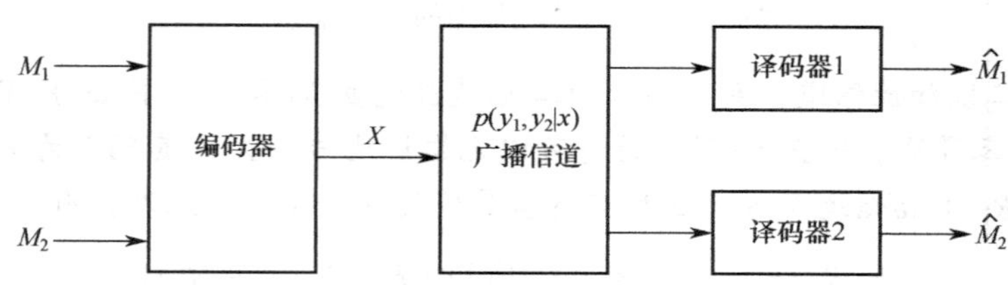

图 11-11　二输出广播信道

定义 11-7：离散二输出广播信道由输入字母集 $\mathcal{X}$ 和两个输出字母集 $\mathcal{Y}_1$、$\mathcal{Y}_2$，以及概率转移函数 $p(y_1,y_2|x)$构成。对于 n 次扩展信道，如果满足 $p(y_1^n,y_2^n\,|\,x^n)=\prod\limits_{i=1}^{n}p(y_{1i},y_{2i}\,|\,x_i)$，则为无记忆信道。

定义 11-8：广播信道的信道码$\left[(2^{nR_1},\ 2^{nR_2}),n\right]$包括消息集 $\mathcal{M}_1=\{1,2,\cdots,2^{nR_1}\}$ 和 $\mathcal{M}_2=\{1,2,\cdots,2^{nR_2}\}$ 到信道码字序列的编码映射，即

$$\mathcal{X}\text{：}\mathcal{M}_1\times\mathcal{M}_2\to\mathcal{X}^n$$

还包括信道输出符号序列到消息的译码映射，即

$$g_1\text{：}\mathcal{Y}_1{}^n\to\mathcal{M}_1$$

$$g_2\text{：}\mathcal{Y}_2{}^n\to\mathcal{M}_2$$

广播信道的平均译码错误概率为

$$P_{\rm E}^{(n)}=P[g_1(Y_1^n)\neq M_1\text{ 或 }g_2(Y_2^n)\neq M_2] \tag{11-10}$$

定义 11-9：对于二输出广播信道，如果存在平均译码错误概率 $P_{\rm E}^{(n)}\to 0$ 的 $\left[(2^{nR_1},2^{nR_2}),n\right]$ 信道码，则称码率对(R_1,R_2)是**可达的**，所有可达的码率对(R_1,R_2)构成的集合的闭包称为**可达容量域**。

一般的广播信道的可达容量域问题在理论上还没有完全得到解决，但下面介绍的退化的广播信道的可达容量域问题已经基本得到解决。

定义 11-10：信道转移概率满足 $p(y_1,y_2|x)=p(y_1|x)p(y_2|y_1)$的广播信道称物理退化广播信道。如果广播信道的条件边缘概率分布与一个物理退化广播信道的条件边缘概率分布相同，即

$$p(y_2\mid x)=\sum_{y_1}p(y_1\mid x)p'(y_2\mid y_1)$$

则称为随机退化广播信道。

需要说明的是，广播信道的可达容量域仅和条件边缘概率分布有关，因此随机退化广播信道和物理退化广播信道的可达容量域相同。

定理 11-4（物理退化广播信道的可达容量域）：物理退化广播信道 $X\to Y_1\to Y_2$ 的可达容量域是满足如下不等式组的凸壳的闭包。

$$R_2\leqslant I(U;Y_2) \tag{11-11}$$

$$R_1\leqslant I(X;Y_1|U) \tag{11-12}$$

其中，上界对应某种联合概率分布 $p(u)p(x|u)p(y_1,y_2|x)$，且辅助随机变量 U 的基数 $\|U\|\leqslant\min\{\|\mathcal{X}\|,\|\mathcal{Y}_1\|,\|\mathcal{Y}_2\|\}$。

11.5　中继信道

中继信道由 1 个信源节点、1 个信宿节点和若干个中间节点构成，中间节点以中继接力的方式帮助信源、信宿完成通信，典型应用场景包括微波中继通信、卫星中继通信等。最简单的中继信道仅包括 1 个中继节点，如图 11-12 所示。该信道包括 4 个字母集 $\mathcal{X}$、$\mathcal{X}_1$、$\mathcal{Y}$、$\mathcal{Y}_1$，以及转移概率 $p(y_1,y|x_1,x)$，x 和 y 分别代表信道的输入、输出符号，y_1 是中继节点观察到的符号，x_1 是中继节点发送给信宿节点的符号。可见，如图 11-12 所示的中继信道相当于 1 个广播信道和 1 个多址接入信道的级联。

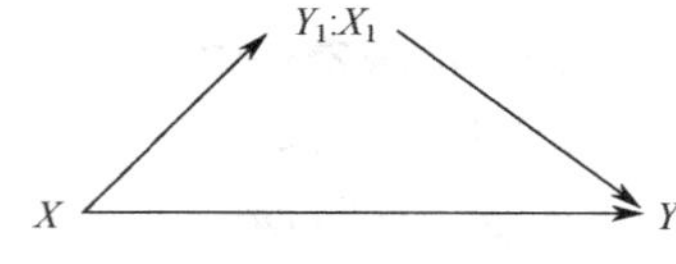

图 11-12　最简单的中继信道

定义 11-11：中继信道的信道码$(2^{nR}, n)$包括消息集$\mathcal{M}=\{1, 2, \cdots, 2^{nR}\}$到信道码字序列的编码映射，即 X：$\mathcal{M}\to\mathcal{X}^n$。

一组中继函数

$$x_{1i}=f_i(Y_{11}, Y_{12}, \cdots, Y_{1,i-1}),\quad 1\leqslant i\leqslant n$$

以及信道输出符号序列到消息的译码映射，即

$$g\text{：}\mathcal{Y}^n\to\mathcal{M}$$

中继信道的输出符号 x_1 依赖于中继节点过去的观察符号 $y_{11}, y_{12}, \cdots, y_{1(i-1)}$，系统是无后效的，因为输出符号$(Y_i, Y_{1i})$只通过当前的输入符号$(X_i, X_{1i})$与过去发生关系。因此，联合概率分布为

$$p(m,\boldsymbol{x},\boldsymbol{x}_1,\boldsymbol{y},\boldsymbol{y}_1)=p(m)\prod_{i=1}^{n}p(x_i\mid m)p(x_{1i}\mid y_{11},y_{12},\cdots,y_{1(i-1)})p(y_i,y_{1i}\mid x_i,x_{1i})$$

对于发送的消息$m\in[1,2^{nR}]$，有

$$\lambda(m)=P[g(Y)\neq m|\text{发送 } m]$$

$\lambda(m)$为发送 m 时的错误概率，则平均译码错误概率为

$$P_{\mathrm{E}}^{(n)}=\frac{1}{2^{nR}}\sum_{m}\lambda(m)$$

对于某个码率 R，如果存在平均译码错误概率 $P_{\mathrm{E}}^{(n)}\to 0$ 的$(2^{nR}, n)$信道码，则称 R 是可达的。所有可达的码率的上确界是中继信道的信道容量。

定理 11-5：中继信道$(\mathcal{X}\times\mathcal{X}_1, p(y_1, y|x_1, x), \mathcal{Y}\times\mathcal{Y}_1)$的容量上界满足

$$C\leqslant\sup_{p(x,x_1)}\min\{I(X,X_1;Y),I(X;Y,Y_1\mid X_1)\}\tag{11-13}$$

其中，上确界由在$\mathcal{X}\times\mathcal{X}_1$之上的所有联合概率分布求得。式（11-13）被称为割集限，来自图论中最大流最小割定理。对于一般的中继信道，尚无法证明割集上确界就等于信道容量，但对于一种退化中继信道，这个结论是成立的。

定义 11-12：信道转移概率满足$p(y_1, y|x_1, x)=p(y_1|x_1, x)p(y|y_1, x_1)$的中继信道称物理退化中继信道。

11.6　本章小结

把单信源的信源编码问题和单信道的信道传输问题加以扩展就成为多信源的信源编码问题和多链路通信系统的信道传输问题，称为多用户信息论。本章讨论了相关信源编码、具有边信息的信源编码、多址接入信道、中继信道、广播信道等问题。对于相关信源编码，

介绍了 Slepian-Wolf 定理和 Slepian-Wolf 域的概念；对于多址接入信道，指明信道可达容量域是一个凸区域，并举例演示了如何计算可达容量域；对于广播信道，讨论了物理退化广播信道的可达容量域；对于中继信道，讨论了物理退化中继信道的容量域的上确界。

习　　题

1．二址接入信道是一个模 2 和加法器，输入 X_1 和 X_2 是取值{0, 1}的二元随机变量，输出 $Y=X_1\oplus X_2$，求该信道的信道容量。

2．X_1 和 X_2 是两个信源，X_2 是 X_1 的函数，对 X_1 和 X_2 进行相关信源编码，求 Slepian-Wolf 域。

3．X_1 和 X_2 是两个独立的二元等概信源，$X_3=X_1\oplus X_2$，对 X_1 和 X_3 进行相关信源编码，求 X_1 和 X_3 的 Slepian-Wolf 域。

4．X_1 和 X_2 是两个相关的二元信源，其联合概率分布为

$$P(X_1,X_2)=\begin{array}{c} \\ 0 \\ 1 \end{array}\begin{array}{c} \begin{array}{cc} 0 & \quad 1 \end{array} \\ \begin{bmatrix} 1/3 & 1/3 \\ 0 & 1/3 \end{bmatrix} \end{array}$$

对 X_1 和 X_2 进行相关信源编码，求 X_1 和 X_2 的 Slepian-Wolf 域。

第12章 现代网络信息论

如果以香农1948年的论文*A Mathematical Theory of Communication*作为信息论的创立标志，至2018年，信息论已经经过了70年的发展历程。从研究对象和研究内容上看，信息论的发展大致经历了3个阶段。

第1个阶段：（1948—1970年），经典香农信息论发展期。这个阶段的主要研究对象是单信源压缩及单源、单宿通过单向链路进行信息传输的基本理论和性能极限，代表性成果是香农三大定理，本书前7章讨论的主要就是这个阶段的研究内容。

第2个阶段：（1970—2000年），多用户、多链路信息论发展期。最早由香农1961年在论文*Two-way Communication Channels*中讨论了双链路通信的信道可达容量域问题，首次把单链路信息论扩展到多链路，之后对信道的研究进一步扩展到多址接入信道、广播信道、反馈信道、中继信道等多链路信道上。此外，在这个时期还进行了多用户相关信源编码的研究。这个时期也可以看作网络信息论发展的初级阶段。本书第11章讨论的就是这个阶段的研究内容。

第3个阶段：（2000年至今），现代网络信息论发展期。以Ahlswede在2000年的论文*Network Information Flow*[26]中提出网络编码的概念为标志，信息论的发展进入现代网络信息论时期，这个阶段的主要研究内容是网络编码、网络容量域、基于网络的分布式存储、网络安全等，本书第12、13章将介绍这部分内容。

需要说明的是，有些早期的信息论专著中[6]，称第2个阶段的研究内容为网络信息论，但本书认为，多址接入信道、广播信道、中继信道等多链路信道虽然属于网络通信范畴，但从拓扑结构和网络规模上看，这些信道都只是网络通信中非常简单的部分，不适合作为网络通信的代表，因此第2个阶段的研究内容相当于网络信息论的初级阶段。第3个阶段的研究则涵盖了计算机网络和通信网络中各种复杂的网络结构，尤其引入了网络编码等先进的信息传输思想，更能体现网络信息论的内涵，因此这个阶段称为网络信息论的高级阶段。为了与第2个阶段相区别，本书称第3个阶段的信息论为现代网络信息论。另外，上述3个阶段的划分是粗略的，有很多课题的研究没有明确的时间节点，是贯穿信息论发展始终的，如各类型信源编译码方法和纠错码的设计及对好码的寻找等。

本章将进入本书的第2部分——现代网络信息论。这部分信息论讨论的网络范畴非常广泛，从传输介质上看包括有线网和无线网，从传输机制上看包括编码网络和路由网络，从业务模式上看包括单播、组播和混合网络，从网络类型上看包括无线自组织网络、传感器网络、内容发布网络等，从应用上看包括网络传输、网络存储、网络安全、网络纠错等。正如在前言中所说的，网络信息论还处于发展过程中，远不如经典香农信息论成熟，所以本书旨在对这部分进行导引而非综述，只介绍网络编码的基础理论与应用，主要讨论网络编码传输机制和网络容量域，不涉及网络存储、网络安全等内容。

12.1 网络编码基本思想

随着“三网（电信网、广电网和计算机网）融合”的推进，现代通信网络逐步统一到了基于 IP 的网络架构上。IP 路由技术是现代通信网络的基石，现有的各种规模的网络，大到 Internet，小到城域网、校园网都是基于路由传输的。路由网络以数据包作为基本传输单元，网络层采用路由传输机制。所谓“路由”，本质上就是“**存储—转发**”，数据包在网络中传输时，中间节点接收来自上游节点的数据包，根据某种路由算法事先确定的路径，把数据包或其副本转发给某个或某几个下游节点，这样一级一级地向后传输，直到数据包到达信宿，完成一次传输。由此可见，路由网络的工作原理与现代邮政系统或物流系统非常相似，唯一不同的是后两者作为物理实体传输网络，不存在复制功能，而路由网络作为一种信息传输网络，其中间节点可以把数据包复制多份，向多个下游节点转发。

邮政网络这种物理实体网络不仅不允许对邮包进行复制，还有一个更鲜明的特点就是不允许改变邮包的内容，原始邮包必须原封不动地从信源传递给信宿，中间节点只被允许增加或删减一些附加信息，如下一站地址等。路由网络也具有这样的特点，数据包在路由网络中传输时，除可以增加或删减一些包头、包尾等附加信息外，不允许改变数据包中原始的数据字段的内容。当网络中有多个数据包共存时，各数据包要按照自己的路径进行传输，不允许把不同的数据包进行融合、运算生成新的数据包。

路由这种不允许改变数据包内容的工作机制在实际网络中被广泛应用，也已经被人们广泛接受。然而，随着 2000 年网络编码概念的提出，科研和工程技术人员开始意识到路由在某些应用中是次优的传输方案，它限制了中间节点的处理能力，不利于充分释放网络潜能。相反，在网络编码系统中，中间节点采用的是“**存储—编码—转发**”的传输策略，其中，编码是指中间节点对收到的数据包进行组合、运算和编码等操作，从而生成新的数据包向下游节点发送。下面以两个简单的例子来演示网络编码的基本思想。

例 12-1（蝶形网络）：如图 12-1 所示为蝶形组播网络，信源 S 向两个信宿 R_1 和 R_2 同时传输两个符号 $x_1, x_2 \in \mathrm{GF}(2)$。观察边 CD，如果采用路由策略，则 CD 需要被分时使用两次，一次传 x_1 并经由 DR_2 边传递给 R_2 节点，一次传 x_2 并经由 DR_1 边传递给 R_1 节点，从而完成组播传输。如果采用编码策略，如图 12-1 所示，当节点 C 收到 x_1 和 x_2 后，可以把符号 x_1+x_2 由 CD 边和 DR_1 边传递给 R_1 节点，该节点还从 AR_1 边收到符号 x_1，所以通过简单的代数运算即可计算出 x_2。同理，R_2 节点也可以收到 x_2 并解析出 x_1。显然，编码策略只使用一次 CD 边，传输效率高于路由策略。 ■

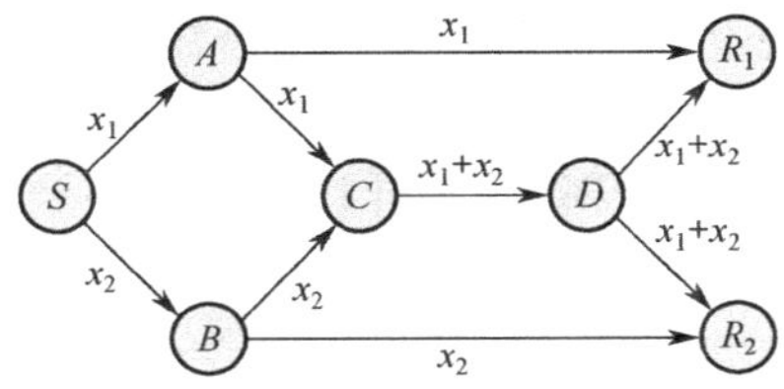

图 12-1 蝶形组播网络

例 12-2（无线交换网络）：如图 12-2 所示为一个简单的无线交换网络（如两个地面站通过卫星交换数据），节点 *A*、*C* 想要通过节点 *B* 交换 1bit 信息。路由策略如图 12-2（a）所示，需要 4 个时隙完成交换。编码策略如图 12-2（b）所示，节点 *B* 把符号 x_1+x_2 发出，节点 *A*、*C* 收到该符号后利用本身已有的关于 x_1 和 x_2 的知识，译码解析出 x_2 和 x_1。可见，编码策略的传输效率高于路由策略，同时伴随着能量节省收益。■

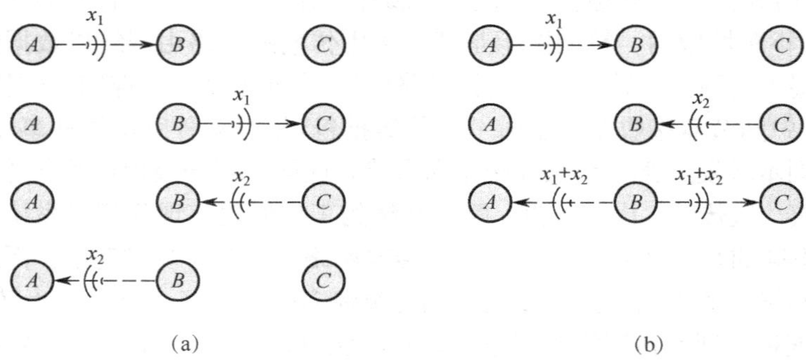

图 12-2　一个简单的无线交换网络

上述两个例子说明，如果允许中间节点对收到的数据做进一步处理，如线性运算，则有可能进一步释放网络的潜能，带来包括网络吞吐量、电量等方面的收益，事实上还不止这些。后面会逐渐看到，与路由策略相比，网络编码还能带来通信有效性、鲁棒性、安全性、灵活性、带宽、能效等多方面的收益。为了换取这些收益，网络节点对数据包的处理功能要更复杂，但随着集成电路和通信技术突飞猛进的发展及摩尔定律的应用，现代网络通信的瓶颈越来越多地出现在通信信道的带宽上，而并非出现在网络设备的处理能力上，所以网络编码技术将成为突破这一瓶颈的理想选择。

网络编码技术一经提出就引起了科学界和工程界的强烈兴趣。目前，对该技术的研究主要从理论和应用两个层面进行。理论工作者热衷于探讨包括信息不等式（见附录 D）、网络编码的代数框架、路由容量域和编码容量域的性能极限、如何处理有环网络的延时、非组播业务中线性网络编码的不足、网络纠错码等理论问题。为了分析这些问题，各种理论方法被应用在网络编码领域，包括信息论、代数、几何、图论、拟阵论、组合优化等。在工程应用方面，研究者纷纷提出各种编码方法把网络编码付诸工程实践，应用领域包括 Ad hoc 网络、分布式存储、内容发布、网络安全、网络纠错、P2P 网络等。编码方法包括线性编码、非线性编码、随机编码、多项式时间编码、子空间网络纠错码、标量编码、矢量编码等。

网络编码是一个比较新的领域，其基本理论还处在发展完善之中，潜在的应用范围非常广泛。本书的目的在于介绍网络编码给信息论带来的新课题和内容，不打算编写成关于网络编码的专著。作为一本关于网络编码的入门级著作，本书只介绍网络编码的基本概念、术语、理论和运算，以及网络编码在网络容量域等方面的应用。

12.2　网络编码的概念

网络编码最初的提出是为了提高组播容量，所以下面结合组播应用介绍网络编码的基本概念和术语。首先规定：讨论的网络属于有向无环图（Directed Acyclic Graph，DAG），节点之间靠单位容量（边的一次使用只传输一个符号）的有向边相连接，节点之间允许多重边存在，且网络中没有环路。有一个源节点 S 向网络中发送 h 个符号 $\sigma_1, \cdots, \sigma_h$，这些符号产生于有限域 GF($p$)，即 $\sigma_1, \cdots, \sigma_h \in \mathrm{GF}(p)$，在网络中存在多个接收节点 R_i 等待接收这些符号。网络的拓扑结构满足组播条件，即源节点和每个接收节点之间的最小割都大于等于流量 h。

定义 12-1（网络编码）：对于某个无环网络 G，定义在有限域 F 上的 h 维网络编码包括本地编码映射

$$l_e : F^{|\mathrm{in}(t)|} \to F$$

和全局编码映射

$$g_e : F^h \to F$$

如果这两种映射只允许为线性映射，则称为**线性网络编码**（Linear Network Coding，LNC）。

由于复杂度的原因，现在关于网络编码的研究绝大部分都是基于线性网络编码的，本书也只在这个范畴内加以讨论。图 12-3 演示了这两种映射的工作原理，这是一个不完整的网络拓扑，只包括了源节点、1 个中间节点和 1 个宿节点，实际网络可能包括多个中间节点和多个宿节点。源节点 S 向网络中发送 h 个符号 $\sigma_1, \cdots, \sigma_h$，中间节点收到来自输入边的符号 $f(E_i)$ 后，在每个出边输出一个新符号，这些输出符号分别由输入符号的某个线性组合得到。具体地说，对于某个中间节点 t，假设 t 的入边集合为 $\{E_1, E_2, \cdots, E_{|\mathrm{in}(t)|}\}$，出边集合为 $\{E_1', E_2', \cdots, E_{|\mathrm{out}(t)|}'\}$，则出边 E_j' 上的符号 $f(E_j')$ 和所有入边上的符号 $f(E_i)$ 之间的映射靠**本地编码矢量**（Local Coding Vector，LCV），即 $\{l_{1j}, \cdots, l_{ij}, \cdots, l_{|\mathrm{in}(t)|j}\}$（$l_{ij} \in \mathrm{GF}(p)$）联系起来，即

$$f(E_j') = \sum_{i=1}^{|\mathrm{in}(t)|} l_{ij} f(E_i) = \left[l_{1j}, \cdots, l_{|\mathrm{in}(t)|j} \right] \begin{bmatrix} f(E_1) \\ \vdots \\ f(E_{|\mathrm{in}(t)|}) \end{bmatrix} \tag{12-1}$$

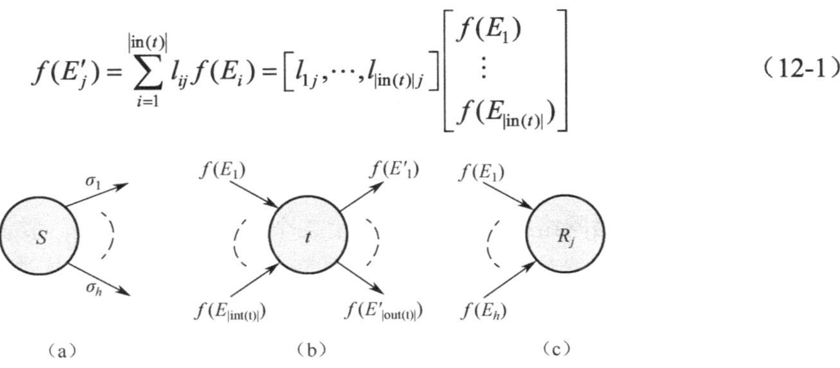

图 12-3　线性网络编码示意

进一步地，通过递归的方法不难发现，由于各中间节点都执行线性运算，所以在网络中各边上流动的符号 $f(E)$ 也可以看成源节点 S 发出的符号 $\sigma_1, \cdots, \sigma_h$ 的线性组合，即

$$f(E)=\sum_{i=1}^{h} g_i(E)\sigma_i=\left[g_1(E),\cdots,g_h(E)\right]\begin{bmatrix}\sigma_1\\ \vdots\\ \sigma_h\end{bmatrix} \tag{12-2}$$

称 h 维行向量 $\{g_1(E), \cdots, g_h(E)\}$（$g_i(E)\in \mathrm{GF}(p)$）为**边 E 的全局编码矢量**（Global Coding Vector，GCV）。把式（12-1）和式（12-2）联合起来可得两个相邻边 E_i 和 E_j' 的 GCV 和 LCV 之间的函数关系为

$$g_n(E_j')=\sum_{i=1}^{|\mathrm{in}(t)|} l_{ij}g_n(E_i) \tag{12-3}$$

每个接收节点 R_i 在收到来自入边 $E_1, \cdots, E_h$ 的 h 个符号 $f(E_1), \cdots, f(E_h)$ 之后[见图 12-3(c)]，通过在有限域 GF(p)上求解线性方程组可解析出源节点发出的 h 个符号 $\sigma_1, \cdots, \sigma_h$。

$$\begin{cases} f(E_1)=g_1(E_1)\sigma_1+\cdots+g_h(E_1)\sigma_h \\ \qquad\qquad\vdots \\ f(E_h)=g_1(E_h)\sigma_1+\cdots+g_h(E_h)\sigma_h \end{cases} \tag{12-4}$$

因为线性方程组（12-4）可解的充要条件是系数行列式满秩，所以**线性网络编码问题就等价于如何为网络中各边分配全局编码矢量，使得在所有接收节点处系数行列式（12-5）满秩**的问题。例 12-1 所示的蝶形网络的全局编码矢量如图 12-4 所示，不难验证，两个信宿节点 R_1、R_2 的两条入边的全局编码矢量构成的矩阵都是满秩的，因此它们可以恢复信源符号 σ_1、σ_2。

$$\begin{bmatrix} g_1(E_1) & g_2(E_1) & \cdots & g_h(E_1) \\ g_1(E_2) & g_2(E_2) & \cdots & g_h(E_2) \\ \vdots & \vdots & \vdots & \vdots \\ g_1(E_h) & g_h(E_h) & \cdots & g_h(E_h) \end{bmatrix} \neq 0 \tag{12-5}$$

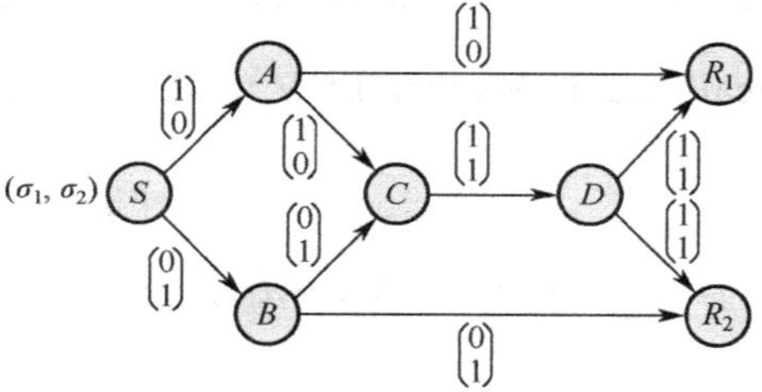

图 12-4　蝶形网络的全局编码矢量

定理 12-1（组播网络编码定理）：对于某个单源组播网络 G，假设信源 S 到任何一个信宿 R_i 之间的最小割的最小值等于 h，中间节点可以对收到的符号进行运算和组合，即允许网络编码，如果有限域 GF(p)足够大，则存在一种线性网络编码方案，使得信源可以向全部信宿节点同时组播 h 个符号。

该定理还可以表述为：“对于一个单源组播网络，如果信源能向每个信宿节点单播路

由传输 h 个符号，则在足够大的有限域 GF(p)上一定存在一种线性网络编码方案，使得信源可以向全部信宿节点同时组播 h 个符号。”

“信源 S 到任何一个信宿 R_i 之间的最小割的最小值等于 h”被称为组播条件。定理 12-1 的核心思想是，对于一个满足组播条件的网络，只要有限域 GF(p)足够大，必然存在可达的线性组播网络编码方案。其中，“有限域 GF(p)足够大”这一条件是为了保证式（12-5）成立，即保证每个信宿节点入边的 GCV 线性无关。反过来说，如果有限域 GF(p)不够大，则有可能导致某些信宿节点收到的 GCV 线性相关，导致无法应用式（12-4）求解信源符号，见例 12-3。

例 12-3（3 层网络）：如图 12-5（a）和图 12-5（b）所示为两个拓扑结构完全相同的 3 层有线网络，第 1 层是信源节点，第 2 层是中间节点，第 3 层是信宿节点，所不同的是图 12-5（a）中只有 5 个信宿节点。从图中传输方案上看，图 12-5（a）只需要工作在 GF(2)上就能保证 5 个信宿节点都能求解出 x_1 和 x_2，但图 12-5（b）需要工作在 GF(3)或者更大的域上，在 GF(2)上 SD 边无论传输什么符号都会导致某个信宿节点收到的两个符号是线性相关的，因此无法解析出 x_1 和 x_2。进一步地，不难想象，如果第 2 层中间节点和第 3 层信宿节点个数继续增加的话，有限域尺寸需要继续扩大，才能找到可达的线性网络编码方案。■

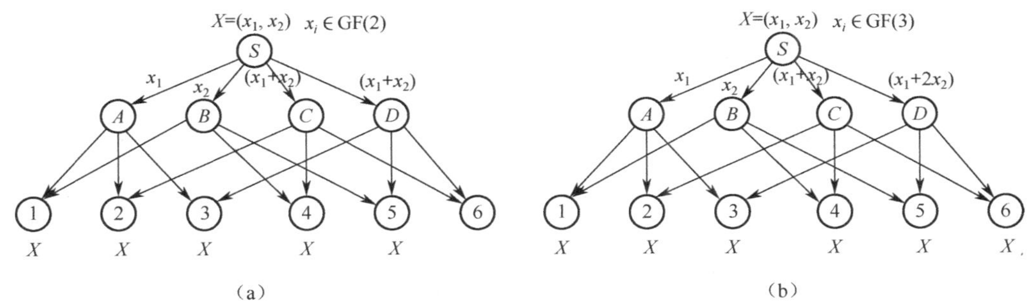

图 12-5　基于 3 层网络组播两个符号

12.3　线性网络编码

根据式（12-3），全局编码矢量 GCV 和本地编码矢量 LCV 是对线性网络编码的两种等价的描述，在编码时可以先分配一种矢量，然后计算得到另一种矢量，反之亦然。根据网络类型的不同，可以有两种分配 GCV 和 LCV 的策略：确定网络编码和随机网络编码。前者由一个掌握全局网络知识的中央控制节点计算编码矢量并分配给各边，后者由中间节点在本地随机生成编码矢量。下面分别介绍这两种编码策略。

12.3.1　确定网络编码

网络有一个中央控制节点，该节点掌握全局网络知识，如网络拓扑、信源信宿位置等。

在网络的初始化阶段，中央控制节点计算全局编码矢量并分配给各个边，在网络传输过程中，编码矢量不再发生变化，这种策略适用于拓扑不变的有线网络。

确定网络编码的具体问题可以描述如下：有一个满足组播条件的网络拓扑，即源节点 S 到每个接收节点 R_j 之间的最小割都大于等于 h，为网络边分配全局编码矢量 GCV 或本地编码矢量 LCV，使得源节点 S 向所有接收节点同时传输 h 个符号。

这个问题的关键在于**如何分配编码矢量，使得每个信宿节点接收到的 h 个 GCV 彼此线性无关**。为此，有研究者提出了几种确定性编码方法，如多项式时间算法、射影几何和矩阵完成法，下面分别加以介绍。

1. 多项式时间算法

多项式时间算法[28]是最具代表性的确定网络编码方法。

首先，从源节点 S 到每个接收节点 R_j 之间寻找 h 条边不相邻路径（各路径没有共用边），存入一个静态路径集合 S_{Rj} 里，这些路径的存在性是被组播条件所保证的。因为共有 N 个接收节点，所以静态集合也有 N 个。但是需要说明的是，虽然要求每个接收节点的 h 条路径不相邻接，但各接收节点之间可能会出现路径的邻接，也就是说，某个接收节点的某条路径可以和其他接收节点的某条路径共用某条边。

其次，按照拓扑序（上游边和下游边进行排序）为各条边分配全局编码矢量 $\boldsymbol{g}_e$，为此，需要在静态路径集合 S_{Rj} 的基础上再维护一个动态边集合 D_{Rj}，其中存放的是当前正在编码的 S_{Rj} 中的边，对于每个接收节点 R_j，D_{Rj} 中一共有 h 条边，随着编码沿拓扑序向前推进，D_{Rj} 中的边也动态变化。另外，多项式时间算法的**关键在于在为 D_{Rj} 中某条边 e 分配全局编码矢量 $\boldsymbol{g}_e$ 时，要保证 D_{Rj} 中各条边的 $\boldsymbol{g}_e$ 彼此独立**，这可以通过在有限域 GF(p)上为 $\boldsymbol{g}_e$ 多次试值完成，该过程是多项式时间复杂度的，而且由于有限域 GF(p)足够大，所以这个目标一定是可以实现的。

最后，在为全部网络边都分配了全局编码矢量 $\boldsymbol{g}_e$ 后，计算可得本地编码矢量。

例 12-4：如图 12-6 所示的蝶形网络信源、信宿间最小割 h=2，设计线性网络编码方案，实现从信源到两个信宿的两个符号的组播。首先，为两个接收节点建立静态路径集合 S_{Rj}，如下

$$S_{R1}=\{e_1\,e_5;\,e_2\,e_4\,e_6\,e_8\},\quad S_{R2}=\{e_2\,e_7;\,e_1\,e_3\,e_6\,e_9\}$$

e_1 和 e_2 是从源节点发出的边，分别用于发送符号 σ_1 和 σ_2，所以其编码矢量 $\boldsymbol{g}_{e1}=[1\ \ 0]^{\mathrm{T}}$ 和 $\boldsymbol{g}_{e2}=[0\ 1]^{\mathrm{T}}$。接下来，按照拓扑序为剩余的边分配编码矢量。蝶形网络编码矢量分配过程如表 12-1 所示。

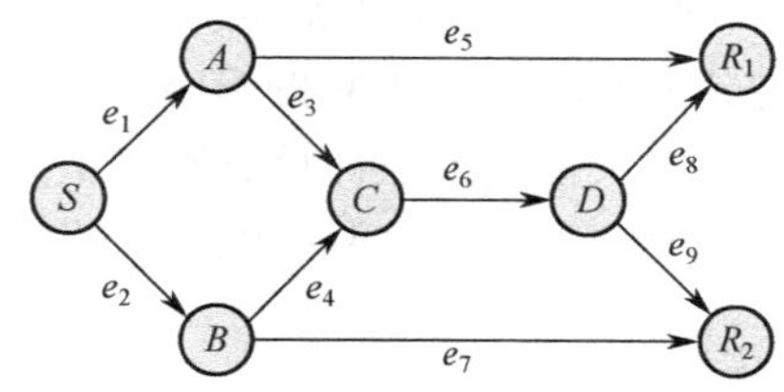

图 12-6　蝶形网络

表 12-1 蝶形网络编码矢量分配过程

当前编码边	e_3	e_4	e_5	e_6	e_7	e_8	e_9
D_{R1}	e_1，e_2 $\begin{pmatrix}1\\0\end{pmatrix},\begin{pmatrix}0\\1\end{pmatrix}$	e_1，e_4 $\begin{pmatrix}1\\0\end{pmatrix},\begin{pmatrix}0\\1\end{pmatrix}$	e_5，e_4 $\begin{pmatrix}1\\0\end{pmatrix},\begin{pmatrix}0\\1\end{pmatrix}$	e_5，e_6 $\begin{pmatrix}1\\0\end{pmatrix},\begin{pmatrix}1\\1\end{pmatrix}$	e_5，e_6 $\begin{pmatrix}1\\0\end{pmatrix},\begin{pmatrix}1\\1\end{pmatrix}$	e_5，e_8 $\begin{pmatrix}1\\0\end{pmatrix},\begin{pmatrix}1\\1\end{pmatrix}$	e_5，e_8 $\begin{pmatrix}1\\0\end{pmatrix},\begin{pmatrix}1\\1\end{pmatrix}$
D_{R2}	e_3，e_2 $\begin{pmatrix}1\\0\end{pmatrix},\begin{pmatrix}0\\1\end{pmatrix}$	e_3，e_2 $\begin{pmatrix}1\\0\end{pmatrix},\begin{pmatrix}0\\1\end{pmatrix}$	e_3，e_2 $\begin{pmatrix}1\\0\end{pmatrix},\begin{pmatrix}0\\1\end{pmatrix}$	e_6，e_2 $\begin{pmatrix}1\\1\end{pmatrix},\begin{pmatrix}0\\1\end{pmatrix}$	e_6，e_7 $\begin{pmatrix}1\\1\end{pmatrix},\begin{pmatrix}0\\1\end{pmatrix}$	e_6，e_7 $\begin{pmatrix}1\\1\end{pmatrix},\begin{pmatrix}0\\1\end{pmatrix}$	e_9，e_7 $\begin{pmatrix}1\\1\end{pmatrix},\begin{pmatrix}0\\1\end{pmatrix}$
$\boldsymbol{g}_e$	$\begin{bmatrix}1\\0\end{bmatrix}$	$\begin{bmatrix}0\\1\end{bmatrix}$	$\begin{bmatrix}1\\0\end{bmatrix}$	$\begin{bmatrix}1\\1\end{bmatrix}$	$\begin{bmatrix}0\\1\end{bmatrix}$	$\begin{bmatrix}1\\1\end{bmatrix}$	$\begin{bmatrix}1\\1\end{bmatrix}$

e_3 不属于 S_{R1}，所以在为 e_3 分配编码矢量时 D_{R1} 不变，但动态边集 D_{R2} 由 e_1 推进到 e_3。另外，为 e_3 分配编码矢量要保证在 D_{R2} 中 e_2 和 e_3 的编码矢量线性无关，因此，可以分配 $\boldsymbol{g}_{e3}=(1\ 0)^{\mathrm{T}}$。当分配到 e_6 时，由于 e_6 同时位于 D_{R1} 和 D_{R2} 中，所以 $\boldsymbol{g}_{e6}$ 既要和 $\boldsymbol{g}_{e5}$ 线性无关，又要和 $\boldsymbol{g}_{e2}$ 线性无关，只能分配 $\boldsymbol{g}_{e6}=(1\ 1)^{\mathrm{T}}$。依次类推，直到所有边的编码矢量都分配完毕，才可以通过全局编码矢量计算本地编码矢量。以节点 C 为例，有

$$\boldsymbol{g}_{e6}=l_{6,4}\boldsymbol{g}_{e4}+l_{6,3}\boldsymbol{g}_{e3}$$

$$\begin{bmatrix}1\\1\end{bmatrix}=l_{6,4}\begin{bmatrix}0\\1\end{bmatrix}+l_{6,3}\begin{bmatrix}1\\0\end{bmatrix}$$

所以 $l_{6,4}=l_{6,3}=1$。 ■

从上述过程和例子可见，基本的多项式时间算法是以网络边为单位进行编码矢量分配的，其复杂度虽然是多项式的，但如果网络规模较大，节点数和边数较多的话，复杂度依然是比较高的。那么，有没有可能进一步降低算法复杂度呢？答案是肯定的。Liu 和 Morgan[23]把子树分解技术引入网络编码中，提出了一种基于子树分解的线性网络编码算法。其基本思想是，在使用多项式时间算法分配编码矢量之前，先对网络进行预处理，把网络图变成子树图，然后以子树作为编码单位进行编码，由于子树图的网络规模远低于原始网络图，所以大大降低了编码复杂度。子树分解过程概括如下。

首先，把原始的网络拓扑图变为线图。所谓线图，就是把原图中的边表示成线图中的节点，如果原图中一条边的箭头和另一条边的箭尾共享一个节点，则在线图中这两条边转变成的两个节点相邻接。需要说明的是，如果原图中源节点发出的符号个数是 h，在线图中将出现 h 个源节点；如果原图中接收节点的数目是 N，在线图中将出现 hN 个接收节点，即每个接收节点将扩展成 h 个分节点。

其次，对线图进行子树分解。子树分解是指把线图划分为若干棵子树，每棵子树的树根只能是线图中的源节点或具有多个入边的节点（称为编码节点），子树结束于接收节点或另一个编码节点。在这样分解后，每棵子树内部必然流动相同的符号，因此，在子树内部不需要编码，仅进行转发的操作。另外，每个接收节点的 h 个分节点将位于 h 棵不同的子树中。经子树分解后，原本复杂的线图可以缩减为由子树之间相连接构成的子树图。

图 12-7 以一个样例网络演示了子树分解的操作过程，可见，子树图的网络规模较原

网络图的网络规模大为减小，因此，使用多项式时间算法为子树分配编码矢量的复杂度也大为降低。

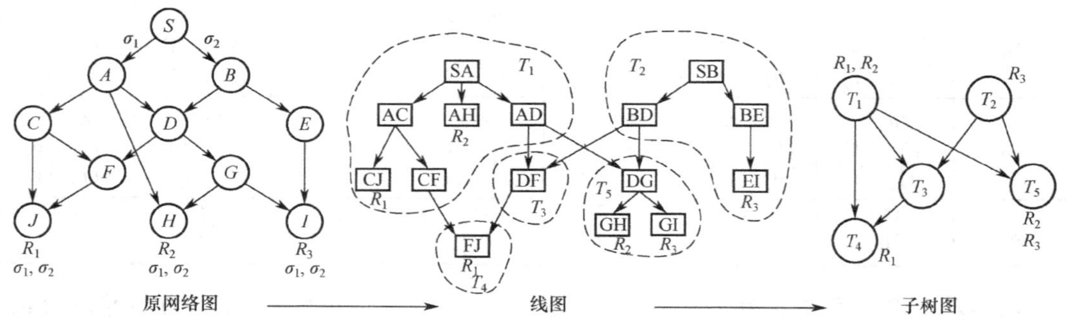

图 12-7　子树分解把原网络图变为子树图

2. 射影几何法

读者比较熟悉定义在实数域上的几何学，如点、直线、平面等。几何也可以定义在有限域 F_q 上，称为有限几何。有一类纠错码称为有限几何码，应用的就是这种几何学。下面先介绍一些关于有限几何的基础知识。

定义 12-2： 设 F_q 是有限域，$n\geqslant1$，称 n 维向量空间 $\boldsymbol{F}_q^n$ 是定义在 F_q 上的 **n 维仿射空间**[15]。

在 $\boldsymbol{F}_q^n$ 中的每个矢量都是该仿射空间的一个点，可以做加法和标量乘法如下：

$$\boldsymbol{\alpha}+\boldsymbol{\beta}=(a_1,\cdots,a_n)+(b_1,\cdots,b_n)\quad(a_i,b_i\in F_q)$$
$$a\boldsymbol{\alpha}=a(a_1,\cdots,a_n)=(aa_1,\cdots,aa_n)\quad(a,a_i\in F_q)$$

假设 $\boldsymbol{\alpha}$ 不是原点 0，则 $a\boldsymbol{\alpha}$（$a\in F_q$），一共 q 个点构成了一条仿射直线，该直线过原点。把该直线平移 $\boldsymbol{\alpha}_0+a\boldsymbol{\alpha}$，可得过 $\boldsymbol{\alpha}_0$ 的直线。进一步地，F_q^n 的 k 维（$0\leqslant k\leqslant n$）子空间称为 k 维仿射子空间。该 k 维仿射子空间可以通过平移得到一个 k 维线性集，每个 k 维线性集都包括 q^k 个仿射点。0 维线性集就是一个仿射点，1 维线性集就是仿射直线，2 维线性集称为仿射平面。

定义 12-3： $\boldsymbol{F}_q^n$ 是定义在 F_q 上的 n 维仿射空间，定义等价关系有

$$(a_1,\cdots,a_n)\sim(aa_1,\cdots,aa_n)\qquad(a,a_i\in F_q)$$

根据此等价关系，在 $\boldsymbol{F}_q^n$ 中的全部非 **0** 仿射点可以划分为若干个等价类，将每个等价类看成一个几何对象，称为一个**射影点**。所有射影点组成的集合称为有限域 F_q 上的 $n-1$ **维射影空间**，记为 $\mathrm{PG}(n-1,F_q)$。

例 12-5： $\boldsymbol{F}_3^2$ 是定义在有限域 F_3 上的 2 维仿射空间，一共包括 9 个仿射点{(0, 0), (0, 1), (0, 2), (1, 0), (1, 1), (1, 2), (2, 0), (2, 1), (2, 2)}，其中，非 **0** 点可以划分成 4 个等价类，即{(0, 1), (0, 2)}、{(1, 0), (2, 0)}、{(1, 1), (2, 2)}、{(1, 2), (2, 1)}，分别对应 4 个射影点，构成射影空间 $\mathrm{PG}(1,F_3)$，这是一条射影直线，值得注意的是在射影直线上的任何两个射影点都是线性无关的。类似地，把仿射空间 $\boldsymbol{F}_3^3$ 进行等价类划分可得一个由 13 个射影点构成的射影

空间 PG(2, F_3)，这是一个射影平面。一般地，基于仿射空间 $\boldsymbol{F}_q^3$ 可定义射影平面 PG(2, F_q)，其中包括 q^2+q+1 个射影点。■

定义 12-4：射影空间 PG(n−1, F_q)上的 k 弧是指一个由 k 个射影点构成的集合，其中任意 $\boldsymbol{n}$ 个点都线性无关。

现在让我们回到线性网络编码的问题，网络编码的关键在于如何分配编码矢量，使得每个信宿节点收到的 h 个 GCV 彼此线性无关。以 h=2 为例，为了让每个信宿节点的两条边不相邻路径的编码矢量线性无关，一个可行的方法是把射影直线上的全部射影点作为可选矢量池。因为任意两个射影点都是线性无关的，所以可以从矢量池中选择两个射影点作为编码矢量。一般地，对于 $\boldsymbol{n}$ 符号组播，则需要从 k 弧中选择编码矢量。

3. 矩阵完成法

Kotter 和 Medard[29]为网络编码建立了代数框架。简单地说，采用线性网络编码的网络可以看作一个线性系统，系统的输入和输出由转移矩阵相连接，即

$$\boldsymbol{y}=\boldsymbol{xM}=\boldsymbol{xA}(\boldsymbol{I}-\boldsymbol{F})^{-1}\boldsymbol{B}^{\mathrm{T}} \tag{12-6}$$

其中，$\boldsymbol{x}$ 和 $\boldsymbol{y}$ 分别代表系统的输入和输出矢量，$\boldsymbol{M}$ 表示系统的转移矩阵，可以写成编码矩阵 $\boldsymbol{A}$、译码矩阵 $\boldsymbol{B}$ 和邻接矩阵 $\boldsymbol{F}$ 的函数。

基于这个代数框架，Harvey 提出了一种混合矩阵完成网络编码的方法。混合矩阵是指矩阵中既包括数字又包括未知量，如

$$\begin{bmatrix} 1 & x \\ y & 1 \end{bmatrix}$$

矩阵完成是指通过为未知量分配数值使得矩阵具有某种性质，如最大秩等。基于矩阵完成的网络编码方法的基本思想是把式（12-6）中的矩阵 $\boldsymbol{A}$、$\boldsymbol{B}$、$\boldsymbol{F}$ 写成混合矩阵的形式，针对使 $\boldsymbol{M}$ 矩阵最大秩的目标求解该混合矩阵问题。同时，由于信源到每个信宿都存在式（12-6）那样的转移矩阵，因此，上述混合矩阵求解要对所有信宿同时进行，即求解多矩阵完成问题。

12.3.2　随机网络编码

随机网络编码[30]的本地编码矢量在传输过程中由中间节点随机地在本地产生，这种策略需要一种机制记录全局编码矢量。一个可行的方法是为数据包增加一个记录 GCV 的数据包头，该包头和数据字段一起参与编码运算。起初，源节点发出的原始数据包的包头中存储的是单位向量，根据式（12-3），当该数据包沿拓扑序由信源向信宿传递时，在包头中会自动记录经过的边的 GCV，或者说数据和编码矢量一起传递给了信宿。随机网络编码适用于拓扑可变的无线网络，如移动自组织网络等。

图 12-8 演示了一个简单的例子，原始数据字符{0，1，2}在发送前先附加单位向量的包头，经过随机编码网络的传输，包头中自动记录了全局编码矢量，假设本次传输为(1 2 2)、(0 2 1)、(1 1 1)，信宿利用该编码矢量和式（12-4）可以求解出原始数据字符。

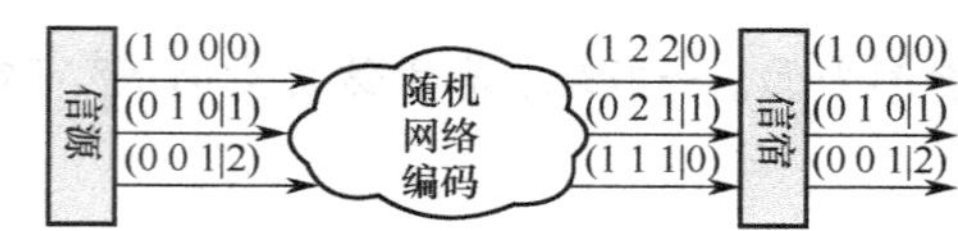

图 12-8　随机网络编码包头自动记录全局编码矢量

随机网络编码需要附加包头带来两个问题：一个是吞吐量降低，即包头增加了传输开销；另一个是安全性问题，即窃听者在截获数据包的同时也获得了编码矢量，因此更容易破译原始数据。

对随机网络编码的一个变形是子空间码[24]。子空间码属于阵列码的一种，与矢量编码不同，阵列码使用矩阵表示信源消息。在子空间码中，消息被映射为一个 n 维矢量空间的某个子空间，消息码被表示为子空间的基向量排成的矩阵。在传输时，信源把该矩阵的全部行向量发到网络中，这些向量经历网络中间节点的网络编码操作后到达信宿节点，信宿节点根据收到的向量计算和识别子空间，从而完成译码。图 12-9 给出了一个子空间码的传输示意，该码基于 4 维矢量空间 $\boldsymbol{F}_5^4$ 的一个子空间码编码网络，其中，两个消息"A"和"B"对应的子空间为

$$\text{“}A\text{”}=\{(1\ 0\ 0\ 0),(0\ 1\ 0\ 0),(0\ 0\ 1\ 0)\}$$
$$\text{“}B\text{”}=\{(0\ 1\ 0\ 0),(0\ 0\ 1\ 0),(0\ 0\ 0\ 1)\}$$

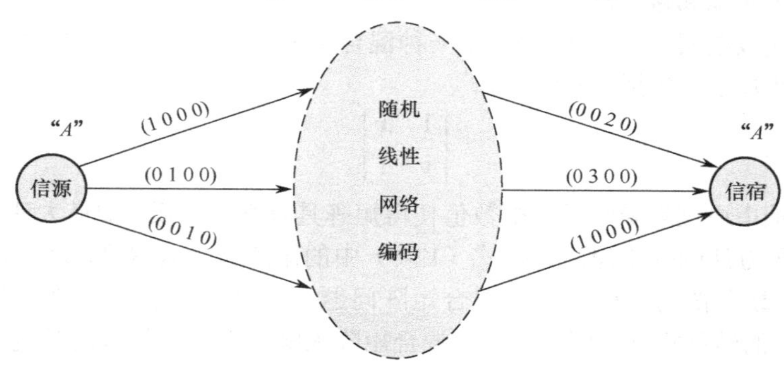

图 12-9　子空间码传输示意

以消息"A"的传输为例：信源向网络中发送的是"A"所对应的子空间的 3 个基向量，经过网络的传输和随机网络编码操作，信宿收到 3 个向量，通过对子空间的计算和比对，信宿可以识别出消息符号"A"。

子空间码充分利用了线性网络编码的子空间保持特性，即数据包在经过随机线性编码网络传输后，无论经历了多少次编码操作，数据包张成的子空间都不变。另外，子空间码实现了非相干通信的功能，即信源、信宿在通信过程中不需要知道有关网络拓扑的知识。

12.4　本章小结

网络编码及与之相关的研究课题代表了信息论的最新方向，本书将这部分研究内容称为网络信息论。网络编码的基本思想是，允许网络传输的中间节点对接收的数据进行编码、

运算和组合，生成新的数据向后级节点传输，这彻底颠覆了现有的计算机网络和电信网络中路由的理念，因为路由的本质是“存储—转发”，中间节点不允许改变接收到的数据。网络编码释放了中间节点的处理潜能，以增加中间节点处理复杂度为代价获得了网络传输率和吞吐量的增益。组播网络编码定理在理论上已经证明网络编码对于达到组播网络通信的最小割是充分的，路由则是不充分的。本地编码矢量和全局编码矢量是网络编码的两个基本概念，二者是可以相互导出的。基于复杂度的考虑，现有的网络编码方案大多属于线性码，在这个范畴内，本地编码和全局编码执行的都是线性运算。本章还介绍了几种线性网络编码方法，包括多项式时间算法、基于子树分解的编码方法、射影几何法和基于矩阵完成的网络编码算法等。此外，本章还讨论了随机网络编码，尤其是子空间码的编码方法。

习　题

1．请解释本地编码矢量和全局编码矢量的区别和联系。

2．请应用多项式时间算法为如图 12-7 所示的网络分配网络编码矢量。

3．在网络安全领域把网络攻击分为主动攻击和被动攻击。前者是指攻击者通过向网络中注入错误的或没用的数据包来干扰或破坏正常的网络通信行为；后者是指窃听者通过窃听或截获网络中传输的数据包来获得网络通信的有用信息。网络编码和路由作为两种不同的传输机制，请定性地比较二者面对主动攻击和被动攻击的性能优缺点。

4．下图所示网络中 S 是信源节点，R_1、R_2、R_3 是 3 个信宿节点，由 S 向 R_1、R_2、R_3 组播符号，组播容量是多少？如果工作在有限域 GF(p)上，则 p 至少是多少？请给出一种组播网络编码方案。

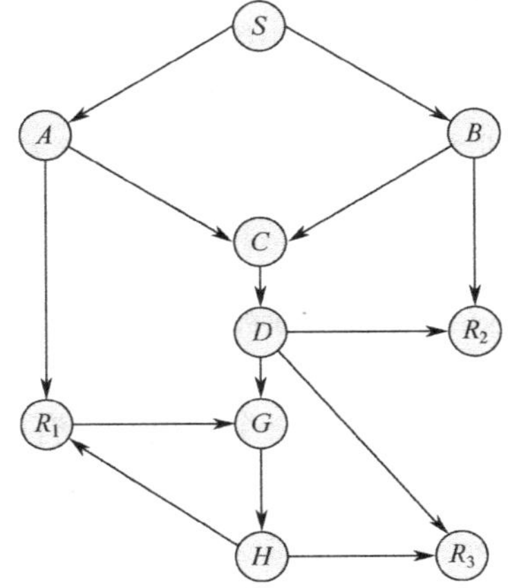

5．定理 12-1（组播网络编码定理）告诉我们，对于一个单组播组的组播网络，如果满足信源到各信宿之间的最小割都大于等于 h，则只要有限域 GF(q)足够大，一定存在一种基于 GF(q)的线性网络编码方案，使得信源能够向所有信宿组播 h 个 GF(q)上的符号。请思考该定理是否适用于多组播组的组播网络或非组播网络。如果不适用，请给出反例。

第13章

网络容量域

13.1 网络流

在现实生活中有着各类传输网络，如公路网、铁路网、输电网、水利管网等，这些网络具有如下共性：

（1）网络通过若干条边把若干个节点连接起来构成某种拓扑；

（2）网络边的容量是有限的；

（3）网络的功能是通过网络边把人、货、水、电等物资从一个地方运输到另一个地方。

基于上述共性，把这些网络概括为如下运输网络模型。

定义 13-1：一个**运输网络**[17]是一个有向图 $G=(V, E)$，V 和 E 分别表示节点集和边集，每条边 e 具有非负容量 $c(e)$，网络至少包含一个源节点 s 和一个宿节点 t，存在流 f 由 s 流向 t，流 f 为每条边 e 分配一个流量 $f(e)$。对于某个中间节点 v，记 v 的全部出边的总流量为 $f^+(e)$，记 v 的全部入边的总流量为 $f^-(e)$。除 s 和 t 外，流不能在中间节点停留。

对于运输网络，一个很有意义的研究课题是如何合理地安排和规划各条边的流量以发挥网络的最大运能，这被称为最大流问题。

定义 13-2：称满足下述约束条件的流是可行的。

（1）容量约束：对于任意的边 e，$f(e)\leqslant c(e)$，即边流量不大于边容量。

（2）平衡条件：对于非源非宿的任意中间节点 v，有 $f^+(e)=f^-(e)$成立。

容量约束很好理解，平衡条件的物理意义是中间节点既不能产生流，又不能吸收流，因此，输入流量和输出流量相等。

定义 13-3：流 f 的值是进入宿节点 t 的净流量 $f^-(e)-f^+(e)$，最大流是值最大的可行流。

定义 13-4：把网络 G 的所有节点划分为两个互斥的集合 A 和 $\overline{A}$，使得源节点 $s\in A$，宿节点 $t\in \overline{A}$，则称$(A, \overline{A})$是分离 s 和 t 的一个割集。所有始于 A 中某节点，终于 $\overline{A}$ 中某节点的有向边的总容量称为该割集的割容量，简称**割**。特别地，在所有分离 s 和 t 的割集中，割容量最小的割称为**最小割**。

请注意，在此定义中对割的要求是始于 A 终于 $\overline{A}$ 的有向边，这也被称为前向边，反方向的边（由 $\overline{A}$ 指向 A 的边）不统计在内。

定理 13-1（最大流最小割定理）：设在单源单宿网络 G 中只有 1 个源节点 s 和 1 个宿节点 t，则 s 和 t 之间最大的可行流的值等于分离 s 和 t 的最小割的值。

最大流最小割定理是图论中非常重要的一个定理，它给出了单源单宿网络能传输的流量的理论上界——最小割界。任何可行流的流量都只能小于等于该上界，不可能超过它，所以最小割界在网络通信中的作用相当于信道容量在单链路通信中的作用。对最大流最小割定理的证明需要借助于线性规划中的“对偶问题”，这不是本书的重点，读者只需要简单地理解成最小割是源节点 s 和宿节点 t 之间的瓶颈，是路径的最窄处，因此最大的流量受限于该瓶颈的容量。

例 13-1[17]：如图 13-1 所示的网络，边旁边的数字代表边容量，$A=\{s, a, c\}$和 $\overline{A}=\{b, d, t\}$构成了一个割集，该割的值等于 7，等于 ab 边和 cd 边的容量和。■

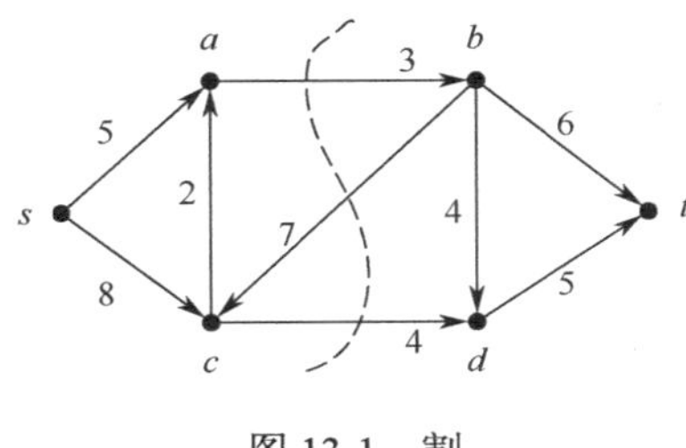

图 13-1　割

观察图 13-1 可以发现，对于给定的网络，即使很简单的网络，也存在很多分离 s 和 t 的割集。这些割集有不同的割值，找到全部割集并比较得到最小割并不是一件容易的事情。在图论中，Ford-Fulkerson 算法是非常经典的计算最大流的算法，感兴趣的读者可参阅图论方面的专著。

13.2　网络容量域

单源单宿网络的最大流量也称网络容量，它等于网络能传输的最大信息率，度量了网络的最大传输能力，是网络通信的一项关键指标。网络容量在网络信息论中的地位和作用可以比拟于信道容量在经典信息论中的地位和作用，计算网络容量是网络信息论的一项基本任务。

更一般地，在网络中可能有不止一对信源信宿，伴随着不止一个业务流。多个业务流的信息传输率需要用多维的信息率矢量来描述，可达的信息率矢量构成的区域被称为**网络容量域**。具体地，如果在网络中只有 1 个信源 X，则网络容量域是 1 维的，形如$[0, \max(R_X)]$。如果网络中有不止一个信源，例如，在二重单播网络中，两个信源 S_X和 S_Y各自向自己的信宿 R_X和 R_Y发送消息，那么此时的容量域是 2 维的，是第一象限中所有可达的信息率对(r_X, r_Y)构成的区域。依次类推，n 重信源共存的网络的容量域是 n 维空间中的一个区域。

网络容量域的作用和信道容量是类似的，二者都描述了信息率的可达范围，因此计算网络容量域和计算信道容量具有同样重要的意义。但是，网络容量域和信道容量在计算方法上有明显的不同。以离散信道为例，在数学上信道是以信道矩阵来描述的，信道矩阵中记录的是信道输入符号和输出符号之间的转移概率，因此，计算信道容量从根本上采用的是基于概率的方法。然而，与单信道不同的是，网络的类型多种多样，拓扑结构千差万别，传输模式和传输机制各不相同，因此网络通信的问题复杂度远远高于单信道通信，既无法为通信网络建立一个恰当的概率模型，也无法应用概率的方法求解网络容量域。在网络信息论发展初级阶段，研究者虽然采用信息论的方法分析了一些多用户信息论问题，如本书第 11 章介绍的相关信源压缩、多接入信道、广播信道、中继信道的传输问题，但这些都是网络通信中最简化的模型，远远不能涵盖在实际应用中各种复杂的网络拓扑结构和网络传输问题，所以必须寻找或建立一套新的问题模型和方法体系来分析网络通信问题。这套新的问题模型和方法体系就构成了网络信息论的理论框架。网络信息论具有鲜明的多学科交叉融合的特点，仅就网络容量域分析这一课题而言，其讨论的问题和采用的方法常常和图论、组合论、编码理论、代数及信息论等学科交叉。

为了进一步理解网络容量域的含义，需要对网络的传输机制和通信模式做出分类和解释。分组网络的传输机制包括路由和网络编码两种方式，对应的容量域分别称为路由容量域和编码容量域。分组网络的通信模式包括单播、组播和混合模式。单播是指单源单宿之间的一对一通信，组播是指单个信源和多个信宿之间的一对多通信。单播通信的信息流称为单播流，组播通信的信息流称为组播流。基本的单播或组播都是一重的，即网络中只有一个单播流或一个组播流，因此也称为一重单播或一重组播。更为一般地，在网络中还可以有多个信息流共存，如单播流和单播流、组播流和组播流、单播流和组播流共存等，称这种多信息流共存的通信模式为混合模式。多个单播流共存的混合模式也常称为多重单播。从通信模式和传输机制的角度，分组网络的两种容量域可归纳为如表 13-1 所示。

表 13-1　分组网络的两种容量域

业务传输模式	路由容量域	编码容量域
一重单播网络	最小割限	最小割限
一重组播网络	文献[22]	最小割限
多重单播网络	文献[25]	未解决
单播组播混合网络	文献[22]	未解决

具体地，一重单播网络的路由容量服从最大流最小割定理，即网络能传输的最大单播流等于信源信宿之间的最小割，即最小割限。另外，对于一重单播网络，网络编码并不能提高流量或网络吞吐量，因此一重单播网络的编码容量也等于最小割限。2000 年，Ahlswede 等人[26]证明一重组播网络的编码容量等于信源和信宿间最小割的最小值，即第 12 章给出的组播网络编码定理。文献［26］的工作相当于把最大流最小割定理在网络编码的传输机制下延伸到了组播通信，由此确定了一重组播网络的编码容量域。

然而，除上述 3 种由最小割限确定的容量域之外，对于一重组播网络的路由容量域及各种混合网络的路由容量域和编码容量域没有像最小割限这样明确、简单且具有一般性的结论。这些网络的容量域受很多因素的影响，如网络拓扑、传输机制、业务模式、信源信宿的数目和位置等，对这些网络容量域的求解需要具体问题具体分析。在学术界，对网络容量域已开展了一些研究，也提出了一些求解网络容量域的方法，但由于这类问题复杂度很高，影响因素很多，而且路由容量域和编码容量域的分析方法区别很大，所以现有的一些方法只对某些网络容量域问题有效，还没有一种能用于分析所有网络容量域的一般性的有效方法。另外，目前对编码容量域的研究还不成熟，尚缺乏求解编码容量域的既有效又具有可操作性的方法，这方面问题还有待进一步研究。本章接下来定义网络模型，并介绍几种计算网络容量域的方法。

13.3　均匀分数网络

文献［34］提出的均匀分数网络是分组网络的一个很恰当的模型。该网络属于有向无环图 $G=(V, E)$，V 和 E 分别代表网络的节点集和边集，网络边是等容量的，每条边最多只允许传输 n 个符号，故称为均匀网络。节点间允许存在多重边，所以该模型也包含了在实际网络中边容量不一致的情形。在一次传输中，每条边只允许使用一次。消息符号集为有限字符集，通常取为某个有限域 F_p。假设网络同时用于传输 h 个独立的消息 $X_1, \cdots, X_h$，（$h\geqslant 1$），维数分别等于 $k_1, \cdots, k_h$，n 和 k_i 可以不同，但都取自整数，则称为分数网络。基于该网络模型，文献［34］定义分数码和容量域如下。

定义 13-5（分数码）：$(k_1, \cdots, k_h, n)$分数码由一组边函数和译码函数构成，中间节点应用边函数把入边的 n 维数据包映射为出边的 n 维数据包。信宿节点应用译码函数把接收到的 n 维数据包映射为该节点订购的消息。如果这些边函数和译码函数的输出是输入的线性组合，则称该码为**分数线性码**；如果输出复制自一部分输入，则称其为**分数路由**。如果某分数码能够满足所有信宿节点的订购需求，则称该码是可达的。■

定义 13-6（容量域）：对于$(k_1, \cdots, k_h, n)$分数码，称

$$\boldsymbol{r}=(r_1, \cdots, r_h)=(k_1/n, \cdots, k_h/n) \tag{13-1}$$

为信息率矢量。全部可达的信息率矢量构成的区域称为$(k_1, \cdots, k_h, n)$分数码的容量域。■

分数线性码与分数路由的比较如图 13-2 所示，显然前者是后者的超集。对于$(k_1, \cdots, k_h, n)$分数码而言，由于规定 k_i 和 n 取值于整数，所以信息率 r_i 一定是有理数。均匀分数网络构成一个线性系统，任何节点的输出都是输入的线性函数。此外，均匀分数网络也要满足运输网络的容量约束条件，即边流量不大于边容量。但需要说明的是，均匀分数网络不满足平衡条件，即中间节点的总输出流量不一定等于总输入流量。基于线性系统和容量约束条件可知，均匀分数网络的信息率矢量 $\boldsymbol{r}$ 需要满足如下形式的线性不等式组，即

$$r_1\geqslant 0,\ \cdots,\ r_h\geqslant 0 \tag{13-2}$$

$$a_{11}r_1+a_{12}r_2+\cdots+a_{1h}r_h\leqslant b_1 \tag{13-3}$$

$$\vdots$$

$$a_{l1}r_1+a_{l2}r_2+\cdots+a_{lh}r_h\leqslant b_l \tag{13-4}$$

式（13-2）是显然成立的，式（13-3）～式（13-4）根据网络拓扑、通信模式、信源和信宿位置等因素的不同而不同。根据式（13-2）～式（13-4），如果信息率矢量 $\boldsymbol{r}$ 可达，则满足 $0\leqslant\boldsymbol{r}'\leqslant\boldsymbol{r}$ 的 $\boldsymbol{r}'$ 一定可达，因此，分数码的容量域一定是一个凸集。此外，在式（13-2）～式（13-4）中各等式和不等式分别对应 h 维欧式空间中的一个超平面和半空间。根据凸集理论，有限个半空间的交构成一个多面体集合（Polyhedral Set）。如果该集合有界，则称为多胞体（Polytope），即通常所说的凸多面体，多面体的顶点又称为极点。均匀分数网络的信息率 r_i 一定是有限的，所以在不考虑无理数点的非严格意义下，由不等式组式(13-2)～

式（13-4）确定的容量域一定是 h 维欧式空间中的一个多胞体。因此，确定均匀分数网络的容量域就等价为确定这个多胞体。

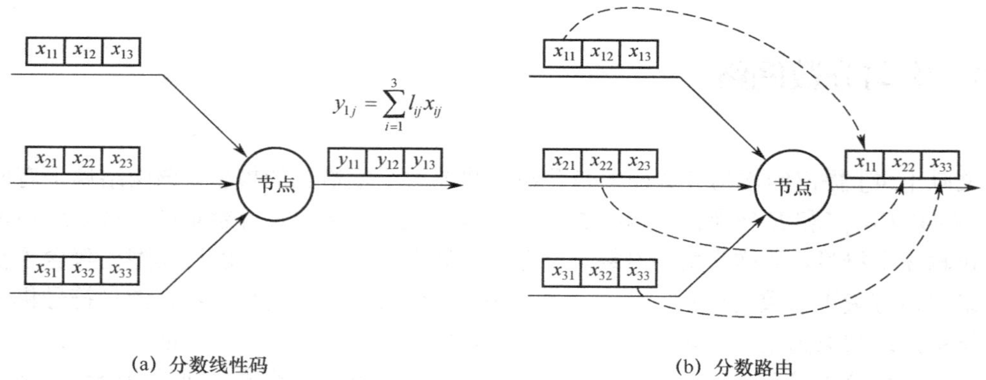

图 13-2　分数线性码和分数路由的比较

对于一个均匀分数网络来说，如果采用分数路由的传输机制，则对应的容量域称为路由容量域；如果采用分数线性码的传输机制，则对应的容量域称为编码容量域。显然，由于分数路由是分数线性码的一个子集，所以路由容量域一定是编码容量域的一个子集，或者说同一个网络的路由容量域一定包含于其编码容量域，再或者说路由容量域是编码容量域的一个内限。计算网络的路由容量域是很有意义的，这是因为：第一，网络编码对网络性能的提升是以增加节点的处理复杂度和资源消耗为代价的，这在某些应用中是受限的；第二，路由在未来相当长一段时间内还会是分组网络的主流传输技术，其地位和作用还无法被编码所取代；第三，对路由容量域的计算要比对编码容量域的计算更具可操作性，目前，能精确计算编码容量域的网络还只有少数简单的网络，一般网络的编码容量域还只能以外限的形式近似地描述，因此，计算路由容量域可以在一定程度上帮助我们理解网络的特征和性能。

在信息流范围内，路由传输和编码传输服从不同的信息流定律。

（1）路由流定律：在网络中非源节点的输出流是输入流的子集，用 f 表示信息流，有 $f_{\text{out}} \subseteq f_{\text{in}}$。

（2）线性编码流定律：在网络中非源节点的输出流是输入流的线性函数，即 $H(f_{\text{out}} \mid f_{\text{in}})=0$。

不同的信息流定律决定了对路由容量域和编码容量域的分析方法有根本的不同，前者基于组合论方法，后者基于信息论方法。13.4 节和 13.5 节分别讨论这两种容量域的分析方法。

13.4　路由容量域

在路由传输机制下，中间节点的输出符号集合是输入符号集合的子集，因此，各条边上传输的符号集合要满足一定的组合约束条件。此外，根据 13.3 节的讨论，分数路由网络的容量域应该是一个有界的凸多面体，而确定一个有界的凸多面体可以采用两种策略：

（1）确定全部如式（13-2）～式（13-4）所示的不等式；

（2）确定该凸多面体的全部顶点或极点。

本节接下来讨论在 3 种不同通信模式下的分数路由网络的容量域的分析方法，包括多重单播路由网络、一重组播路由网络和二重混合路由网络。将采用策略（1）分析多重单播路由网络容量域；采用基于组合设计的方法和博弈论的方法分析一重组播路由网络容量域；采用策略（2）分析二重混合路由网络容量域。

需要说明的是，这里讨论的容量域问题和在线性规划中多商品流问题既有区别，又有联系。一方面，二者都基于路由网络，而且都与凸集有着紧密联系；另一方面，多商品流讨论的是在满足容量约束和平衡约束等条件下如何进行流量分配，以最优化某目标函数，而本书讨论的是如何计算容量域，这相当于确定线性规划的可行域。

最后，在本节的符号标识中，用 X、Y、Z 表示信源消息，用 x_i 表示构成 X 的符号，用 k_X 和 $r_X=k_X/n$ 分别表示 X 的维数和信息率，用 source(X)和 sink(X) 分别表示 X 的源节点和宿节点。在下文的网络图中，把 X 标于某节点之上或之下表示该节点产生或订购该消息，把 x_i 标于某条边侧表示该边传输 x_i，用虚线包围的阴影框表示虚拟节点。

13.4.1　多重单播路由网络容量域

一重单播路由网络的容量域由最大流最小割定理确定，即最大容量等于最小割。进一步，多个单播流混合在一起可以构成多重单播路由网络。假设在网络中存在 h 个单播流 $X_1, \cdots, X_h$，一一对应地存在于 h 个源节点 $S_1, \cdots, S_h$ 和 h 个宿节点 $R_1, \cdots, R_h$ 之间，这种网络的容量域是 h 维欧式空间中的一个多胞体。为了计算该多胞体，文献［25］提出了 3 种图处理技术：缩减图、合并缩减图和虚拟节点，并基于这 3 种图处理技术构造了一种有效的多重单播网络容量域分析方法。

定义 13-7（缩减图）：在图 G 中，保留 X 的信源 source(X)到信宿 sink(X)之间的全部路径，同时删除其他无关的边和节点所得的 G 的子图称为 X 在 G 上的缩减图，记为 $\mathrm{RG}_G(X)$。

定义 13-8（合并缩减图）：$\mathrm{RG}_G(X)$和 $\mathrm{RG}_G(Y)$的并图称为 X 和 Y 的合并缩减图，记为 $\mathrm{URG}_G(X, Y)$。

定义 13-9（虚拟节点）：在图 G 上，把 $X_1, \cdots, X_h$ 的信源抽象成一个节点，称为它们的虚拟源节点，记为 virtual source($X_1, \cdots, X_h$)；把它们的信宿抽象成一个节点，称为它们的虚拟宿节点，记为 virtual sink($X_1, \cdots, X_h$)。

如果用函数 f_G[source(X), sink(X)]表示 X 的信源、信宿之间最小割中前向边的数目，则对于一重单播均匀分数路由网络，根据最大流最小割定理，有

$$k_X \leqslant n f_G(\mathrm{source}(X), \mathrm{sink}(X)) \tag{13-5}$$

由此可得

$$r_X = \frac{k_X}{n} \leqslant f_G(\mathrm{source}(X), \mathrm{sink}(X)) \tag{13-6}$$

式（13-6）可以看作最大流最小割定理在均匀分数路由网络中的归一化形式。

方法 13-1：h 个单播流 X_1，⋯，X_h 共存的多重单播均匀分数路由网络容量域的计算包括 h 步。

第 1 步：对应每个 X_i，生成缩减图 $\mathrm{RG}_G(X_i)$，并根据式（13-6）建立 r_{X_i} 需要满足的不等式，即

$$r_{X_i} \leqslant f_{\mathrm{RG}_G(X_i)}(\mathrm{source}(X_i),\mathrm{sink}(X_i)) \tag{13-7}$$

第 2 步：对应任意一对消息(X_i, X_j)，生成合并缩减图 $\mathrm{URG}_G(X_i, X_j)$［见图 13-3（a）］，在 $\mathrm{URG}_G(X_i, X_j)$上抽象得到虚拟源节点 virtual source(X_i, X_j)和虚拟宿节点 virtual sink(X_i, X_j)［见图 13-3（b）］。由此可得，以 virtual source(X_i, X_j)为源节点，以 virtual sink(X_i, X_j)为宿节点，基于 $\mathrm{URG}_G(X_i, X_j)$的一重单播路由网络，基于该网络，建立 r_{X_i} 和 r_{X_j} 需要满足的不等式为

$$r_{X_i} + r_{X_j} \leqslant f_{\mathrm{URG}_G(X_i,X_j)}(\text{virtual source}(X_i,X_j),\text{virtual sink}(X_i,X_j)) \tag{13-8}$$

第 k 步（k=3～h）：采用与第 2 步类似的操作，可以得到任意 k 重信息流 X_{i_1}，⋯，X_{i_k} 需要满足的容量不等式为

$$r_{X_{i_1}} + \cdots + r_{X_{i_k}} \leqslant f_{\mathrm{URG}_G(X_{i_1},\cdots,X_{i_k})}(\text{virtual source}(X_{i_1},\cdots,X_{i_k}),\text{virtual sink}(X_{i_1},\cdots,X_{i_k})) \tag{13-9}$$

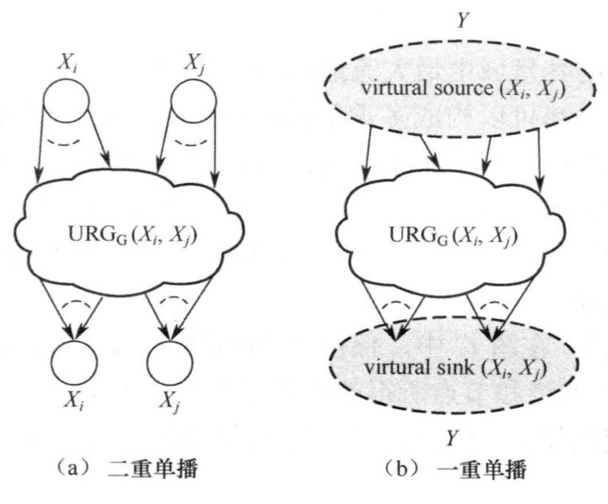

图 13-3 二重单播转化成一重单播 ■

定理 13-2：多重单播均匀分数路由网络的容量域等于方法 13-1 中全部不等式所对应的半空间相交所得的多胞体。

证明：首先，在第 1 步中由于缩减图 $\mathrm{RG}_G(X_i)$保留了source(X_i)和 sink(X_i)之间的全部路径，删除无关的节点和边并不会减小 X_i 信源、信宿之间的最小割，所以有

$$f_G(\mathrm{source}(X_i),\mathrm{sink}(X_i)) = f_{\mathrm{RG}_G(X_i)}(\mathrm{source}(X_i),\mathrm{sink}(X_i)) \tag{13-10}$$

结合式（13-6）和式（13-10）可得式（13-7）。另外，式（13-7）一定可达的，一个可行方案是令其他业务流为 0，让全部网络边都用于传输 X_i，则其流量一定是可以达到最小割，但如果多个单播流共存，由于各流争用网络边，式（13-7）中全部 h 个不等式不一

定能同时等号成立。

其次，在第 2 步中，对比图 13-3（a）和图 13-3（b）可以发现，如果图 13-3（a）中二重单播流 X_i 和 X_j 是可达的，那么采用相同的流分配方案，图 13-3（b）中 $k_Y = k_{X_i} + k_{X_j}$ 的单播流 Y 一定是可达的。换句话说，$k_{X_i} + k_{X_j}$ 是以 k_Y 为上限的，即

$$r_{X_i} + r_{X_j} \leqslant r_Y \tag{13-11}$$

根据式（13-6），图 13-3（b）中的单播流 Y 满足

$$r_Y \leqslant f_{\mathrm{URG}_G(X_i,X_j)}(\text{virtual source}(X_i,X_j),\text{virtual sink}(X_i,X_j)) \tag{13-12}$$

联立式（13-11）与式（13-12）可得式（13-8）。与式（13-7）类似，式（13-8）中每个不等式的等号都是成立的，但全部 $\binom{h}{2}$ 个不等式不一定能同时等号成立。同理可证式（13-9）。

最后，方法 13-1 一共生成了

$$\binom{h}{1} + \binom{h}{2} + \cdots + \binom{h}{h} = 2^h - 1 \tag{13-13}$$

个不等式，再加上式（13-2）中的 h 个不等式，一共得到了 2^h-1+h 个不等式。每个不等式都对应着 h 维欧式空间的一个半空间，这些半空间相交得到一个多胞体。由于每个不等式都等号成立，所以作为多胞体边界的各超平面上的有理点一定是可达的信息率矢量，多胞体内部的有理点作为边界点的凸组合也一定满足式（13-7）～式（13-9），即多胞体内部的有理点也一定是可达的，所以该多胞体就为所求的容量域。■

例 13-2：如图 13-4 所示为 Fano 网络。应用方法 13-1 分析其容量域，图 13-5 和图 13-6 绘制了生成的缩减图与合并缩减图，通过分析这些图的最小割可以建立容量不等式[式（13-14）～式（13-16）]，对应的容量域绘制在图 13-7 中。可以验证，如图 13-7 所示的凸多面体表面和内部的任何有理点对应的信息率矢量都是可达的。

$$r_X \leqslant 1,\ r_Y \leqslant 2,\ r_Z \leqslant 1 \tag{13-14}$$

$$r_X + r_Y \leqslant 2,\ r_Y + r_Z \leqslant 2,\ r_X + r_Z \leqslant 2 \tag{13-15}$$

$$r_X + r_Y + r_Z \leqslant 2 \tag{13-16}$$

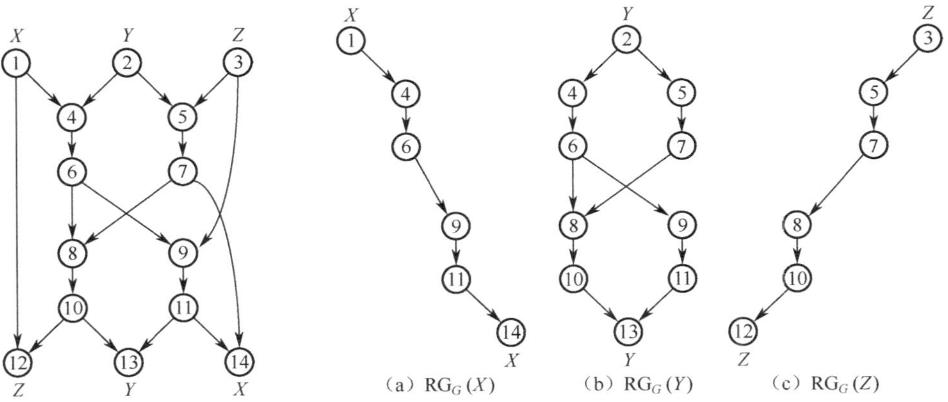

图 13-4 Fano 网络

图 13-5 Fano 网络缩减图 ■

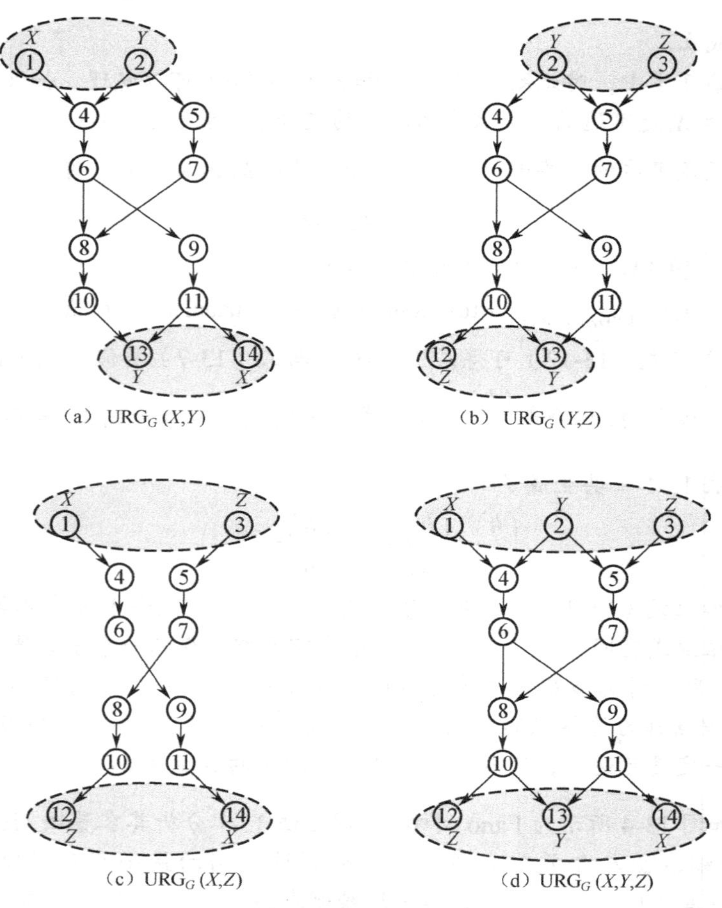

图 13-6　Fano 网络合并缩减图

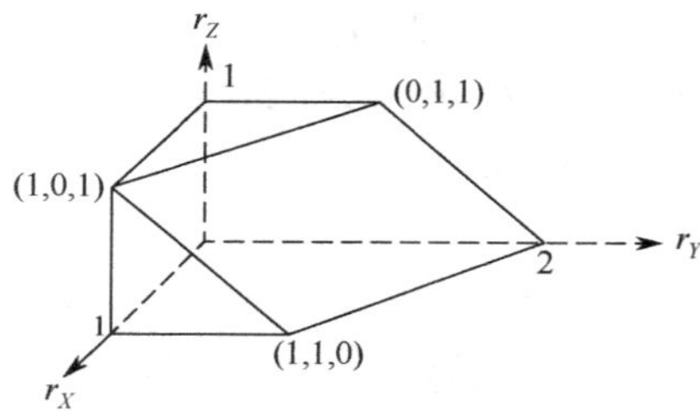

图 13-7　Fano 网络容量域

13.4.2　一重组播路由网络容量域

组播是一对多的通信方式，文献［26］证明，一重组播编码网络的编码容量等于信源与各信宿之间的最小割的最小值，这个结论被归纳为组播网络编码定理。但一重组播路由网络的路由容量受网络拓扑、信源信宿的数目和位置影响很大，不存在像最小割这样的一般性结论。以图 13-8 所示的 3 层网络为例，图 13-8（a）、图 13-8（b）、图 13-8（c）3 个网络具有相同的拓扑，不同的只是信宿的个数和位置，但 3 个网络的容量域差异很大，分

别是 $0\leqslant R\leqslant 2$，$0\leqslant R\leqslant 3/2$，$0\leqslant R\leqslant 4/3$，只有图 13-8（a）所示网络达到了最小割界，本例的计算过程将在稍后给出。由此可见，对一重组播路由网络的路由容量域只能具体问题具体分析，因此需要研究的是一重组播路由网络的路由容量域的分析方法，而不是一般性的结论。

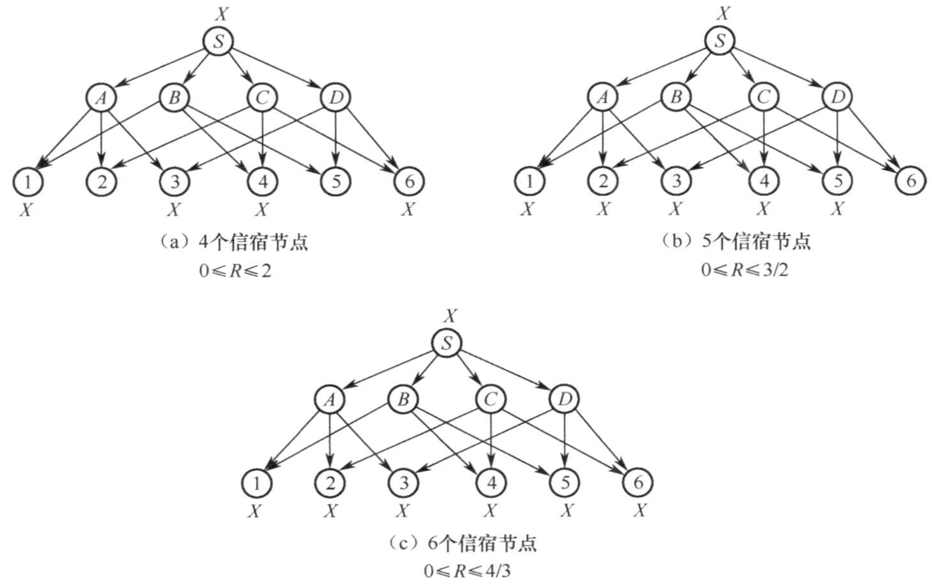

图 13-8　3 层网络

一重组播路由网络的路由容量和图的生成树有很紧密的联系。一般意义上，生成树是指连接网络 G 中某些节点的连通子树。特别地，就组播网络而言，就是连接信源和所有信宿的连通子树。

定义 13-10（生成树）：在组播网络 G 上，以信源节点为树根，包含并连接全部信宿节点的连通子树称为组播生成树，简称生成树。

例 13-3：图 13-9（a）是一个组播网络及其生成子树，信源节点为 S，信宿节点为 A、B、C，图 13-9（b）和图 13-9（c）分别是两棵连接信源和信宿的生成树。■

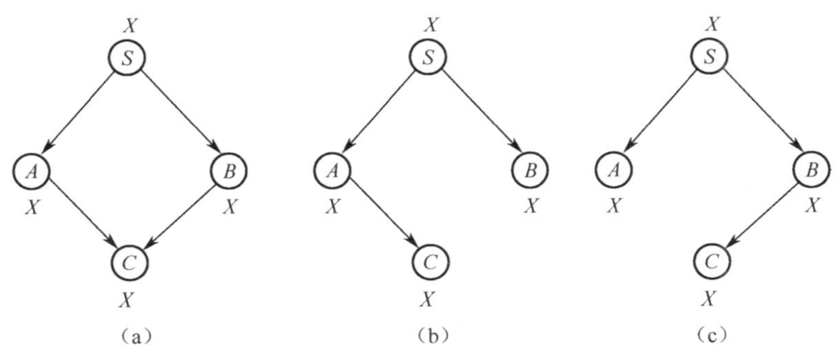

图 13-9　组播网络及其生成子树

例 13-4：图 13-10 是图 13-8（a）的两棵生成树。

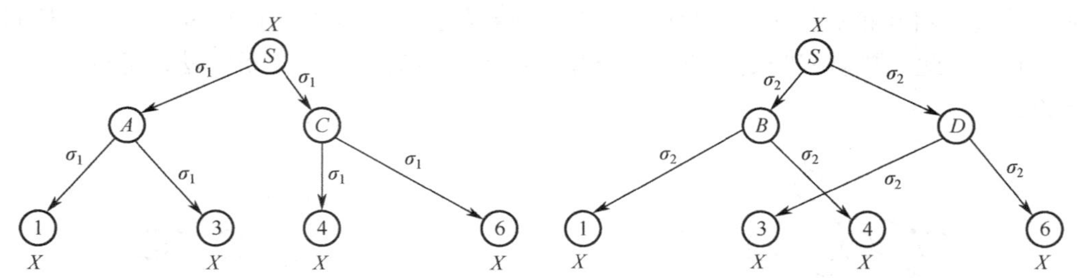

图 13-10　图 13-8（a）的两棵生成树　■

如图 13-9 所示的网络虽然有两棵生成子树，但这两棵生成子树不独立，需要共享某些边，因此，在边容量为 1 的情况下该网络一次最多只能传输 1 个符号。与例 13-3 不同的是，例 13-4 的两棵生成树没有共享边或相邻边，在这两棵生成树上传输符号不存在争用边的问题，因此信源 S 可以通过两棵生成树向 4 个信宿节点组播两个符号 σ_1 和 σ_2，所以总的组播流量可以达到 R=2。比较这两个例子可以发现，组播容量与边不相邻的生成树的数目紧密相关。在组合学与线性规划中有一类典型问题称为 Packing Steiner Trees，讨论的就是在网络中某些节点之间存在多少棵边不相邻的生成树（也称 Steiner 树），以及如何找到这些生成树。

目前，有两种代表性的一重组播路由网络的路由容量的分析方法：基于博弈论的方法和基于组合设计的方法，下面分别加以介绍。

1. 基于博弈论的方法

思考例 13-3 和例 13-4 可以发现，网络的组播传输本质上是源节点通过各组播生成树把符号组播给全部信宿节点。如图 13-8（a）所示的网络有两个特征：①源节点到各信宿节点的最小割相等，都等于 2；②网络存在 2 棵边不相邻的生成树（见图 13-10）。所以，信源能组播的最大信息流量就等于生成树的数目，同时也等于最小割界。然而，绝大多数网络并不具备上述两点拓扑特征，很多网络（如蝶形网络）甚至不存在边不相邻的生成树，网络的各组播生成树需要共享或争用某些网络边。换句话说，每条网络边需要把边的容量资源按一定比例分配给各生成树使用，用博弈论的术语，这构成了两个参与者分别以网络边和组播生成树为策略集的混合策略矩形博弈（见附录 C），通过计算该博弈的博弈值可得组播路由容量域。基于这种思想，Liang[33]提出了一种分析组播路由容量域的博弈论方法，下面以蝶形网络为例说明该方法的基本思想。

例 13-5：求解蝶形网络的组播容量。蝶形网络由 7 个节点和 9 条边 $e_1, \cdots, e_9$ 构成①。首先，列出蝶形网络的全部 7 棵生成树，如图 13-11 所示。其次，设计一个由两个参与者参与的混合策略博弈，其中参与者 1 以 9 条网络边为策略集，参与者 2 以 7 棵生成子树为策略集，收益矩阵（Payoff Matrix）即为生成子树和网络边的邻接矩阵。

① 注：本例中边旁边的 e_i 表示边，不表示该边传输的符号，这和本章其他图的表示方法有所不同。

$$
\begin{array}{c} \\ e_1 \\ e_2 \\ e_3 \\ e_4 \\ e_5 \\ e_6 \\ e_7 \\ e_8 \\ e_9 \end{array}
\begin{array}{c}
\begin{array}{ccccccc} T_1 & T_2 & T_3 & T_4 & T_5 & T_6 & T_7 \end{array} \\
\begin{bmatrix}
1 & 1 & 1 & 1 & 1 & 0 & 0 \\
1 & 0 & 1 & 1 & 0 & 1 & 1 \\
1 & 1 & 1 & 0 & 0 & 0 & 0 \\
0 & 1 & 0 & 1 & 1 & 0 & 0 \\
0 & 0 & 1 & 0 & 0 & 1 & 1 \\
1 & 0 & 0 & 1 & 0 & 1 & 0 \\
0 & 1 & 1 & 1 & 1 & 1 & 1 \\
0 & 0 & 0 & 1 & 1 & 1 & 1 \\
0 & 1 & 1 & 0 & 1 & 0 & 1
\end{bmatrix}
\end{array}
$$

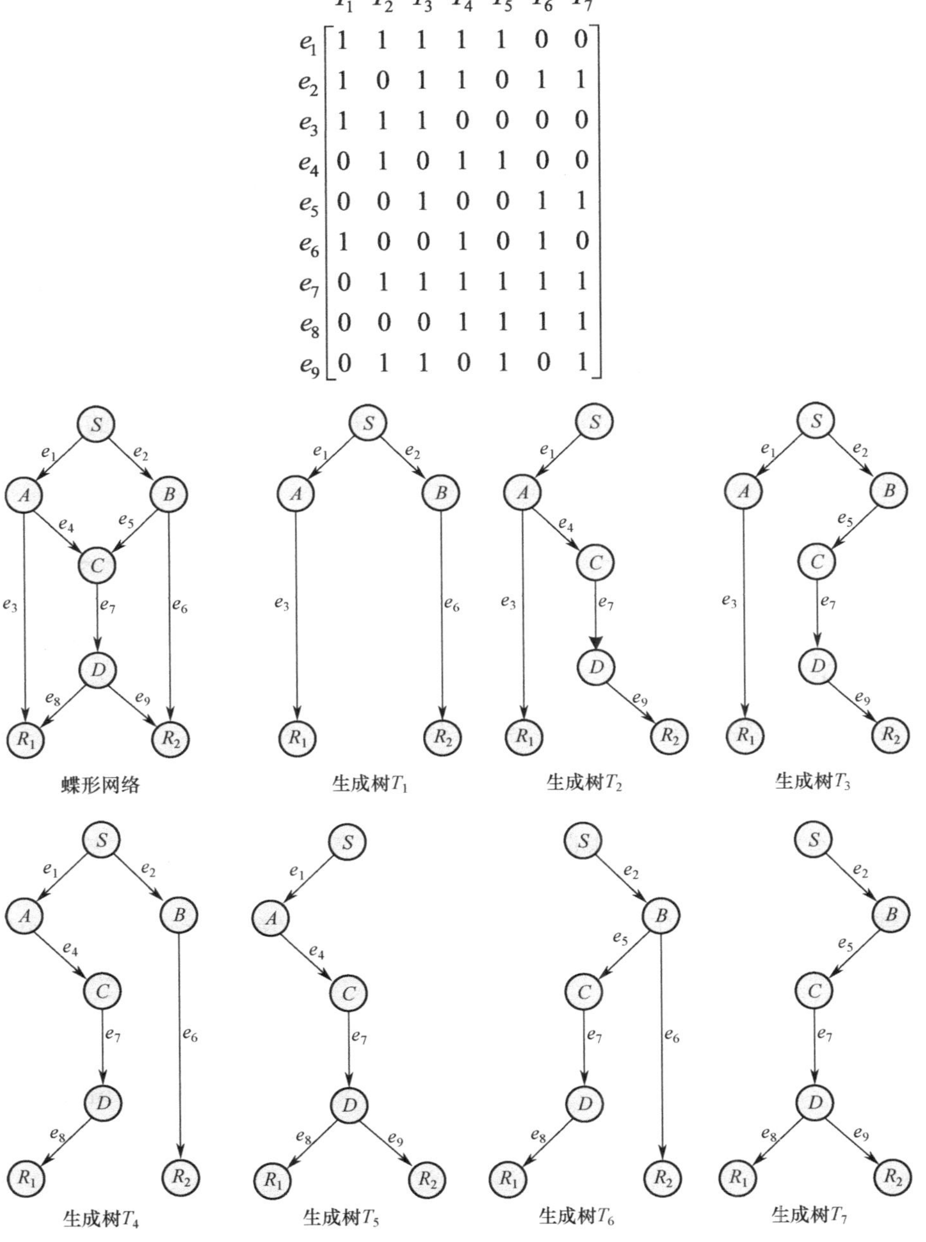

图 13-11　蝶形网络及其生成树

应用附录 C 中定理 C-6 中向量支配的概念可以把该矩阵简化为

$$
\begin{array}{c} \\ e_1 \\ e_2 \\ e_7 \end{array}
\begin{array}{c}
\begin{array}{ccc} T_1 & T_2 & T_6 \end{array} \\
\begin{bmatrix}
1 & 1 & 0 \\
1 & 0 & 1 \\
0 & 1 & 1
\end{bmatrix}
\end{array}
$$

应用附录C中定理C-4提供的方法可以求得该博弈的最佳概率分布为$p^*=q^*=(1/3, 1/3, 1/3)$，博弈值为 $v=2/3$。Liang[33]证明最大组播信息率，即网络组播容量，等于该博弈值的倒数，即 $R_{max}=3/2$。■

总结这种基于博弈论的组播容量计算方法如下。

方法 13-2[33]：单源组播均匀分数路由网络容量域的计算包括 3 步。

第 1 步：列出连接信源和信宿的全部组播树 $T_1, T_2, \cdots, T_n$。

第 2 步：建立组播树 $T_1, T_2, \cdots, T_n$和全部网络边的邻接矩阵 $\boldsymbol{A}$。

第 3 步：求解 $\boldsymbol{A}$ 对应的矩形博弈的最佳概率分布和博弈值，该博弈值的倒数即为最大信息率。

需要说明的是，方法 13-2 的第 2 步建立邻接矩阵是针对均匀分数网络模型有效的，如果边容量不一致或者是实数取值，则博弈矩阵 $\boldsymbol{A}$ 中对应邻接矩阵为 1 的各个元素应该取各条边容量的倒数。

2. 基于组合设计的方法

文献［22］提出了一种基于组合设计的计算一重组播路由网络的路由容量域的方法。组合设计是组合学的一个分支，研究的是在给定的有限集合中有哪些符合某些约束条件的子集。例如，对于集合 $X=\{1, 2, 3, 4\}$的全部两元素子集中，两个元素之和为奇数的子集包括$\{1, 2\}$、$\{1, 4\}$、$\{2, 3\}$、$\{3, 4\}$。在组合设计中，称全集为支持集，称符合约束条件的子集为块。一重组播路由网络的传输可以建模成组合设计问题，其中，全集对应 k 维消息 $X=\{x_1, \cdots, x_k\}$，子集对应各网络边传输的 n 维矢量，约束条件则由组播关系决定。但如果把每条边都对应成一个子集的话，由于子集数目过大，导致组合设计的复杂度过高，加剧了求解难度。有没有什么办法能够降低组合设计的复杂度呢？根据我们在第 12 章提到过的子树分解的概念，子树分解把网络图转化为子树图，每棵子树的内部流动的是相同的符号组，这就说明可以把子树作为组合设计的子集，由于子树的数目远远小于网络边的数目，因此网络规模和组合设计复杂度大大降低。下面给出基于组合设计的组播路由网络的路由容量的计算方法。

方法 13-3[22]：一重组播路由网络的网络容量域的计算包括 3 步。

第 1 步：对网络图 G 进行子树分解生成子树图，假设子树图中有 h 棵子树，记为 $ST_1, \cdots, ST_h$，由于每棵子树内部传输的是相同的 n 维矢量，所以这 h 棵子树就对应着组合设计中的子集。

第 2 步：根据组播关系，确定全集 X 和子集 $ST_1, \cdots, ST_h$ 需要满足的组合设计约束条件。

第 3 步：依如图 13-12 所示流程，迭代寻找该组合设计的最大可达信息率 $r_{max}=k/n$。■

在图 13-12 中初始步骤 $k=2$ 和 $n=k-1$ 基于以下考虑：一重组播路由网络的网络容量 $r=k/n=1$ 一定是可达的，所以对应于网络容量域上限 r_{max} 的 k 一定是大于等于 n 的。此外，在该流程图中，对于某一对 k/n 的可达性和最大性的判断可以采用如下方法。

（1）循环为子树赋值，判断 k/n 的可达性。

依拓扑序先为上游子树赋值，下游子树从其上游子树的并集中取值，当为全部子树赋值后，判断这组子树值是否满足第 2 步给出的约束条件，如果满足，则 k/n 是可达的；反之，迭代并进行下一轮赋值。

（2）若 k/n 可达，采用数列极限法判断其最大性。

以下假设 k 和 n 没有公因子，如果二者有公因子，则用相约之后的分子和分母代替此处的 k 和 n。考察信息率数列

$$r_m = \frac{k}{n} + \frac{1}{n^m} \quad (m \geqslant 1)$$

当 $m \to \infty$ 时，r_m 是一个以 k/n 为极限的递减数列，r_m 对应的全集和子集的维数分别为 $kn^{m-1}+1$ 和 n^m。结合第 2 步给出的约束条件，如果能证明对于所有的 $m \geqslant 1$，r_m 是不可达的，则说明 k/n 是最大的；反之，k/n 就不是最大的。

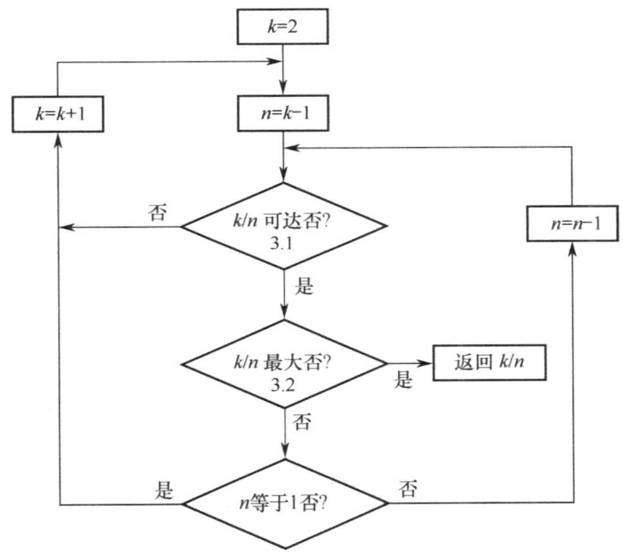

图 13-12　方法 13-3 第 3 步的流程

例 13-6： 3 层网络。

如图 13-13（a）、图 13-13（b）、图 13-13（c）所示的 3 个网络具有相同的拓扑，都由 3 层组成。源节点位于第 1 层，中间节点位于第 2 层，信宿节点位于第 3 层。3 个网络的区别仅在于信宿节点的位置和数目不同。3 个网络的容量域分别是：$r_X \leqslant 2$；$r_X \leqslant 3/2$；$r_X \leqslant 4/3$。

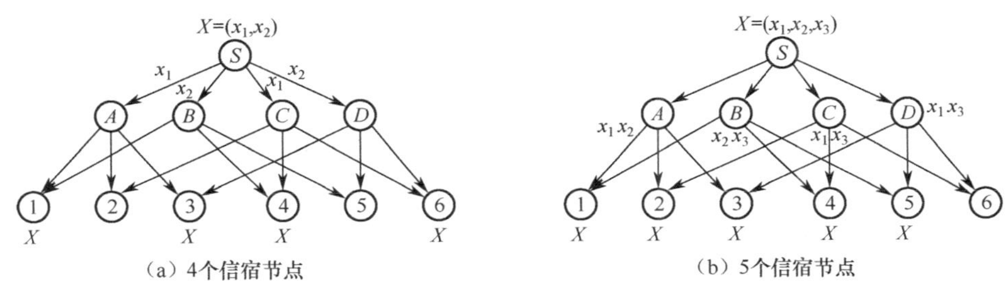

图 13-13　3 层网络

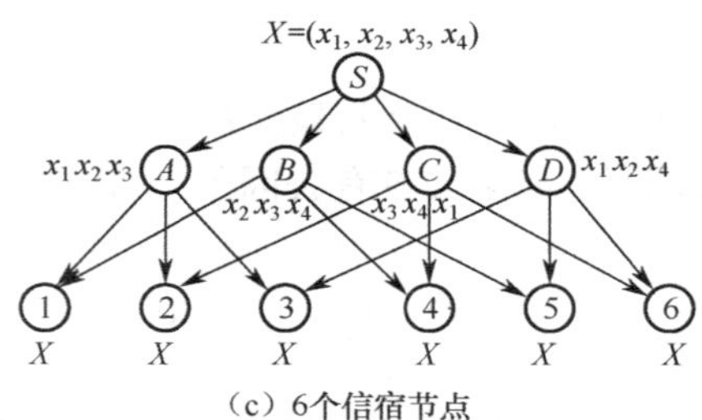

（c）6个信宿节点

图 13-13　3 层网络（续）

证明：如图 13-13 所示的 3 个网络各包含 4 棵子树，分别是$(S, A, 1, 2, 3)$、$(S, B, 1, 4, 5)$、$(S, C, 2, 4, 6)$、$(S, D, 3, 5, 6)$。简单起见，以下用 A、B、C、D 既表示这 4 棵子树又表示子树中传输的符号集合。

图 13-13（a）：由于源节点到宿节点的最小割等于 2，所以有 $r_X \leqslant 2$，图 13-13（a）给出的传输方案证明最大值 $r_{\max}=2$ 是可达的。

图 13-13（b）：用 A、B、C、D 表示 4 个子集，则该组合设计的约束条件为$\{A\cup B\cup C\cup D=X,\ A\cup B=X,\ A\cup C=X,\ A\cup D=X,\ B\cup C=X,\ B\cup D=X\}$。根据图 13-12，通过调整 X 的维数和子树符号分配可得参数为$(k, n)=(3, 2)$的组合设计方案，如图 13-13（b）所示，其信息率 $r_X=3/2$。另外，用反证法证明 $r_X>3/2$ 是不可达的。为此，考察一组信息率

$$r_m = \frac{3}{2} + \frac{1}{2^m}\quad (m\geqslant 1) \tag{13-17}$$

r_m 是一个以 3/2 为极限的递减数列，假设存在 m 使得 r_m 是可达的，则有 $n=2^m$，$k=3\times 2^{m-1}+1$。简单起见，把全集表示为 $X=\{1, 2, \cdots, 3\times 2^{m-1}+1\}$。不失一般性，令子集 $A=\{1, 2, \cdots, 2^m\}$。根据约束条件 $A\cup B=X$，$A\cup C=X$，$A\cup D=X$，在子集 B、C、D 中一定要包含符号$\{2^m+1, \cdots, 3\times 2^{m-1}+1\}$。除此之外，$B$、$C$、$D$ 各自还包括 $2^{m-1}-1$ 个空位，记 B、C、D 为

$$B = \{b_1, \cdots, b_{2^{m-1}-1}, 2^m+1, \cdots, 3\times 2^{m-1}+1\} \tag{13-18}$$

$$C = \{c_1, \cdots, c_{2^{m-1}-1}, 2^m+1, \cdots, 3\times 2^{m-1}+1\} \tag{13-19}$$

$$D = \{d_1, \cdots, d_{2^{m-1}-1}, 2^m+1, \cdots, 3\times 2^{m-1}+1\} \tag{13-20}$$

其中，$\{b_1, \cdots, b_{2^{m-1}-1}\}$、$\{c_1, \cdots, c_{2^{m-1}-1}\}$、$\{d_1, \cdots, d_{2^{m-1}-1}\}$只能取自$\{1, 2, \cdots, 2^m\}$。又根据约束条件 $B\cup C=X$ 和 $B\cup D=X$，可得

$$\{b_1, \cdots, b_{2^{m-1}-1}\} \cup \{c_1, \cdots, c_{2^{m-1}-1}\} = \{1, 2, \cdots, 2^m\} \tag{13-21}$$

$$\{b_1, \cdots, b_{2^{m-1}-1}\} \cup \{d_1, \cdots, d_{2^{m-1}-1}\} = \{1, 2, \cdots, 2^m\} \tag{13-22}$$

然而，由于$\{b_1, \cdots, b_{2^{m-1}-1}\}$、$\{c_1, \cdots, c_{2^{m-1}-1}\}$、$\{d_1, \cdots, d_{2^{m-1}-1}\}$各自只有 $2^{m-1}-1$ 个符号，所以式（13-21）和式（13-22）是不可能成立的。因此，在式（13-17）中任何一个信息率 r_m 都是不可达的。

图 13-13（c）：该网络中第 3 层的所有节点都是接收节点，这种网络可以一般化为例 13-7 中的 3 层网络，其路由容量域的证明将在例 13-7 中给出。■

例 13-7: (h, m)3 层网络如图 13-14 所示。图中所示 3 层网络的第 2 层有 h 个中间节点，第 3 层全部为宿节点。每个宿节点与第 2 层不同的m个节点的组合相连接，因此共有$\binom{h}{m}$个宿节点，简称该网络为(h, m) 3 层网络，该网络的容量域为 $r_X \leqslant h/(h-m+1)$。

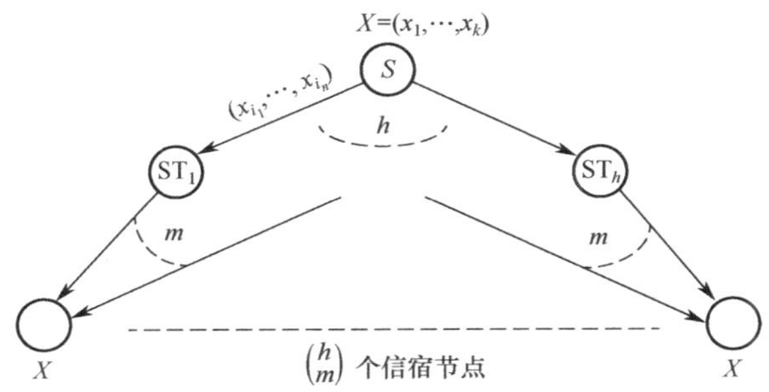

图 13-14　(h, m) 3 层网络

证明： 首先，图 13-14 的 3 层网络可以分解成 h 棵子树，以下用 ST_1, ⋯, ST_h 既表示子树又表示组合设计的子集。令 $X=\{x_1, \cdots, x_k\}$，由于每个信宿节点与任意 m 个中间节点的组合相连接，即任意的 m 个子集的并都等于全集 X，所以约束条件为

$$ST_{i_1} \cup \cdots \cup ST_{i_m} = X \quad (\forall i_1, \cdots, i_m \in [1, \cdots, h]) \tag{13-23}$$

为此，每个符号 x_i 必须出现在至少 $h-m+1$ 棵子树中，否则将会有 m 棵子树因为缺少 x_i 而导致与这些子树相连接的宿节点无法恢复 X。由此，k 个符号一共需要 $k(h-m+1)$个位置，又由于每棵子树的容量是 n 个符号，h 棵子树一共提供 hn 个位置，所以要求 $k(h-m+1) \leqslant hn$，即

$$r_X = \frac{k}{n} \leqslant \frac{h}{h-m+1} \tag{13-24}$$

其次，证明最大容量 $r_{\max}= h/(h-m+1)$是可达的，为了讨论最大容量的子树符号分配方案，我们需要区分两种情况。

（1）当 h 和 $h-m+1$ 没有公因子的时候，分配方案为：$\mathrm{ST}_1=\{x_1, \cdots, x_{h-m+1}\}$，$\mathrm{ST}_2=\{x_2, \cdots, x_{h-m+2}\}$，⋯，$\mathrm{ST}_{h-1}=\{x_{h-1}, x_h, x_1, \cdots, x_{h-m-1}\}$，$\mathrm{ST}_h=\{x_h, x_1, \cdots, x_{h-m}\}$

（2）如果 h 和 $h-m+1$ 有公因子，此时没有通用的子树符号分配规则，需要具体分析。表 13-2 列出了几种(h, m) 3 层网络的符号分配方案。■

表 13-2　几种(h, m)3 层网络子树符号分配方案

m	h	$h/(h-m+1)$	子树符号分配
2	3	3/2	$\mathrm{ST}_1=\{x_1, x_2\}$, $\mathrm{ST}_2=\{x_2, x_3\}$, $\mathrm{ST}_3=\{x_1, x_3\}$
2	4	4/3	$\mathrm{ST}_1=\{x_1, x_2, x_3\}$, $\mathrm{ST}_2=\{x_2, x_3, x_4\}$, $\mathrm{ST}_3=\{x_1, x_3, x_4\}$, $\mathrm{ST}_4=\{x_1, x_2, x_4\}$
3	4	2	$\mathrm{ST}_1=\mathrm{ST}_3=\{x_1\}$, $\mathrm{ST}_2=\mathrm{ST}_4=\{x_2\}$
3	5	5/3	$\mathrm{ST}_1=\{x_1, x_2, x_3\}$, $\mathrm{ST}_2=\{x_2, x_3, x_4\}$, $\mathrm{ST}_3=\{x_3, x_4, x_5\}$, $\mathrm{ST}_4=\{x_1, x_4, x_5\}$, $\mathrm{ST}_5=\{x_1, x_2, x_5\}$
4	5	5/2	$\mathrm{ST}_1=\{x_1, x_2\}$, $\mathrm{ST}_2=\{x_2, x_3\}$, $\mathrm{ST}_3=\{x_3, x_4\}$, $\mathrm{ST}_4=\{x_4, x_5\}$, $\mathrm{ST}_5=\{x_1, x_5\}$

（续表）

m	h	$h/(h-m+1)$	子树符号分配
4	6	2	$ST_1=ST_3=ST_5=\{x_1\}$, $ST_2=ST_4=ST_6=\{x_2\}$
4	7	7/4	$ST_1=\{x_1, x_2, x_3, x_4\}$, $ST_2=\{x_2, x_3, x_4, x_5\}$, $ST_3=\{x_3, x_4, x_5, x_6\}$, $ST_4=\{x_4, x_5, x_6, x_7\}$, $ST_5=\{x_5, x_6, x_7, x_1\}$, $ST_6=\{x_6, x_7, x_1, x_2\}$, $ST_7=\{x_7, x_1, x_2, x_3\}$

作为(h, m) 3 层网络的两个实例，图 13-13（c）和图 13-15 分别对应参数为(4, 2)和(3, 2)的 3 层网络，其最大路由容量分别等于 4/3 和 3/2。把图 13-15 和图 13-11 蝶形网络做比较是有意义的，图 13-15 的约束条件为$\{A\cup B=X，A\cup C=X，B\cup C=X\}$，对图 13-11 蝶形网络做子树分解可以得到 3 棵子树，分别是 $ST_1=\{S, A, C, R_1\}$，$ST_2=\{S, B, C, R_2\}$, $ST_3=\{C, D, R_1, R_2\}$，其组播约束条件为$\{ST_1\cup ST_2=X，ST_1\cup ST_3=X，ST_2\cup ST_3=X\}$，可见图 13-15 和图 13-11 蝶形网络的约束条件是完全等价的，因此两个网络必然具有相同的路由容量域，由此我们就间接证明了蝶形网络的路由容量域。实际上，基于这种约束条件等价的思想，还有很多网络的组播路由容量域问题可以转化为(h, m) 3 层网络加以求解。

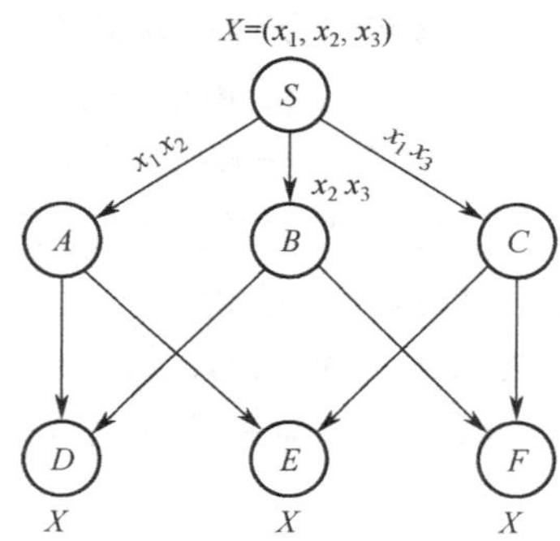

图 13-15　(3, 2) 3 层网络

13.4.3　二重混合路由网络容量域

如果把单播流和组播流看作网络流的两种基本构成单元的话，各种复杂的业务流可以由这两种基本流混合而成，包括单播流与单播流、单播流与组播流，以及组播流与组播流 3 种混合模式。其中，单播流与单播流的混合路由网络的路由容量域的计算已经在 13.4.1 节中被彻底解决，然而后两种混合路由网络的路由容量域的计算要复杂得多，原因如下。第一，由于组播流的存在，无法通过分析网络割来建立信息率需要满足的不等式。第二，混合流的路由容量域与网络拓扑、基本流的数量和类型、共享链路的数目和位置、信源和信宿的位置都有关系，这些影响因素微小的扰动就会导致路由容量域发生很大的变化，以图 13-16 为例，图 13-16（a）、图 13-16（b）、图 13-16（c）3 个网络具有相同的拓扑，且都由 1 个组播流 X 和 1 个单播流 Y 混合而成，区别仅在于 Y 的信源、信宿的位置不同，但是由图 13-17 可见，3 个网络的容量域非常不同。第三，当 3 个以上基本流在网络中共存的时候，尤其是当网络中存在多个组播流的时候，其路由容量域分析将变得非常复杂。综合考虑上述因素，本书仅讨论由两个基本流组成的混合路由网络的路由容量域计算问

题，在两个基本流中至少有一个是组播流。

包含两个基本流 X、Y 的混合路由网络的路由容量域是平面直角坐标系第一象限的一个凸多边形。我们提出一种通过确定多边形顶点（极点）绘制凸多边形的方法，该方法的基本思想是先确定顺时针和逆时针的两个极点$(r_{X\max}, 0)$和$(0, r_{Y\max})$，并由此出发向中间逼近，发现新极点即替换旧极点，最终确定全部极点。

方法 13-4[22]：均匀分数路由网络由 1 个组播流 X 和 1 个单播流（或组播流）Y 构成，该路由容量域的计算包括 3 步。

第 1 步：从图 G 提取 X 的缩减图 $\mathrm{RG}_G(X)$，基于 $\mathrm{RG}_G(X)$计算 X 的最大信息率 $r_{X\max}$，由此可得逆时针的第 1 个极点 $\boldsymbol{r}_{11}=(r_{X\max}, 0)$；同理，基于 Y 的缩减图 $RG_G(Y)$计算顺时针第 1 个极点 $\boldsymbol{r}_{21}=(0, r_{Y\max})$。

第 2 步：保留 X 流 $r_X=r_{X\max}$，判断是否存在非 0 的最大可达的 Y 流。如果有，就得到了逆时针第 2 个极点 $\boldsymbol{r}_{12}=(r_{X\max}, r_Y)$；如果没有，则保留 $\boldsymbol{r}_{11}$。同理，保留 Y 流 $r_Y=r_{Y\max}$，判断是否存在非 0 的最大可达的 X 流。如果有，就得到顺时针第 2 个极点 $\boldsymbol{r}_{22}=(r_X, r_{Y\max})$；如果没有，则保留 $\boldsymbol{r}_{21}$。

第 3 步：连接顺时针和逆时针两个方向最前沿的极点得到线段，判断该线段是否是可达路由容量域的边界，即线段外侧是否还有可达路由容量点。如果该线段是路由容量域边界，则路由容量域已得；否则说明还存在新的极点，寻找新的极点，迭代第 3 步。 ■

需要说明的是，在第 3 步寻找新极点目前还没有通用的方法，可能需要对 X 流和 Y 流的分配进行多次试验才能得到。但是，对于连接两个极点所得的线段是否是路由容量域边界的判断可以采用 13.4.2 节提出的基于信息率数列极限的方法，举例如下。

例 13-8：图 13-16（a）、图 13-16（b）、图 13-16（c）、图 13-16（d）4 个网络的路由容量域分别如图 13-17（a）、图 13-17（b）、图 13-17（c）、图 13-17（d）所示。

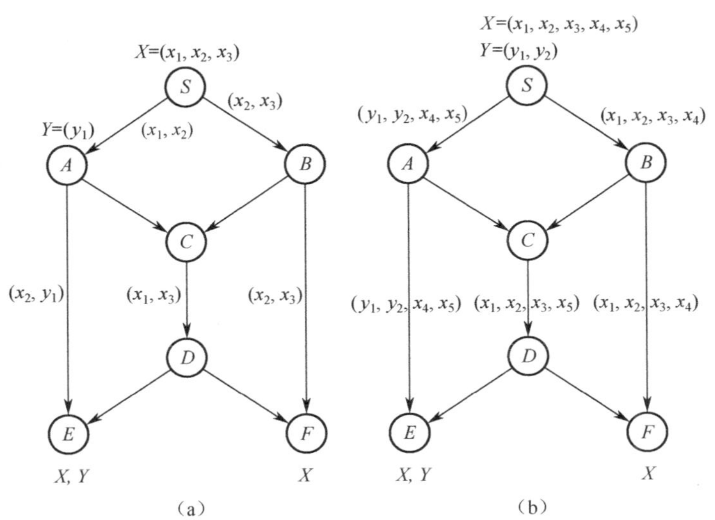

图 13-16 混合网络

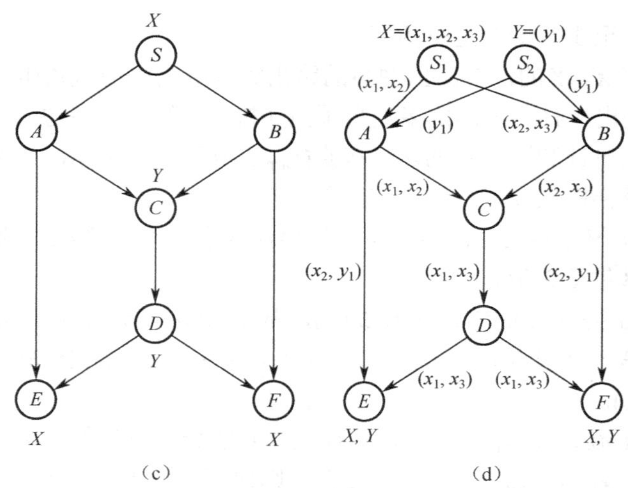

图 13-16　混合网络（续）

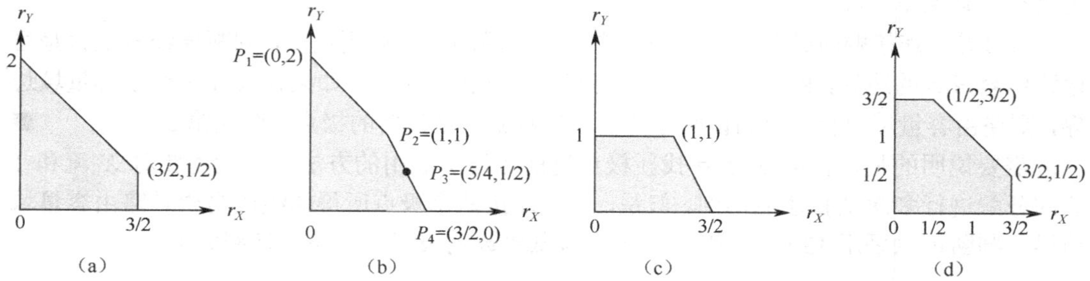

图 13-17　对应图 13-16 的 4 个网络的容量域

证明：图 13-16（a）：通过前文对于蝶形网络的分析，不难确定(3/2, 0)、(0, 2)、(3/2, 1/2) 3 个极点，后者的传输方案如图 13-16（a）所示。连接这些极点可得两条线段，由于边 AE 和 DE 构成了信源和信宿之间的割，所以要求 $r_X+r_Y\leqslant 2$，所以图 13-17（a）就是图 13-16（a）的可达路由容量域。

图 13-16（b）：可以确定 $P_1=(0, 2)$，$P_2=(1, 1)$，$P_4=(3/2, 0)$是 3 个可达的路由容量矢量点。连接这些点可得凸多边形如图 13-17（b）所示。下面证明线段 P_1P_2 和 P_2P_4 之外的矢量点不可达，线段 P_1P_2 是路由容量域的边界是明显的，这是因为割边 SA、SB 要求 $r_X+r_Y\leqslant 2$，但 P_2P_4 是路由容量域的边界并不那么直观。由于 P_2 和 P_4 是两个可达点，所以位于线段 P_2P_4 上的所有有理点都是可达的，以点 $P_3=(5/4, 1/2)$为例，其传输方案如图 13-16（b）所示。为了证明 P_2P_4 外侧的所有点是不可达的，考察信息率数列

$$(r_X,r_Y)=\left(\frac{5}{4},\frac{1}{2}+\frac{1}{4^m}\right),\quad 其中 m\geqslant 1 \tag{13-25}$$

令 $k_X=5\times 4^{m-1}$、$k_Y=2\times 4^{m-1}+1$、$n=4^m$ 分别表示消息 X、Y、边矢量中的符号个数。简单起见，替换 4^{m-1} 为 s，则有 $k_X=5s$，$k_Y=2s+1$，$n=4s$。记 $X=\{x_1, \cdots, x_{5s}\}$，$Y=\{y_1, \cdots, y_{2s+1}\}$，由于蝶形网络由 3 棵子树 ST_1、ST_2、ST_3 构成，在本例中约束条件包括。$\{ST_1\cup ST_2=X\cup Y$，

$ST_1 \cup ST_3 = X \cup Y$，$ST_2 \cup ST_3 = X\}$。此外，由于消息 Y 必须通过子树 ST_1 传输，不失一般性，假设子树 ST_1 的 $n=4s$ 个符号为$\{x_1, \cdots, x_{2s-1}, y_1, \cdots, y_{2s+1}\}$。约束条件 $ST_1 \cup ST_2 = X \cup Y$ 和 $ST_1 \cup ST_3 = X \cup Y$ 要求子树 ST_2 和 ST_3 中必须包括符号$\{x_{2s}, \cdots, x_{5s}\}$。除此之外，子树 ST_2 和 ST_3 中还各自有 $s-1$ 个剩余符号位。然而，$ST_2 \cup ST_3 = X$ 要求 ST_2 和 ST_3 的剩余符号中必须包括$\{x_1, \cdots, x_{2s-1}\}$，这显然是不可能的，因此式（13-25）中任意一个信息率都是不可达的，也就是说在图 13-17（b）中 P_3 点的正上方再无可达点，所以线段 P_2P_4 是路由容量域凸多边形的边界。

图 13-16（c）：可以确定(3/2, 0)、(0, 1)、(1, 1) 这 3 个极点。下面证明连接(3/2, 0)和(1, 1)所得的线段 $r_Y+2r_X \leqslant 3$ 是路由容量域边界，考虑到 Y 完全由链路 CD 传输，CD 用于传输 X 的路由容量为 $n-k_Y$，X 的这些符号来自 AC 和 BC，基于网络的对称性。为这两条链路各分配$(n-k_Y)/2$ 个符号是合理的，又因为链路 AC、SA、AE 传输相同的符号，所以 AE 还剩 $n-(n-k_Y)/2$ 路由容量用于传输 X。由于节点 E 需要根据从 AE 和 DE 接收到的符号恢复 X，这就要求 $k_X \leqslant n-(n-k_Y)/2 + n-k_Y$，所以有 $r_Y+2r_X \leqslant 3$。

图 13-16（d）：由两个组播流构成，可以发现(0, 3/2)、(1/2, 3/2)、(3/2, 1/2)和(3/2, 0)是 4 个可达的容量点。连接这些点可得如图 13-17（d）所示的凸多边形。由于 AE 和 DE 是信宿 E 的割边，所以有 $r_X+r_Y \leqslant 2$，也就是说连接(1/2, 3/2)和(3/2, 1/2)的线段是容量域边界。■

13.5 编码容量域

13.5.1 编码容量域的理论解

基于 13.3 节定义的均匀网络和分数线性码，参照图 13-18，重新描述线性网络编码传输问题如下。

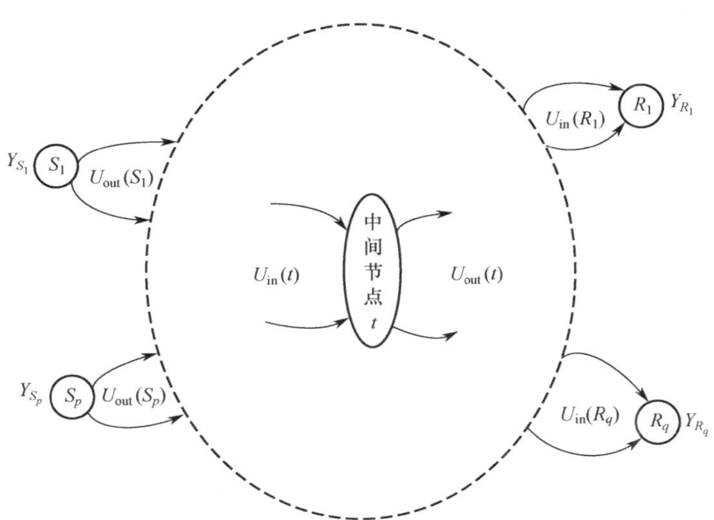

图 13-18 多源多宿线性网络编码

在有向无环图 $G=(V, E)$中，各条边具有相同的容量（n 个符号）。在 G 中有若干彼此独立的信源向外发送消息，记信源集合为 $\boldsymbol{S}=\{S_1, \cdots, S_p\}$，用 Y_{S_i} 表示信源 S_i 对应的随机变量。令信源节点没有入边只有出边，记信源 S_i 的输出符号集为 $U_{\text{out}}(S_i)$，显然 $U_{\text{out}}(S_i)$是 Y_{S_i} 的函数。任一中间节点 t 的输入符号集和输出符号集分别记为 $U_{\text{in}}(t)$和 $U_{\text{out}}(t)$，根据线性网络编码的特点，$U_{\text{out}}(t)$是 $U_{\text{in}}(t)$的函数。在 G 中有若干信宿订购消息，记信宿集合为 $\boldsymbol{R}=\{R_1, \cdots, R_q\}$，假设信宿节点没有出边只有入边，记信宿 R_i 的输入符号集为 $U_{\text{in}}(R_i)$，记信宿 R_i 订购的消息集合为 Y_{R_i}，显然在可译码的要求下，Y_{R_i} 必须是 $U_{\text{in}}(R_i)$的函数。

根据上面的网络模型，可得如表 13-3 所示的信息量之间的关系。

表 13-3　线性编码网络信息量关系

依　据	信息量关系
信源彼此独立	$H(Y_S)=\sum_{S_i\in \boldsymbol{S}} H(Y_{S_i})$
$U_{\text{out}}(S_i)$是 Y_{S_i} 的函数	$H\left(U_{\text{out}}(S_i)\middle\vert Y_{S_i}\right)=0,\ S_i\in\boldsymbol{S}$
$U_{\text{out}}(t)$是$U_{\text{in}}(t)$的函数	$H(U_{\text{out}}(t)\vert U_{\text{in}}(t))=0$，任意中间节点 t
边容量约束	$H(U(e))\leqslant n$，任意边 $e\in E$
Y_{R_i} 是 $U_{\text{in}}(R_i)$的函数	$H\left(Y_{R_i}\middle\vert U_{\text{in}}(R_i)\right)=0,\quad R_i\in\boldsymbol{R}$

从随机变量的角度看，如图 13-18 所示的网络中包括了源随机变量 Y_{S_i} 和边随机变量 $U(e)$，记全部这些变量的集合为

$$\mathcal{N}=\{Y_{S_i}:\ S_i\in\boldsymbol{S};\ U(e):e\in E\} \tag{13-26}$$

另记

$$\mathcal{Q}_{\mathcal{N}}=2^{\mathcal{N}}\backslash\{\phi\} \tag{13-27}$$

为 $\mathcal{N}$ 的幂集除去空集，因此 $\mathcal{Q}_{\mathcal{N}}$ 的势（元素个数）为

$$|\mathcal{Q}_{\mathcal{N}}|=2^{|\mathcal{N}|}-1 \tag{13-28}$$

参考附录 D 可知，集合 $\mathcal{Q}_{\mathcal{N}}$ 即为式（D-9）定义的集合 B。$\mathcal{Q}_{\mathcal{N}}$ 中 $2^{|\mathcal{N}|}-1$ 个元素的熵可以张成一个 $2^{|\mathcal{N}|}-1$ 维欧式空间 $\mathcal{H}_{\mathcal{N}}$，被称为熵空间。$\mathcal{H}_{\mathcal{N}}$ 中某个向量点 $\boldsymbol{h}$ 被称作可熵化的，是指对于 $\mathcal{N}$ 中所有随机变量，存在某个可实现的联合概率分布使得对应于 $\mathcal{Q}_{\mathcal{N}}$ 中元素的 $2^{|\mathcal{N}|}-1$ 个联合熵正好等于 $\boldsymbol{h}$ 的各分量坐标；反之，如果 $\mathcal{N}$ 中所有随机变量的任何可实现的联合概率分布计算得到的 $2^{|\mathcal{N}|}-1$ 个联合熵都不可能对应于某个 $\boldsymbol{h}$ 的各分量，则称 $\boldsymbol{h}$ 是不可熵化的。定义 $\mathcal{H}_{\mathcal{N}}$ 中所有可熵化的点构成的区域为熵区域，记为 Γ_n^*，即

$$\Gamma_n^*=\{\boldsymbol{h}\in\mathcal{H}_{\mathcal{N}}:\ \boldsymbol{h}\text{ 是可熵化的}\} \tag{13-29}$$

进一步，对应式（13-26）～式（13-30），在熵空间 $\mathcal{H}_{\mathcal{N}}$ 中可以确定下列区域

$$L_1=\{\boldsymbol{h}\in\mathcal{H}_{\mathcal{N}}:\ H(Y_S)=\sum_{S_i\in S}H(Y_{S_i})\ \} \tag{13-30}$$

$$L_2=\{\boldsymbol{h}\in\mathcal{H}_{\mathcal{N}}:\ H(U_{\text{out}}(S_i)|Y_{S_i})=0,\quad S_i\in\boldsymbol{S}\ \} \tag{13-31}$$

$$L_3=\{\boldsymbol{h}\in\mathcal{H}_{\mathcal{N}}:\ H(U_{\text{out}}(t)|U_{\text{in}}(t))=0,\text{任意中间节点 }t\} \tag{13-32}$$

$$L_4=\{\boldsymbol{h}\in\mathcal{H}_{\mathcal{N}}:\ H(U(e))\leqslant n,\ \text{任意边 }e\in E\} \tag{13-33}$$

$$L_5=\{\boldsymbol{h}\in\mathcal{H}_{\mathcal{N}}:\ H(Y_{R_i}|U_{\text{in}}(R_i))=0,\quad R_i\in\boldsymbol{R}\ \} \tag{13-34}$$

文献［7］证明，如图 13-18 所示的线性编码网络的可达编码容量域为

$$R = \Lambda(\mathrm{proj}_{Y_S}(\overline{\mathrm{con}(\Gamma_n^* \cap L_{123})} \cap L_4 \cap L_5)) \tag{13-35}$$

在式（13-35）中，对于 $\mathcal{H}_N$ 的某个子集 B，有

$$L_{123}=L_1 \cap L_2 \cap L_3$$

另外，$\mathrm{con}(B)$表示 B 的凸壳（Convex Hull）；

$\overline{B}$ 表示 B 的闭包；

$\mathrm{proj}_{Y_S}(B)$={集合 B 在熵空间 $\mathcal{H}_N$ 中坐标轴 $H(Y_{S_i})$，$S_i \in \boldsymbol{S}$ 上的投影}；

$\Lambda(B)=\{\boldsymbol{h} \in \mathcal{H}_N$：对某个 $\boldsymbol{h}' \in B$，$0 \leqslant \boldsymbol{h} \leqslant \boldsymbol{h}'\}$

式（13-35）中使用了熵区域 Γ_n^*，由附录 D 可知当 $n \geqslant 4$ 时，还无法精确刻画 Γ_n^* 的特征，因此也就无法利用式（13-35）求解实际网络的编码容量域。可见式（13-35）给出的编码容量域只具有理论意义，所以称为理论解或隐式解。由附录 D 可知，熵区域 Γ_n^* 的外限是元不等式区域 Γ_n，所以可以把式（13-35）中的 Γ_n^* 替换为 Γ_n，又由于 Γ_n 和 L_{123} 都是凸的，所以 $\overline{\mathrm{con}(\Gamma_n \cap L_{123})} = \Gamma_n \cap L_{123}$，由此可得

$$R_{\mathrm{LP}}= \Lambda[\mathrm{proj}_{Y_S}(\Gamma_n \cap L_{12345})] \tag{13-36}$$

R_{LP} 是如图 13-18 所示线性编码网络的一个显式的外界，也称为线性规划界。Γ_n 在理论上可以使用线性规划的方法计算求解，但其计算复杂度随着 n 的增大呈现指数增长，所以在实际应用中需要松弛对容量域精度的要求，以得到更可操作的求解方法。13.5.2 节提到的割集限就是这样一种容量域外限。

13.5.2　编码容量域的割集限

文献［32］提出了一种基于函数相关图（Function Dependency Graph，FDG）的计算编码容量域的割集限的方法，该方法的可操作性比较强，而且对于某些网络，该方法能得到紧的外限。

下面以图 13-19 为例，介绍由网络图导出 FDG 图的方法，该方法包括 3 步。

第 1 步：为产生源变量 Y_i 的信源节点补充一个虚拟入边［见图 13-19（a）虚线边］，并把 Y_i 标识在虚拟入边侧，为订购源变量 Y_i 的信宿节点补充一个虚拟出边，并把源变量订购值 $\hat{Y}_i$（以下称宿变量）标识在虚拟出边侧，这样源变量 Y_i、宿变量 $\hat{Y}_i$ 和边变量 U_j 在形式上就取得了一致。

第 2 步：采用第 12 章中介绍的由原网络图生成线图的方法生成线图，其中节点用源变量 Y_i 或宿变量 $\hat{Y}_i$ 或边变量 U_j 标识。

第 3 步：对于任意一个源变量 Y_i，生成由其对应的宿变量 $\hat{Y}_i$ 指向 Y_i 的有向边，需要注意的是可能不止一个节点订购 Y_i，也就是说在 FDG 图中可能有不止一个 $\hat{Y}_i$，所以在这一步可能会生成多条指向 Y_i 的有向边。

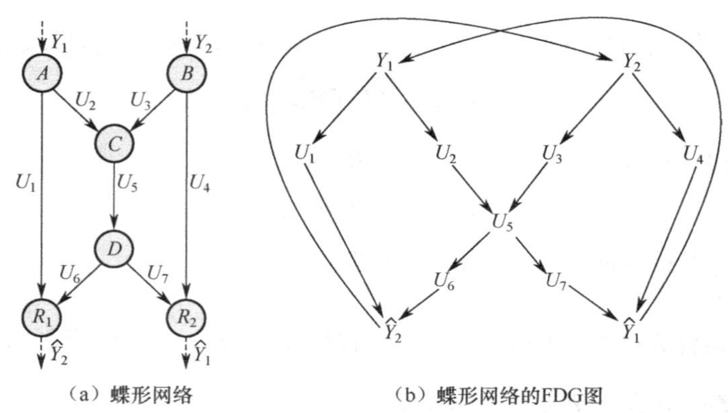

（a）蝶形网络　　（b）蝶形网络的FDG图

图 13-19　蝶形网络及其 FDG 图

从上面 FDG 图的生成过程可知，FDG 图是有向图，其中的节点就是原图中的边变量，FDG 图其实就是线图，只不过增加了宿变量到对应的源变量之间的连接线而已。根据线性网络编码的工作原理，FDG 图中的各变量并不是彼此独立的，某些变量之间是相关的。以图 13-19 为例，U_2 是 Y_1 的函数，即 $H(U_2|Y_1)=0$，同理，$H(U_5|U_2, U_3)=0$。另外不难发现，这种相关性沿着网络的拓扑序自上而下传递，从而形成了变量之间的某些支配关系。

以下对 FDG 图（更为一般地，有向图）的节点和边之间的关系和命名加以规范说明：以下记 FDG 图中全部节点的集合为 $\mathcal{X}$。有向图中节点和边的关系如图 13-20 所示，对于某个节点 i 来说，流入该节点的边称为该节点的入边，从该节点输出的边称为该节点的出边；对于某条边来说，发出该边的节点称为该边的源节点（源节点也被用于指代网络中的信源节点），该边流入的节点称为该边的汇节点。

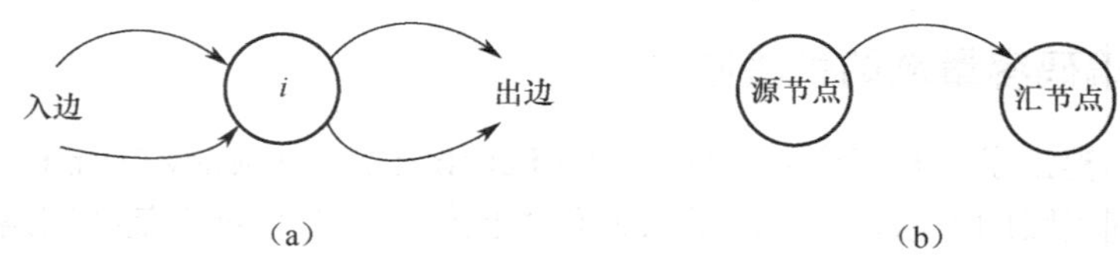

（a）　　（b）

图 13-20　有向图中节点和边的关系

定义 13-11（支配关系）：对于 FDG 图中两个节点集合 A 和 B，首先，删除从 A 中节点发出的全部出边；然后，递归地删除剩余图中所有没有入边的节点和所有没有源节点的边，在此过程中如果有某个宿变量 $\hat{Y}_i$ 被删除，则全部与之相同的宿变量 $\hat{Y}_i$ 都要被删除；最后，在结果图中如果没有集合 B 中的任何节点，则称集合 A 支配集合 B。■

定理 13-3：在 FDG 图中，如果节点集合 A 支配节点集合 B，则有 $H(B|A)=0$。

可见，在 FDG 图中集合的支配关系相当于变量之间的函数关系。在图 13-19（b）中，$\{Y_1\}$支配$\{U_2\}$，$\{Y_1, Y_2\}$支配$\{U_2, U_3, U_5\}$，$\{Y_1, Y_2\}$支配$\{U_2, U_3, U_5, U_6, U_7\}$。由此可见，一个集合能支配的集合可能不止一个。事实上，如果集合 A 支配集合 B，则集合 A 必然支配集合 B 的所有子集。因此，对于任意一个集合 A，必然存在一个集合 A 所能支配的最大的集合，集合 A 能支配的所有集合都是该最大集合的子集，称这个最大集合为 A 的**最大支配集**。

定义 13-12（不可约集）：对于在 FDG 图中的某个节点集合 B，如果不存在集合 B 的真子集 A，使得集合 A 支配集合 B，则称集合 B 为不可约集（Irreducible Set）。进一步，对于在 FDG 图中的某个不可约集，如果其最大支配集为在 FDG 图中的全部节点，则称该不可约集为**最大不可约集**（Maximal Irreducible Set，MIS）。■

在图 13-19（b）中，$\{U_2, U_3, U_5\}$不是不可约集，因为其子集$\{U_2, U_3\}$支配它；$\{U_2, U_3\}$是不可约集，但不是最大不可约集，因为它的最大支配集是$\{U_2, U_3, U_5, U_6, U_7\}$，不包括在 FDG 图中的全部节点；$\{Y_1, Y_2\}$是最大不可约集。

定理 13-4：在 FDG 图中，如果集合 A 和 B 是两个最大不可约集，则有

$$H(A) = H(B) = H(\mathcal{X}) \tag{13-37}$$

此定理说明，在 FDG 图中任意 MIS 中变量的联合熵都等于在 FDG 图中全部变量的联合熵。在图 13-19（b）的 FDG 图中，全部 MIS 包括：$\{Y_1, Y_2\}$，$\{Y_1, U_3\}$，$\{Y_1, U_5\}$，$\{Y_1, U_6\}$，$\{Y_2, U_2\}$，$\{Y_2, U_5\}$，$\{Y_2, U_7\}$，$\{U_1, U_2, U_3\}$，$\{U_1, U_2, U_6\}$，$\{U_1, U_5\}$，$\{U_4, U_5\}$，$\{U_1, U_6, U_7\}$，$\{U_2, U_3, U_4\}$，$\{U_3, U_4, U_7\}$，$\{U_4, U_6, U_7\}$。

文献［32］提出了一种基于 MIS 的编码容量域的外限的计算方法，概括为如下定理。

定理 13-5：在 FDG 图中，如果 $B=(U_A,\ Y_{Wc})$是一个 MIS，则有

$$H(Y_W | Y_{Wc}) \leqslant \sum_{e \in A} C_e \tag{13-38}$$

在定理 13-5 中，U_A 表示某些边变量构成的集合，Y_W 是某些源变量构成的集合，Y_{Wc} 是除去 Y_W 之后剩余的全部源变量构成的集合。基于此定理，对于每个 MIS 都可以求得在 FDG 图中源变量的条件熵或联合熵需要满足的不等式，把这些不等式对应的容量域取交集即可得到编码容量域的一个外限，称为函数相关图界（Function Dependence Bound），记为 R_{FD}。

下面以一个样例演示基于函数相关图求解容量域割集限的过程。

例 13-9：如图 13-19（a）所示为蝶形网络，源变量 Y_1、Y_2，边变量 U_1～U_7，信宿订购的消息变量 $\hat{Y}_1$、$\hat{Y}_2$ 分别如图所示。根据函数相关图生成方法可得与之相对应的 FDG 图，如图 13-19（b）所示，FDG 图中全部 MIS 包括：$\{Y_1, Y_2\}$，$\{Y_1, U_3\}$，$\{Y_1, U_5\}$，$\{Y_1, U_6\}$，$\{Y_2, U_2\}$，$\{Y_2, U_5\}$，$\{Y_2, U_7\}$，$\{U_1, U_2, U_3\}$，$\{U_1, U_2, U_6\}$，$\{U_1, U_5\}$，$\{U_4, U_5\}$，$\{U_1, U_6, U_7\}$，$\{U_2, U_3, U_4\}$，$\{U_3, U_4, U_7\}$，$\{U_4, U_6, U_7\}$。

应用定理 13-5 建立不等式组可得：

令 $B=\{Y_1, U_3\}$或$\{Y_1, U_5\}$或$\{Y_1, U_6\}$，可得 $H(Y_2|Y_1) \leqslant \{C(U_3), C(U_5), C(U_6)\}$；

令 $B=\{Y_2, U_2\}$或$\{Y_2, U_5\}$或$\{Y_2, U_7\}$，可得 $H(Y_1|Y_2) \leqslant \{C(U_2), C(U_5), C(U_7)\}$；

令 B 等于不含源变量的 MIS，则可得 $H(Y_1,Y_2) \leqslant \{C(U_4)+C(U_5);\ C(U_1)+C(U_5);\ C(U_1)+C(U_2)+C(U_3);\ C(U_1)+C(U_2)+C(U_6);\ C(U_1)+C(U_6)+C(U_7);\ C(U_2)+C(U_3)+C(U_4);\ C(U_3)+C(U_4)+C(U_7);\ C(U_4)+C(U_6)+C(U_7)\}$

函数相关图界 R_{FD} 等于上述各不等式所对应的区域的交集。■

本节最后总结编码容量域的理论值和几种外限，以 Γ_n^*、$\overline{\Gamma}_n^*$、Γ_n 分别表示熵区域、熵区域的闭包、元不等式区域（Polymatroidal 区域），则有

$$\Gamma_n^* \subseteq \bar{\Gamma}_n^* \subseteq \Gamma_n$$

通常，Γ_n^*不是闭集，因此$\bar{\Gamma}_n^*$严格包含Γ_n^*，尽管$\bar{\Gamma}_n^*$是凸的，但也很难描绘。事实上，当$n \geqslant 3$时，$\bar{\Gamma}_n^*$甚至不是多面体。然而，Γ_n是一个2^n-1维欧式空间非负象限中的多面体，因此元不等式区域Γ_n是一个相对容易得到的Γ_n^*的外限。Γ_n理论上可以基于线性规划的方法计算，但从式（D-18）可以看出，随着变量数n的增加，计算复杂度是呈现指数增长的。相比较上述3种容量限，文献［32］提出的割集限（函数相关图限）最具简单性和可操作性，而且这种方法对网络的限制条件非常松弛，例如，信源可以是相关的，边容量可以是任意的，网络图可以是有环的。因此，割集限及其计算方法更具工程实用性。最后，这4种编码容量限的包含关系为

$$R(\Gamma_n^*) \subseteq R(\bar{\Gamma}_n^*) \subseteq R(\Gamma_n) \subseteq R_{FD} \tag{13-39}$$

13.6 本章小结

网络容量域是信道容量、多址接入信道容量域等概念向网络通信的自然延伸，计算网络容量域是网络信息理论的基本任务。根据传输机制的不同，网络容量域可以划分为路由容量域和编码容量域，前者是后者的内限。网络通信从传播模式上可以划分为单播、组播和混合模式，不同的传播模式和传输机制需要采用不同的网络容量域分析方法。本章以均匀分数网络模型为研究对象，详细分析了路由网络的单播、组播和混合模式的容量域分析方法，以及编码网络容量域的理论解和割集限。这部分研究内容尚处于发展过程中，很多新方法、新思想不断被提出。一方面，本章讨论的课题学科交叉色彩鲜明，属于通信学科和计算机学科的交叉领域；另一方面，本章使用了包括组合学、博弈论、信息不等式等数学工具，这些都是比较前沿的研究课题和方法，可以成为硕士生、博士生进一步研究的方向。

习　题

1．请从信息论的角度解释编码容量域的理论解，即式（13-40）。

2．请举例说明一重组播路由网络的路由容量域不一定能达到最小割限。

3．下图所示是一个3重单播网络[22]，请应用方法13-1计算其路由容量域。

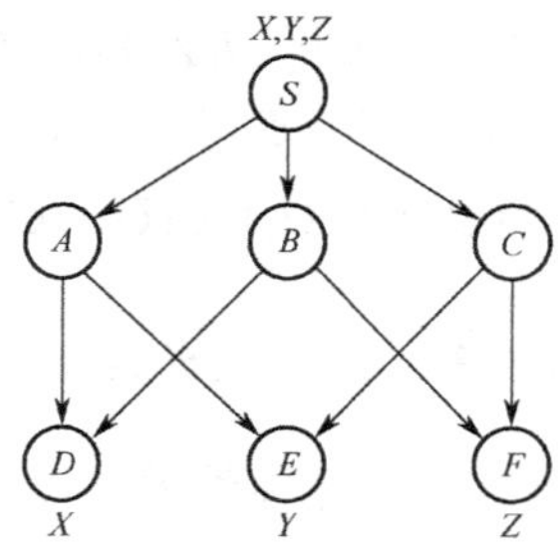

3重单播网络

附录A

有限域

术语和符号表

$\mathbb{Z}$	整数集
$\mathbb{Q}$	有理数集
$\mathbb{R}$	实数集
$\mathbb{C}$	复数集
$\mathbb{Z}^+, \mathbb{Q}^+, \mathbb{R}^+$	正整数集、正有理数集、正实数集
$\mathbb{Z}^*, \mathbb{Q}^*, \mathbb{R}^*$	非零整数集、非零有理数集、非零实数集
$\mathbb{Z}_n$	$\{0, 1, 2, \cdots, n-1\}$
$n\mathbb{Z}$	$\{\cdots, -3n, -2n, -n, 0, n, 2n, 3n, \cdots\}$
F_p	$\{0, 1, 2, \cdots, p\}$在模 p 加和模 p 乘下构成的域，即$(\mathbb{Z}_p, +_p, \times_p)$
GF(p)	等价于 F_p

A.1 集合

A.1.1 集合的定义

明确的能够相互区别的个体事物的全体称为**集合**，组成集合的个体事物称为**元素**。这是对集合的一个直观的、描述性的定义。常用大写字母 A、B、C、D 表示集合，用小写字母 a、b、c 或 x、y、z 代表集合的元素。元素 a 如果是集合 A 中的某个元素，则称 a 属于 A，记作 $a \in A$；反之，称 a 不属于 A，记作 $a \notin A$。我们熟知的集合有：全体自然数构成的集合被称为自然数集，记作 $\mathbb{N}$；全体实数构成的集合被称为实数集，记作 $\mathbb{R}$。

与集合相关的概念如下。

1. 空集

没有任何元素的集合称为空集，用符号 $\varnothing$ 表示，因此空集的元素个数为 0。$\varnothing$ 在集合论中扮演着代数中 0 的角色。

2. 子集

如果集合 A 的所有元素同时也是集合 B 的元素，则称集合 A 是集合 B 的子集，记作 $A \subseteq B$，读作 A 包含于 B，或 B 包含 A；如果集合 A 是集合 B 的子集，且集合 B 中存在不属于集合 A 的元素，即 $A \subseteq B$，$\exists x \in B$，$x \notin A$，则称集合 A 是集合 B 的真子集，记作 $A \subset B$。

规定空集$\varnothing$是任何集合的子集。如果$A \subseteq B$且$B \subseteq A$，则称集合A和集合B相等。

3. 全集

在讨论某具体问题时，需要选定一个“最大的”集合，使该问题涉及的其他所有集合都成为其子集，称这个“最大的”集合为全集，用符号Ω表示。

4. 集合类

以集合作为元素的集合称为集合类。因此，集合类可看成“集合的集合”。

5. 集合函数

以集合为自变量的函数称为集合函数。因此，集合函数的定义域应该是集合类。

A.1.2　集合的运算

集合的运算是指集合与集合之间的运算，包括交、并、差、补、笛卡儿积和幂集，这些运算的结果是一个新的集合。常用维恩图（Venn Diagram）表示集合的运算。在维恩图中，以大的矩形区域表示全集Ω，以矩形区域内部小的区域表示各子集。

1. 交（$A \cap B$）

集合A和集合B的交集是这样一个集合，该集合中的元素既属于集合A，又属于集合B，因此是由集合A和集合B的公共元素构成的。用描述法表示为

$$A \cap B = \{x | x \in A \text{ 且 } x \in B\}$$

$A \cap B$也可简记作AB，注意这里AB不表示乘法。当两个集合没有交集，即$A \cap B = \varnothing$时，称集合A和集合B互不相容或互斥。推广到3个集合，集合A、B、C互不相容是指集合A、B、C两两互不相容，即同时满足

$$A \cap B \cap C = \varnothing \text{ 且 } A \cap B = \varnothing;\ A \cap C = \varnothing;\ C \cap B = \varnothing$$

所以只满足$A \cap B \cap C = \varnothing$不能称作集合$A$、$B$、$C$互不相容，用维恩图表示，如图A-1和图A-2所示。

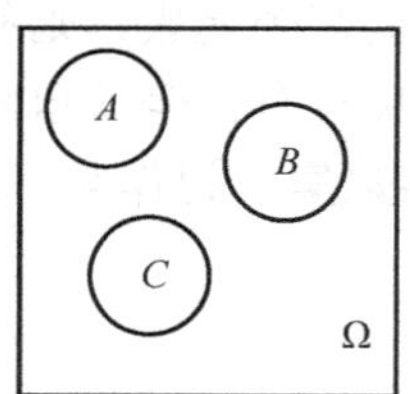

图A-1　集合A、B、C互不相容

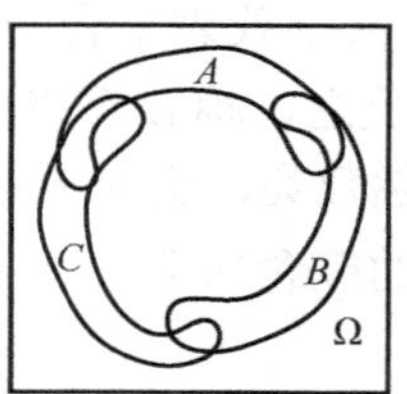

图A-2　$A \cap B \cap C = \varnothing$，但不是集合$A$、$B$、$C$互不相容

2. 并（$A \cup B$）

集合A和集合B的并集中的元素或者属于集合A，或者属于集合B，因此是由集合A和集合B的全部元素构成的。用描述法表示为

$$A \cup B = \{x | x \in A \text{ 或 } x \in B\}$$

当且仅当集合A和集合B互不相容时，$A \cup B$也可以记作$A+B$，注意这里$A+B$不表示加法。

特别地，当 $A\cap B=\varnothing$ 且 $A\cup B=\Omega$ 时，称集合 A 和集合 B 是**对立**的。推广到有限多个集合的情形，对于集合 $A_1, A_2, A_3, \cdots, A_n$，若

$$A_i\cap A_j=\varnothing \ (\forall i\neq j;\ 1\leqslant i,\ j\leqslant n)\ 且 \bigcup_{i=1}^{n} A_i=\Omega$$

则称集合 $A_1, A_2, A_3, \cdots, A_n$ 是**完备互斥**的，此时也称集合 $A_1, A_2, A_3, \cdots, A_n$ 构成了全集 Ω 的一个**分割**（Partition）。

3. 差（$A-B$）

集合 A 和集合 B 的差集由属于集合 A 但不属于集合 B 的元素构成，差集也可记作 A/B，注意这里 A/B 不表示除法，差集 $A-B$ 也被称作集合 B 对集合 A 的相对补集，用描述法表示为

$$A-B=\{x|\ x\in A\ 且\ x\notin B\}$$

不难证明，$A-B=AB^{c}$。需要说明的是，两个集合的交集和并集都是满足交换律的，但差集不满足交换律，即在通常情况下 $A-B\neq B-A$。

4. 补（A^{c}）

集合 A 的补集定义为全集 Ω 和集合 A 的差集，即 $A^{c}=\Omega-A$。集合 A 的补集是由全集 Ω 中所有不属于集合 A 的元素构成的，补集又称余集或绝对补集，亦可记作 $\overline{A}$。

集合的各种运算结果用如图 A-3 所示的维恩图中的阴影部分表示。

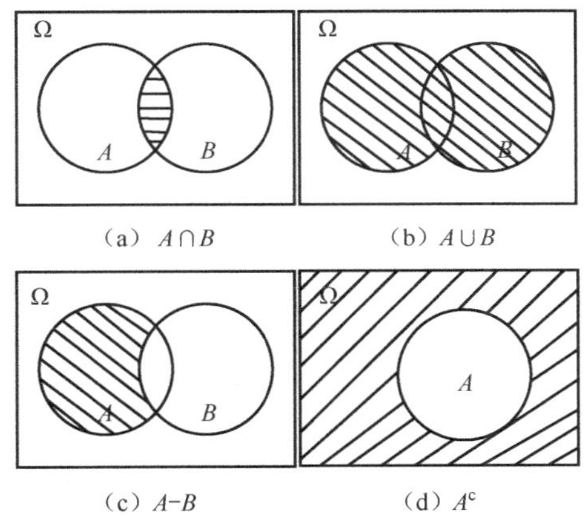

图 A-3 集合运算的维恩图

5. 笛卡儿积（$A\times B$）

笛卡儿积又称为集合的乘积，其结果是一个新的集合，该集合由集合 A 和集合 B 中的元素组成的有序数对构成。因为是有序数对，所以笛卡儿积的运算不满足交换律，即

$$A\times B\neq B\times A$$

6. 幂集

集合 A 的幂集是一个集合类，由集合 A 的全部子集构成，用 2^{A} 表示。

A.1.3 映射

1. 映射

设 X 和 Y 是两个非空集合，若存在一个规则 f，使得对于 X 中的每个元素 x，按照 f 都存在 Y 中的唯一一个元素 y 与之相对应，则称 f 是定义在 X 上取值在 Y 中的映射，记作 $f: X \to Y$。称 X 是 f 的定义域，集合 $\mathrm{ran}(f)=\{y|y=f(x),\ x\in X\}$ 是 f 的值域；x 和 y 分别称作原象和象。

2. 单射

对于映射 f 的值域 $\mathrm{ran}(f)$ 中的每个象元素 y，若唯一地存在自己的原象 x，则称该映射为单射（One-to-One）。

3. 满射

如果集合 Y 中每个元素 y 都存在原象 x，即 $Y=\mathrm{ran}(f)$，则称该映射为满射，也称到上的（Onto）映射。

4. 一一映射

既是单射又是满射的映射称为一一映射。

5. 变换

设 f 是集合 A 到其自身的映射，则称 f 是 A 中的变换。

图 A-4 示意了上述几种映射。

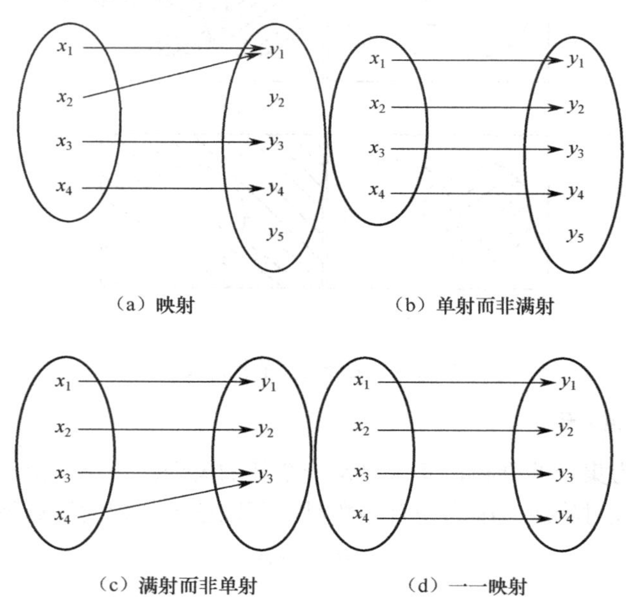

图 A-4 映射

A.1.4 代数系统

近世代数的研究对象是代数系统。

定义 A-1（**代数系统**）：集合和定义在集合上的运算构成一个代数系统。

定义 A-2（**二元运算**）：集合 S 上的二元运算“o”表示笛卡儿积 $S\times S$ 到 S 的一个映射，对于任意的$(a, b)\in S\times S$，记 o (a, b)为 $a \circ b$。

定义 A-3（**同态**）：设$(A, \circ)$和$(B, \circ')$分别是两个二元代数系统，φ 是集合 A 到集合 B 的映射，如果 φ 满足

$$\varphi(a_1 \circ a_2) = \varphi(a_1) \circ' \varphi(a_2)\text{，其中，}a_1, a_2 \in A\text{；}\varphi(a_1), \varphi(a_2) \in B$$

则称 φ 是集合 A 到集合 B 的同态映射（Homomorphism），简称集合 A 和集合 B 同态。如果同态映射又是单射，则称其为同构映射（Isomorphism）。同构的含义是$(A, \circ)$和$(B, \circ')$这两个代数系统除符号标识和符号次序可能不同外，具有相同的代数结构属性。

例 A-1：$(\mathbb{Z}, +)$和$(2\mathbb{Z}, +)$是同构的。

例 A-2：定义 $\mathbb{R}$ 到 $\mathbb{R}^+$上的映射 φ 为 $\varphi(x)=\mathrm{e}^x$（$\forall x\in\mathbb{R}$），可以验证$(\mathbb{R}, +)$和$(\mathbb{R}^+, \cdot)$是同构的。

A.2 群

A.2.1 群的定义

定义 A-4（**群**）：设$(G, \circ)$一个二元代数系统，满足：

（1）封闭性，即 $\forall a,b\in G$，有 $a\circ b\in G$；

（2）结合律，即 $a\circ(b\circ c)=(a\circ b)\circ c$；

（3）单位元，即在 G 中有一单位元（或恒等元）e 存在，$\forall a\in G$，有 $a\circ e=a$ 成立；

（4）逆元，即 $\forall a\in G$，有 a 的逆元 a^{-1} 存在，满足 $a\circ a^{-1}=e$ 成立。

则称 G 关于这个代数运算“o”构成一个群。

群中元素的个数称为群的阶，阶有限的群称为有限群。有限群常由群表来表示，图 A-5（a）和图 A-5（b）分别表示了由 2 个元素和 3 个元素构成的有限群，不难发现在群表中任何一个元素在每行和每列都出现且仅出现一次。在同构意义下，一元素群、二元素群和三元素群都是唯一的，读者可自行验证，但四元素以上的群就不唯一了。

o	*e*	*a*
e	*e*	*a*
a	*a*	*e*

（a）二元素群表

o	*e*	*a*	*b*
e	*e*	*a*	*b*
a	*a*	*b*	*e*
b	*b*	*e*	*a*

（b）三元素群表

图 A-5 二元素群表、三元素群表

若“o”为加法，则称 G 为加群；若“o”为乘法，则称 G 为乘群。对于加群 G 的某个元素 a 和正整数 n，用 na 表示 $a+a+\cdots+a$，即 n 个 a 的和；对于乘群 G 的某个元素 a，用 a^n 表示 $aa\cdots a$，即 n 个 a 的积。需要注意的是，na（或 a^n）仅是对于 n 个 a 的和（或积）的一种表示方法，并不表示 n 和 a 的乘积（或方幂）。事实上，n 并不是群 G 中的元素，所以 n 和 a 无法在 G 上做运算。为了行文简洁起见，后文如无特殊说明，都以乘群和乘法标识为例。下面是和群有关的几个概念。

（1）半群：如果群 G 只满足封闭性和交换律，不要求单位元和逆元的存在，则称为半群。

（2）Abel 群：若群 G 的代数运算还满足交换律，即 $a \circ b \in b \circ a$，则称 G 为交换群或 Abel 群。

（3）子群：若群 G 的非空子集 H 对于 G 中定义的代数运算也构成群，则称 H 为群 G 的子群。

（4）循环子群：对于乘群 G 的某个元素 a，可以证明 $H=\{a^n \mid n\in \mathbb{Z}\}$ 是 G 的一个子群，称 a 是 H 的生成元素或生成子。该子群是包含元素 a 的 G 的最小子群，H 的阶也被称为生成元素 a 的阶。

（5）循环群：如果群 G 由某个元素 a 生成，则 G 是循环群。

例 A-3：

（1）$(\mathbb{Z}, +)$构成交换加群，单位元是 0，a 的逆元是$-a$。

（2）$(\mathbb{R}^*, \cdot)$构成交换乘群，$\mathbb{R}^*$表示非 0 实数集合，单位元是 1，a 的逆元是 a^{-1}。

（3）$(\mathbb{Z}^+, +)$不构成群，因为其没有单位元。

（4）$(\mathbb{Z}, \cdot)$不构成群，该代数系统虽然有单位元 1，但是除 1 和-1 之外，其他元素都没有逆元。

（5）最小的群是只有单位元 e 的群。

（6）如果以 $3\mathbb{Z}$ 表示整数 $\mathbb{Z}$ 中所有 3 的倍数构成的集合，则$(3\mathbb{Z}, +)$是$(\mathbb{Z}, +)$的循环子群，生成元素是 3；同理，$(6\mathbb{Z}, +)$是$(3\mathbb{Z}, +)$的循环子群。

（7）如图 A-6 所示为模 4 加群，其中“$+_4$”表示模 4 加法。可以证明，对于任何正整数 m，$\mathbb{Z}_m=\{0, 1, \cdots, m-1\}$在模 m 加法运算下都构成群，以后称$(\mathbb{Z}_m, +_m)$为**模 m 加群**。

$+_4$	0	1	2	3
0	0	1	2	3
1	1	2	3	0
2	2	3	0	1
3	3	0	1	2

图 A-6 模 4 加群

（8）$\{1, 2, 3, 4\}$在如图 A-7（a）所示的模 5 乘“$\times_5$”下构成乘群。可以证明，对于任何正素数 p，$\{1, \cdots, p-1\}$在模 p 乘法运算下都构成群，以后称为**模 p 乘群**。但是，如果 m

不是素数，则$\{1, \cdots, m-1\}$在模 m 乘法下不构成群，如图 A-7（b）所示，此时模 m 乘法不封闭，生成了新元素。■

$\times_5$	1	2	3	4
1	1	2	3	4
2	2	4	1	3
3	3	1	4	2
4	4	3	2	1

（a）

$\times_4$	1	2	3
1	1	2	3
2	2	0	2
3	3	2	1

（b）

图 A-7 （a）$\{1, 2, 3, 4\}$在模 5 乘下构成乘群；（b）$\{1, 2, 3\}$在模 4 乘下不构成乘群。

定理 A-1：无限循环群都同构于$(\mathbb{Z}, +)$；阶数为 m 的有限循环群同构于$(\mathbb{Z}_m, +_m)$。

A.2.2 陪集和拉格朗日定理

假设 H 是某个无限群或有限群 G 的子群，基于 H 可以定义 G 中元素的**等价关系**如下：

（1）$\forall a, b \in G$，若满足 $a^{-1}b \in H$，则称 a 左等价于 b，记为 $a \sim_L b$；

（2）$\forall a, b \in G$，若满足 $ab^{-1} \in H$，则称 a 右等价于 b，记为 $a \sim_R b$。

定义 A-5：假设 H 是某个无限群或有限群 G 的子群，称 G 的子集 $aH=\{ah|h \in G\}$为 H 的包含元素 a 的**左陪集**；称子集 $Ha=\{ha|h \in G\}$为 H 的包含元素 a 的**右陪集**。如果子群 H 的左陪集和右陪集是相同的，则称 H 为 G 的**正规子群**（Normal Subgroup）。

显然，交换群的子群都是正规子群。

例 A-4：

（1）模 4 加群$(\mathbb{Z}_4, +_4)$的一个子群是 $H=\{0, 2\}$，H 的包含元素 1 的陪集是$\{1, 3\}$。

（2）$H=(3\mathbb{Z}, +)$是群 $G=(\mathbb{Z}, +)$的一个子群，H 的包含元素 1 和元素 2 的陪集分别是 $1+3\mathbb{Z}$ 和 $2+3\mathbb{Z}$，H 和两个陪集如下：

$$3\mathbb{Z}=\{\cdots, -9, -6, -3, 0, 3, 6, 9, \cdots\}$$
$$1+3\mathbb{Z}=\{\cdots, -8, -5, -2, 1, 4, 7, 10, \cdots\}$$
$$2+3\mathbb{Z}=\{\cdots, -7, -4, -1, 2, 5, 8, 11, \cdots\}$$
■

可见，子群 H 的陪集与 H 具有相同的阶数，H 及其全部陪集构成了对群 G 的一个分割。

定理 A-2（拉格朗日定理）：有限群 G 的任何子群 H 的阶数一定能整除 G 的阶数。

A.3 环

A.3.1 环的定义

群在集合上定义了一种代数运算及其逆运算。例如，加群定义了加法和减法，乘群定义了乘法和除法。然而，很多计算和应用需要在同一个集合上同时定义加法和乘法两种代数运算，环就是这样一种代数系统。

定义 A-6（环）：在非空集合 R 中，定义了两种代数运算：加法和乘法，记为“+”和“·”，如果满足：

（1）$(R,+)$构成一个交换群，即集合 R 在加法运算下构成 Abel 群；

（2）$(R,\cdot)$构成一个半群，即集合 R 对于乘法运算满足结合律；

（3）乘法对于加法分配律成立，即 $\forall a,b,c\in R$，满足

$$a(b+c)=ab+ac$$

$$(b+c)a=ba+ca$$

则称集合 R 关于代数运算“+”和“·”构成一个环。

由此定义可见，环虽然定义了乘法运算，但不要求乘法的逆运算（除法）成立，因此不要求环中非 0 元素必须具有乘法的逆元素。此外，环的基本定义也没有要求乘法满足交换律。补充这些要求可以得到两种特殊的环，具体地，如果在环 R 中每个非 0 元素都具有乘法逆元素，则称 R 为除环（Division Ring）。进一步，如果一个除环 R 的乘法满足交换律，也就是说 R 中非 0 元素关于乘法构成交换群，则称其为域（Field）。环、除环和域之间的包含关系如图 A-8 所示。

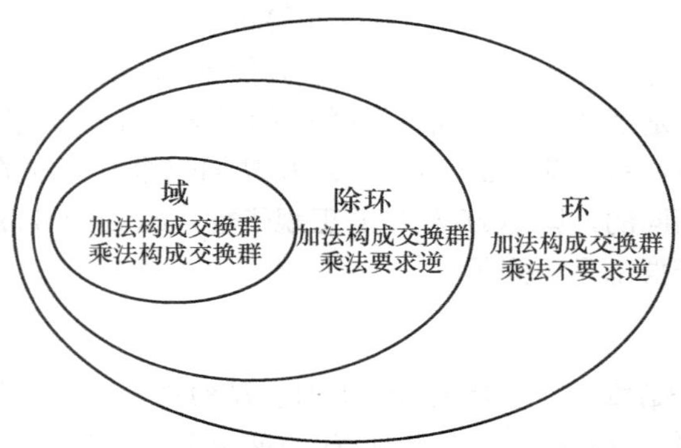

图 A-8 环、除环、域之间的包含关系

例 A-5：

（1）$(\mathbb{Z},+,\cdot)$、$(\mathbb{Q},+,\cdot)$、$(\mathbb{R},+,\cdot)$、$(\mathbb{C},+,\cdot)$构成环，“+”和“·”表示通常意义下的加法和乘法。加法的单位元是 0，乘法的单位元是 1。后 3 者也构成域，但$(\mathbb{Z},+,\cdot)$不构成除环，更不构成域，因为除 1 和−1 外，$\mathbb{Z}$ 中其他非 0 元素都没有乘法逆元素。

（2）以 $M_n(\mathbb{Z})$表示元素取自整数集 $\mathbb{Z}$ 的 $n\times n$ 矩阵，则$(M_n(\mathbb{Z}),+,\cdot)$构成环，“+”和“·”表示矩阵的加法和乘法。加法单位元是 **0** 矩阵，乘法单位元是单位矩阵。需要注意的是，这个环对乘法不满足交换律，而且 $M_n(\mathbb{Z})$中非 **0** 矩阵也不一定有逆矩阵。

（3）$(n\mathbb{Z},+,\cdot)$构成环。

（4）以 $\mathbb{Z}[x]$表示系数取自整数集 $\mathbb{Z}$ 的多项式，则$(\mathbb{Z}[x],+,\cdot)$构成环，“+”和“·”表示多项式的加法和乘法。一般地，以 $R[x]$表示系数取自环 R 的多项式，则$(R[x],+,\cdot)$构成环，称为多项式环。多项式环是一种很重要的环，后文还将对其进行重点讨论。

（5）$(\mathbb{Z}_4,+_4,\times_4)$构成环，$\mathbb{Z}_4=\{0,1,2,3\}$，“$+_4$”和“$\times_4$”表示模 4 加法和模 4 乘法。

加法的单位元是 0，乘法的单位元是 1。元素 1 和元素 3 具有乘法逆元素，元素 2 没有乘法逆元，因此该环不是除环，更不是域。 ■

类似于子群，也可以定义子环。

定义 A-7：对于环 R 和环 R'之间的映射 φ：$R\to R'$，如果对于任意的元素 $a, b\in R$，满足下面两个属性，则称 φ 为 R 到 R'的**同态映射**。

（1）$\varphi(a+b) =\varphi(a) +\varphi(b)$;

（2）$\varphi(ab) =\varphi(a)\varphi(b)$。

如果该同态映射既是单射又是满射，则称为**同构映射**。可见，对于环的同态映射，既要求对加法满足同态属性，又要求对乘法满足同态属性。

例 A-6：

（1）定义 φ：$\mathbb{Z}\to\mathbb{Z}_n$ 为 $\varphi(a) = a \bmod (n)$，可以验证 φ 是同态映射。

（2）定义 φ：$\mathbb{Z}\to2\mathbb{Z}$ 为 $\varphi(a) = 2a$，该映射的加法满足同态属性，但乘法不满足同态属性，$\varphi(ab)$=$2ab$，$\varphi(a)\varphi(b)$= $2a\cdot2b$=$4ab$，因此该映射不是同态映射。 ■

A.3.2 整环

来看一个方程求解问题，对于方程 $x^2-5x+6=0$，经过因式分解得到$(x-2)(x-3)=0$，可得该方程的根是 x=2 和 x=3，这是我们熟悉的知识，该求解过程默认在实数中进行。然而，如果我们在环$(\mathbb{Z}_{12}, +_{12}, \times_{12})$中重新思考该问题，就会有一些新的发现。由于在环 $\mathbb{Z}_{12}$ 中采用的是模 12 加法和模 12 乘法，所以 $2\times_{12} 6$、$3\times_{12} 4$、$6\times_{12} 6$、$4\times_{12} 9$、$8\times_{12} 9$、$6\times_{12} 10$ 的结果都为 0，因此对于方程$(x-2)(x-3)=0$，除 x=2，x=3 外，x=6 和 x=11 也是该方程的根。

定义 A-8（零除子）：环 R 中如果存在两个非 0 元素 a 和 b，使得 ab=0，则称 a、b 为 **0 除子（0 Divisors）**。

例 A-7：

（1）在环 $\mathbb{Z}_{12}$ 中 2、3、4、6、8、9、10 都是 0 除子。一般地，对于环 $\mathbb{Z}_n$，所有与 n 不互素的非 0 元素都是 0 除子。

（2）对于环 $\mathbb{Z}_p$，p 为素数，没有 0 除子。 ■

由于 0 除子的存在，一些我们熟悉的运算规则会发生变化。例如，在实数中，乘法满足消去律，即由 ab=ac 能推出 b=c，但在 $\mathbb{Z}_{12}$ 中，$4\times_{12} 9 = 8\times_{12} 9$ 显然不能推出 4=8；再比如，在实数中，对于方程 ax=b（$a\neq0$），可以放心地通过 x=$a^{-1}b$ 求解，但在 $\mathbb{Z}_{12}$ 中，a 是某个 0 除子的话，a^{-1} 是不存在的。由此可见，由于环的基本定义对乘法要求很松弛，如果不对其加以限制，则不利于求解方程。

定义 A-9（整环）：如果一个环满足下面 3 个条件，则称为**整环**（Integral Domains）。

（1）该环是交换环，也就是说乘法满足交换律；

（2）该环具有乘法单位元；

（3）该环没有 0 除子。

例 A-8：

（1）环$(Z_p, +_p, \times_p)$，p为素数，是整环。

（2）整数在通常意义下的加法和乘法构成的环，即$(Z, +, \cdot)$是整环。 ■

但是，整环依然没有要求每个非 0 元素必须具有乘法逆。如果补充了这个条件，就成了域。

定理 A-3：所有有限的整环都是域。

A.3.3 多项式环

定义 A-10（多项式）：系数取自环R的最高次数为n次的多项式被定义为

$$f(x)=\sum_{i=0}^{n}a_ix^i=a_0+a_1x+a_2x^2+\cdots+a_nx^n$$

其中，系数$a_i\in R$且$a_n\neq 0$，n称作$f(x)$的次数，x称为未定元。

系数取自同一个环R的两个多项式$f(x)$和$g(x)$可以进行加、减、乘、除四则运算，运算结果为一个新的多项式，其**运算规则为两个多项式的系数在 R 上做加、减、乘、除。**具体地，设两个多项式为

$$f(x)=\sum_{i=0}^{n}a_ix^i=a_0+a_1x+a_2x^2+\cdots+a_nx^n$$

$$g(x)=\sum_{i=0}^{m}b_ix^i=b_0+b_1x+b_2x^2+\cdots+b_mx^m$$

$f(x)$和$g(x)$的次数n和m可以相同或不同。当$n\neq m$时，可以通过为次数低的多项式补充系数为 0 的高次项，从而将两者最高系数统一。因此，以下为表述简洁起见，假设两者的次数都为n。

定义 A-11（多项式四则运算）

（1）多项式加法。运算规则如下：

$$f(x)+g(x)=\sum_{i=0}^{n}(a_i+b_i)x^i=(a_0+b_0)+(a_1+b_1)x+(a_2+b_2)x^2+\cdots+(a_n+b_n)x^n$$

（2）多项式减法。运算规则如下，其中$-b_i$表示元素b_i在R上的加法逆元。

$$f(x)-g(x)=\sum_{i=0}^{n}(a_i+(-b_i))x^i=(a_0+(-b_0))+(a_1+(-b_1))x+$$
$$(a_2+(-b_2))x^2+\cdots+(a_n+(-b_n))x^n$$

（3）多项式乘法。运算规则如下：

$f(x)g(x)=\sum_{i=0}^{m+n}d_ix^i$，其中$n$和$m$分别是$f(x)$和$g(x)$的次数，且$d_i=\sum_{j=0}^{i}a_jb_{i-j}$

（4）多项式除法。多项式采用长除法，在运算过程中系数进行环上的加、减、乘运算。

例 A-9：$f(x)=x^4-3x^3+2x^2+4x-1$ 和 $g(x)=x^2-2x+3$ 是定义在 Z_5 上的两个多项式，求$f(x)+g(x)$、$f(x)-g(x)$、$f(x)g(x)$、$f(x)/g(x)$。

解：$f(x)+g(x)=(x^4-3x^3+2x^2+4x-1)+(x^2-2x+3)=x^4-3x^3+3x^2+2x+2$

$f(x)-g(x)=(x^4-3x^3+2x^2+4x-1)-(x^2-2x+3)= x^4-3x^3+x^2+x-4$

$$
\begin{aligned}
f(x)g(x)&=(x^4-3x^3+2x^2+4x-1)(x^2-2x+3)\\
&= x^6-2x^5+3x^4-3x^5+6x^4-9x^3+2x^4-4x^3+6x^2+4x^3-8x^3+12x^2-x^2+2x-3\\
&= x^6+x^4+x^3+2x^2+4x-3
\end{aligned}
$$

$f(x)/g(x)$的商、余数和计算过程如图 A-9 所示。

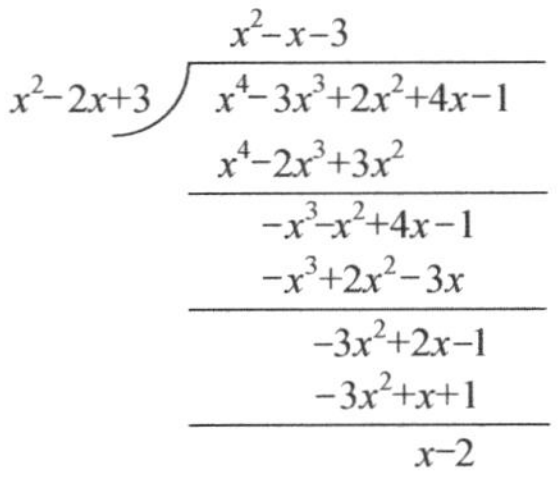

$$
\begin{array}{r|l}
 & x^2-x-3 \\
x^2-2x+3 & x^4-3x^3+2x^2+4x-1 \\
 & x^4-2x^3+3x^2 \\ \hline
 & -x^3-x^2+4x-1 \\
 & -x^3+2x^2-3x \\ \hline
 & -3x^2+2x-1 \\
 & -3x^2+x+1 \\ \hline
 & x-2
\end{array}
$$

图 A-9　多项式长除法 ■

由于我们非常熟悉在实数中进行四则运算，初学者可能对于在一般的环 R（如 $\mathbb{Z}_m$）上的四则运算不太习惯，其实只需要把握住**两个多项式在环 R 上的四则运算就是其系数在环 R 上做四则运算**即可。因此，在 $\mathbb{Z}_2$ 上，$(x+1)^2=x^2+2x+1= x^2+1$，因为 2 mod 2=0。

以 $R[x]$表示系数取自环 R 的全部多项式的集合，可以证明，在上面定义的加法和乘法下，$R[x]$也构成一个环，称为**多项式环**。另外，R 本身是 $R[x]$的子环，如果 R 是交换环，则 $R[x]$也是交换环，R 中的元素也可以称为 $R[x]$中的恒值多项式。

例 A-9 中的除法 $f(x)/g(x)$结果表明，两个多项式之间不一定能整除，如果用 $q(x)$和 $r(x)$分别表示商和余数，则 $f(x)$可以写成 $f(x) =q(x)g(x) +r(x)$，因此多项式除法有点儿像整数的带余除法。的确是这样，我们逐渐会看到，多项式环和整数环有很多相似的地方。

定义 A-12：一个系数取自环 R 的非恒值多项式 $f(x)\in R[x]$如果不能分解成 $R[x]$中两个次数低于 $f(x)$的多项式 $g(x)$和 $h(x)$的乘积，则称 $f(x)$是环 R 上的**不可约（Irreducible）多项式**；反之，则称 $f(x)$是环 R 上的**可约（Reducible）多项式**。

不可约多项式在多项式环 $R[x]$中的角色类似于整数环 $\mathbb{Z}$ 中素数的角色。在整数环 $\mathbb{Z}$ 中有唯一因子分解定理，即对于每个大于 1 的整数 n，均可唯一地表示成有限个素数的乘积，如 $n=p_1p_2\cdots p_r$。类似地，在多项式环 $R[x]$中的任意一个多项式 $f(x)$，均可唯一地表示成有限个不可约多项式的乘积，即$(x)=p_1(x)p_2(x)\cdots p_r(x)$，这和整数也是类似的。

例 A-10：$f(x)=x^3+3x+2$ 是 $\mathbb{Z}_5$ 上的不可约多项式，$g(x)=x^2+3x+2$ 是 $\mathbb{Z}_5$ 上的可约多项式，因为 $g(x)$可以分解成$(x+1)(x+2)$。 ■

A.4　域

A.4.1　域的定义

环在集合上定义了加、减、乘 3 种代数运算，然而我们经常需要进行加、减、乘、除四则运算，满足这样要求的是被称为“域”的代数系统。

定义 A-13（域）：在非空集合 F 中，定义了两种代数运算，即加法“+”和乘法“·”，如果满足：

（1）F 关于加法构成 Abel 群，其加法单位元记为 0；

（2）F 中非零元素全体关于乘法构成 Abel 群，其乘法单位元记为 1；

（3）乘法对于加法分配律成立，即 $\forall a,b,c \in F$，满足

$$a(b+c)=ab+ac$$
$$(b+c)a=ba+ca$$

则称集合 F 关于代数运算“+”和“·”构成一个**域**。

a 在加法下的逆元记作$-a$，在乘法下的逆元记作 a^{-1}。元素个数无限的域称为**无限域**，如有理数、实数、复数关于通常意义的加法和乘法构成无限域。元素个数有限的域称为**有限域**，又叫**伽罗华（Galois）域**，其元素个数称为域的阶。

由域的定义可见，域是一种能够进行加、减、乘、除四则运算的完美的代数系统。其中，有限域是编码学的数学基础，接下来将重点讨论有限域。

例 A-11：{0, 1}关于模 2 加和模 2 乘做成域(Z_2, $+_2$, $\times_2$)，以后简记该域为 GF(2)或 F_2。

$+_2$	0	1
0	0	1
1	1	0

$\times_2$	0	1
0	0	0
1	0	1

■

例 A-12：{0, 1, 2, 3, 4, 5, 6}关于模 7 加和模 7 乘做成域(Z_7, $+_7$, $\times_7$)，以后简记该域为 GF(7)或 F_7，其加法表和乘法表如图 A-10 所示。

$+_7$	0	1	2	3	4	5	6
0	0	1	2	3	4	5	6
1	1	2	3	4	5	6	0
2	2	3	4	5	6	0	1
3	3	4	5	6	0	1	2
4	4	5	6	0	1	2	3
5	5	6	0	1	2	3	4
6	6	0	1	2	3	4	5

$\times_7$	1	2	3	4	5	6
1	1	2	3	4	5	6
2	2	4	6	1	3	5
3	3	6	2	5	1	4
4	4	1	5	2	6	3
5	5	3	1	6	4	2
6	6	5	4	3	2	1

图 A-10　域 Z_7 的加法表和乘法表

■

一般地，对于任意的素数 p，(Z_p, $+_p$, $\times_p$)都构成阶数为 p 的有限域，以后简记该域为 GF(p)或 F_p。在例 A-5 中曾提到(Z_4, $+_4$, $\times_4$)构成环，但不构成域，因为 4 不是素数，那么就带来一个问题，是否存在阶数为 4 的域呢？答案是肯定的。如图 A-11 所示，该域的运算规则和模 4 加、模 4 乘是不同的。

+	0	1	2	3
0	0	1	2	3
1	1	0	3	2
2	2	3	0	1
3	3	2	1	0

(a)

×	1	2	3
1	1	2	3
2	2	3	1
3	3	1	2

(b)

图 A-11 由{0, 1, 2, 3}构成的四元素域的加法表和乘法表

此外，我们后面将会看到，对于任意的素数 p 和任意的正整数 m，都存在由 p^m 个元素构成的，即阶数等于 p^m 的有限域 GF(p^m)。

定义 A-14（有限域的特征值）：对于有限域 GF(p)，定义

$$\sum_{i=1}^{1} 1 = 1$$

$$\sum_{i=1}^{2} 1 = 1 + 1$$

$$\sum_{i=1}^{m} 1 = 1 + 1 + \cdots + 1$$

因为在 GF(p)中元素个数有限，且关于“+”封闭，所以必然从某一时刻开始上面定义的加法结果出现重复，或者说 $\forall m$，$\exists n > m$，使得

$$\sum_{i=1}^{m} 1 = \sum_{i=1}^{n} 1\text{，即}\sum_{i=1}^{n-m} 1 = 0$$

所以必然存在一个最小的正整数 λ，使得 $\sum_{i=1}^{\lambda} 1 = 0$，称 λ 为 GF(p)的**特征值**。

此外，$\sum_{i=1}^{\lambda} 1 = 0$ 必然意味着，对于域中任意的 $x \in \mathrm{GF}(p)$，都有 $\sum_{i=1}^{\lambda} x = 0$，因此域的特征值也可以定义为使 $\sum_{i=1}^{\lambda} x = 0$ （$\forall x \in \mathrm{GF}(p)$）成立的最小的正整数 λ。

定义 A-15（域元素的阶）：

对于有限域 GF(p)中的任意非 0 元素 a，定义

$$a^1 = a$$

$$a^2 = a \cdot a$$

$$a^m = a \cdot a \cdots a$$

因为在 GF(p)中元素个数有限，且关于“·”封闭，所以必然从某一时刻开始上面定义的乘法结果出现重复。或者说对于 $\forall k$，$\exists m > k$，使得

$$a^k = a^m\text{，即 } a^{m-k} = 1$$

这就意味着，对于在 GF(p)中任意非 0 元素，必然存在一个最小的正整数 n，使得 a^n=1 成立，称 n 为非 0 元素 a 的**阶**。

例 A-13：在 GF(7)中，有

$1^1=1$	元素 1 的阶=1
$2^1=2$；$2^2=4$；$2^3=1$	元素 2 的阶=3
$3^1=3$；$3^2=2$；$3^3=6$；$3^4=4$；$3^5=5$；$3^6=1$	元素 3 的阶=6
$4^1=4$；$4^2=2$；$4^3=1$	元素 4 的阶=3
$5^1=5$；$5^2=4$；$5^3=6$；$5^4=2$；$5^5=3$；$5^6=1$	元素 5 的阶=6
$6^1=6$；$6^2=1$	元素 6 的阶=2

■

定理 A-4：在有限域 GF(p)中的任意非 0 元素 a 都满足 $a^{p-1}=1$。

证明：设 $b_1, b_2, \ldots, b_{p-1}$ 是域中 $p-1$ 个非 0 元素，显然 $ab_1, ab_2, \cdots, ab_{p-1}$ 一定是 $p-1$ 个非 0 且彼此不相同的元素，又因为在 GF(p)中只有 $p-1$ 个非 0 元素，所以一定有

$$(ab_1)(ab_2)\cdots(ab_{p-1})=b_1b_2\cdots b_{p-1}$$

成立，由此可得 $a^{p-1}=1$。 ■

定理 A-5：在 GF(p)中的任意非 0 元素 a 的阶都一定能整除 $p-1$。

定义 A-16（本原元素）：在有限域 GF(p)中阶为 $p-1$ 的元素被称作**本原元素**。本原元素通过幂运算能生成全部非 0 元素。在例 A-13 中，元素 3 和 5 是本原元素。

A.4.2 扩域

类似于子群和子环，在域中也有子域和父域的概念。例如，实数域 $\mathbb{R}$ 是复数域 $\mathbb{C}$ 的子域；有理数域 $\mathbb{Q}$ 是实数域 $\mathbb{R}$ 的子域等。由子域出发生成父域的过程被称为域的扩张。本节讨论如何从一个有限域 $\mathbb{Z}_p$ 扩张得到阶数为 p^m 的父域或扩域 GF(p^m)。

定理 A-6：一个域上定义的多项式的根可能存在于其扩域中。

例如，$x^2+1=0$ 在实数域 $\mathbb{R}$ 中没有解，但在复数域 $\mathbb{C}$ 上有解。

定义 A-17（代数闭包）：对于任何一个域 F，把多项式环 $F[x]$中所有多项式的全部根放在一起组成集合 Ω，可以证明 Ω 是一个域，称 F 的这个扩域为 F 的**代数闭包**（Algebraic Closure）。特别地，记 $\mathbb{Z}_p$ 的代数闭包为 Ω_p。

定理 A-7：域 $\mathbb{Z}_p$ 之上的任何 m 次不可约多项式都能整除 $x^{p^m-1}-1$。

例 A-14：$f(x)=x^2+x+2$ 是 $\mathbb{Z}_3$ 上的不可约多项式，读者可以自行验证 $f(x)$可以整除 x^8-1。 ■

定义 A-18（本原多项式）：一个基于域 $\mathbb{Z}_p$ 之上的 m 次不可约多项式去除 x^n-1，如果能整除的最小的 $n=p^m-1$，则称该不可约多项式为**本原多项式**（Primitive Polynomial）。

例 A-15：x^2+x+2 是 $\mathbb{Z}_3$ 上的本原多项式，x^2+1 是 $\mathbb{Z}_3$ 上的不可约多项式，但不是本原多项式，因为 x^2+1 可以整除 x^4-1。 ■

GF(p^m)的构造方法 1

设 α 是基于域 $\mathbb{Z}_p$ 的一个 m 次本原多项式 $f(x)$在 Ω_p 中的根，则$\{0, 1, \alpha, \alpha^2, \cdots, \alpha^{p^m-2}\}$构成有限域 GF($p^m$)。

例 A-16：x^2+x+2 是 $\mathbb{Z}_3$ 上的本原多项式，设 α 是 x^2+x+2 的根，即满足 $\alpha^2+\alpha+2=0$，则 $\{0, 1, \alpha, \alpha^2, \alpha^3, \alpha^4, \alpha^5, \alpha^6, \alpha^7\}$ 构成有限域 GF(9)。为了讨论该域的加法运算，首先把域中元素改写成多项式的形式，根据多项式系数执行 $\mathbb{Z}_3$ 上的四则运算，并由 $\alpha^2+\alpha+2=0$ 可得：

$$\alpha^2 = -\alpha-2 = 2\alpha+1$$
$$\alpha^3 = \alpha\alpha^2 = \alpha(2\alpha+1) = 2\alpha^2 + \alpha = 5\alpha+2 = 2\alpha+2$$
$$\alpha^4 = \alpha\alpha^3 = \alpha(2\alpha+2) = 2\alpha^2 +2\alpha = 6\alpha+2 = 2$$
$$\alpha^5 = \alpha\alpha^4 =2\alpha$$
$$\alpha^6 = \alpha\alpha^5 = 2\alpha^2 = 4\alpha+2 = \alpha+2$$
$$\alpha^7 = \alpha\alpha^6 = \alpha(\alpha+2) = \alpha^2 +2\alpha = 4\alpha+1 = \alpha+1$$
$$\alpha^8 = \alpha\alpha^7 = \alpha^2 + \alpha = 3\alpha+1 = 1$$

■

由此可见，通过 α 的幂运算生成了这个域的全部元素，也就是说 α 是这个 GF(9)域的本原元素。此外，通过本例也可以发现有限域 GF(p^m)中的元素不但可以表示成幂的形式，也可以表示成最高次数为 $m-1$ 的多项式的形式，如表 A-1 所示。本例生成的有限域 GF(9)的加法表和乘法表示于图 A-12 和图 A-13。多项式表示也可以等价地表示成以$\{1, \alpha, \alpha^2, \cdots, \alpha^{m-1}\}$为基底的向量的形式，更为正式地以构造方法 2 给出。

表 A-1　域 GF(9)元素的 3 种表示法

幂　形　式	多项式形式	向量形式
0	0	(0 0)
1	1	(1 0)
α	α	(0 1)
α^2	$1+2\alpha$	(1 2)
α^3	$2+2\alpha$	(2 2)
α^4	2	(2 0)
α^5	2α	(0 2)
α^6	$2+\alpha$	(2 1)
α^7	$1+\alpha$	(1 1)

+	0	1	2	α	2α	$1+\alpha$	$1+2\alpha$	$2+\alpha$	$2+2\alpha$
0	0	1	2	α	2α	$1+\alpha$	$1+2\alpha$	$2+\alpha$	$2+2\alpha$
1	1	2	0	$1+\alpha$	$1+2\alpha$	$2+\alpha$	$2+2\alpha$	α	2α
2	2	0	1	$2+\alpha$	$2+2\alpha$	α	2α	$1+\alpha$	$1+2\alpha$
α	α	$1+\alpha$	$2+\alpha$	2α	0	$1+2\alpha$	1	$2+2\alpha$	2
2α	2α	$1+2\alpha$	$2+2\alpha$	0	α	1	$1+\alpha$	2	$2+\alpha$
$1+\alpha$	$1+\alpha$	$2+\alpha$	α	$1+2\alpha$	1	$2+2\alpha$	2	2α	0
$1+2\alpha$	$1+2\alpha$	$2+2\alpha$	2α	1	$1+\alpha$	2	$2+\alpha$	0	α
$2+\alpha$	$2+\alpha$	α	$1+\alpha$	$2+2\alpha$	2	2α	0	$1+2\alpha$	1
$2+2\alpha$	$2+2\alpha$	2α	$1+2\alpha$	2	$2+\alpha$	0	α	1	$1+\alpha$

图 A-12　域 GF(9)的加法表

×	1	α	α^2	α^3	α^4	α^5	α^6	α^7
1	1	α	α^2	α^3	α^4	α^5	α^6	α^7
α	α	α^2	α^3	α^4	α^5	α^6	α^7	1
α^2	α^2	α^3	α^4	α^5	α^6	α^7	1	α
α^3	α^3	α^4	α^5	α^6	α^7	1	α	α^2
α^4	α^4	α^5	α^6	α^7	1	α	α^2	α^3
α^5	α^5	α^6	α^7	1	α	α^2	α^3	α^4
α^6	α^6	α^7	1	α	α^2	α^3	α^4	α^5
α^7	α^7	1	α	α^2	α^3	α^4	α^5	α^6

图 A-13 域 GF(9)的乘法表

GF(p^m)的构造方法 2

设 α 是基于域 $\mathbb{Z}_p$ 的一个 m 次本原多项式 $f(x)$ 在 Ω_p 中的根，则以 $\{1, \alpha, \alpha^2, \cdots, \alpha^{m-1}\}$ 作为基底张成的向量空间构成扩域 GF(p^m)，即

$$\mathrm{GF}(p^m)=\{a_0+a_1\alpha+\cdots+a_{m-1}\alpha^{m-1}, a_i\in\mathbb{Z}_p\}$$

构造方法 2 同时也为我们提供了对扩域 GF(p^m)的另一种理解方式，即 GF(p^m)是基于 F_p 的 m 维向量空间。回忆一下，复数域 $\mathbb{C}$ 就是基于实数域 $\mathbb{R}$ 的二维向量空间。

定义 A-19：基于有限域 F_p 上的 m 维向量空间

$$F_p^m=\{a_0,a_1,\cdots,a_{m-1}\},\qquad a_i\in F_p$$

被称作 m 维**仿射空间（Affine Space）**。

可见有限域 F_p 的扩域 GF(p^m)就是仿射空间 F_p^m。把扩域对应成仿射空间，或者把扩域中的元素对应成仿射空间中的矢量对于理解编码尤其是网络编码是很有益的。在网络通信中，网络边上传输的是由 n 个符号组成的数据包，每个符号都取自某个有限域 F_p［多为 GF(2)］，因此数据包可以看作基于 F_p 的 n 维矢量，或者等价地看成在扩域 F_p^m 中的一个符号，因此在进行网络编码运算时，既可以做 F_p 上的 n 维矢量运算，也可以做 F_p^m 上的单符号运算。

域元素的幂表示法便于乘法计算，多项式表示法便于加法计算。另外，本书中纠错码部分主要基于 GF(2)及其扩域，向量表示法更为常用。

需要注意的是，在用构造方法 1 和构造方法 2 生成 GF(p^m)时，要使用 $\mathbb{Z}_p$ 的 m 次本原多项式的根作为生成元，而不能使用一般的不可约多项式，如例 A-17。

例 A-17：x^2+1 是 $\mathbb{Z}_3$ 上的不可约多项式，但不是本原多项式，设 β 是 x^2+1 的根，即满足 $\beta^2+1=0$，则有 $\beta^2=-1=2$，$\beta^4=4=1$，这说明 β 的阶数等于 4，因此 β 不是 GF(9)的本原元素。 ■

整数环 $\mathbb{Z}$ 和基于某个域 F 的多项式环 $F[x]$ 有很多相似的地方，我们在构造有限域 $\mathbb{Z}_p$

时，是把整数 $\mathbb{Z}$ 借助素数 p 通过模 p 运算划分成 p 个等价类，即 $\mathbb{Z}_p=\{\bar{0}, \bar{1}, \cdots, \overline{p-1}\}$，虽然我们常简记作$\{0, 1, \cdots, p-1\}$，但实际上域 $\mathbb{Z}_p$ 的元素应该是等价类。同样的道理，我们也可以借助于不可约多项式把多项式环 $F[x]$划分成若干等价类，可以证明这些等价类也构成域。

GF(p^m)的构造方法 3

设 $p(x)$是域 $F=\text{GF}(p)$上的一个 m 次不可约多项式，则

$$F[x] / \langle p(x)\rangle=\{a_0+a_1x+\cdots+a_{m-1}x^{m-1},\ a_i\in F\}$$

构成 F 的扩域 GF(p^m)。

上面的定义中使用了符号 $\langle p(x)\rangle$，其含义是由 $p(x)$生成的主理想，初学者不必深究其含义，只需要把 $F[x]/\langle p(x)\rangle$ 理解成 $F[x]$中的多项式对不可约多项式 $p(x)$取模即可。在$\{a_0+a_1x+\cdots+a_{m-1}x^{m-1},\ a_i\in F\}$中，一共有 m 个系数，每个系数都取自域 $F=\text{GF}(p)$，因此一共有 p^m 个元素。下面以一个例子说明构造方法 3 的使用。

例 A-18： 以 $\mathbb{Z}_2[x]$表示系数取自 $\mathbb{Z}_2$ 的多项式环，$p(x)=x^3+x+1$ 是 $\mathbb{Z}_2[x]$中的一个不可约多项式，把 $\mathbb{Z}_2[x]$中的全部多项式对 $p(x)$求模，以 α 表示 x 所在的等价类，则全部 8 个等价类为

$$\{a_2\alpha^2+a_1\alpha+a_0,\ a_i\in\mathbb{Z}_2\}$$

如表 A-2 所示，这 8 个等价类构成了一个有限域 GF(8)。 ■

表 A-2 根据 $p(x)$划分的 $\mathbb{Z}_2[x]$的等价类

$a_2\alpha^2+a_1\alpha+a_0$	(a_2, a_1, a_0)
0	(0 0 0)
1	(0 0 1)
α	(0 1 0)
$1+\alpha$	(0 1 1)
α^2	(1 0 0)
α^2+1	(1 0 1)
$\alpha^2+\alpha$	(1 1 0)
$\alpha^2+\alpha+1$	(1 1 1)

本例生成的有限域 GF(8)的加法表和乘法表如图 A-14 和图 A-15 所示。可见，等价类的加法和乘法与多项式类似，但需要注意的是，在此处进行的加法和乘法中，不但要执行系数在 $\mathbb{Z}_2$ 上的四则运算，而且作为运算结果的多项式还要对 $p(\alpha)=\alpha^3+\alpha+1$ 取模，也就是说需要做**“双模运算”**。以$(\alpha^2+\alpha+1)(1+\alpha)$为例，$(\alpha^2+\alpha+1)(1+\alpha)=1+\alpha+\alpha+\alpha^2+\alpha^2+\alpha^3=1+\alpha^3$，对 $\alpha^3+\alpha+1$ 取模后，结果为 α。

例 A-19： x^2+1 是实数域 $\mathbb{R}$ 上的不可约多项式，应用构造方法 3 可得 $\mathbb{R}$ 的扩域为

$$\mathbb{R}[x]/\langle x^2+1\rangle=\{a+b\alpha,\ a, b\in\mathbb{R}\}$$ ■

本例是无限域，上面的等价类数目也是无限的。此外，因为 $\alpha^2+1=0$，所以 α 充当着 i 的角色，可见上面的扩域就是复数域 $\mathbb{C}$。由此，我们应用构造方法 3 把实数域 $\mathbb{R}$ 扩张为复

数域 C。

最后，需要说明的是，这 3 种构造方法只有形式上的不同，本质是相同的。对于同一组参数 p 和 m，这 3 种构造方法产生的有限域也是相同的。至此，我们认识并构造了全部两大类有限域，总结如下：

（1）对于任意素数 p，存在有限域 $F_p=\{0, 1, \cdots, p\}$，其特征值为 p。

（2）对于任意素数 p 和正整数 m，存在 F_p 的扩域 $GF(p^m)$，其特征值为 p。

事实上，在同构的意义下，对于每组参数 p 和 m，只存在唯一的有限域 $GF(p^m)$。

+	0	1	α	$1+\alpha$	α^2	$1+\alpha^2$	$\alpha+\alpha^2$	$1+\alpha+\alpha^2$
0	0	1	α	$1+\alpha$	α^2	$1+\alpha^2$	$\alpha+\alpha^2$	$1+\alpha+\alpha^2$
1	1	0	$1+\alpha$	α	$1+\alpha^2$	α^2	$1+\alpha+\alpha^2$	$\alpha+\alpha^2$
α	α	$1+\alpha$	0	1	$\alpha+\alpha^2$	$1+\alpha+\alpha^2$	α^2	$1+\alpha^2$
$1+\alpha$	$1+\alpha$	α	1	0	$1+\alpha+\alpha^2$	$\alpha+\alpha^2$	$1+\alpha^2$	α^2
α^2	α^2	$1+\alpha^2$	$\alpha+\alpha^2$	$1+\alpha+\alpha^2$	0	1	α	$1+\alpha$
$1+\alpha^2$	$1+\alpha^2$	α^2	$1+\alpha+\alpha^2$	$\alpha+\alpha^2$	1	0	$1+\alpha$	α
$\alpha+\alpha^2$	$\alpha+\alpha^2$	$1+\alpha+\alpha^2$	α^2	$1+\alpha^2$	α	$1+\alpha$	0	1
$1+\alpha+\alpha^2$	$1+\alpha+\alpha^2$	$\alpha+\alpha^2$	$1+\alpha^2$	α^2	$1+\alpha$	α	1	0

图 A-14　域 GF(8)的加法表

×	1	α	$1+\alpha$	α^2	$1+\alpha^2$	$\alpha+\alpha^2$	$1+\alpha+\alpha^2$
1	1	α	$1+\alpha$	α^2	$1+\alpha^2$	$\alpha+\alpha^2$	$1+\alpha+\alpha^2$
α	α	α^2	$\alpha+\alpha^2$	$1+\alpha$	1	$1+\alpha+\alpha^2$	$1+\alpha^2$
$1+\alpha$	$1+\alpha$	$\alpha+\alpha^2$	$1+\alpha^2$	$1+\alpha+\alpha^2$	α^2	1	α
α^2	α^2	$1+\alpha$	$1+\alpha+\alpha^2$	$\alpha+\alpha^2$	α	$1+\alpha^2$	1
$1+\alpha^2$	$1+\alpha^2$	1	α^2	α	$1+\alpha+\alpha^2$	$1+\alpha$	$\alpha+\alpha^2$
$\alpha+\alpha^2$	$\alpha+\alpha^2$	$1+\alpha+\alpha^2$	1	$1+\alpha^2$	$1+\alpha$	α	α^2
$1+\alpha+\alpha^2$	$1+\alpha+\alpha^2$	$1+\alpha^2$	α	1	$\alpha+\alpha^2$	α^2	$1+\alpha$

图 A-15　域 GF(8)的乘法表

A.4.3　GF(2)

数字通信和编码学经常需要在域 $F_2=(\mathbb{Z}_2, +_2, \times_2)$上进行运算。作为有限域 F_p 的一种，F_p 的各种性质对于 F_2 也满足。为了突出该域在编码中的应用，本节着重讨论一下有限域 GF(2)。

1. GF(2)上的多项式

系数取自 GF(2)的多项式 $f(x)=a_0+a_1x+a_2x^2+\cdots+a_nx^n$ 称为定义在GF(2)上的多项式，其中系数非零的最高次数 n 称作多项式的次数。由于系数 a_i 只能取 0 或 1，所以次数为 n 的不同多项式最多有 2^n 个。类似于多项式环，GF(2)上的多项式也可以进行加、减、乘、除四则运算，其规则是系数进行 GF(2)上的加、减、乘、除四则运算。

2. 不可约多项式

GF(2)上的 m 次多项式 $p(x)$，若不能被任何次数介于 0 和 m 的其他多项式整除，则称 $p(x)$为不可约多项式。

例 A-20： x^2+x+1、x^3+x+1、x^4+x+1 分别是次数为 2、3、4 的不可约多项式。x^2+1、x^2+x 不是不可约多项式，因为它们能被 $x+1$ 整除。■

定理 A-8： 任何 GF(2)上的 m 次不可约多项式一定能整除 $x^{2^m-1}-1$。

3. 本原多项式

GF(2)上的 m 次不可约多项式 $p(x)$除 x^n-1，若能够整除的 x^n-1 的最小的 $n=2^m-1$，则称 $p(x)$为本原多项式。

例 A-21： x^4+x+1 能整除 $x^{15}+1$，但不能被 x^n+1（$1\leqslant n<15$）整除，所以 x^4+x+1 是本原多项式。$x^4+x^3+x^2+x+1$ 是不可约多项式，但不是本原多项式，因为它可以整除 x^5+1。■

定理 A-9： $[f(x)]^{2^l}=f(x^{2^l})$。

证明： $[f(x)]^2=(f_0+f_1x+f_2x^2+\cdots+f_nx^n)^2$

$=f_0^2+f_0(f_1x+f_2x^2+\cdots+f_nx^n)+f_0(f_1x+f_2x^2+\cdots+f_nx^n)+(f_1x+f_2x^2+\cdots+f_nx^n)^2$

$=f_0^2+(f_1x+f_2x^2+\cdots+f_nx^n)^2$

$=f_0^2+f_1^2x^2+f_2^2(x^2)^2+\cdots+f_n^2(x^n)^2$（考虑到 $f_i=0$ 或 1）

$=f_0+f_1x^2+f_2(x^2)^2+\cdots+f_n(x^n)^2$

$=f(x^2)$

类似地，$[f(x)]^4=f(x^4)$，…，$[f(x)]^{2^l}=f(x^{2^l})$。■

4. GF(2^m)的构造

由 GF(2)出发可以构造一个新的有限域 GF(2^m)，称作 GF(2)的扩域。

$$\text{GF}(2^m)=\{0, 1, \alpha, \alpha^2, \cdots, \alpha^{2^m-2}\}$$

其中，α 是 GF(2)上 m 次本原多项式 $p(x)$的根，即 $p(\alpha)=0$。加法和乘法定义如下。

乘法：

$0\times0=0\times1=1\times0=0$；$1\times1=1$；$1\times\alpha=\alpha\times1=\alpha$；$\alpha^1=\alpha$；$\alpha^2=\alpha\times\alpha$；$\alpha^3=\alpha\times\alpha\times\alpha$；…

因为 $p(x)$是 m 次本原多项式，所以 $x^{2^m-1}-1=p(x)q(x)$，因为 $p(\alpha)=0$，所以 $\alpha^{2^m-1}-1=$

$p(\alpha)q(\alpha)=0$，可得 $\alpha^{2^m-1}=1$，可见 GF(2^m)关于上面定义的乘法封闭，且 α 是本原元素，1 是乘法单位元。

加法：

为了定义在 GF(2^m)上的加法，我们先把其中的元素表示成多项式的形式。因为 $p(x)$ 是 m 次本原多项式，所以对于 $0\leqslant i\leqslant 2^m-2$ 有 $x^i=p(x)q_i(x)+r_i(x)$，其中余项 $r_i(x)$次数小于等于 m−1，即 $r_i(x)=r_{i0}+r_{i1}x+r_{i2}x^2+\cdots+r_{i(m-1)}x^{m-1}$。所以有，$\alpha^i=r_i(\alpha)=r_{i0}+r_{i1}\alpha+r_{i2}\alpha^2+\cdots+r_{i(m-1)}\alpha^{m-1}$。另外，在 GF($2^m$)中的元素 0 相当于系数全 0 的多项式，可见在 GF(2^m)中每个元素都可以表示成多项式的形式，且在 GF(2^m)中 2^m 个元素和 2^m 个次数小于等于 m−1 的多项式是一一对应的。利用多项式表示，我们定义在 GF(2^m)上的加法为

$$0+\alpha^i=\alpha^i+0=\alpha^i$$

$$\alpha^i+\alpha^j=(r_{i0}+r_{j0})+(r_{i1}+r_{j1})\alpha+(r_{i2}+r_{j2})\alpha^2+\cdots+(r_{i(m-1)}+r_{j(m-1)})\alpha^{m-1}$$

根据在 GF(2)上多项式加法的封闭性，我们可知 GF(2^m)对上述加法是封闭的，0 是加法单位元，域的特征值是 2。另外，由于 m 重多项式系数($r_{i0},r_{i1},r_{i2},\cdots,r_{i(m-1)}$)和多项式是一一对应的，所以在 GF($2^m$)中任意元素也可以用 m 重多项式系数表示。

5. GF(2^m)的特性

在 GF(2)上的多项式的根可能存在于 GF(2^m)中。

定理 A-10：设 $f(x)$是在 GF(2)上的多项式，$\beta\in\mathrm{GF}(2^m)$。若 β 是 $f(x)$的根，则对于任意的正整数 n，β^{2^n} 也是 $f(x)$的根，并称 β^{2^n} 为 β 的共轭根。

定理 A-11：在 GF(2^m)中 2^m-1 个非 0 元素{1，α，α^2，…，α^{2^m-2}}构成多项式 $x^{2^m-1}+1$ 的全部根。

定理 A-12：在 GF(2^m)中元素{0，1，α，α^2，…，α^{2^m-2}}构成多项式 $x^{2^m}+x$ 的全部根。

A.5 小结

本附录简要介绍了近世代数尤其是有限域的基本知识。就作者所知，这部分内容没有被纳入国内绝大多数信息论方面的著作中，以及电子信息相关专业本科阶段的教学中。虽然对纠错码的教学可以不从有限域的角度开展，或者说绕过有限域加以学习，但了解有限域的基本知识对于学习编码学是很有帮助的。基于此目的，本书以附录的形式加入了这部分内容。然而，对近世代数完整地学习和透彻地理解需要阅读近世代数专门的著作，这既不是本书的重点，更不是本书所能完成的任务，因此对于初学者来说浅尝辄止地了解这部分内容即可。

本附录涵盖了学习信息论和编码学所需要的有限域的基本知识，读者需要理解群、环、域尤其是有限域等代数系统的概念，理解诸如 $\mathbf{Z}_p$、模 p 运算、多项式四则运算、如何由 $\mathbf{Z}_p$ 生成 GF(p^m)等知识点。

附录B

向量空间

线性空间，尤其是向量空间，是透彻地理解线性分组码的基础。线性空间是线性代数的基石，虽然我们在线性代数中曾学习过线性空间、线性独立、基、维数等概念，但在那里标量和向量分量通常取值于实数域，为了更好地把线性空间和编码相结合，本附录将这些概念推广到一般的数域，尤其是有限域 GF(p)或 GF(p^m)。

定义 B-1：设 F 是一个域，一个基于 F 的线性空间 S 由一个可交换加群 V，以及一个由 F 中元素与 V 中元素之间的标量左乘构成，对于 $\forall a,b \in F$ 和 $\forall \boldsymbol{\alpha},\boldsymbol{\beta} \in V$，满足：

（1）$a\boldsymbol{\alpha} \in V$；

（2）$a(b\boldsymbol{\alpha}) \in V$；

（3）$(a+b)\boldsymbol{\alpha} = a\boldsymbol{\alpha} + b\boldsymbol{\alpha}$；

（4）$a(\boldsymbol{\alpha}+\boldsymbol{\beta}) = a\boldsymbol{\alpha} + a\boldsymbol{\beta}$；

（5）$1\boldsymbol{\alpha} = \boldsymbol{\alpha}$。

对于上面的定义，首先，需要说明的是，F 中元素与 V 中元素之间的标量左乘并不是在一个集合内部进行的二元运算，而应该理解成 $F\times V$ 到 V 的一个映射。其次，在一般意义上，V 中的元素可以是多项式、矩阵、向量，甚至是函数，但在本书范围内，我们主要讨论向量空间，因此称 V 中的元素为向量，称 F 中的元素为标量，当 V 中向量的分量也取自域 F 时，称为基于域 F 的向量空间。最后，无论是 V 中的 0 矢量还是 F 中的 0 标量，都记为 0。

例 B-1：基于域 F 的多项式环 $F[x]$是一个线性空间。 ■

例 B-2：定义域为(0, 1)的所有实函数 $f(x)$的全体是一个线性空间。 ■

例 B-3：所有维数为 $m\times n$ 的实矩阵的全体是一个线性空间。 ■

定义 B-2：设 $\boldsymbol{\alpha}_1, \boldsymbol{\alpha}_2, \cdots, \boldsymbol{\alpha}_m$ 是 m 个向量，$k_1, k_2, \cdots, k_m$ 是 m 个标量，称 $k_1\boldsymbol{\alpha}_1+k_2\boldsymbol{\alpha}_2+\cdots+k_m\boldsymbol{\alpha}_m$ 为 $\boldsymbol{\alpha}_1, \boldsymbol{\alpha}_2, \cdots, \boldsymbol{\alpha}_m$ 的**线性组合**。

定义 B-3：若存在 m 个不全为 0 的标量 $k_1, k_2, \cdots, k_m$，使得线性组合 $k_1\boldsymbol{\alpha}_1+k_2\boldsymbol{\alpha}_2+\cdots+k_m\boldsymbol{\alpha}_m=0$，则称 m 个向量 $\boldsymbol{\alpha}_1, \boldsymbol{\alpha}_2, \cdots, \boldsymbol{\alpha}_m$ 是**线性相关**的；不是线性相关的向量 $\boldsymbol{\alpha}_1, \boldsymbol{\alpha}_2, \cdots, \boldsymbol{\alpha}_m$ 称为**线性无关**。

定义 B-4：一个向量空间 S 中线性无关元素的最大个数称为该空间的**维数**。

例 B-4：域 F_p 的扩域 GF(p^n)是一个 n 维向量空间，就是我们在附录 A 中提到的仿射空间 F_p^n。 ■

定义 B-5：若 $\boldsymbol{\varepsilon}_1, \boldsymbol{\varepsilon}_2, \cdots, \boldsymbol{\varepsilon}_n$ 是 n 维向量空间 $\boldsymbol{S}$ 中的 n 个线性无关的向量，则称 $\boldsymbol{\varepsilon}_1, \boldsymbol{\varepsilon}_2, \cdots, \boldsymbol{\varepsilon}_n$ 是 $\boldsymbol{S}$ 的一组基或基底。

定理 B-1：设 $\varepsilon_1, \varepsilon_2, \cdots, \varepsilon_n$ 是 n 维向量空间 $\boldsymbol{S}$ 的一组基，则 $\boldsymbol{S}$ 中任意一个向量 $\boldsymbol{\alpha}$ 都可以表示成 $\varepsilon_1, \varepsilon_2, \cdots, \varepsilon_n$ 的线性组合，且表示式是唯一的，如 $\boldsymbol{\alpha}=a_1\varepsilon_1+a_2\varepsilon_2+\cdots+a_n\varepsilon_n$，称$(a_1, a_2, \cdots, a_n)$为 $\boldsymbol{\alpha}$ 在基$(\varepsilon_1, \varepsilon_2, \cdots, \varepsilon_n)$下的**坐标**。

定义 B-6：一个向量空间 $\boldsymbol{S}$ 的某个子集如果依定义也构成一个向量空间，则称其为 $\boldsymbol{S}$ 的一个**子空间**。

定义 B-7：设向量空间 $\boldsymbol{S}$ 的某个非空子集 $\boldsymbol{S'}=\{\boldsymbol{s}_1, \boldsymbol{s}_2, \cdots, \boldsymbol{s}_n\}$，则这些向量的全部线性组合，即

$$[\boldsymbol{S'}]=a_1\boldsymbol{s}_1+a_2\boldsymbol{s}_2+\cdots+a_n\boldsymbol{s}_n \quad (a_1, a_2, \cdots, a_n \in F)$$

构成 $\boldsymbol{S}$ 的一个线性子空间，称为 $\boldsymbol{S'}$**的线性闭包（Closure）**或 $\boldsymbol{S'}$**张成（Span）的子空间**。

定义 B-8：设基于域 $\boldsymbol{F}$ 的 n 维向量空间 $\boldsymbol{S}$ 的两个向量 $\boldsymbol{u}=(u_0, u_1, \cdots, u_{n-1})$和 $\boldsymbol{v}=(v_0, v_1, \cdots, v_{n-1})$，定义 $\boldsymbol{u}$ 和 $\boldsymbol{v}$ 的内积（点乘）为

$$\boldsymbol{u}\cdot\boldsymbol{v}=u_0v_0+u_1v_1+\cdots+u_{n-1}v_{n-1}$$

可见内积的结果是一个标量，上面等式右侧的乘法和加法定义在 $\boldsymbol{F}$ 上。内积具有如下性质：

（1）对称性 $\boldsymbol{u}\cdot\boldsymbol{v}=\boldsymbol{v}\cdot\boldsymbol{u}$；

（2）分配律 $\boldsymbol{u}\cdot(\boldsymbol{v}+\boldsymbol{w})=\boldsymbol{u}\cdot\boldsymbol{v}+\boldsymbol{u}\cdot\boldsymbol{w}$；

（3）结合律$(a\boldsymbol{u})\cdot\boldsymbol{v}=a(\boldsymbol{u}\cdot\boldsymbol{v})$；

（4）正定性 $\boldsymbol{u}\cdot\boldsymbol{u}\geqslant 0$。

特别地，如果两个向量 $\boldsymbol{u}$ 和 $\boldsymbol{v}$ 的内积等于 0，则称这两个向量是**正交的**。

定义 B-9：若 $\boldsymbol{S}_1$ 是 n 维向量空间 $\boldsymbol{S}$ 的某个子空间，则与 $\boldsymbol{S}_1$ 中每个 n 维向量均正交的所有向量，构成了 $\boldsymbol{S}$ 的另一个子空间 $\boldsymbol{S}_2$，称 $\boldsymbol{S}_2$ 是 $\boldsymbol{S}_1$ 的**零空间**（Null Space）或解空间，也称 $\boldsymbol{S}_1$ 和 $\boldsymbol{S}_2$ 互为零空间，如图 B-1 所示。

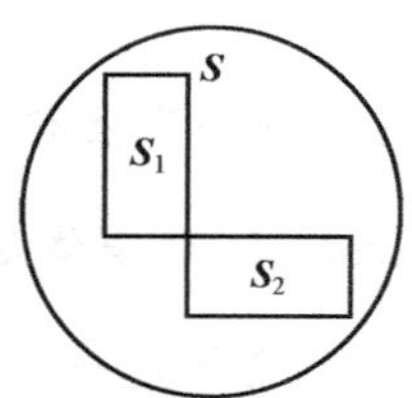

图 B-1　全空间 $\boldsymbol{S}$ 的两个子空间 $\boldsymbol{S}_1$ 和 $\boldsymbol{S}_2$ 互为零空间

定理 B-2：若 n 维空间 $\boldsymbol{S}$ 的子空间 $\boldsymbol{S}_1$ 的维数为 k，则 $\boldsymbol{S}_1$ 的零空间 $\boldsymbol{S}_2$ 的维数为 $n-k$。

附录 C

矩形博弈

博弈论（Game Theory）是研究两人或多人谋略和决策问题的理论，即游戏参与者在竞争环境中如何决策才能使自己的利益最大化。博弈论研究的对象是基于策略的游戏，如下棋、打扑克牌等。人的智慧和技能在这种游戏中发挥着重要的作用，一位初学者和象棋大师对弈肯定是会输的。与策略游戏相对比的是机会游戏，如扔骰子、抓小球、轮盘赌等。在这类游戏中人的智慧和主观能动性对游戏结果没有帮助，游戏结果完全由随机性和偶然性决定。区别策略游戏和机会游戏有助于理解博弈论的研究对象和研究内容。

定义 C-1（零和博弈）：假设有 n 个参与者 $P_1, \cdots, P_n$ 参与游戏，每次游戏结束各参与者获得的收益记为 $p_1, \cdots, p_n$，若满足

$$\sum_{i=1}^{n} p_i = 0 \tag{C-1}$$

则称为**零和博弈**（Zero-sum Game）。

零和博弈描述了在现实社会中很多博弈既不能创造财富，又不能销毁财富的情形。零和博弈的结果是一部分参与者的财富转移到了另一部分参与者手中，财富总量保持不变。下棋、打牌等游戏都属于零和博弈。以下只讨论包含两个参与者的零和博弈。

定义 C-2：假设有两个参与者 P_1 和 P_2 参与游戏，记 P_1 的策略集为$\{1, \cdots, m\}$，记 P_2 的策略集为$\{1, \cdots, n\}$。当 P_1、P_2 分别选择策略 i、j 时，P_2 需要支付给 P_1 的代价为 a_{ij}，即 P_1 获得收益 a_{ij}，则有

$$\boldsymbol{A} = \begin{bmatrix} a_{11} & \cdots & a_{1n} \\ \vdots & \vdots & \vdots \\ a_{m1} & \cdots & a_{mn} \end{bmatrix} \tag{C-2}$$

称这种博弈为**矩形博弈**，矩阵 $\boldsymbol{A}$ 为该博弈的收益矩阵（Payoff Matrix）。

收益矩阵 $\boldsymbol{A}$ 是对于 P_1 而言的，对 P_2 而言应该称为支付矩阵。对于给定的矩形博弈及其收益矩阵，一个基本问题是对参与者 P_1、P_2 有没有各自的最优策略？即 P_1 选择自己的最优策略使得自己的收益尽可能地大，P_2 选择自己的最优策略使得自己的支出尽可能地小。考察下面这个具体例子。

$$\boldsymbol{A} = \begin{bmatrix} 2 & 1 & 10 & 11 \\ 0 & -1 & 1 & 2 \\ -3 & -5 & -1 & 1 \end{bmatrix} \tag{C-3}$$

P_1 希望自己的收益尽可能地大，注意该收益矩阵的第 1 行元素严格大于其他两行上对应的元素，这说明无论 P_2 选择什么策略，i=1 都是 P_1 的最优策略；同理，P_2 希望自己的

支出尽可能地小，该收益矩阵的第 2 列元素严格小于其他列上对应的元素，这说明无论 P_1 选择什么策略，j=2 都是 P_2 的最优策略。因此，$(i, j)=(1, 2)$是该博弈的理性解和最优策略，$a_{12}=1$ 称为该博弈的博弈值，它意味着 P_1 能保证自己的收益不低于 1，P_2 能保证自己的支出不高于 1。

一般地，对于收益矩阵式（C-2），当参与者 P_1 选择策略 i（第 i 行）时，他至少获得的收益为 $\min\limits_j a_{ij}$。由于 P_1 可以自由地选择自己的策略，因此他有理由选择各策略对应的收益的最大者，即

$$\max_i \min_j a_{ij}$$

该收益值对应的策略 i 即为 P_1 的最优策略，选择策略 i 可以保证 P_1 的收益不小于 $\max\limits_i \min\limits_j a_{ij}$。

同理，当参与者 P_2 选择策略 j（第 j 列），他至多付出的支出为 $\max\limits_i a_{ij}$，由于 P_2 可以自由地选择自己的策略，因此他有理由选择各策略对应的支付的最小者，即

$$\min_j \max_i a_{ij}$$

该收益值对应的策略 j 即为 P_2 的最优策略，选择策略 j 可以保证 P_2 的支出不大于 $\min\limits_j \max\limits_i a_{ij}$。

定义 C-3：对于某个给定的如式（C-2）所示的收益矩阵，如果恰好存在

$$\max_i \min_j a_{ij} = \min_j \max_i a_{ij} = a_{i^* j^*} \tag{C-4}$$

则(i^*, j^*)就是该博弈的**理性解**或**最优解**，也称为该矩形博弈的**鞍点**（Saddle Point）。鞍点所对应的收益值 $a_{i^* j^*}$ 称为该博弈的**博弈值**（Game Value）。

定理 C-1：对于某个博弈的收益矩阵式（C-2），存在鞍点(i^*, j^*)当且仅当鞍点的收益值 $a_{i^* j^*}$ 是它所在行的最小值和它所在列的最大值。

读者可参考收益矩阵式（C-3）验证此定理。应用博弈论术语，矩形博弈的鞍点(i^*, j^*)使得博弈处于 Nash 均衡。在 Nash 均衡状态下，任何一个参与者单方面改变策略，只会使自己的收益下降，不会增加。所以，各参与者都不会改变自己的策略，从而构成了一种平衡。

对于一般的收益矩阵式（C-2），可能不存在鞍点，也可能存在多个鞍点，见例 C-1。

例 C-1：以下 3 个收益矩阵 $\boldsymbol{A}$、$\boldsymbol{B}$、$\boldsymbol{C}$ 分别有 0 个、1 个、2 个鞍点。

$$\boldsymbol{A}=\begin{bmatrix} 1 & -1 \\ -1 & 1 \end{bmatrix},\quad \boldsymbol{B}=\begin{bmatrix} 21 & \boxed{11} & 31 \\ 32 & 0 & 4 \end{bmatrix},\quad \boldsymbol{C}=\begin{bmatrix} \boxed{12} & 13 & \boxed{12} \\ 10 & 31 & 9 \end{bmatrix}$$ ■

以上关于矩形博弈最优策略的分析是基于每个参与者在博弈中只能选择一种策略的假设，这种博弈方式被称为**纯策略博弈**。在纯策略博弈中，参与者以概率为 1 选择策略。更为一般地，参与者可以为自己策略集的策略指定某种概率分布，这就构成了**混合策略博弈**。具体地，对于如式（C-2）所示的收益矩阵，假设参与者 P_1 以概率 p_i 选择策略 i，参与者 P_2 以概率 q_j 选择策略 j，记 P_1 和 P_2 的概率分布分别为 $X=(p_1, \cdots, p_m)$和 $Y=(q_1, \cdots, q_n)$，

则 P_1 的期望收益和 P_2 的期望支出与概率分布 X 和 Y 有关，即

$$E(X,Y)=\sum_{i=1}^{m}\sum_{j=1}^{n}p_iq_ja_{ij} \tag{C-5}$$

混合策略博弈描述了实际应用中多个竞争者按照某种比例竞争和占用某种固定量资源的情形。例如，在网络组播通信中，各组播树要分享某条网络边，每棵组播树只能使用网络边的一部分带宽。

显然，混合策略博弈包含了纯策略博弈，后者相当于取某个策略的概率为 1、其他策略概率为 0 的混合策略博弈。在纯策略博弈下，博弈的最优选择是鞍点(i^*, j^*)。但根据前面的讨论可知，有些收益矩阵不存在鞍点，也就是说，这样的博弈在纯策略博弈下没有最优解。在混合策略博弈下，讨论的是 P_1（P_2）取何种概率分布才能使自己的期望收益（支出）最大（最小）？与纯策略博弈不同的是，混合策略博弈的最优解一定是存在的，见定理 C-2。

定理 C-2：对于混合策略博弈的收益矩阵式（C-2），一定有

$$\max_X\min_Y E(X,Y)=\min_Y\max_X E(X,Y)=E(X^*,Y^*) \tag{C-6}$$

该定理说明混合策略博弈的最佳概率分布(X^*, Y^*)一定是存在的。进一步，可以证明最佳概率分布具有如下性质。

定理 C-3：对于基于收益矩阵式（C-2）的混合策略博弈，满足

$$E(X, Y^*)\leqslant E(X^*, Y^*)\leqslant E(X^*, Y) \tag{C-7}$$

称(X^*, Y^*)为该矩形博弈的**策略鞍点**，鞍点所对应的收益值 $E(X^*, Y^*)$称为该博弈的**博弈值**。

定理 C-3 给出了混合策略博弈鞍点(X^*, Y^*)在形式上需要满足的不等式（C-7），然而由于 X 和 Y 可以取无穷多种概率分布，因此式（C-7）无法用于求解(X^*, Y^*)。定理 C-4 给出了一种求解(X^*, Y^*)可行的方法。

定理 C-4：混合策略博弈的最优解满足

$$E(i, Y^*)\leqslant E(X^*, Y^*)\leqslant E(X^*,j)\ (i\in[1, m],\ j\in[1, n]) \tag{C-8}$$

$E(i, Y)$表示 P_1 以概率为 1 取策略 i 的纯策略博弈，$E(X, j)$表示 P_2 以概率为 1 取策略 j 的纯策略博弈，即

$$E(i,Y)=\sum_{j=1}^{n}q_ja_{ij}\ ,\quad E(X,j)=\sum_{i=1}^{m}p_ia_{ij}$$

例 C-2：求收益矩阵 $\boldsymbol{A}$ 的最优解

$$\boldsymbol{A}=\begin{bmatrix}1 & -1 & -1\\ -1 & -1 & 3\\ -1 & 2 & -1\end{bmatrix}$$

解：记 $X^*=(x_1, x_2, x_3)$，$Y^*=(y_1, y_2, y_3)$，$0\leqslant x_i\leqslant 1$，$0\leqslant y_i\leqslant 1$，且 $x_1+x_2+x_3=1$，$y_1+y_2+y_3=1$，记 $E(X^*, Y^*)=v$。根据式（C-8），分别令 i 和 j 取 1、2、3，可得

$$E(1, Y^*)=y_1-y_2-y_3\leqslant v$$

$$E(2, Y^*)=-y_1-y_2+3y_3 \leqslant v$$
$$E(3, Y^*)=-y_1+2y_2-y_3 \leqslant v$$
$$E(X^*, 1)=x_1-x_2-x_3 \geqslant v$$
$$E(X^*, 2)=-x_1-x_2+2x_3 \geqslant v$$
$$E(X^*, 3)=-x_1+3x_2-x_3 \geqslant v$$

令上述 6 个不等式取等式，求得 $x_1=6/13$，$x_2=3/13$，$x_3=4/13$，$y_1=6/13$，$y_2=4/13$，$y_3=3/13$，$v=-1/13$。由于求得的(x_1, x_2, x_3)和(y_1, y_2, y_3)是合理的概率分布，所以该概率分布就是最优解。■

在上例中，在应用化不等式为等式的方法求最佳概率分布时，有时会出现求得的概率分布不是合理解（如概率为负值）的情况。这说明存在某个或某些不等式为严格不等式，不能替换为等式。对于这种情况，需要试探性地令某个不等式为严格不等式，并利用定理 C-5 简化计算。

定理 C-5：对于混合策略博弈，如果对于某行 i 满足

$$E(i, Y^*) < E(X^*, Y^*)$$

则一定有 $x_i^* = 0$；如果对于某列 j 满足

$$E(X^*, Y^*) < E(X^*, j)$$

则一定有 $y_j^* = 0$。■

本附录最后介绍支配的概念，观察下面的收益矩阵：

$$\boldsymbol{A} = \begin{bmatrix} 1 & 7 & 2 \\ 6 & 2 & 7 \\ 5 & 1 & 6 \end{bmatrix}$$

由于第 2 行严格大于第 3 行，无论 P_2 选择何种策略，P_1 选择策略 2 的收益都会高于选择策略 3，所以 P_1 应该理性地为第 3 行分配概率 0，由此矩阵可以缩减为

$$\boldsymbol{A}' = \begin{bmatrix} 1 & 7 & 2 \\ 6 & 2 & 7 \end{bmatrix}$$

同理，$\boldsymbol{A}'$ 的第 1 列严格小于第 3 列，无论 P_1 选择何种策略，P_2 选择策略 1 的支出都会小于策略 3，所以 P_2 应该理性地为第 3 列分配概率 0，由此矩阵可以进一步缩减为

$$\boldsymbol{A}'' = \begin{bmatrix} 1 & 7 \\ 6 & 2 \end{bmatrix}$$

定义 C-4：对于两个维数相同的向量 $\boldsymbol{a}=(a_1, \cdots, a_n)$和 $\boldsymbol{b}=(b_1, \cdots, b_n)$，若

$$a_i \geqslant b_i \quad (i=1, 2, \cdots, n)$$

则称 $\boldsymbol{a}$ 支配 $\boldsymbol{b}$，若该不等式为严格不等式 $a_i>b_i$，则称 $\boldsymbol{a}$ 严格支配 $\boldsymbol{b}$。

定理 C-6：对于混合策略博弈矩阵 $\boldsymbol{A}$，如果第 i 行被剩余各行的凸线性组合支配，则删除第 i 行后的矩阵博弈值不变；如果第 j 列支配剩余各列的凸线性组合，则删除第 j 列后的矩阵博弈值不变。

附录D

信息不等式

本附录的讨论限制在离散型随机变量信息论的范围内，不考虑连续型随机变量。

D.1 从集合论视角看待信息量

在第 2 章学习离散熵的时候，如图 D-1 所示的信息图定量描述了无条件熵、条件熵、联合熵和互信息之间的可加性关系，即

$$H(X)=H(X|Y)+I(X;Y) \tag{D-1}$$

$$H(Y)=H(Y|X)+I(X;Y) \tag{D-2}$$

$$I(X;Y)=H(X)+H(Y)-H(X, Y) \tag{D-3}$$

如图 D-1 所示类似于集合论中的维恩图（Venn Diagram）。维恩图形象地描绘了两个或多个集合间交、并、差、补等运算的结果和关系，对集合运算不熟悉的读者请参阅附录 A 或文献［1］。基于集合可以定义集合的测度（Measure），准确的集合测度的定义，以及对测度透彻地理解需要比较高深的集合论知识，此处不做展开，文献［1］有所阐述。但在绝大多数工程应用中，我们只需要把**测度理解为具有可加性的集合的非负度量即可**，例如，我们所熟悉的长度、面积、体积是一维、二维、三维几何图形（点的集合）的测度，重量是某种物理实体集合的测度等。这些量都是非负的，且两个以上集合构成的并集的测度是各自测度的和，即具有可加性。这种对集合测度的理解既简单又实用，且对于理解本书内容已经足够。

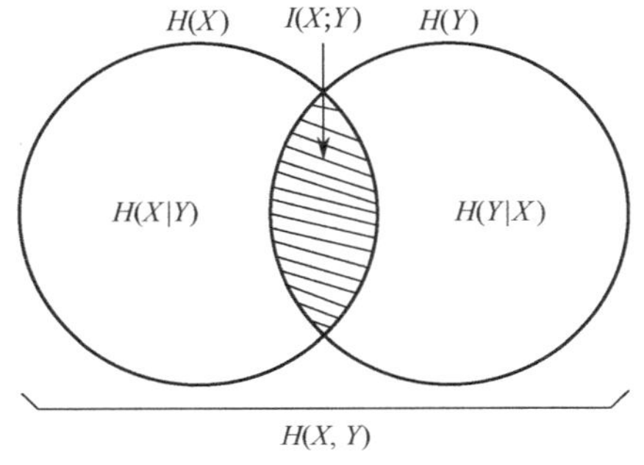

图 D-1　4 种信息测度的关系

在如图 D-1 所示的维恩图中，集合对应几何图形，测度对应几何图形的面积，对照式（D-1）～式（D-3），可以直观地建立集合测度和信息量（熵、条件熵、互信息）之间的对

应关系，如表 D-1 所示。

表 D-1　集合测度与信息量之间的对应关系

集　合	测　度	信 息 量
X	$\mu(X)$	$H(X)$
Y	$\mu(Y)$	$H(Y)$
差集 $X-Y$	$\mu(X-Y)$	$H(X\|Y)$
差集 $Y-X$	$\mu(Y-X)$	$H(Y\|X)$
交集 $X\cap Y$	$\mu(X\cap Y)$	$I(X;Y)$
并集 $X\cup Y$	$\mu(X\cup Y)$	$H(X, Y)$

为讨论问题方便，我们可以限定问题范围只包括 X 和 Y 两个集合，则全集 $\Omega=X\cup Y$，在此条件下还可以增加 3 个和余集有关的结论：

$$\mu(X^c)=H(Y|X) \tag{D-4}$$

$$\mu(Y^c)=H(X|Y) \tag{D-5}$$

$$\mu(X^c\cap Y^c)=\mu((X\cup Y)^c)=\mu(\Omega^c)=\mu(\varnothing)=0 \tag{D-6}$$

不难验证，依表 D-1 构造的测度满足集合论中的容斥公式，即

$$\mu(X\cup Y)=H(X,Y)=H(X)+H(Y)-I(X;Y)=\mu(X)+\mu(Y)-\mu(X\cap \mathrm{Y})$$

因此，表 D-1 定义的集合测度是合理的。

至此，我们以两个随机变量为例，演示了如何由香农信息量构造集合测度。基于这样定义的集合测度，就可以把集合论中丰富的理论和方法应用到信息论中，帮助我们理解和求解信息论问题。文献［7］称这种基于信息量构造的集合测度 μ 为 **I-度量**。之所以称为 I-度量，而没有称为 I-测度，其原因很快会在讨论 3 个随机变量时加以解释。下面将把 I-度量推广到 3 个及 3 个以上随机变量，并给出其正式定义，在此之前需要补充两个定义。

定义 D-1：由集合 $X_1,\cdots,X_n$ 中部分或全部成员经过交、并、差、补等运算生成的全部集合构成的集合类（集合的集合）称为由 $X_1,\cdots,X_n$ 生成的**域**，记为 $\mathcal{F}_n$。

定义 D-2：域 $\mathcal{F}_n$ 中由 $\bigcap_{i=1}^{n}Y_i$ 生成的子集称为 $\mathcal{F}_n$ 的原子，其中 Y_i 表示 X_i 或其余集 X_i^c。

为了帮助读者理解 $\mathcal{F}_n$ 的构成，下面解释一下 $\mathcal{F}_n$ 中集合的数量关系。在 $\mathcal{F}_n$ 中有两类集合尤为重要。

首先，定义 D-2 给出的 $\mathcal{F}_n$ 中的全部原子构成的集合 A 为

$$A=\{\textstyle\bigcap_{i=1}^{n}Y_i：\ Y_i 等于 X_i 或 X_i^c\} \tag{D-7}$$

由于一共有 n 个集合 $X_1,\cdots,X_n$，因此由式（D-7）生成的集合 A 中一共有 2^n 个原子，原子是 $\mathcal{F}_n$ 中最小的集合，不能再分割成更小的子集。$\mathcal{F}_n$ 中的全部集合都可以看成这 2^n 个原子的部分或全部的并集，即

$$\mathcal{F}_n=\{\textstyle\bigcup_{i=1}^{2^n}Y_i：\ Y_i=A 中第 i 个原子或 Y_i=\varnothing\} \tag{D-8}$$

由此可见，域 $\mathcal{F}_n$ 中一共有 2^{2^n} 个集合。

其次，考察 $\mathcal{F}_n$ 中由 $X_1,\cdots,X_n$ 中部分或全部成员的并集构成的集合类，即

$$B=\{\textstyle\bigcup_{i=1}^{n}Y_i：\ Y_i 等于 X_i 或 Y_i=\varnothing\} \tag{D-9}$$

因此，B 中一共有 2^n 个子集。$\mathcal{F}_n$ 中 A、B 两个集合具有相同的元素个数，后面会看到，这

两个集合在构造集合测度的过程中发挥着重要的作用。

例 D-1：全集 Ω 及两个子集 X 和 Y 如图 D-2 所示，在 X 和 Y 生成的域 $\mathscr{F}_n$ 中，原子集合 A 包括 4 个原子，集合 B 中包括 4 个子集，分别是

$$A=\{①=X\cap Y^c, ②=X^c\cap Y, ③=X\cap Y, ④=X^c\cap Y^c\}$$

$$B=\{X, Y, \Phi,\ X\cup Y\}$$

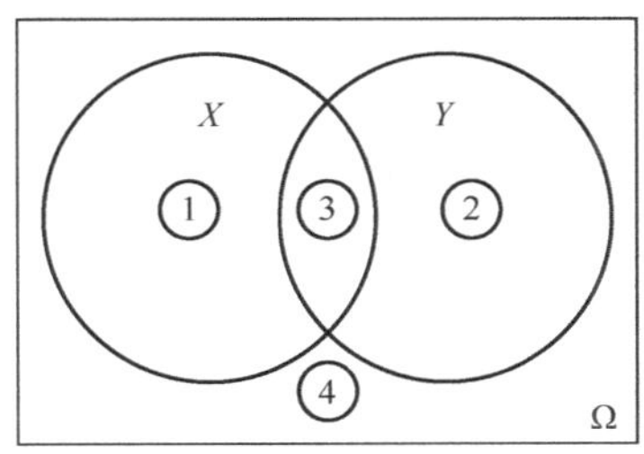

图 D-2 4 个原子 ■

在实际应用中，往往假设 $X_1, \cdots, X_n$ 的并集为全集，即

$$\Omega=\bigcup_{i=1}^{n} X_i \tag{D-10}$$

此时图 D-2 没有外侧矩形框，原子④退化为空集。在式（D-10）的约定下，进一步剔除 A 和 B 中的空集，只考虑非空子集，则 A 和 B 中元素个数缩减为 $k=2^n-1$ 个，以例 D-1 为例，A 和 B 两个集合变为

$$A=\{①=X\cap Y^c, ②=X^c\cap Y, ③=X\cap Y\}$$

$$B=\{X, Y,\ X\cup Y\}$$

本章后面的讨论都是基于式（D-10）这一约定。

现在，让我们回到关于集合测度的讨论，由于集合 A 中的原子是 $\mathscr{F}_n$ 中的最小集合。显然，如果给定了全部原子的测度，则 $\mathscr{F}_n$ 中所有集合的测度都可以根据可加性得到。这种方法虽然直观，但在实际问题中直接给定的并不是原子，而是 $X_1, \cdots, X_n$，因此希望能够通过为 $X_1, \cdots, X_n$ 定义测度进而得到 $\mathscr{F}_n$ 中所有集合的测度，定理 D-1 保证了这一点。

定理 D-1：$\mathscr{F}_n$ 中所有集合的测度完全由式（D-9）集合 B 中 2^n-1 个非空子集的测度决定。■

此处略去对该定理的证明，感兴趣的读者请参阅文献［7］，该证明过程的基本思想是集合 B 中 2^n-1 个非空子集和集合 A 中 2^n-1 个非空原子可以相互线性表示（这一点将在稍后的例 D-2 中看到），也就是说两者是等价的，那么为集合 B 中 2^n-1 个非空子集定义了测度，也就等效地为集合 A 中 2^n-1 个非空原子定义了测度，也就生成了 $\mathscr{F}_n$ 中所有集合的测度。

基于定理 D-1，可以正式地给出 I-度量的定义如下。

定义 D-3（I-度量）：对于随机变量 $X_1, \cdots, X_n$，集合 B 表示式（D-9）定义的 2^n-1 个非空子集构成的集合类，定义 I-度量 μ 为

$$\mu(Y_j)=H(Y_j)\ (j=1, \cdots, 2^n-1;\ Y_j\in B) \tag{D-11}$$

其中，Y_j 表示 $X_1, \cdots, X_n$ 中某些随机变量的并集，$H(Y_j)$表示这些随机变量的联合熵。 ■

简言之，该定义给出的并集测度就是随机变量的联合熵。按照定义 D-3 的规定，I-度量 μ 满足如表 D-1 所示集合度量和信息量之间的对应关系。此外，对于 3 个随机变量 X、Y、Z，I-度量 μ 还满足

$$\mu(X \cap Y - Z) = I(X;Y|Z) \tag{D-12}$$

可以证明，满足式（D-12）是 I-度量 μ 与全部香农信息度量（熵、条件熵、互信息、条件互信息）相容的充要条件，这就保证了 D-3 定义的 I-度量是与香农信息度量相容的。下例给出了 3 个随机变量的 I-度量的构造。

例 D-2：3 个随机变量 X、Y、Z 如图 D-3 所示，根据定义 D-3，为集合 B 中 7 个非空子集定义 I-度量如下：

$$\mu(X)=H(X),\ \mu(Y)=H(Y),\ \mu(Z)=H(Z),$$
$$\mu(X \cup Y) = H(X, Y),\ \mu(Y \cup Z) = H(Y, Z),\ \mu(Z \cup X) = H(Z, X),$$
$$\mu(X \cup Y \cup Z) = H(X, Y, Z)$$

基于这 7 个 I-度量，可以得到在图 D-3 中任何非空子集的 I-度量。不失一般性，此处仅考虑 7 个非空原子，不是原子的子集的 I-度量可以根据原子的 I-度量的可加性得到，7 个非空原子的 I-度量

$$\mu(①)=H(X|Y, Z)=H(X, Y, Z)-H(Y, Z)$$
$$\mu(②)=H(Y|X, Z)=H(X, Y, Z)-H(X, Z)$$
$$\mu(③)=H(Z|X, Y)=H(X, Y, Z)-H(X, Y)$$
$$\mu(④)=I(X;Y|Z)=I(X;Y)-I(X;Y;Z)=H(X, Z)+H(Y, Z)-H(Z)-H(X, Y, Z)$$
$$\mu(⑤)=I(X;Z|Y)=I(X;Z)-I(X;Y;Z)=H(X, Y)+H(Y, Z)-H(Y)-H(X, Y, Z)$$
$$\mu(⑥)=I(Y;Z|X)=I(Y;Z)-I(X;Y;Z)=H(X, Z)+H(X, Y)-H(X)-H(X, Y, Z)$$
$$\mu(⑦)=I(X;Y;Z)=H(X, Y, Z)+H(X)+H(Y)+H(Z)-H(X, Z)-H(X, Y)-H(Y, Z)$$

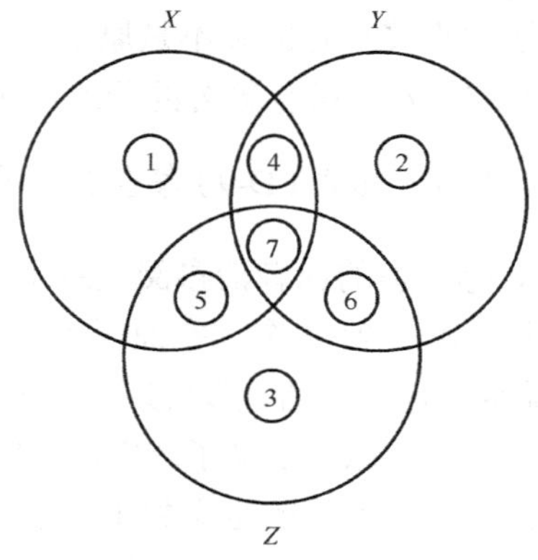

图 D-3　3 个随机变量的 I-度量　■

在图 D-3 中，原子①②③是条件熵，原子④⑤⑥是条件互信息，它们都是标准的香农信息量（熵、条件熵、互信息、条件互信息），都满足非负性，但原子⑦需要特别关注，该原子对应的信息量记为 $I(X;Y;Z)$，这并不属于 4 种标准的香农信息量的写法。不仅如此，

$I(X;Y;Z)$与标准的香农信息量还具有不同的性质，例如，香农信息量具有非负性，但$I(X;Y;Z)$可能取负值。

例 D-3：随机变量X、Y独立同分布，其分布为

$$P(X=0)=P(X=1)=0.5;\quad P(Y=0)=P(Y=1)=0.5$$

随机变量Z被定义为$Z=(X+Y) \bmod 2$，不难验证，Z的分布也为$P(Z=0)=P(Z=1)=0.5$，而且X、Y、Z是两两独立的。根据例 D-2，原子⑦的 I-度量为

$$I(X;Y;Z)=H(X,Y,Z)+H(X)+H(Y)+H(Z)-H(X,Z)-H(X,Y)-H(Y,Z)$$

其中，$H(X,Y,Z)=H(Z|X,Y)+H(X,Y)=0+2=2$；

$H(X)=H(Y)=H(Z)=1$；

$H(X,Z)=H(X,Y)=H(Y,Z)=2$（考虑两两独立）。

所以，$I(X;Y;Z)=-1$。本例 7 个原子的 I-度量如图 D-4 所示。不难验证，该信息图中所有的熵、条件熵、互信息、条件互信息都满足非负性，唯独原子⑦的 I-度量不满足非负性。

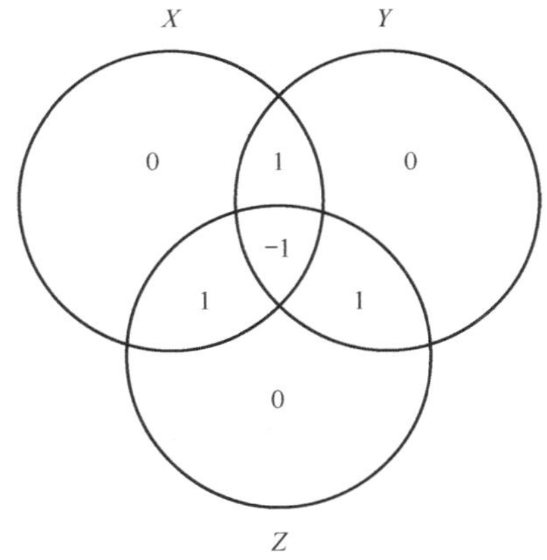

图 D-4 $I(X;Y;Z)$可以取负值 ■

结合本例进一步思考，因为$I(X;Y|Z)=I(X;Y)-I(X;Y;Z)$，所以$I(X;Y;Z)=-1$意味着

$$I(X;Y|Z)>I(X;Y)$$

这说明，当以第 3 个随机变量为条件时，两个随机变量的互信息有可能增加。这与条件熵不同，因为条件熵$H(Y|X)$永远不大于无条件熵$H(Y)$。$I(X;Y;Z)$可能取负值意味着定义 D-3 构造的 I-度量不一定满足非负性，因此不符合标准的集合测度的定义。这就是为什么它被称为 I-度量而非 I-测度的原因。另外，再次强调$I(X;Y;Z)$不属于标准的香农信息量。

D.2 熵空间和原子空间

根据定义 D-3 中 I-度量的构造可知，任何一种 I-度量，无论它是香农信息度量，还是非香农信息度量$I(X;Y;Z)$，都可以表示成各种联合熵的线性组合的形式，如

$$H(Y|X)=H(X,Y)-H(X)$$
$$I(X;Y)=H(X)+H(Y)-H(X,Y)$$
$$I(X;Y|Z)=H(X,Z)+H(Y,Z)-H(X,Y,Z)-H(Z)$$
$$I(X;Y;Z)=H(X,Y,Z)+H(X)+H(Y)+H(Z)-H(X,Z)-H(X,Y)-H(Y,Z)$$

另外，由这些信息度量的线性组合还可以构造出各种信息表达式，如

$$f_1=H(X)+H(Y|X)$$
$$f_2=I(X;Y)-I(X;Y|Z)$$

由此递归可知，所有信息表达式都可以表示联合熵的线性组合的形式。

一般地，设 $\mathcal{X}=\{X_1,\cdots,X_n\}$ 为 n 个随机变量构成的集合，根据定义 D-3，基于 $\mathcal{X}$ 可以定义 $k=2^n-1$ 个联合熵，分别对应式（D-9）中的集合 B 中各并集的 I-度量。除此之外，$\mathscr{F}_n$ 中所有集合的 I-度量都可以表示成这些联合熵的线性组合，又由于包含随机变量 $X_1,\cdots,X_n$ 的任意的信息表达式 f 是各种 I-度量的线性组合，所以任意的信息表达式 f 都可以表示成这 $k=2^n-1$ 个联合熵的线性组合的形式。

定义 D-4：把一个信息表达式表示成联合熵的线性组合的形式被称为**信息表达式的标准形**。

定义 D-5：以随机变量 $X_1,\cdots,X_n$ 的 $k=2^n-1$ 个联合熵为坐标可以张成一个 k 维空间 $\mathscr{H}_n$，称为**熵空间**。

熵空间 $\mathscr{H}_n$ 是以联合熵为坐标构建的，在熵空间中不同的点对应着 $X_1,\cdots,X_n$ 的不同的概率分布。根据关于原子的讨论可知，由 $X_1,\cdots,X_n$ 生成的域 $\mathscr{F}_n$ 中，包含了 $k=2^n-1$ 个原子，这些原子对应着 $k=2^n-1$ 个原子的 I-度量。这些原子的 I-度量与 $k=2^n-1$ 个联合熵可以相互线性表示，也就是说式（D-7）中集合 A 的原子的 I-度量和定义 D-3 给出的式（D-9）中集合 B 的联合熵的 I-度量是线性等价的。给定其中一组，可以线性求解另一组；反之亦然。例 D-2 给出了直观的说明。这就给我们一个提示：也可以 $k=2^n-1$ 个原子的 I-度量为坐标建立坐标系，由此就得到了原子空间。

定义 D-6：以随机变量 $X_1,\cdots,X_n$ 的 $k=2^n-1$ 个原子的 I-度量为坐标可以张成一个 k 维空间 $\mathscr{U}_n$，称为**原子空间**。

有了熵空间 $\mathscr{H}_n$ 和原子空间 $\mathscr{U}_n$，当给定 $X_1,\cdots,X_n$ 的各维概率分布后，所有 k 个联合熵就对应着 $\mathscr{H}_n$ 中的一个 k 维列向量 $\boldsymbol{h}$，所有 k 个原子的 I-度量就对应着 $\mathscr{U}_n$ 中的一个 k 维列向量 $\boldsymbol{u}$，且 $\boldsymbol{h}$ 和 $\boldsymbol{u}$ 是一一对应的，即存在 $k\times k$ 维可逆矩阵 $\boldsymbol{C}_n$，使得

$$\boldsymbol{h}=\boldsymbol{C}_n\boldsymbol{u} \text{ 或 } \boldsymbol{u}=\boldsymbol{C}_n^{-1}\boldsymbol{h} \tag{D-13}$$

例 D-4：两个随机变量 X_1 和 X_2 的信息图如图 D-5 所示，令

$$\boldsymbol{h}=(H(X_1),H(X_2),H(X_1,X_2))^{\mathrm{T}}$$
$$\boldsymbol{u}=(\mu(①),\mu(②),\mu(③))^{\mathrm{T}}=(H(X_1|X_2),H(X_2|X_1),I(X_1;X_2))^{\mathrm{T}}$$

由此可得

$$C_2=\begin{bmatrix}1&0&1\\0&1&1\\1&1&1\end{bmatrix}$$

熵空间 $\mathscr{H}_2$ 和原子空间 $\mathscr{U}_2$ 如图 D-6 所示，这两个空间中的向量根据 C_2 线性变换一一对应。

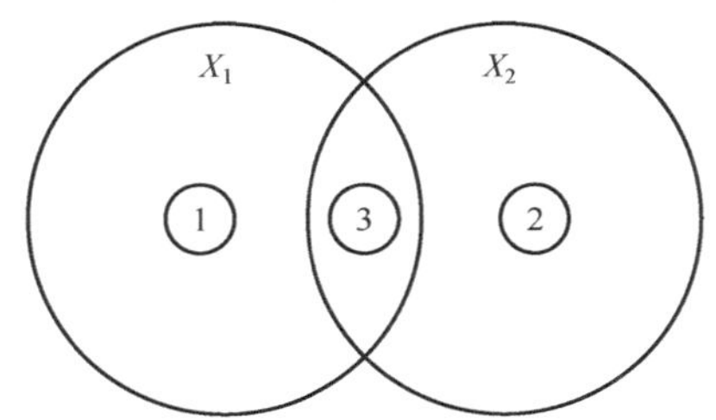

图 D-5　两个随机变量的信息图

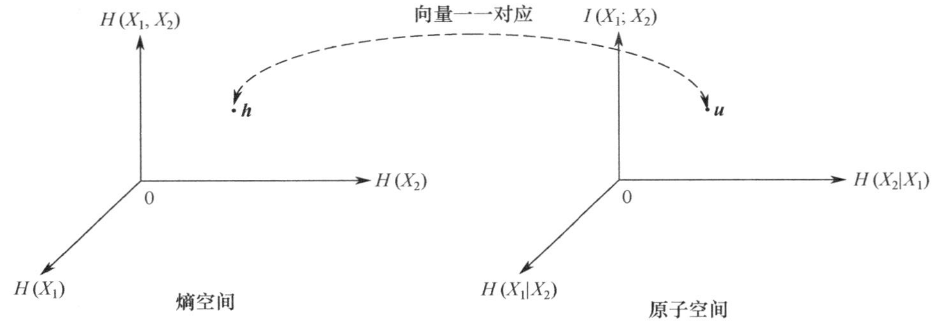

图 D-6　两个随机变量的熵空间和原子空间 ■

例 D-5：3 个随机变量 X_1、X_2、X_3 的信息图如图 D-7 所示，令

$$\boldsymbol{h}=[H(X_1), H(X_2), H(X_3), H(X_1, X_2), H(X_1, X_3), H(X_2, X_3), H(X_1, X_2, X_3)]^{\mathrm{T}}$$

$$\boldsymbol{u}=[\mu(①), \mu(②), \mu(③), \mu(④), \mu(⑤), \mu(⑥), \mu(⑦)]^{\mathrm{T}}$$

由此可得

$$C_3=\begin{bmatrix}1&0&0&1&1&0&1\\0&1&0&1&0&1&1\\0&0&1&0&1&1&1\\1&1&0&1&1&1&1\\1&0&1&1&1&1&1\\0&1&1&1&1&1&1\\1&1&1&1&1&1&1\end{bmatrix}$$

涉及 3 个随机变量的熵空间 $\mathscr{H}_3$ 和原子空间 $\mathscr{U}_3$ 是 7 维空间，无法在平面上画出。此外，不难验证，例 D-4 中的 C_2 和本例的 C_3 都是可逆矩阵。 ■

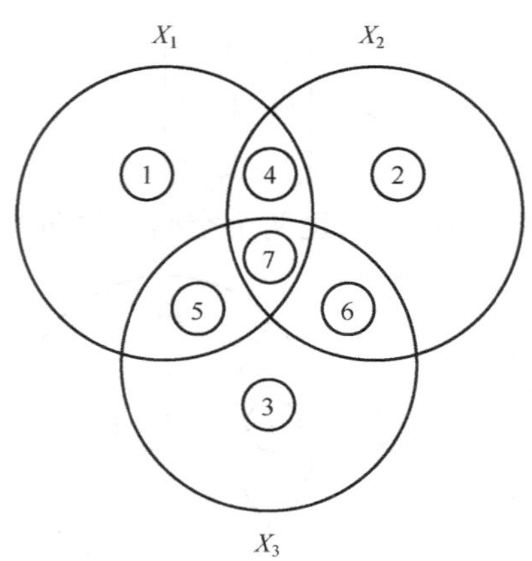

图 D-7　3 个随机变量的信息图

在给定随机变量 $X_1, \cdots, X_n$ 的概率分布后，这组随机变量将对应熵空间 $\mathscr{H}_n$ 中的一个 k 维向量 $\boldsymbol{h}$；反过来，如果熵空间 $\mathscr{H}_n$ 中的某个 k 维向量 $\boldsymbol{h}$ 对应于一组可实现的随机变量 $X_1, \cdots, X_n$ 的联合熵，则称该向量点为可熵化的（Entropic）。如果熵空间 $\mathscr{H}_n$ 中的某个 k 维向量 $\boldsymbol{h}$ 不可能对应于一组有意义的随机变量 $X_1, \cdots, X_n$ 的联合熵，则称该向量点为不可熵化的。同样的概念也可以在原子空间 $\mathscr{U}_n$ 中类似地加以诠释。

例 D-6：以 $n=2$ 为例，其熵空间 $\mathscr{H}_2$ 是 $k=3$ 维的，如图 D-6 所示。对于其中任何一个向量 $\boldsymbol{h}=(H(X), H(Y), H(X, Y))$，如果存在一组可实现的概率分布 $P_X(x)$、$P_Y(y)$、$P_{X,Y}(x, y)$，对应于这组概率分布的 3 个熵与 $\boldsymbol{h}$ 的 3 个分量相等，则 $\boldsymbol{h}$ 就是可熵化的；反之，如果找不到这样一组有意义的概率分布，$\boldsymbol{h}$ 就是不可熵化的。例如，$\boldsymbol{h}=(H(X), H(Y), H(X, Y))=(1, 1, 3)$ 就不是可熵化的，因为没有任何概率分布能实现 $H(X, Y)>H(X)+H(Y)$。■

例 D-7：以 $n=3$ 为例，其熵空间 $\mathscr{H}_3$ 是 $k=7$ 维的，坐标分别对应 7 个联合熵：$h_1=H(X_1)$，$h_2=H(X_2)$，$h_3=H(X_3)$，$h_{12}=H(X_1, X_2)$，$h_{13}=H(X_1, X_3)$，$h_{23}=H(X_2, X_3)$，$h_{123}=H(X_1, X_2, X_3)$，简记为向量 $\boldsymbol{h}=(h_1, h_2, h_3, h_{12}, h_{13}, h_{23}, h_{123})$，则 $\boldsymbol{h}=(1, 1, 1, 2, 2, 2, 3)$ 是可熵化的，3 个随机变量的熵都是 1bit，且两两独立。$\boldsymbol{h}=(1, 1, 1, 3, 2, 2, 3)$ 是不可熵化的，因为不满足 $h_{12} \leqslant h_1+h_2$，没有任何一种概率分布能实现这 7 个联合熵。■

定义 D-7：熵空间 $\mathscr{H}_n$ 中所有可熵化的向量点构成的区域称为**熵区域**，记为 Γ_n^*。熵区域中的 k 维向量 $\boldsymbol{h}$ 称为熵函数。

熵区域 Γ_n^* 具有如下性质：

（1）Γ_n^* 包含原点；

（2）Γ_n^* 的闭包是凸集；

（3）Γ_n^* 位于熵空间 $\mathscr{H}_n$ 的非负象限中。

性质（1）是因为当各随机变量退化为常量时，各联合熵都退化为 0，所以原点一定是可熵化的；性质（3）是因为联合熵具有非负性；对性质（2）的详细证明请参阅文献［7］。

由于在熵空间中的向量 $\boldsymbol{h}$ 和在原子空间中的向量 $\boldsymbol{u}$ 具有一一对应关系，因此熵区域 Γ_n^*

映射到原子空间中也是一个区域，记为 φ_n^*，这相当于是原子空间中所有可熵化的点构成的熵区域。需要说明的是，尽管 Γ_n^* 位于熵空间 $\mathcal{H}_n$ 的非负象限中，但 φ_n^* 并不只限于原子空间 $\mathcal{U}_n$ 的非负象限，在例 D-3 中原子⑦的 I-度量是可以取负值的。可以证明如下两个等价的定理[7]。

定理 D-2：如果不对随机变量 $X_1, \cdots, X_n$ 施加任何限制，则任何一组非负实数都可以成为域 $\mathcal{F}_n$ 中的原子的 I-度量。

定理 D-3：如果不对随机变量 $X_1, \cdots, X_n$ 施加任何限制，则 k 维欧式空间的非负象限是 φ_n^* 的子集。

上述两个定理可以简单地概括为：原子空间 $\mathcal{U}_n$ 中可熵化的点包含但不限于 $\mathcal{U}_n$ 的非负象限中的全部点。

D.3　信息不等式

在第 2 章学习离散熵和互信息的时候，曾经提到过熵 $H(X)$、条件熵 $H(Y|X)$、互信息 $I(X;Y)$、条件互信息 $I(X;Y|Z)$ 都具有非负性，即

$$H(X)\geqslant 0;\ H(Y|X)\geqslant 0;\ I(X;Y)\geqslant 0;\ I(X;Y|Z)\geqslant 0 \tag{D-14}$$

熵、条件熵、互信息、条件互信息是 4 种标准的香农信息度量。由这些香农信息度量的线性组合可以构造出各种信息表达式 f，并可以进一步定义信息不等式如下。

定义 D-8：一个**信息不等式**如

$$f \geqslant c \tag{D-15}$$

如果该不等式对于其中所有随机变量的任意联合分布都成立，则称**该不等式是恒成立的**。如果恒成立的信息不等式［式（D-15）］中只取等号，则称为**信息恒等式**。

通常取式（D-15）中常数 c 为 0。由定义 D-8 可知，信息不等式恒成立是指该不等式的成立不依赖于随机变量的概率分布，可见式（D-14）中的所有不等式都是恒成立的。如无特别说明，下文提到不等式默认为恒成立的不等式，不再从字面上强调“恒成立”。第 2 章见过的恒成立不等式包括：

（1）$H(Y|X)\leqslant H(Y)$，当且仅当 X 和 Y 独立时“=”成立；

（2）（熵的独立界）$H(X_1,X_2,\cdots,X_n)\leqslant\sum_{i=1}^{n}H(X_i)$，当且仅当 $X_1, \cdots, X_n$ 独立时“=”成立；

（3）（数据处理定理）若 X、Y、Z 构成了一个马尔可夫链 $X\to Y\to Z$，则 $I(X;Y)\geqslant I(X;Z)$。

有些不等式需要附加约束条件，例如，在给定条件 $H(X|Y,Z)=0$ 下，$I(X;Y|Z)\geqslant H(X)-H(Z)$，称这种有约束条件的不等式为**有约束不等式**；反之，没有约束条件的不等式为**无约束不等式**。

信息不等式指明了在信息论中的不可能性，因此常被称为**信息论定律**，是不能违背或

突破的。此外，信息不等式给出了很多信息度量的界限，对信息论中很多重要结论的证明具有指导性意义，如第 13 章的网络编码容量域。

式（D-14）反映了基本的香农信息度量的非负性是恒成立的，称这类不等式为**基本不等式**。由基本不等式出发可以推导出很多信息不等式，如

$$H(X)+H(Y|X)=H(X,Y)\geqslant 0$$

$$H(Y)-H(Y|X)=I(X;Y)\geqslant 0$$

定义 D-9：能够由基本不等式推导出来的信息不等式称为**香农型不等式**；不能够由基本不等式推导出来的信息不等式称为**非香农型不等式**。

在信息论发展过程中，很长一段时间人们一直认为所有的信息不等式都是香农型的，也就是由熵、条件熵、互信息、条件互信息的非负性所包含的。直到 20 世纪末，Zhang 和 Yeung[7]发现了第一个非香农型不等式，从而把对信息不等式的研究向前推进了一大步，自此之后，已经有无数的非香农型不等式被发现。

基于信息表达式的标准形，任意的信息表达式 f 都可以写成联合熵的线性组合的形式，写成向量的形式就是 $f=\boldsymbol{b}^{\mathrm{T}}\boldsymbol{h}$，$\boldsymbol{b}$ 是充当线性组合系数的 $k=2^n-1$ 维列向量，因此 f 可以看作定义在熵空间 $\mathcal{H}_n$ 中以 $\boldsymbol{h}$ 为自变量（等价地，以 $X_1,\cdots,X_n$ 为自变量）的函数，那么信息不等式 $f\geqslant 0$ 对应于集合

$$F_n^*=\{\boldsymbol{h}\in\mathcal{H}_n:\ \boldsymbol{b}^{\mathrm{T}}\boldsymbol{h}\geqslant 0\} \tag{D-16}$$

这是一个包含原点在内的 $\mathcal{H}_n$ 的半空间。如果向量 $\boldsymbol{h}$ 属于这个半空间 F_n^*，则不等式 $f\geqslant 0$ 一定成立；反之，就一定不成立。

有了上述对熵区域 Γ_n^* 和信息不等式半空间 F_n^* 的几何解释，就可以进一步分析信息不等式恒成立的几何意义。根据定义 D-8，一个信息不等式 $f=\boldsymbol{b}^{\mathrm{T}}\boldsymbol{h}\geqslant 0$ 恒成立是指该不等式对于其中所有随机变量的任意维联合概率分布都满足，这等价于对熵区域 Γ_n^* 中的任何向量 $\boldsymbol{h}\in\Gamma_n^*$，都满足 $f=\boldsymbol{b}^{\mathrm{T}}\boldsymbol{h}\geqslant 0$，这可以概括为如下充要条件：

$$f=\boldsymbol{b}^{\mathrm{T}}\boldsymbol{h}\geqslant 0\text{，当且仅当 }\Gamma_n^*\subset F_n^*\text{ 时恒成立} \tag{D-17}$$

如图 D-8 所示，在图 D-8（a）中熵区域 Γ_n^* 严格属于 F_n^*，因此不等式恒成立；在图 D-8（b）中 Γ_n^* 不严格属于 F_n^*，这意味着存在某些有意义的概率分布对应的联合熵不满足不等式 f，因此该不等式不恒成立。需要说明的是，为了绘图简单，图 D-8 中是以二维熵空间 $\mathcal{H}_n$ 为例示意的，但在实际问题中即使由两个随机变量构成的熵空间 $\mathcal{H}_2$ 也应该是三维的。一般地，熵空间 $\mathcal{H}_n$ 应该是 $k=2^n-1$ 维的，因此图 D-8 仅是一个简化的示意。

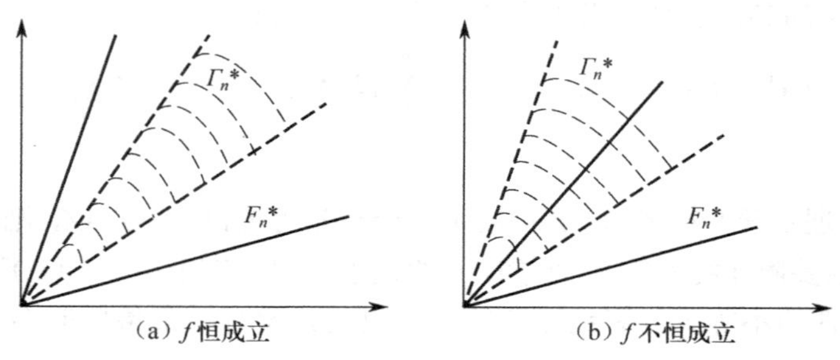

图 D-8　不等式恒成立与不恒成立的几何解释

基于充要条件式（D-17），如果知道了熵区域 Γ_n^*，那么在理论上就可以确定包含 n 个随机变量的信息不等式 f 是否是恒成立的。然而，熵区域 Γ_n^* 是 $k=2^n-1$ 维熵空间 $\mathcal{H}_n$ 中的一个凸集，当 $n\geqslant 4$ 时，目前还无法精确刻画 Γ_n^*。

D.4 元形式香农信息度量

熵、条件熵、互信息、条件互信息是 4 种香农信息度量。它们的非负性构成了基本不等式，但是它们并不是香农信息度量的最小构成单元，任意的香农信息度量都可以写成某些最小形式的（也称元形式）香农信息度量的和的形式，即

$$H(X)=H(X|Y)+I(X;Y)$$

$$I(X;Y,Z)= I(X;Y)+I(X;Z|Y)$$

一般地，令 $\mathcal{N}_n=\{1, 2, \cdots, n\}$表示随机变量 $X_1, \cdots, X_n$ 的下标集，定义元形式香农信息度量如下。

定义 D-10：随机变量 $X_1, \cdots, X_n$ 的任意香农信息度量都可以表示成下面两类元形式香农信息度量的和：

（1） $H(X_i \mid X_{\mathcal{N}_n-\{i\}}, i\in\mathcal{N}_n)$；

（2）$I(X_i;X_j \mid X_K, i\neq j, K\subset\mathcal{N}_n-\{i,j\})$。

不难验证，n 个随机变量对应的上述两类元形式香农信息度量的总数为

$$m=n+\binom{n}{2}2^{n-2} \tag{D-18}$$

其中，第 1 类元信息度量有 n 个，第 2 类元信息度量有$\binom{n}{2}2^{n-2}$个。

例 D-8：*以 n=3 为例，根据式（D-18），元信息度量一共有 9 个。其中，第 1 类元信息度量包括 $H(X_1|X_2, X_3)$、$H(X_2|X_1, X_3)$、$H(X_3|X_1, X_2)$，第 2 类元信息度量包括 $I(X_1;X_2)$、$I(X_1;X_2|X_3)$、$I(X_1;X_3)$、$I(X_1;X_3|X_2)$、$I(X_2;X_3)$、$I(X_2;X_3|X_1)$。在例 D-2 中给出 3 个变量的 7 个原子，如图 D-9 所示，其中，6 个原子分别对应了这 9 个元信息度量中条件熵和条件互信息，由于原子⑦不属于香农信息度量，因此在第 2 类元信息度量中把原子⑦合并到了 $I(X_1;X_2)$、$I(X_1;X_3)$、$I(X_2;X_3)$中，即 $I(X_1;X_2)$=④∪⑦，$I(X_1;X_3)$=⑤∪⑦，$I(X_2;X_3)$=⑥∪⑦。*■

由例 D-8 可见，元形式香农信息度量在保证非负性的同时兼顾了 I-度量的最小性，因此可以充当香农信息度量的最小构成单元。两类元形式的信息度量满足非负性，即

$$\text{元信息度量}\geqslant 0 \tag{D-19}$$

如式（D-19）所示的不等式被称为元不等式。根据定义 D-10，任何香农信息度量都可以表示为某些元信息度量的和，所以元不等式蕴含了基本不等式。

任意一个信息不等式 f 成立的区域都是熵空间 $\mathcal{H}_n$ 中的一个半空间 F_n^*，而且判断 f 是否恒成立的充要条件是

$$\Gamma_n^* \subseteq F_n^* \tag{D-20}$$

由于任意一个元不等式（或基本不等式）都是恒成立的，所以对于任意一个元不等式而言，其成立的半空间 F_n^* 都是满足式（D-20）的。

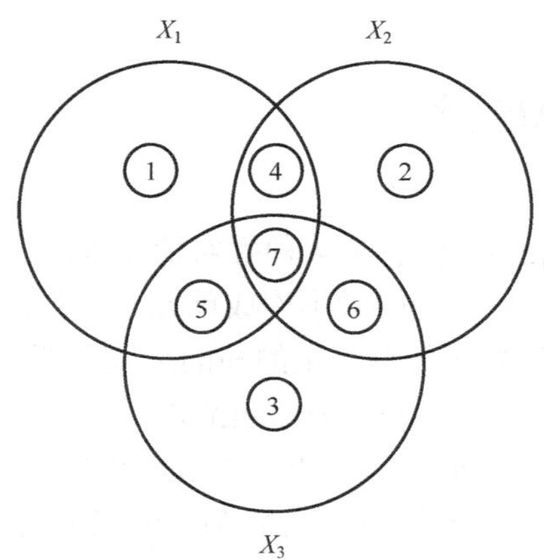

图 D-9　3 个随机变量的 7 个原子

包含 n 个随机变量 $X_1, \cdots, X_n$ 的 m 个元信息度量对应的 m 个元不等式（等价地，基本不等式）全部恒成立的区域称为**元不等式区域**，记为 Γ_n。该区域具有很重要的意义，需要重点讨论。根据信息表达式的标准形，任意一个元信息度量都可以表示为 $k=2^n-1$ 个联合熵 $\boldsymbol{h}$ 的线性组合的形式，记全部 m 个元信息度量为 $\boldsymbol{Gh}$，其中 $\boldsymbol{G}$ 是 $m\times k$ 维系数矩阵，则定义**元不等式区域**为

$$\Gamma_n = \{\boldsymbol{h}\in \mathcal{H}_n\text{：}\ \boldsymbol{Gh} \geqslant 0\} \tag{D-21}$$

由于元不等式都是恒成立的，因此 Γ_n 一定满足

$$\Gamma_n^* \subseteq \Gamma_n \tag{D-22}$$

可见，Γ_n 可以看作 Γ_n^* 的一个外限。那么式（D-22）有没有取真子集的情况呢？也就是说，存在一组随机变量 $X_1, \cdots, X_n$，它们的概率分布满足元不等式，但却是不可熵化的。答案是肯定的，将在 D.6 节看到。

对于任意一个信息不等式 f，如果满足

$$\Gamma_n \subseteq F_n^* \tag{D-23}$$

则可以确定 f 是香农型不等式。

式（D-23）只是香农型不等式理论上的判据，更实用的判断方法是文献［7］给出的 ITIP 机器证明器。该证明器把判断一个信息不等式是否是香农型不等式的问题转换为一个线性规划问题并加以求解，这种证明方法的依据是定理 D-4。

定理 D-4：任意香农型不等式都是基本不等式（等价地，元不等式）的非负线性组合。

■

非负线性组合是指所有系数均非负的线性组合，该定理的证明利用了线性规划中的对偶性定理，此处从略，有兴趣的读者请参阅文献［7］。

总结3种恒成立信息不等式f的判据如下：

（1）$\Gamma_n^* \subseteq F_n^*$（恒成立信息不等式）； （D-24）

（2）$\Gamma_n^* \subset \Gamma_n \subset F_n^*$（恒成立香农型不等式）； （D-25）

（3）$\Gamma_n^* \subset F_n^* \subset \Gamma_n$（恒成立非香农型不等式）。 （D-26）

本附录最后把对香农信息不等式和元不等式区域Γ_n的理解加以扩展，从数学上**Polymatroid（多项拟阵）**的角度来理解和解释Γ_n。Polymatroid的定义如下。

定义D-11：$\mathcal{S}$是一个有限集合，集合函数f是$\mathcal{S}$的幂集到非负实数之间的映射，即

$$f\colon\ 2^{\mathcal{S}} \mapsto \mathbf{R}^+$$

如果f满足如下3个条件，则称f是一个Polymatroid。

（1）$f(\varnothing)=0$；

（2）对于任意的子集$A\subseteq B\subseteq \mathcal{S}$，有$f(A)\leqslant f(B)$成立；

（3）对于任意的子集$A,B\subseteq \mathcal{S}$，有$f(A\cup B)+f(A\cap B)\leqslant f(A)+f(B)$成立。 ■

上述定义中的3个条件（1）～（3）被称为多项拟阵公理（Polymatroid Axiom），其中条件（2）和（3）可以合并为条件（4）。

（4）对于任意的子集$A,B,C\subseteq \mathcal{S}$，有$f(A\cup C)+f(B\cup C)\leqslant f(A\cup B\cup C)+f(C)$成立。

对应不同的应用，集合$\mathcal{S}$和函数f可以有不同的解释。

例D-9：$\mathcal{S}$表示由若干n维列向量构成的集合，$f(A)$表示$\mathcal{S}$的子集A的秩，则可以验证$(\mathcal{S},f)$满足Polymatroid公理。 ■

例D-10：$\mathcal{S}$表示由n个随机变量X_1, …, X_n构成的集合，$f(A)$表示$\mathcal{S}$的子集A中所有随机变量的联合熵，则可以验证$(\mathcal{S},f)$满足Polymatroid公理。 ■

例D-10给出了Polymatroid与香农信息度量的关系，即香农联合熵就是一种Polymatroid，熵函数满足Polymatroid公理。为了突出这种联系，把Polymatroid在信息论背景下重新定义如下。

定义D-12：$\mathcal{X}$是一个由有限随机变量构成的集合，集合函数h是$\mathcal{X}$的幂集到非负实数之间的映射，即

$$h\colon 2^{\mathcal{X}} \mapsto \mathbf{R}^+$$

如果h满足如下3个条件，则称h是一个Polymatroid。

（1）$h(\varnothing)=0$；

（2）对于任意的子集$A,B\subseteq \mathcal{X}$，有$h(B|A)\doteq h(A\cup B)-h(A)\geqslant 0$成立；

（3）对于任意的子集$A,B,C\subseteq \mathcal{X}$，有$I(A;B|C)\doteq h(A\cup B)+h(A\cup C)-h(A\cup B\cup C)-h(C)\geqslant 0$成立。 ■

可见，在信息论中，Polymatroid公理就是元不等式，在熵空间$\mathcal{H}_n$中满足Polymatroid公理的区域就是Γ_n。基于式（D-22），在熵空间$\mathcal{H}_n$中可熵化的点一定是Polymatroidal的，但反之不然。

D.5 Γ_2^*和φ_2^*

我们尚未讨论Γ_n^*的特征，当$n \geqslant 4$时，Γ_n^*是极难刻画的，受限于问题复杂度，本书只讨论两变量（$n=2$）和三变量（$n=3$）的熵区域，本附录先讨论前者。

例 D-4 讨论了两个随机变量X_1和X_2的熵空间和原子空间。在原子空间$\mathscr{U}_2$中 3 个坐标分别是$H(X_1|X_2)$、$H(X_2|X_1)$、$I(X_1;X_2)$，这 3 个原子都属于香农信息度量，都满足非负性。根据定理 D-2，任意 3 个非负实数都可以充当这 3 个原子的 I-度量，因此φ_2^*等于原子空间$\mathscr{U}_2$中的非负象限。

两个随机变量X_1和X_2的熵空间$\mathscr{H}_2$是以$H(X_1)$、$H(X_2)$、$H(X_1, X_2)$为坐标的，这 3 个信息量除要满足非负性之外，只需要满足熵的独立界条件，即

$$H(X_1, X_2) \leqslant H(X_1)+H(X_2) \tag{D-27}$$

因此Γ_2^*应该是熵空间$\mathscr{H}_2$中由平面$H(X_1)+H(X_2)=H(X_1, X_2)$在非负象限向下投影形成的一个半无限的凸锥，如图 D-10 所示。

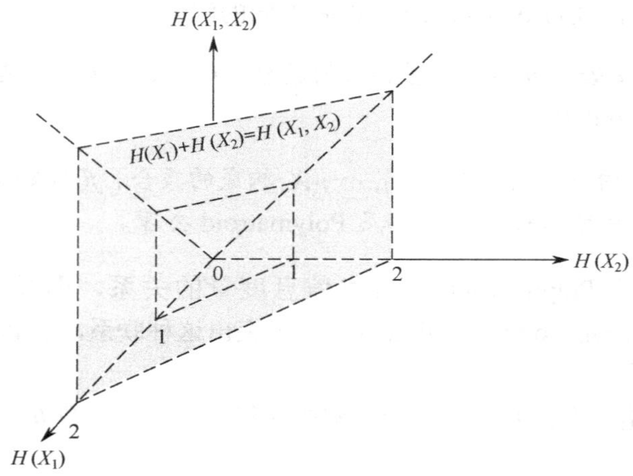

图 D-10 两个随机变量的熵区域Γ_2^*

前面精确刻画了Γ_2^*的特征，作为Γ_2^*的外限，元不等式区域Γ_2满足$\Gamma_2^* \subseteq \Gamma_2$，那么$\Gamma_2$的特征如何呢？下面的定理回答了这个问题。

定理 D-5[7]：$\Gamma_2^* = \Gamma_2$。

证明：基于熵空间和原子空间之间变量和区域的线性变换和一一对应关系，Γ_2^*映射为φ_2^*，Γ_2映射为φ_2，因为$\Gamma_2^* \subseteq \Gamma_2$，所以有$\varphi_2^* \subseteq \varphi_2$，后者是原子空间中对应于 3 个元不等式成立的区域，即

$$H(X_1|X_2) \geqslant 0$$
$$H(X_2|X_1) \geqslant 0$$

$$I(X_1;X_2)\geqslant 0$$

参考例 D-4 可知，$H(X_1|X_2)$、$H(X_2|X_1)$、$I(X_1;X_2)$正好是原子空间中的 3 个原子，因此上述 3 个元不等式对应于原子空间中的非负象限，也就是说φ_2等于原子空间 $\mathcal{U}_2$ 中的非负象限，也就等于φ_2^*。那么，根据两个空间的一一对应关系，可以确定$\Gamma_2^*=\Gamma_2$。 ■

定理 D-5 完美地诠释了熵区域Γ_2^*和其外限（元不等式区域Γ_2）之间的关系，这一结论是否可以推广到一般的 n 呢？如果可以，则式（D-22）可以改写为$\Gamma_n^*=\Gamma_n$。然而，D.6 节将看到，这个结论即使对于 n=3 也是不成立的。

D.6 Γ_3^*

涉及 3 个变量的熵空间 $\mathcal{H}_3$ 和原子空间 $\mathcal{U}_3$ 是 7 维的，无法在平面上描绘，而且其特征较Γ_2^*更复杂，所以本节不拟精确刻画Γ_3^*和Γ_3，只是举例说明存在满足元不等式但不可熵的随机变量。

定理 D-6：$\Gamma_3^*\neq\Gamma_3$。

例 D-11：以图 D-11 为例，a>0，显然，该图对应原子空间 $\mathcal{U}_3$ 中的点 $\boldsymbol{u}=(0, 0, 0, a, a, a, -a)$和熵空间 $\mathcal{H}_3$ 中的点 $\boldsymbol{h}=(a, a, a, 2a, 2a, 2a, 2a)$。根据例 D-8，其 9 个元信息度量分别为

$$H(X_1|X_2, X_3)=H(X_2|X_1, X_3)=H(X_3|X_1, X_2)=0 \tag{D-28}$$

$$I(X_1;X_2)=I(X_1;X_3)=I(X_2;X_3)=0 \tag{D-29}$$

$$I(X_1;X_2|X_3)=I(X_1;X_3|X_2)=I(X_2;X_3|X_1)=a \tag{D-30}$$

因此，对于任意的非负实数 a，9 个元信息量都是非负的，满足元不等式。

接下来证明如图 D-11 所示的信息图不一定是可熵的。其实，该信息图隐藏着 X_1、X_2、X_3 的概率分布不是任意的，而各自服从均匀分布。为了说明这一点，观察式（D-28）可知，任意一个变量都是其他两个变量的函数。由式（D-29）可知，这 3 个随机变量两两独立。令S_{X_i}是 X_i（i=1, 2, 3）的支集，即 X_i概率非 0 的取值点构成的集合。

对于任意的 $x_1\in S_{X_1}$ 和 $x_2\in S_{X_2}$，有 $p(x_1)>0$，$p(x_2)>0$，$p(x_1, x_2)=p(x_1)p(x_2)>0$。另外，由于 X_3 是 X_1 和 X_2 的函数，记 x_1 和 x_2 对应的函数值为 $x_3\in S_{X_3}$，则有

$$p(x_1, x_2, x_3) =p(x_1, x_2) = p(x_1)p(x_2)>0 \tag{D-31}$$

反过来，X_2 是 X_1、X_3 的函数，X_1 是 X_2、X_3 的函数，所以

$$p(x_1, x_2, x_3) =p(x_1, x_3) = p(x_1)p(x_3)>0 \tag{D-32}$$

$$p(x_1, x_2, x_3) =p(x_2, x_3) = p(x_2)p(x_3)>0 \tag{D-33}$$

综合式（D-31）～式（D-33）可知，$p(x_1)=p(x_2)=p(x_3)$。由于在上面的分析中，x_1 和 x_2 是在各自的支集中任意选取的，所以 X_1 和 X_2 一定是在各自的支集均匀分布的；同理，X_3 也是在自己的支集均匀分布的，而且这 3 个随机变量的支集一定具有相同的元素个数，记为 M。基于均匀分布可知，X_1、X_2、X_3 的熵为

$$H(X_1)=H(X_2)=H(X_3)=a=\log M \quad \text{(D-34)}$$

由于 X_1、X_2、X_3 都是离散型随机变量，M 只能取正整数，所以对于图 D-11，并不是任意的非负实数 a 都是可熵的，只有当 a 对应于某个正整数对数的时候，才是可熵的；反之，就不是可熵的，$\boldsymbol{h}=(a, a, a, 2a, 2a, 2a, 2a)$ 也就不属于 Γ_3^*。■

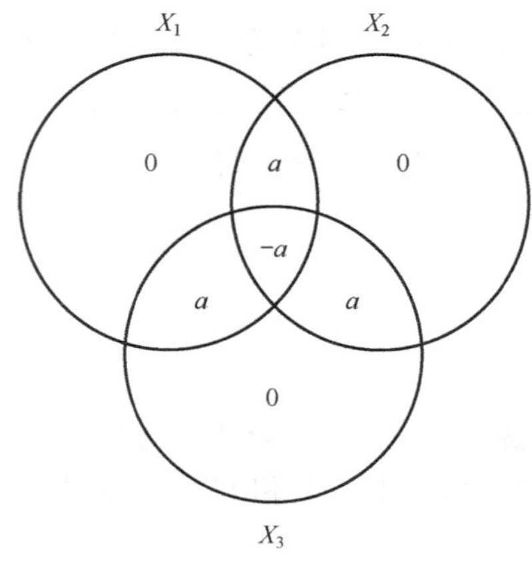

图 D-11　3 个随机变量的 7 个原子的 I-度量

比较一下原子空间 $\mathcal{U}_2$ 和 $\mathcal{U}_3$，在 $\mathcal{U}_2$ 中 3 个原子分别是 $H(X_1|X_2)$、$H(X_2|X_1)$、$I(X_1;X_2)$，可以任意为它们赋予 I-度量，只要满足非负性即可，这样生成的熵函数 $\boldsymbol{h}=[H(X_1), H(X_2), H(X_1;X_2)]$ 一定是可熵的，不会出现悖论。然而，图 D-11 说明，对于 3 个随机变量，尽管也可以为 7 个原子赋值使其满足 9 个元不等式，但这样生成的熵函数 $\boldsymbol{h}$ 不一定是可熵的。这也说明，Γ_3^* 的特征较 Γ_2^* 更为复杂。随着 n 的进一步增大，Γ_n^* 更为复杂，目前还没有掌握当 $n\geqslant 4$ 时 Γ_n^* 的特征。

以 Γ_n^*、$\overline{\Gamma}_n^*$、Γ_n 分别表示熵区域、熵区域的闭包、元不等式区域（Polymatroidal 区域），则有

$$\Gamma_n^* \subseteq \overline{\Gamma}_n^* \subseteq \Gamma_n$$

通常，Γ_n^* 不是闭集，因此 $\overline{\Gamma}_n^*$ 严格包含 Γ_n^*，尽管 $\overline{\Gamma}_n^*$ 是凸的，但也很难描绘。事实上，当 $n\geqslant 3$ 时，$\overline{\Gamma}_n^*$ 甚至不是多面体。然而，Γ_n 是一个 2^n-1 维欧式空间非负象限中的多面体，因此元不等式区域 Γ_n 是一个相对容易得到的 Γ_n^* 的外限。Γ_n 在理论上可以基于线性规划的方法计算，但从式（D-18）可以看出，随着变量数 n 的增大，计算复杂度是呈现指数增长的。

习题答案

第 2 章习题答案

1．略。

2．（1）基于离散无记忆信源的特点，消息序列的信息量应该等于各符号自信息量之和。首先计算各符号的自信息量，有

$$I(a_1=0)=-\log P(a_1)=-\log(3/8)=1.415\text{bit}$$
$$I(a_2=1)=-\log P(a_2)=-\log(1/4)=2\text{bit}$$
$$I(a_3=2)=-\log P(a_3)=-\log(1/4)=2\text{bit}$$
$$I(a_4=3)=-\log P(a_4)=-\log(1/8)=3\text{bit}$$

消息序列中共有 14 个‘0’、13 个‘1’、12 个‘2’、6 个‘3’，所以总信息量为

$$I=14\times1.415+13\times2+12\times2+6\times3=87.81\text{bit}$$

（2）在消息序列中一共有 45 个符号，所以平均自信息量等于 87.81/45=1.95bit/符号。

注：通过本题请读者体会为什么说熵度量的是信源的**先验不确定性**。

3．QPSK 和 16QAM 两种调制方式分别包含 4 种和 16 种不同的脉冲波形，在等概条件下，各自所含的信息量分别是 2bit 和 4bit。

4．$I(A_1)=\log(15/7)=1.1$；$I(A_2)=\log(15)=3.907$；　$I(A_3)=\log(30/7)=2.1$。

5．（1）$H(X)$=1bit/信源符号，$H(Y)$=1bit/信源符号，$H(Z)$=0.544bit/信源符号，$H(X,Y)$=1.811bit/2 信源符号，$H(X,Z)$=1.406bit/2 信源符号，$H(Y,Z)$=1.406bit/2 信源符号，因为 Z 是 X、Y 的函数，所以 $H(X,Y,Z)=H(X,Y)$=1.811bit/3 信源符号。

（2）$H(X|Y)$=0.811bit/信源符号，$H(Y|X)$=0.811bit/信源符号，$H(X|Z)$=0.862bit/信源符号，$H(Z|X)$=0.406bit/信源符号，$H(Y|Z)$=0.862bit/信源符号，$H(Z|Y)$=0.406bit/信源符号，$H(X|Y,Z)$ =0.405bit/信源符号，$H(Y|X,Z)$ = 0.405bit/信源符号，$H(Z|X,Y)$ =0bit/信源符号。

（3）$I(X;Y)$ =0.189bit/信源符号，$I(X;Z)$ =0.138bit/信源符号，$I(Y;Z)$ =0.138bit/信源符号，$I(X;Y|Z)$ =0.457bit/信源符号，$I(Y;Z|X)$ =0.406bit/信源符号，$I(X;Z|Y)$ =0.406bit/信源符号。

6．（1）$I=\log(26^3\times10^3)=24.07\text{bit}$；（2）$I=\log(36^6)=31.02\text{bit}$。

7．（1）$I=\log(21/5)=2.07\text{bit}$；（2）$I=\log(21/10)=1.07\text{bit}$；（3）$I=\log(21/11)=0.93\text{bit}$。

8．（1）$I=\log(91/25)=1.86\text{bit}$；（2）$I=\log(91/6)=3.92\text{bit}$。

9．$I=-\log(0.619)=0.692\text{bit}$

10．$I=\log(1260)=10.3\text{bit}$

11．为全部 13 个小球从 1 到 13 编号，由于该小球编号从 1～13 等概出现，所以不确定性为 $I(a)=\log(13)$；由于不知道该小球的重量比其他小球是轻还是重，所以不确定性为 $I(b)=\log(2)$，此问题总的不确定性为 $I(a)+I(b)=\log(26)=4.7004\text{bit}$。用天平称量一次可能的结果是“左轻”“等重”“右轻”，因此消除的不确定性为 $I(c)=\log(3)=1.585\text{bit}$，称量

3 次可消除 4.755bit 的不确定性，因此称量 3 次可找到该小球。

12．每像素分为 64 种不同的色彩，每种色彩区分为 16 个亮度电平，因此每个像素点包含的信息量是 log(64×16)=10bit，一帧图像包含 5×10^6bit 的信息量。

13．状态转移图略，$H_\infty=1.439$bit /信源符号。

14．（1）$H(X)$=0.881bit/信源符号；

（2）$H_\infty=H_2$=0.553bit/信源符号；

（3）上述两种信源的剩余度分别为 $\gamma_1=1-\dfrac{H(X)}{\log 2}=0.119$，$\gamma_2=1-\dfrac{H_\infty}{\log 2}=0.447$，相比较来讲，信源（2）是有记忆信源，因此其熵要小于信源（1），剩余度则大于信源（1）。

15．该随机变量服从几何分布，X 的概率分布为

X	1	2	3	…	n	…
$P(X)$	p	pq	q^2p	…	$q^{n-1}p$	…

$$\begin{aligned}H(X)&=-[p\log p+pq\log pq+pq^2\log pq^2+\cdots]\\&=-\left[p+pq+pq^2+\cdots\right]\log p-[pq+2pq^2+3pq^3+\cdots]\log q\\&=-\frac{1}{p}[p\log p+q\log q]\end{aligned}$$

16．$2X_1$ 和 X_1 除变量的取值不同之外具有相同的概率分布，所以有 $H(2X_1)=H(X_1)$。此外，X_1+X_2 的概率分布如下表所示，$H(X_1+X_2)=-\left[2p^2\log p+2pq\log 2pq+2q^2\log q\right]$，$H(X_1)+H(X_2)=-[2p\log p+2q\log q]$。综上，$H(2X_1)\neq 2H(X_1)$，$H(X_1+X_2)\neq H(X_1)+H(X_2)$。这说明离散熵不是随机变量的线性函数。事实上，离散熵的可加性是指对于两个独立的随机变量 X_1、X_2，有 $H(X_1,X_2)=H(X_1)+H(X_2)$，而不是 $H(X_1+X_2)=H(X_1)+H(X_2)$，这是一个容易混淆的概念。

X_1+X_2	0	1	2
$P(X)$	p^2	$2pq$	q^2

17．因为 Y 是 X 的函数，所以在已知 X 的条件下，Y 的不确定性为 0，即 $H(Y\mid X)=0$，用信息图表示如下，因此有题中的两个不等式成立，当且仅当 X 和 Y 是一一对应关系时，$H(X\mid Y)=0$，此时下图的两个圈重合，两个不等式变成等式。Y=2X 满足一一对应关系，因此等式严格成立；Y=cos(X)不满足一一对应关系，因此等式不严格成立。

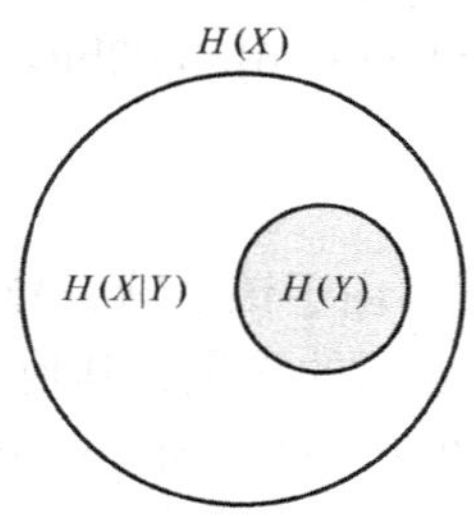

18．当 $\boldsymbol{P}$ 的某个分量等于 1，其他分量均为 0 时，$H(\boldsymbol{P})=0$ 为最小值。

19．$H(X)=H(Y)=0.918$bit/信源符号；$H(X,Y)=1.585$bit/2 信源符号；$H(X|Y)=H(Y|X)=2/3$bit/信源符号；$I(X;Y)=0.25$bit/信源符号。

20．状态转移图略，极限概率满足方程组

$$\pi_1=\frac{1}{4}\pi_1+\frac{1}{3}\pi_2+\frac{2}{3}\pi_3,\quad \pi_2=\frac{1}{4}\pi_1+\frac{1}{3}\pi_2+\frac{1}{3}\pi_3,\quad \pi_3=\frac{1}{2}\pi_1+\frac{1}{3}\pi_2,\quad \pi_1+\pi_2+\pi_3=1$$

解得 $\pi_1=0.4$，$\pi_2=0.3$，$\pi_3=0.3$，所以极限熵为

$$H_\infty=0.4H\left(\frac{1}{4},\frac{1}{4},\frac{1}{2}\right)+0.3H\left(\frac{1}{3},\frac{1}{3},\frac{1}{3}\right)+0.3H\left(\frac{2}{3},\frac{1}{3}\right)=1.351\text{bit}/\text{信源符号}$$

第 3 章习题答案

1．信源的熵 $H(S)=2$bit/信源符号，Huffman 编码过程如下图所示。

1	1/2	1/2	1/2	1/2	1/2	1/2	1/2 0
2	1/4	1/4	1/4	1/4	1/4	1/4 0	1/2 1
3	1/8	1/8	1/8	1/8	1/8 0	1/4 1	
4	1/16	1/16	1/16	1/16 0	1/8 1		
5	1/64	1/32	1/32 0	1/16 1			
6	1/64	1/64 0	1/32 1				
7	1/64 0	1/64 1					
8	1/64 1						

码字为：1→0；2→1 0；3→1 1 0；4→1 1 1 0；5→1 1 1 1 1 0；6→1 1 1 1 1 1；7→1 1 1 1 0 0；8→1 1 1 1 0 1。平均码长等于 2bit。

2．为该信源补充概率为 0 的哑元符号 s_7，3 元 Huffman 编码过程如下。

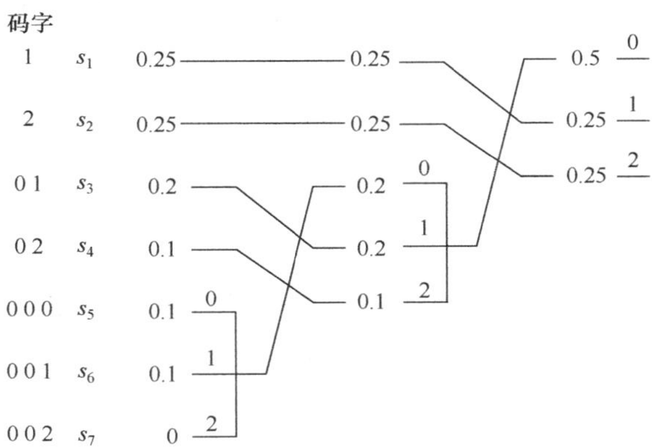

3．$H(S)$=2.5；信源剩余度$\gamma = 1 - \dfrac{H(S)}{\log 7} = 0.11$；Huffman 编码方案略，平均码长$\overline{L} = 2.55$；编码效率$\eta = \dfrac{H(S)}{\overline{L}} = 98\%$。

4．应用 Kraft 不等式可得 r 最小取 3。

5．（1）计算可得 $H(S)$=0.469bit/信源符号，由于该信源每秒发送 3 个信源符号，所以此信源的信息速率 R_t=0.469bit/信源符号×3 信源符号/s=1.407bps。因为信道的传输速率 C_t=2bps，所以该信源和该信道连接可以实现无失真传输。

（2）如果直接对该单符号信源进行二元编码，比如$s_1 \to 0$，$s_1 \to 1$，则该信源发出的比特率等于 3bps，大于信道传输速率，造成信源符号的积压，因此需要通过信源编码压缩比特率。为此可以考虑对该信源的 2 次扩展信源进行 Huffman 编码，2 次扩展信源概率分布为$\begin{bmatrix} S^2 \\ P(S^2) \end{bmatrix} = \begin{bmatrix} s_1\,s_1 & s_1\,s_2 & s_2\,s_1 & s_2\,s_2 \\ 0.81 & 0.09 & 0.09 & 0.01 \end{bmatrix}$，编码结果为$\begin{bmatrix} s_1\,s_1 & s_1\,s_2 & s_2\,s_1 & s_2\,s_2 \\ 0 & 1\,1 & 1\,0\,0 & 1\,0\,1 \end{bmatrix}$，因此其平均码长为$\overline{L_2} = 1.29\text{bit}/2$ 信源符号，平均到每个符号上是$\overline{L} = 0.645\text{bit}$/信源符号。通过这种编码，信源的信息速率 R_t=0.645bit/信源符号×3 信源符号/s=1.935bps，小于信道速率 C_t=2bps 所以可以实现无失真传输。

注 1：通过本题请体会为什么对单符号信源的扩展信源进行编码能提高信源的表示效率，即用更少的比特数去描述每个信源符号，从中体会香农第一定理的含义。

注 2：对某些问题可能需要对更高次扩展信源进行编码才能满足压缩要求。把本题的参数改为$\begin{bmatrix} S \\ P(S) \end{bmatrix} = \begin{bmatrix} s_1 & s_2 \\ 0.8 & 0.2 \end{bmatrix}$，该信源每秒向外发出 2.66 信源符号，请读者重新计算。

6．（1）当 N=1 时，$\overline{L}$=1bit/信源符号，编码效率$\eta = \dfrac{H(S)}{\overline{L}}$=46.9%。

（2）当 N=2 时，根据上一道题的结论，$\overline{L} = \dfrac{\overline{L}_2}{2}$=0.645bit/信源符号，编码效率$\eta = \dfrac{H(S)}{\overline{L}}$=72.7%。

（3）当 N=3 时，编码方案略，$\overline{L}$=0.533bit/信源符号，编码效率$\eta = \dfrac{H(S)}{\overline{L}}$=88%。

（4）当 N=4 时，编码方案略，$\overline{L}$=0.493bit/信源符号，编码效率$\eta = \dfrac{H(S)}{\overline{L}}$=95.1%。

7．（1）根据式（3-6），$\dfrac{D[\log P(X)]}{N_0 0.05^2} = 0.01$，概率对数函数 $\log P(X)$的方差 $D[\log P(X)]$＝0.471，所以 N_0=18841。

（2）根据式（3-12），ε 典型序列的个数$0.99 \times 2^{14343} \leqslant \left\| A_\varepsilon^n \right\| \leqslant 2^{16227}$。

8．BPSK 调制方式当脉冲宽度为 5ms 对应的波特率（码元速率）等于 200 码元/s，由于 4 信源符号被映射为波形$\{x_1 x_1, x_1 x_2, x_2 x_1, x_2 x_2\}$，这相当于信源符号速率等于 100 信源符号/s。（1）由于 4 信源符号等概出现，每个信源符号携带的信息量是 2bit/信源符号，所以信道的信息传输速率 R_t=200bps；（2）由于 4 信源符号非等概出现，每个信源符号携带的信息量是信源的熵，等于1.985bit/信源符号，所以信道的信息传输速率 R_t=198.5bps；（3）QPSK 调制方式当脉冲宽度为 5ms 对应的波特率等于 200 码元/s，由于 4 信源符号分别被映射为波形$\{x_1, x_2, x_3, x_4\}$，因此信源符号速率等于比特率，等于 200 信源符号/s，所以对应于（1）和（2）中等概和不等概两种情况，信息传输速率分别为 R_t=400bps（等概）和 R_t=397bps（非等概）。

9. $H(S)=\frac{1}{2}+\frac{2}{4}+\frac{3}{8}+\frac{4}{16}+\cdots=\sum_{i=1}^{\infty}\frac{i}{2^i}=2$，Huffman 编码码字为 0, 1 0, 1 1 0, 1 1 1 0，…，平均码长 $\overline{L}=2$，编码效率为 1。

10. 该问题的不确定性为 log7=2.8，所以至少问 3 次可以问出他的生日。

11. 该马尔可夫链的平稳概率分布为 $\pi_1 = 3/8$，$\pi_2 = 1/4$，$\pi_3 = 3/8$。

 在状态 s_1，系统下一时刻输出符号的概率分布为$[P(a_1), P(a_2), P(a_6)]=[1/3,1/6,1/2]$，所以系统的条件熵为 $H(X|s_2)=H(1/3,1/6,1/2)=1.4591$，此时的 Huffman 编码为 $a_1\rightarrow$1 1，$a_2\rightarrow$0 1，$a_6\rightarrow$0，平均码长 $\overline{L(s_1)}=1.5$。

 在状态 s_2，系统下一时刻输出符号的概率分布为$[P(a_3), P(a_4)]=[1/4,3/4]$，所以系统的条件熵为 $H(X|s_2)=H(1/4,3/4)=0.8113$，此时的 Huffman 编码为 $a_3\rightarrow0$，$a_4\rightarrow1$，平均码长 $\overline{L(s_2)}=1$。

 在状态 s_3，系统以概率为 1 输出符号 a_5，不需要编码。

 综合马尔可夫链的 3 个状态可得，系统 Huffman 编码的平均码长 $\overline{L}=\pi_1\times\overline{L(s_1)}+\pi_2\times\overline{L(s_2)}=0.8125$，系统的熵率 $H_\infty=\pi_1\times H(X|s_1)+\pi_2\times H(X|s_2)+\pi_3\times H(X|s_3)=0.75$，因此该 Huffman 编码的编码效率为 92.3%。

第 4 章习题答案

1.（1）由已知条件可得，X 和 Y 的联合概率矩阵和 Y 的概率分布分别为

$$P(X,Y)=\begin{bmatrix}\frac{1}{2} & \frac{1}{4}\\ \frac{1}{12} & \frac{1}{6}\end{bmatrix};\quad P(Y)=\begin{bmatrix}\frac{7}{12} & \frac{5}{12}\end{bmatrix}$$

 由 X 和 Y 各自的概率分布可得信道的输入熵、输出熵、联合熵和条件熵分别为

$$H(X)=\frac{3}{4}\log\left(\frac{4}{3}\right)+\frac{1}{4}\log(4)=0.8113\ \text{bit/信源符号}$$

$$H(Y)=\frac{7}{12}\log\left(\frac{12}{7}\right)+\frac{5}{12}\log\left(\frac{12}{5}\right)=0.9799\ \text{bit/信源符号}$$

$$H(X,Y)=\frac{1}{2}\log(2)+\frac{1}{4}\log(4)+\frac{1}{12}\log(12)+\frac{1}{6}\log(6)=1.7296\ \text{bit/2 信源符号}$$

$$H(Y\mid X)=\frac{1}{2}\log\left(\frac{3}{2}\right)+\frac{1}{4}\log_2(3)+\frac{1}{12}\log(3)+\frac{1}{6}\log\left(\frac{3}{2}\right)=0.9183\ \text{bit/信源符号}$$

因此互信息 $I(X;Y)=H(Y)-H(Y|X)=0.0616$bit/信源符号。

（2）当二元对称信道输入为等概分布 $P(X)=(1/2,1/2)$时，可以达到信道容量，该信道容量为

$$C=1-H\left(\frac{1}{3}\right)=1+\frac{1}{3}\log\left(\frac{1}{3}\right)+\frac{2}{3}\log\left(\frac{2}{3}\right)=0.0817\text{bit}/\text{信道符号}$$

2.（1）该信道的转移矩阵为

$$\begin{bmatrix} \frac{1}{2} & \frac{1}{2} & 0 & 0 \\ 0 & \frac{1}{2} & \frac{1}{2} & 0 \\ 0 & 0 & \frac{1}{2} & \frac{1}{2} \\ \frac{1}{2} & 0 & 0 & \frac{1}{2} \end{bmatrix}$$

（2）该信道符合对称信道的特点，所以其信道容量为

$$C=\log(4)-H\left(\frac{1}{2},\frac{1}{2}\right)=\log 4+\frac{1}{2}\log\left(\frac{1}{2}\right)+\frac{1}{2}\log\left(\frac{1}{2}\right)=1\text{ bit}/\text{信道符号}$$

3．B 是有噪无损信道，C 是无噪有损信道，A 是无噪无损信道，D 是有噪有损信道。

4．该信道为二元对称信道，因此其信道容量 $C=1-H(p)=1-H(0.02)=0.8586$bit/信道符号，其无失真最大信息传输速率 $R_t=1500\times0.8586=1288$bps，传输 14000bit 所需的时间为 14000/1288=10.86s。

5．$\boldsymbol{P}_1$、$\boldsymbol{P}_2$ 是强对称信道，应用强对称信道的信道容量计算公式可得

$$C_1=\log(4)-H\left(\frac{1}{3},\frac{1}{6},\frac{1}{3},\frac{1}{6}\right)=0.0817\text{ bit}/\text{信道符号}$$

$$C_2=\log(3)-H\left(\frac{2}{3},\frac{2}{15},\frac{1}{5}\right)=0.343\text{ bit}/\text{信道符号}$$

$\boldsymbol{P}_3$ 是准对称信道，当输入等概时，输出符号的概率分布为(0.4,0.4,0.2)，应用准对称信道的信道容量计算公式可得

$$C_3=H(Y)-H(0.7,0.2,0.1)=H(0.4,0.4,0.2)-H(0.7,0.2,0.1)=0.365\text{ bit}/\text{信道符号}$$

6．该信道的信道矩阵 $P(Y|X)=\begin{bmatrix} 1/3 & 2/3 \\ 3/4 & 1/4 \end{bmatrix}$，联合概率矩阵为 $P(X,Y)=\begin{bmatrix} 1/5 & 2/5 \\ 3/10 & 1/10 \end{bmatrix}$，输出符号 Y 的概率分布 $P(Y)=(1/2 \quad 1/2)$，由此可得

$$H(X)=-\left[\left(\frac{3}{5}\right)\log\left(\frac{3}{5}\right)+\left(\frac{2}{5}\right)\log\left(\frac{2}{5}\right)\right]=0.97\text{bit}/\text{信源符号}$$

$$H(Y)=1\text{ bit}/\text{信源符号}$$

$$H(X,Y)=-\left[\left(\frac{1}{5}\right)\log\left(\frac{1}{5}\right)+\left(\frac{2}{5}\right)\log\left(\frac{2}{5}\right)+\left(\frac{3}{10}\right)\log\left(\frac{3}{10}\right)+\left(\frac{1}{10}\right)\log\left(\frac{1}{10}\right)\right]=1.8464\text{ bit}/2\text{ 信源符号}$$

$$H(Y|X)=-\left[\left(\frac{1}{5}\right)\log\left(\frac{1}{3}\right)+\left(\frac{2}{5}\right)\log\left(\frac{2}{3}\right)+\left(\frac{3}{10}\right)\log\left(\frac{3}{4}\right)+\left(\frac{1}{10}\right)\log\left(\frac{1}{4}\right)\right]=0.8755\text{bit}/\text{信源符号}$$

$I(X;Y)=H(Y)-H(Y|X)=0.1245$ bit/信源符号，$H(X|Y)=H(X)-I(X;Y)=0.8455$ bit/信源符号

7.（1）该信道的逆矩阵 $\boldsymbol{P}^{-1}=\begin{bmatrix}3 & -2\\ -1 & 2\end{bmatrix}$，$\begin{bmatrix}H(Y|x_0)\\ H(Y|x_1)\end{bmatrix}=\begin{bmatrix}1\\ 2-\frac{3}{4}\log 3\end{bmatrix}$，那么

$$\begin{bmatrix}\beta_0\\ \beta_1\end{bmatrix}=-\boldsymbol{P}^{-1}\begin{bmatrix}H(Y|x_0)\\ H(Y|x_1)\end{bmatrix}=\begin{bmatrix}1-\frac{3}{2}\log 3\\ -3+\frac{3}{2}\log 3\end{bmatrix}$$

所以信道容量 $C=\log\left(2^{1-\frac{3}{2}\log 3}+2^{-3+\frac{3}{2}\log 3}\right)=0.0488\text{bit}$ /信道符号。

应用 $\beta_j=\log p(y_j)+C$（j=0,1），可求得

$$p(y_0)=\frac{2^{\beta_0}}{2^C}=\frac{2}{2+2^{-3+3\log 3}}，\quad p(y_1)=\frac{2^{\beta_1}}{2^C}=\frac{2^{-3+3\log 3}}{2+2^{-3+3\log 3}}$$

进一步应用 $[p(x_0),p(x_1)]=[p(y_0),p(y_1)]\boldsymbol{P}^{-1}$ 计算输入概率分布可得

$$p(x_0)=\frac{6-2^{-3+3\log 3}}{2+2^{-3+3\log 3}}，\quad p(x_1)=\frac{-4+2^{-2+3\log 3}}{2+2^{-3+3\log 3}}$$

因为输入概率均大于 0，所以这就是最佳输入概率分布，上面计算的 C 就是该信道的信道容量。

（2）两个信道串联之后的信道的转移矩阵 $\boldsymbol{Q}=\begin{bmatrix}3/8 & 5/8\\ 5/16 & 11/16\end{bmatrix}$，则

对应的逆矩阵 $\boldsymbol{Q}^{-1}=\begin{bmatrix}11 & -10\\ -5 & 6\end{bmatrix}$，$\begin{bmatrix}H(Y|x_0)\\ H(Y|x_1)\end{bmatrix}=\begin{bmatrix}\frac{3}{8}\log\frac{8}{3}+\frac{5}{8}\log\frac{8}{5}\\ \frac{5}{16}\log\frac{16}{5}+\frac{11}{16}\log\frac{16}{11}\end{bmatrix}$，有

$$\begin{bmatrix}\beta_0\\ \beta_1\end{bmatrix}=-\boldsymbol{Q}^{-1}\begin{bmatrix}H(Y|x_0)\\ H(Y|x_1)\end{bmatrix}=\begin{bmatrix}-\frac{61}{4}-\frac{11}{8}\log 3-\frac{30}{8}\log 5+\frac{55}{8}\log 11\\ 9+\frac{15}{8}\log 3+\frac{5}{4}\log 5-\frac{33}{8}\log 11\end{bmatrix}$$

进一步求得，$C=0.031\text{bit}$ /信道符号，$p(x_0)=0.4964$，$p(x_1)=0.5036$。

8．该信道由一个 BSC 信道和 BEC 信道级联而成，信道转移矩阵如下：

$$\begin{bmatrix}1-p & p\\ p & 1-p\end{bmatrix}\begin{bmatrix}1-q & q & 0\\ 0 & q & 1-q\end{bmatrix}=\begin{bmatrix}(1-p)(1-q) & q & p(1-q)\\ p(1-q) & q & (1-p)(1-q)\end{bmatrix}$$

可见该级联信道是一个准对称信道，最佳输入分布是等概分布，信道容量

$$C=H\left(\frac{1}{2}(1-q),q,\frac{1}{2}(1-q)\right)-H((1-p)(1-q),q,p(1-q))$$

9．该信道的信道转移矩阵 $\boldsymbol{P}=\begin{bmatrix}1 & 0 & 0\\ 0 & 1-p & p\\ 0 & p & 1-p\end{bmatrix}$，则

逆矩阵 $\boldsymbol{P}^{-1}=\begin{bmatrix}1 & 0 & 0\\ 0 & \frac{1-p}{1-2p} & \frac{-p}{1-2p}\\ 0 & \frac{-p}{1-2p} & \frac{1-p}{1-2p}\end{bmatrix}$，$\begin{bmatrix}H(Y|x_0)\\ H(Y|x_1)\\ H(Y|x_2)\end{bmatrix}=\begin{bmatrix}0\\ H(p)\\ H(p)\end{bmatrix}$，有

$\begin{bmatrix}\beta_0\\ \beta_1\\ \beta_2\end{bmatrix}=-\begin{bmatrix}1 & 0 & 0\\ 0 & \frac{1-p}{1-2p} & \frac{-p}{1-2p}\\ 0 & \frac{-p}{1-2p} & \frac{1-p}{1-2p}\end{bmatrix}\begin{bmatrix}0\\ H(p)\\ H(p)\end{bmatrix}$，解得 $\beta_0=0$，$\beta_1=\beta_2=H(p)$。

所以信道容量 $C=\log\left[1+2^{1+H(p)}\right]$，最佳输入概率分布为

$$p(x_0)=\frac{1}{1+2^{1-H(p)}}，\ p(x_1)=\frac{2^{-H(p)}}{1+2^{1-H(p)}}，\ p(x_2)=\frac{2^{-H(p)}}{1+2^{1-H(p)}}$$

10．该信道的信道转移矩阵 $\boldsymbol{P}=\begin{bmatrix}1-\varepsilon-p & p & \varepsilon\\ \varepsilon & p & 1-\varepsilon-p\end{bmatrix}$，是一个准对称信道，其最佳输入概率分布为等概分布，信道容量为

$$C=(1-p)\left[1-\log(1-p)\right]+\varepsilon\log\varepsilon+(1-\varepsilon-p)\log(1-\varepsilon-p)$$

可以验证，当分别取 $p=0$ 和 $\varepsilon=0$ 时，该信道变为 BSC 信道和 BEC 信道。

11．该信道的信道矩阵和信道容量都和符号 a 的取值有关，分别加以讨论。

（1）a=0，则 $P(Z=0)=1$，此时加法器变成二元的一一对应信道，信道容量为 1bit/信道符号，最佳输入分布为等概分布。

（2）a=1，信道矩阵如下图所示，这是一个准对称信道，最佳输入分布为等概分布，信道容量 $C=H(1/4,1/2,1/4)-H(1/2,1/2,0)$ =1/2bit/信道符号。

X \ Y	0	1	2
0	1/2	1/2	0
1	0	1/2	1/2

（3）$a\neq0$，$a\neq1$，信道矩阵如下图所示，这是一个强对称信道，最佳输入分布为等概分布，信道容量 $C=\log4-H(1/2,1/2,0)$ =1bit/信道符号。

X \ Y	0	a	1	1+a
0	1/2	1/2	0	0
1	0	0	1/2	1/2

12．该信道的信道矩阵如下图所示，这是一个强对称信道，最佳输入分布为等概分布，信道容量 $C=\log5-H(1/3,1/3,1/3,0,0)$ =0.737bit/信道符号。一般地，对于任意的质数 p，

信道容量 C=log$p$ –log3。

X \ Y	0	1	2	3	4
0	0	1/3	1/3	1/3	0
1	0	0	1/3	1/3	1/3
2	1/3	0	0	1/3	1/3
3	1/3	1/3	0	0	1/3
4	1/3	1/3	1/3	0	0

13．（a）是一一对应信道，所以其信道容量为 log4 = 2bit/信道符号；（b）是无噪有损信道，所以其信道容量为 log$s$ = log3bit/信道符号；（c）是有噪无损信道，所以其信道容量为 log$r$ = log3bit/信道符号。

第 5 章习题答案

1．（1）根据已知条件，输入 a_3 输出 b_2 的概率即 $P(b_2|a_3)$=0.2。

（2） $P(b_4)=\sum_{i=1}^{4}p(b_4\,|\,a_i)p(a_i)=0.1\times0.4+0.3\times0.1+0.2\times0.2+0.4\times0.2=0.19$ 。

（3）在收到 b_3 的条件下推测发送的是 a_2 的概率为

$$P(a_2\,|\,b_3)=\frac{P(a_2,b_3)}{P(b_3)}=\frac{p(b_3\,|\,a_2)p(a_2)}{\sum_{i=1}^{4}p(b_3\,|\,a_i)p(a_i)}=\frac{0.1\times0.3}{0.1\times0.1+0.3\times0.1+0.2\times0.1+0.4\times0.4}=\frac{3}{22}$$

（4）该信道输入/输出变量的联合概率矩阵如下图所示，因此根据最大联合概率准则的译码结果为 $b_1\to a_2$，$b_2\to a_4$，$b_3\to a_4$，$b_4\to a_4$。

X \ Y	b_1	b_2	b_3	b_4
a_1	0.02	0.03	0.01	0.04
a_2	0.18	0.06	0.03	0.03
a_3	0.1	0.04	0.02	0.04
a_4	0.04	0.12	0.16	0.08

（5）最大似然译码准则根据信道矩阵译码，结果为 $b_1\to a_2$，$b_2\to a_1$ 或 a_4，$b_3\to a_4$，$b_4\to a_1$。

2．最大联合概率准则能够实现最小错误概率，因此先计算输入输出联合概率矩阵如下：

$$\begin{bmatrix}1/4 & 1/6 & 1/12\\1/16 & 1/16 & 1/8\\1/24 & 1/12 & 1/8\end{bmatrix}$$

因此根据最大联合概率准则的译码结果为 $y_1\to x_1$，$y_2\to x_1$，$y_3\to x_2$，平均译码错误概率为

$$P_E=1-\left(\frac{1}{4}+\frac{1}{6}+\frac{1}{8}\right)=\frac{11}{24}$$

最大似然译码准则根据信道矩阵译码，结果为 $y_1 \to x_1$，$y_2 \to x_3$， $y_3 \to x_2$，平均译码错误概率为

$$P_E=1-\left(\frac{1}{4}+\frac{1}{12}+\frac{1}{8}\right)=\frac{13}{24}$$

3．证明：对于转移概率 $p<0.5$ 的 BSC 信道的 n 次扩展信道（n 为奇数），最大似然译码准则等价于最小距离译码准则，依据最小距离译码准则，把接收的 n 重比特串和发送的 n 重比特串做比较，只有当不同的比特位数大于等于 $\frac{n+1}{2}$ 时，才会译码错误，所以平均译码错误概率

$$\begin{aligned}P_E &= \omega \sum_{i=\frac{n+1}{2}}^{n} \binom{n}{i} p^i (1-p)^{n-i} + (1-\omega) \sum_{i=\frac{n+1}{2}}^{n} \binom{n}{i} p^i (1-p)^{n-i} \\ &= \sum_{i=\frac{n+1}{2}}^{n} \binom{n}{i} p^i (1-p)^{n-i}\end{aligned}$$

4．（1）该信道属于强对称信道，容易计算其信道容量 $C=\log 3-H(0.5,0.5,0)=0.58$bit/信道符号。

（2）使用该信道的 n 次扩展信道传输 2 个消息的信息传输率 $R=\frac{\log 2}{n}$。当 $n>1$ 时，R 小于信道容量 C。以 $n=2$ 为例，2 次扩展信道的转移矩阵如下图所示，因此最佳编码方案的许用码字可以取为{x_0 x_0，x_1 x_1}，只有当输出码字为{y_1 y_1}时才会产生译码错误，所以有 $P_E=\frac{1}{4}$。对于一般的 n，最佳编码方案的许用码字可以取为{$(x_0,\cdots,x_0)$，$(x_1,\cdots,x_1)$}，只有当输出码字为$(y_1,\cdots,y_1)$时才会产生译码错误，所以有 $P_E=\frac{1}{2^n}$。

	y_0y_0	y_0y_1	y_0y_2	y_1y_0	y_1y_1	y_1y_2	y_2y_0	y_2y_1	y_2y_2
x_0x_0	1/4	1/4		1/4	1/4				
x_0x_1		1/4	1/4		1/4	1/4			
x_0x_2	1/4		1/4	1/4		1/4			
x_1x_0				1/4	1/4		1/4	1/4	
x_1x_1					1/4	1/4		1/4	1/4
x_1x_2				1/4		1/4	1/4		1/4
x_2x_0	1/4	1/4					1/4	1/4	
x_2x_1		1/4	1/4					1/4	1/4
x_2x_2	1/4		1/4				1/4		1/4

（3）无错传输（$P_E=0$）要求在为 2 消息符号分配许用码字时，需要它们对应的输出码字集合不重叠无交集。对于本例，由于只有 3 信道符号按顺序转移，对于 n 次扩展信道而言，若选择$(x_0,\cdots,x_0)$作为一个许用码字，则可能产生的输出码字为{$(y_0,\cdots,y_0),\cdots,$

$(y_1,\cdots,y_1)\}$，共 2^n 个，即所有不含 y_2 的码字，那么无论选取哪个剩余的输入码字作为另一个许用码字，该许用码字可能产生的输出码字至少有一个出现在 $\{(y_0,\cdots,y_0),\cdots,(y_1,\cdots,y_1)\}$ 中。也就是说，输出码字集合不可能不重叠，因此不存在 $P_E=0$ 的传输 $M=2$ 个消息的编码方案。对于这个问题，究其根本原因在于这个有噪打字机信道只有 3 信道符号，这导致无论码长多长，任意两个码字作为许用码字都会产生相同的输出码字，为了能无差错传输 2 个消息，信道符号的个数必须得大于 3，参考如图 5-13 所示的例子。

5．如果 $x_0,\cdots,x_7$ 先验等概，信道的信息传输率 $R=\dfrac{\log 8}{3}=1\,\text{bit}$/信道符号；如果 $x_0,\cdots,x_7$ 先验不等概，信道的信息传输率 $R=\dfrac{H(X)}{3}=\dfrac{2}{3}\,\text{bit}$/信道符号。

6．最大后验概率准则依赖联合概率或后验概率，假设输入符号的先验概率为 $P(X=0)=\omega$，$P(X=1)=1-\omega$，则有联合概率矩阵如下

$X \backslash Y$	0	e	1
0	$\omega(1-p)$	ωp	0
1	0	$(1-\omega)p$	$(1-\omega)(1-p)$

所以 MAP 准则的译码规则应该是 0→0，1→1，$\omega<(1-\omega)$，即当 $\omega<0.5$ 时输出符号 e 译成 1，当 $\omega>0.5$ 时输出符号 e 译成 0，平均译码错误概率

$$P_E=\begin{cases}\omega p, & \omega<0.5\\ (1-\omega)p, & \omega>0.5\end{cases}$$

ML 准则根据信道矩阵译码，译码规则应该是 0→0，1→1，e 译成 0 或者 1，平均译码错误概率等于 ωp 或 $(1-\omega)p$。

7．（1）单符号 Z 信道的 ML 准则译码规则为 0→0，1→1，平均译码错误概率 $P_E=(1-\omega)p$。

（2）Z 信道的 3 次扩展信道采用 3 重编码的信道矩阵如下，因此除了“0 0 0”译成“0 0 0”之外，其他 7 个输出的 3 重比特串都应该译成“1 1 1”，平均译码错误概率 $P_E=(1-\omega)p^3$。

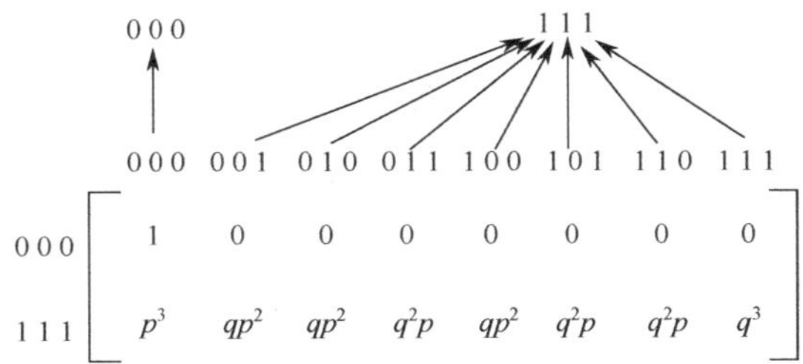

（3）择多译码和最小距离译码的译码规则是相同的，如下所示，该结果和 ML 准则的译码结果不同。

{0 0 0, 0 0 1, 0 1 0, 1 0 0}→“0 0 0”，{0 1 1, 1 0 1, 1 1 0, 1 1 1}→“1 1 1”。

第 6 章习题答案

1．（1）根据概率密度函数下方面积为 1 的特点，可以计算 $h_1\times 2=1$，所以 $h_1=1/2$。

（2）$h(X)=-\int_0^2 p(x)\log p(x)\mathrm{d}x=\int_0^2\frac{1}{2}\log(2)\mathrm{d}x=1$。

（3）不难计算 $2X$ 服从(0,4)上的均匀分布，所以 $h(2X)$=2。

2．（1）把每个像元看作一个信源，则其熵为 $H(X)$=log(64×16)=10bit/信源符号，所以一帧图像总的信息量为 5×10^6bit。

（2）每秒传送 25 帧图像的信息传输率 $R_t=25\times5\times10^6=125\times10^6$bps。

（3）30dB 对应的信噪比为 1000 倍，根据香农公式有

$$R_t=125\times10^6=W\log(1+1000)$$

所以需要的带宽为 12.54×10^6Hz。

3．把每个像素看作一个信源，则其熵为 $H(X)$=log(256)=8bit/信源符号，所以一帧图像总的信息量为 16×10^6bit。每分钟传送 2 帧图像的信息传输率为

$$R_t=2\times16\times10^6/60=5.3\times10^5\text{bps}$$

30dB 对应的信噪比为 1000 倍，根据香农公式有

$$R_t=5.3\times10^5=W\log(1+1000)$$

所以需要的带宽为 5.3×10^4Hz。

4．（1）由该信源的概率分布

$$\begin{bmatrix}X\\P(X)\end{bmatrix}=\begin{bmatrix}A & B & C & D & E\\ \frac{1}{8} & \frac{1}{8} & \frac{1}{8} & \frac{1}{2} & \frac{1}{8}\end{bmatrix}$$

可以计算该信源的熵为 $H(X)=4\times\frac{1}{8}\log(8)+\frac{1}{2}\log(2)=2\text{bit/符号}$，结合符号码元宽度可得信息传输率 $R_t=2/0.5=4\times10^6$bps。

（2）由香农公式可得

$$R_t=4\times10^6=W\log\left(1+\frac{P}{N_0W}\right)=2\times10^6\log\left(1+\frac{P}{2\times10^6\times10^{-6}}\right)$$

所以 P=6W。

5．根据概率密度函数和微分熵计算公式可得

$$h(X)=-\int_{-\infty}^{\infty}\frac{1}{2}\lambda\mathrm{e}^{-\lambda|x|}\log\left(\frac{1}{2}\lambda\mathrm{e}^{-\lambda|x|}\right)\mathrm{d}x$$

观察被积函数是偶函数，所以有

$$\begin{aligned}h(X)&=-2\int_0^{\infty}\frac{1}{2}\lambda\mathrm{e}^{-\lambda x}\log\left(\frac{1}{2}\lambda\mathrm{e}^{-\lambda x}\right)\mathrm{d}x\\&=-2\int_0^{\infty}\frac{1}{2}\lambda\mathrm{e}^{-\lambda x}\log\frac{1}{2}\mathrm{d}x-2\int_0^{\infty}\frac{1}{2}\lambda\mathrm{e}^{-\lambda x}\log(\lambda\mathrm{e}^{-\lambda x})\mathrm{d}x\\&=1+\log\frac{\mathrm{e}}{\lambda}\end{aligned}$$

6．根据概率密度函数和微分熵计算公式可得

$$h(X)=-\int_0^1 2x\log(2x)\mathrm{d}x$$
$$=-\int_0^1 \log(2x)\mathrm{d}x^2$$
$$=-\left\{x^2\log(2x)\right\}\Big|_0^1+\int_0^1 x^2\mathrm{d}\log(2x)$$
$$=\frac{1}{2}\log\mathrm{e}-1$$

$h(2X)$ 的计算有两种方法：一种方法是利用微分熵的尺度变换性质，直接得到

$$h(2X)=h(X)+\log 2=\frac{1}{2}\log\mathrm{e}$$

另一种方法是先求出 $Y=2X$ 的概率密度函数，即

$$p(y)=\frac{y}{2}\quad（0\leqslant y\leqslant 2）$$

所以有 $h(2X)=-\int_0^2\frac{y}{2}\log\left(\frac{y}{2}\right)\mathrm{d}y=\frac{1}{2}\log\mathrm{e}$。

7. 根据定理 6-3 和定理 6-4 可知，$2X\sim N(2\mu_1,4\sigma_1^2)$，$X+Y\sim N(\mu_1+\mu_2,\sigma_1^2+\sigma_2^2)$，应用高斯分布微分熵的计算公式可得

$$h(2X)=\frac{1}{2}\log 8\pi\mathrm{e}\sigma_1^2，\quad h(X+Y)=\frac{1}{2}\log 2\pi\mathrm{e}(\sigma_1^2+\sigma_2^2)$$

由于 X、Y 独立，所以有

$$h(X,Y)=h(X)+h(Y)=\frac{1}{2}\log 2\pi\mathrm{e}\sigma_1^2+\frac{1}{2}\log 2\pi\mathrm{e}\sigma_2^2=\frac{1}{2}\log(4\pi^2\mathrm{e}^2\sigma_1^2\sigma_2^2)$$

8. 首先计算(X,Y)的联合概率密度函数、边缘概率密度函数和条件概率密度函数。由均匀分布可知，(X,Y)的联合概率密度函数在区域 D 内为常数，在其他区域为 0，又根据概率密度函数的规范性可得

$$f_{X,Y}(x,y)=\begin{cases}\dfrac{1}{S_D}=\dfrac{1}{(b-a)(d-c)}, & (X,Y)\in D\\ 0, & \text{其他}\end{cases}$$

其中，S_D 表示区域 D 的面积。进一步，边缘概率密度函数为

$$f_X(x)=\int_{-\infty}^{\infty}f_{X,Y}(x,y)\mathrm{d}y=\begin{cases}\displaystyle\int_c^d\frac{1}{(b-a)(d-c)}\mathrm{d}y=\frac{1}{(b-a)}, & a\leqslant x\leqslant b\\ 0, & \text{其他}\end{cases}$$

同理可得，$f_Y(y)=\begin{cases}\dfrac{1}{(d-c)}, & c\leqslant y\leqslant d\\ 0, & \text{其他}\end{cases}$。可见，$X$、$Y$ 各自的边缘分布也是均匀分布。

条件概率密度函数为

$$f_{X|Y}(x\mid y)=\frac{f_{X,Y}(x,y)}{f_Y(y)}=\frac{1}{b-a}\text{，}\quad f_{Y|X}(y\mid x)=\frac{f_{X,Y}(x,y)}{f_X(x)}=\frac{1}{d-c}$$

可见 X 和 Y 是独立的。最后，可得(X,Y)的各信息度量分别为

$h(X)=\log(b-a)$，$h(Y)=\log(d-c)$，$h(X,Y)=\log[(b-a)(d-c)]$，

$h(X|Y)=\log(b-a)$，$h(Y|X)=\log(d-c)$，$I(X;Y)=0$

9．该三角分布的概率密度函数为

$$p(x)=\begin{cases}\dfrac{2x}{a}, & 0\leqslant x\leqslant a\\[2mm] \dfrac{2(1-x)}{1-a}, & a\leqslant x\leqslant 1\end{cases}$$

$$h(X)=-\left[\int_0^a\frac{2x}{a}\log\frac{2x}{a}\mathrm{d}x+\int_a^1\frac{2(1-x)}{1-a}\log\frac{2(1-x)}{1-a}\mathrm{d}x\right]=-1+\frac{1}{2\ln 2}$$

第 7 章习题答案

1．本题是例 7-6 中 r 元离散对称信源率失真函数 $R(D)$的一个特例，应用例 7-6 的结论可得

$$D_{\min}=0\text{，}D_{\max}=\frac{2}{3}\text{，}\quad R(D)=\begin{cases}\log 3-D\log(2)-H(D), & 0\leqslant D\leqslant\dfrac{2}{3}\\[2mm] 0, & D>\dfrac{2}{3}\end{cases}$$

2．本题是例 7-5 的一个特例，应用例 7-5 的结论可得

$$D_{\min}=0\text{，}D_{\max}=\frac{\alpha}{2}\text{，}\quad R(D)=\begin{cases}1-H\left(\dfrac{D}{\alpha}\right), & 0\leqslant D\leqslant\dfrac{\alpha}{2}\\[2mm] 0, & D>\dfrac{\alpha}{2}\end{cases}$$

3．$D_{\min}=\dfrac{\omega}{2}+\dfrac{\omega}{2}+1-\omega=1$，

$$D_{\max}=\min\left\{\frac{\omega}{2}+\frac{\omega}{2}\times 2+1-\omega,\frac{\omega}{2}\times 2+\frac{\omega}{2}+1-\omega\right\}=\frac{\omega}{2}+1\text{。}$$

此外，该失真矩阵属于按行划分的准对称失真矩阵，根据定理 7-1，能达到 $R(D)$的信道矩阵

$$\boldsymbol{P}=\begin{bmatrix}\alpha & 1-\alpha\\ 1-\alpha & \alpha\\ 1/2 & 1/2\end{bmatrix}$$

根据式（7-27）得，$D=1+\omega-\omega\alpha$，所以$\alpha=\dfrac{1+\omega-D}{\omega}$。

$$R(D)=H(Y)-H(Y|X)=\omega-\omega H(\alpha)=\omega-\omega H\left(\frac{1+\omega-D}{\omega}\right)\text{bit/符号。}$$

4．首先，计算可得 $D_{\min}=0$，$D_{\max}=1$。

其次，该失真矩阵属于按列划分的准对称矩阵，根据定理 7-2，能达到 $R(D)$的信道矩阵如下。对应于失真矩阵中∞的位置，在信道矩阵中必然是 0，否则将会导致失真度 D 为∞。

$$\boldsymbol{P}=\begin{bmatrix} a & 1-a & 0 \\ 0 & 1-a & a \end{bmatrix}$$

根据式（7-27）得 $D=\frac{1-a}{2}+\frac{1-a}{2}=1-a$，所以 $a=1-D$，由此可得

$$\boldsymbol{P}=\begin{bmatrix} 1-D & D & 0 \\ 0 & D & 1-D \end{bmatrix}$$

进一步，根据输入符号的先验概率和信道矩阵可得输出符号的概率分布为

$$P(Y)=\left\{\frac{1-D}{2},D,\frac{1-D}{2}\right\}$$

所以，$R(D)=H(Y)-H(Y|X)=H\left(\frac{1-D}{2},D,\frac{1-D}{2}\right)-H(D)=1-D$（$0\leqslant D\leqslant 1$）。本例说明率失真函数 $R(D)$ 不一定是严格下凸函数。

5. 由于输入非等概分布，所以不能直接套用例 7-5 的结论。根据信源符号先验概率和失真矩阵计算可得 $D_{\min}=0$，$D_{\max}=0.6$。

根据式（7-26）得 $\begin{cases} 0.4\lambda_1+0.4\lambda_2\mathrm{e}^s+0.2\lambda_3\mathrm{e}^s=1 \\ 0.4\lambda_1\mathrm{e}^s+0.4\lambda_2+0.2\lambda_3\mathrm{e}^s=1 \\ 0.4\lambda_1\mathrm{e}^s+0.4\lambda_2\mathrm{e}^s+0.2\lambda_3=1 \end{cases}$，解之得 $\begin{cases} \lambda_1=\frac{2.5}{1+2\mathrm{e}^s} \\ \lambda_2=\frac{2.5}{1+2\mathrm{e}^s} \\ \lambda_3=\frac{5}{1+2\mathrm{e}^s} \end{cases}$

代入式（7-24）得 $\begin{cases} p(y_1)+p(y_2)\mathrm{e}^s+p(y_3)\mathrm{e}^s=\frac{1}{\lambda_1}=\frac{1+2\mathrm{e}^s}{2.5} \\ p(y_1)\mathrm{e}^s+p(y_2)+p(y_3)\mathrm{e}^s=\frac{1}{\lambda_2}=\frac{1+2\mathrm{e}^s}{2.5} \\ p(y_1)\mathrm{e}^s+p(y_2)\mathrm{e}^s+p(y_3)=\frac{1}{\lambda_3}=\frac{1+2\mathrm{e}^s}{5} \end{cases}$，解得 $\begin{cases} p(y_1)=\frac{2-\mathrm{e}^s}{5(1-\mathrm{e}^s)} \\ p(y_2)=\frac{2-\mathrm{e}^s}{5(1-\mathrm{e}^s)} \\ p(y_3)=\frac{1-3\mathrm{e}^s}{5(1-\mathrm{e}^s)} \end{cases}$

上式隐含着 $\mathrm{e}^s\leqslant\frac{1}{3}$ 的条件，否则会造成 $p(y_3)<0$。

进一步，应用式(7-27)得 $D(s)=\frac{2\mathrm{e}^s}{1+2\mathrm{e}^s}$，$\mathrm{e}^s=\frac{D}{2(1-D)}$，基于 $\mathrm{e}^s\leqslant\frac{1}{3}$ 的条件可得 $D\leqslant 0.4$。

代入式（7-28）得 $R(D)=\log 5-H(D)-(D+0.8)\log 2$（$0\leqslant D\leqslant 0.4$）。

在 D 定义域的另一段，即 $0.4\leqslant D\leqslant 0.6$，由于 $p(y_3)<0$ 没有意义，所以可以取 $p(y_1)=0.5$，$p(y_2)=0.5$，$p(y_3)=0$，代入式（7-24）可得

$$\begin{cases}\lambda_1 = \dfrac{2}{1+\mathrm{e}^s}\\ \lambda_2 = \dfrac{2}{1+\mathrm{e}^s}\\ \lambda_3 = \dfrac{1}{\mathrm{e}^s}\end{cases}$$

由式（7-27）和式（7-28）得 $D(s)=\dfrac{0.2+\mathrm{e}^s}{1+2\mathrm{e}^s}$。

$$R(D)=(D-0.2)\log(D-0.2)+(1-D)\log(1-D)-0.8\log0.4$$

综上可得

$$R(D)=\begin{cases}\log5-H(D)-(D+0.8)\log2, & 0\leqslant \mathrm{D}\leqslant0.4\\ (D-0.2)\log(D-0.2)+(1-D)\log(1-D)-0.8\log0.4, & 0.4\leqslant D\leqslant0.6\end{cases}$$

6. 首先，计算可得 $D_{\min}=0,\ D_{\max}=1/2$。

其次，信道矩阵一定形如 $\boldsymbol{P}=\begin{bmatrix}1 & 0\\ a & 1-a\end{bmatrix}$，输出概率 $p(y_1)=\dfrac{1+a}{2},\ p(y_2)=\dfrac{1-a}{2}$，由式（7-27）得 $D=\dfrac{a}{2}$。这说明信道矩阵和失真度是一一对应的，所以平均互信息就是 $R(D)$。由此可得

$$R(D)=I(X;Y)=H(Y)-H(Y|X)=H\left(\frac{1+2D}{2},\frac{1-2D}{2}\right)-\frac{H(2D)}{2}\ (0\leqslant D\leqslant0.5)。$$

7.（1）该信源的熵为 1bit/符号，信息每秒发出 3 信源符号，因此信源的信息传输率为 3bps，二元无噪无损信道的信道容量等于 2bps，所以信源不能通过此信道无失真传输。

（2）由例（7-4）可知，二元等概信源在汉明失真矩阵下的率失真函数

$$R(D)=H(0.5)-H(D)=1+D\log D+(1-D)\log(1-D)\ (0\leqslant D\leqslant0.5)。$$

根据香农第三定理，$3R(D)\leqslant2$，由此可得 $D\geqslant0.0625$。

8. 由例（7-4）可知，二元非等概信源在汉明失真矩阵下的率失真函数为 $R(D)=H(p)-H(D)$，又有 BSC 信道的信息传输率 $C_t=2[1-H(\varepsilon)]$，根据香农第三定理，$1.5R(D)\leqslant C_t$，当给定参数 p 和 ε 时，可求出 D 的最小值。

9. 由式（7-27）可知，平均失真度 $\overline{D}=\sum_{i=1}^{2}\sum_{j=1}^{2}p(x_i)p(y_j\mid x_i)d(x_i,y_j)=\varepsilon$。

10. 计算可得 $D_{\min}=0,\ D_{\max}=1/2$。设信道转移概率矩阵为 $\boldsymbol{P}=\begin{bmatrix}\alpha & 1-\alpha\\ \beta & 1-\beta\end{bmatrix}$，$\alpha$ 和 β 是介于 0 和 1 的数，则平均失真度 $D=\dfrac{1}{2}(1-\alpha)+\dfrac{1}{2}\times2\times\beta$。对应于 $D_{\min}=0$，一定有 $\boldsymbol{P}=\begin{bmatrix}1 & 0\\ 0 & 1\end{bmatrix}$，这相当于一一对应信道，否则失真度一定大于 0，此时的率失真函数等于平均互信息等于信源的熵，所以有

$$R(D_{\min})=1\ \text{bit/符号}$$

进一步，$D_{\max}=\frac{1}{2}$，要求$\frac{1}{2}(1-\alpha)+\frac{1}{2}\times 2\times\beta=\frac{1}{2}$，虽然满足该等式的$\alpha$和$\beta$的取值可以有多个，但只有当$\boldsymbol{P}=\begin{bmatrix}0 & 1\\ 0 & 1\end{bmatrix}$时，才能达到信息传输率的最小值$R(D_{\max})=0$。

11．计算可得，$D_{\min}=0$，$D_{\max}=1/2$。

当$R(D_{\min})=1\,\text{bit/符号}$时，$\boldsymbol{P}=\begin{bmatrix}1 & 0 & 0\\ 0 & 1 & 0\end{bmatrix}$。

当$R(D_{\max})=0\,\text{bit/符号}$时，$\boldsymbol{P}=\begin{bmatrix}0 & 0 & 1\\ 0 & 0 & 1\end{bmatrix}$。

12．计算可得，$D_{\min}=0$，$D_{\max}=3/4$。采用与第 10 题相同的分析过程可得

$$R(D_{\min})=2\,\text{bit/符号}，\quad \boldsymbol{P}=\begin{bmatrix}1 & 0 & 0 & 0\\ 0 & 1 & 0 & 0\\ 0 & 0 & 1 & 0\\ 0 & 0 & 0 & 1\end{bmatrix}$$

$R(D_{\max})=0\,\text{bit/符号}$，信道矩阵是某一列为全 1，其他列为全 0 的 4 阶方阵。

13．（1）$\bar{D}=(1-p)q$；

（2）当 q=0 时，Z 信道变为一一对应信道，此时的信息传输率最大，所以$R(D)$取最大值 $H(p)$，此时的失真度$\bar{D}=0$；

（3）当 q=1 时，Z 信道变为无噪有损信道，$H(Y|X)$=0，互信息 $I(X;Y)$=$H(Y)$=0，所以$R(D)$取最小值 0，此时的失真度$\bar{D}$=1−p。

14．根据式（7-12）和式（7-16）可得$D_{\min}=0.2$；$D_{\max}=\min\{1.8,1.3,1.3\}=1.3$。

第 8 章习题答案

1．（1）编码生成码字为$\boldsymbol{v}=\boldsymbol{uG}$=[1 1 0 1]$\begin{bmatrix}1 & 1 & 0 & 1 & 0 & 0 & 0\\ 0 & 1 & 1 & 0 & 1 & 0 & 0\\ 1 & 1 & 1 & 0 & 0 & 1 & 0\\ 1 & 0 & 1 & 0 & 0 & 0 & 1\end{bmatrix}$=[0 0 0 1 1 0 1]

（2）伴随式$\boldsymbol{s}=\boldsymbol{rH}^{\mathrm{T}}$=[1 0 0 1 0 0 1]$\begin{bmatrix}1 & 0 & 0\\ 0 & 1 & 0\\ 0 & 0 & 1\\ 1 & 1 & 0\\ 0 & 1 & 1\\ 1 & 1 & 1\\ 1 & 0 & 1\end{bmatrix}$= [1 1 1]

（3）对于单比特错误，当错误图样为 $\boldsymbol{e}$=(0 0 0 0 0 1 0)时对应的伴随式为 $\boldsymbol{s}$=(1 1 1)，因此估计的发送码字为$\hat{\boldsymbol{v}}$=$\boldsymbol{e}$+$\boldsymbol{r}$= (1 0 0 1 0 0 1) + (0 0 0 0 0 1 0) = (1 0 0 1 0 1 1)。

2．n=5 的二元重复码的最小码距 $d_{\min}$=5。能检测的错误位数满足 $d_{\min}\geqslant e+1$，所以该码能检测所有最多 4bit 的错误图样；能纠正的错误位数满足 $d_{\min}\geqslant 2t+1$，所以该码能纠正所有最多 2bit 的错误图样。当错误比特数超过 2 时，会发生译码错误，所以平均译码错误概率 $P_E=\begin{bmatrix}5\\3\end{bmatrix}p^3(1-p)^2+\begin{bmatrix}5\\4\end{bmatrix}p^4(1-p)^1+\begin{bmatrix}5\\5\end{bmatrix}p^5$。

3．（1）根据系统码生成矩阵和校验矩阵之间的结构关系可以直接得到校验矩阵为

$$\boldsymbol{H}=\begin{bmatrix}0&1&1&1&0&0\\0&0&1&0&1&0\\1&1&1&0&0&1\end{bmatrix}$$

（2）把全部 8 个 3bit 矢量和生成矩阵相乘可得 8 个许用码字，包括(0 0 0 0 0 0)、(0 0 1 1 1 1)、(0 1 0 1 0 1)、(0 1 1 0 1 0)、(1 0 0 0 0 1)、(1 0 1 1 1 0)、(1 1 0 1 0 0)、(1 1 1 0 1 1)。

（3）标准阵为

许用码字	000000	001111	010101	011010	100001	101110	110100	111011
禁用码字	100000	101111	110101	111010	000001	001110	010100	011011
	010000	011111	000101	001010	110001	111110	100100	101011
	001000	000111	011101	010010	101001	100110	111100	110011
	000100	001011	010001	011110	100101	101010	110000	111111
	000010	001101	010111	011000	100011	101100	110110	111001
	000001	001110	010100	011011	100000	101111	110101	111010
	000011	001100	010110	011001	100010	101101	110111	111000

（4）标准阵从上到下一共有 8 个陪集，对应的伴随式分别是(0 0 0)、(0 0 1)、(1 0 1)、(1 1 1)、(1 0 0)、(0 1 0)、(0 0 1)、(0 1 1)。

（5）因为 $\boldsymbol{H}$ 矩阵的第 1 列和第 6 列取和为 **0** 向量，所以 $d_{\min}$=2。

（6）$\boldsymbol{r}=\boldsymbol{v}+\boldsymbol{e}$，所以接收码字为(1 0 1 1 0 1)，查找标准阵应该译成 1 0 1 1 1 0。和发送码字不同，没有成功纠错，其原因在于错误图样(1 1 1 0 0 0)不在陪集首中，不是可纠正的错误图样。

4．对 $\boldsymbol{H}$ 做行初等变换可得，系统形式的校验矩阵为

$$\boldsymbol{H}'=\begin{bmatrix}1&1&1&0&0&1&0&0&0\\0&0&1&1&1&0&1&0&0\\1&0&1&0&1&0&0&1&0\\0&1&1&1&0&0&0&0&1\end{bmatrix}$$

根据系统码生成矩阵和校验矩阵之间的结构关系可以直接得到系统形式的生成矩阵

$$\boldsymbol{G}'=\begin{bmatrix}1&0&0&0&0&1&0&1&0\\0&1&0&0&0&1&0&0&1\\0&0&1&0&0&1&1&1&1\\0&0&0&1&0&0&1&0&1\\0&0&0&0&1&0&1&1&0\end{bmatrix}$$

观察 $\boldsymbol{H}'$ 可以发现，没有任何两列的和是 **0** 向量，但第 1 列、第 6 列、第 8 列的和是 **0**

向量，所以 $d_{\min}=3$.

5. 由校验方程可以得到系统码的生成矩阵为

$$\boldsymbol{G}=\begin{bmatrix}1&0&0&0&0&1&1&1\\0&1&0&0&1&1&1&0\\0&0&1&0&1&1&0&1\\0&0&0&1&1&0&1&1\end{bmatrix}$$

根据系统码生成矩阵和校验矩阵之间的结构关系可以直接得到系统形式的校验矩阵

$$\boldsymbol{H}=\begin{bmatrix}0&1&1&1&1&0&0&0\\1&1&1&0&0&1&0&0\\1&1&0&1&0&0&1&0\\1&0&1&1&0&0&0&1\end{bmatrix}$$

观察 $\boldsymbol{H}$ 可以发现，没有任何 3 列的和是 $\boldsymbol{0}$ 向量，但第 1 列、第 6 列、第 7 列、第 8 列的和是 $\boldsymbol{0}$ 向量，所以 $d_{\min}=4$。

6. $n=7$，$k=3$，由编码规则可以得到生成矩阵和校验矩阵如下，$d_{\min}=4$。

$$\boldsymbol{G}=\begin{bmatrix}1&0&0&1&1&0&1\\0&1&0&1&0&1&1\\0&0&1&0&1&1&1\end{bmatrix}$$

$$\boldsymbol{H}=\begin{bmatrix}1&1&0&1&0&0&0\\1&0&1&0&1&0&0\\0&1&1&0&0&1&0\\1&1&1&0&0&0&1\end{bmatrix}$$

7. 该码满足线性分组码的两个性质：任意两个许用码字的线性组合仍是许用码字；最小码距等于最小码重，所以属于(5,2)线性分组码。用(0 0)、(0 1)、(1 0)、(1 1)分别代表 4 个消息，则有

$$\boldsymbol{G}=\begin{bmatrix}1&0&1&1&1\\0&1&1&0&1\end{bmatrix},\quad \boldsymbol{H}=\begin{bmatrix}1&1&1&0&0\\1&0&0&1&0\\1&1&0&0&1\end{bmatrix}$$

与 8 个伴随式对应的 8 个错误图样为

(0 0 0)→(0 0 0 0 0)，(0 0 1)→(0 0 0 0 1)，(0 1 0)→(0 0 0 1 0)，(0 1 1)→(0 0 0 1 1)，(1 0 0)→(0 0 1 0 0)，(1 0 1)→(0 1 0 0 0)，(1 1 0)→(0 0 1 1 0)，(1 1 1)→(1 0 0 0 0)。

8. 该校验矩阵是系统型，易得生成矩阵为

$$\boldsymbol{G}=\begin{bmatrix}1&0&0&0&1&0&1\\0&1&0&0&1&1&1\\0&0&1&0&1&1&0\\0&0&0&1&0&1&1\end{bmatrix}$$

把序列(0 1 1 0, 1 1 0 0, 1 0 1 1)按照 4bit 为一组送入编码器，输出序列将以 7bit 为一组输出，为(0 1 1 0 0 0 1, 1 1 0 0 0 1 0, 1 0 1 1 0 0 0)。

9. 只需要把 $\boldsymbol{G}$ 的第 1 行、第 3 行向量换位，即可得到系统型生成矩阵，并可求得校验矩阵如下，$d_{\min}=4$，能可靠纠正 1bit 错误。

$$\boldsymbol{G}'=\begin{bmatrix}1&0&0&1&1&1&0\\0&1&0&0&1&1&1\\0&0&1&1&1&0&1\end{bmatrix}$$

$$\boldsymbol{H}=\begin{bmatrix}1&0&1&1&0&0&0\\1&1&1&0&1&0&0\\1&1&0&0&0&1&0\\0&1&1&0&0&0&1\end{bmatrix}$$

10. 信息矢量总数等于 8，所以 $k=3$，$n=6$，这是一个(6,3)码。从许用码字中选 3 个独立的非 0 码字作为基底可以得到生成矩阵，即

$$\boldsymbol{G}=\begin{bmatrix}0&0&0&1&1&1\\1&1&0&1&0&1\\1&0&1&1&0&0\end{bmatrix}$$

根据生成矩阵可得 6 个码字的编码规则为 $c_1=m_2+m_3$，$c_2=m_2$，$c_3=m_3$，$c_4=m_1+m_2+m_3$，$c_5=m_1$，$c_6=m_1+m_2$。因此可得校验方程 $c_1+c_2+c_3=0$，$c_4+c_5+c_2+c_3=0$，$c_6+c_5+c_2=0$。所以有

$$\boldsymbol{H}=\begin{bmatrix}1&1&1&0&0&0\\0&1&1&1&1&0\\0&1&0&0&1&1\end{bmatrix}$$

第 9 章习题答案

1. $g(x)h(x)=1+x^{15}$，在 GF(2)上做多项式除法可得

$$h(x)=1+x+x^2+x^3+x^5+x^7+x^8+x^{11}$$

2.（1）对于任意的 n，$(x+1)$都是(x^n+1)的因子，根据定理（9-5），$(x+1)$可以作为生成多项式生成$(n, n-1)$循环码。

（2）因为$(x+1)(x^{n-1}+x^{n-2}+\cdots+x+1)=(x^n+1)$，所以 $h(x)=(x^{n-1}+x^{n-2}+\cdots+x+1)$。

（3）设信息多项式为 $u(x)=(u_0+u_1x+\cdots+u_{n-1}x^{n-1})$，则对应的码多项式为

$$v(x)=u_0+(u_0+u_1)x+\cdots+(u_{n-2}+u_{n-1})x^{n-1}+u_{n-1}x^n$$

容易验证码矢量取和 $u_0+(u_0+u_1)+\cdots+(u_{n-2}+u_{n-1})+u_{n-1}$ 一定为 0，所以是偶校验码。

3.（1）信息码元(1 1 0 1)对应的多项式为 $u(x)=1+x+x^3$，$x^3u(x)=x^3+x^4+x^6$，

$$b(x)=x^3u(x)\bmod g(x)=x^2$$

所以对应于信息码元(1 1 0 1)的系统循环码的码字为(0 0 1 1 1 0 1)。

（2）

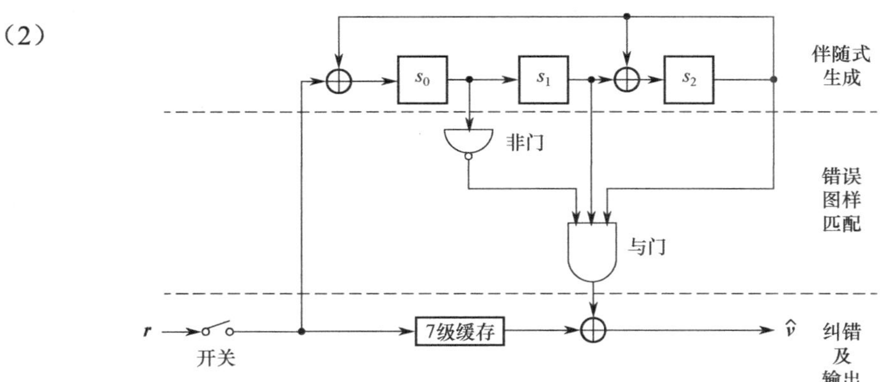

（3）能够成功纠错，寄存器变换如下表。

当 $\boldsymbol{r}$=(0 0 1 1 0 0 1)输入时，寄存器的变化如下。

时钟节拍	信息码元	s_0	s_1	s_2
		0	0	0
1	r_6=1	1	0	0
2	r_5=0	0	1	0
3	r_4=0	0	0	1
4	r_3=1	0	0	1
5	r_2=1	0	0	1
6	r_1=0	1	0	1
7	r_0=0	1	1	1
8		1	1	0
9		0	1	1
10	与非门输出 1，缓存器输出 r_4			

4．GF(3)的加法表和乘法表如下图所示，可见 1 的加法逆元是 2，2 的加法逆元是 1，多项式除法的过程和结果如下图所示。

+	0	1	2
0	0	1	2
1	1	2	0
2	2	0	1

×	1	2
1	1	2
2	2	1

$$
\begin{array}{r}
x^4+x^3+1 \\
x^3+2x^2+1 \,\big)\, \overline{x^7+2x^5+x^4+2x^3+1} \\
x^7+2x^6+x^4 \\
\hline
x^6+2x^5+2x^3+1 \\
x^6+2x^5+x^3 \\
\hline
x^3+1 \\
x^3+2x^2+1 \\
\hline
x^2
\end{array}
$$

5．分别以 $g(x)=1+x^2+x^3$ 和 $g(x)=1+x+x^3$ 为生成多项式构造的(7,4)系统循环码的许用码字如下表所示，可见除(0 0 0 0 0 0 0)和(1 1 1 1 1 1 1)之外，两种编码的其他许用码字都不同。

u $u_0\,u_1\,u_2\,u_3$	$g(x)=1+x^2+x^3$ $v_0\,v_1\,v_2\,v_3\,v_4\,v_5\,v_6$	$g(x)=1+x+x^3$ $v_0\,v_1\,v_2\,v_3\,v_4\,v_5\,v_6$
(0 0 0 0)	(0 0 0 0 0 0 0)	(0 0 0 0 0 0 0)
(1 0 0 0)	(1 0 1 1 0 0 0)	(1 1 0 1 0 0 0)
(0 1 0 0)	(1 1 1 0 1 0 0)	(0 1 1 0 1 0 0)
(1 1 0 0)	(0 1 0 1 1 0 0)	(1 0 1 1 1 0 0)
(0 0 1 0)	(1 1 0 0 0 1 0)	(1 1 1 0 0 1 0)
(1 0 1 0)	(0 1 1 1 0 1 0)	(0 0 1 1 0 1 0)
(0 1 1 0)	(0 0 1 0 1 1 0)	(1 0 0 0 1 1 0)
(1 1 1 0)	(1 0 0 1 1 1 0)	(0 1 0 1 1 1 0)
(0 0 0 1)	(0 1 1 0 0 0 1)	(1 0 1 0 0 0 1)
(1 0 0 1)	(1 1 0 1 0 0 1)	(0 1 1 1 0 0 1)
(0 1 0 1)	(1 0 0 0 1 0 1)	(1 1 0 0 1 0 1)
(1 1 0 1)	(0 0 1 1 1 0 1)	(0 0 0 1 1 0 1)
(0 0 1 1)	(1 0 1 0 0 1 1)	(0 1 0 0 0 1 1)
(1 0 1 1)	(0 0 0 1 0 1 1)	(1 0 0 1 0 1 1)
(0 1 1 1)	(0 1 0 0 1 1 1)	(0 0 1 0 1 1 1)
(1 1 1 1)	(1 1 1 1 1 1 1)	(1 1 1 1 1 1 1)

第 10 章习题答案

1.（1）把输入序列 $\boldsymbol{u}$=(1 0 0⋯)送入电路，可得其单位冲激响应，上支路 $\boldsymbol{v}^{(1)}$的单位冲激响应为 $\boldsymbol{g}^{(1)}$=(1 1 1)，下支路 $\boldsymbol{v}^{(2)}$的单位冲激响应为 $\boldsymbol{g}^{(2)}$=(1 0 1)。

（2）上支路和下支路的生成多项式分别为 $g^{(1)}(D)=1+D+D^2$， $g^{(2)}(D)=1+D^2$ 。

（3）为信息序列(1 1 0 0 1 0 1 1)补充两个 0bit，输入序列是(1 1 0 0 1 0 1 1 0 0)，输出序列为

$$\boldsymbol{v}^{(1)}=(1\,1\,0\,0\,1\,0\,1\,1\,0\,0)\otimes(1\,1\,1)=(1\,0\,0\,1\,1\,1\,0\,0\,0\,1)$$

$$\boldsymbol{v}^{(2)}=(1\,1\,0\,0\,1\,0\,1\,1\,0\,0)\otimes(1\,0\,1)=(1\,1\,1\,1\,1\,0\,0\,1\,1\,1)$$

2．这是一个(3,1,3)卷积码，编码电路图如下。

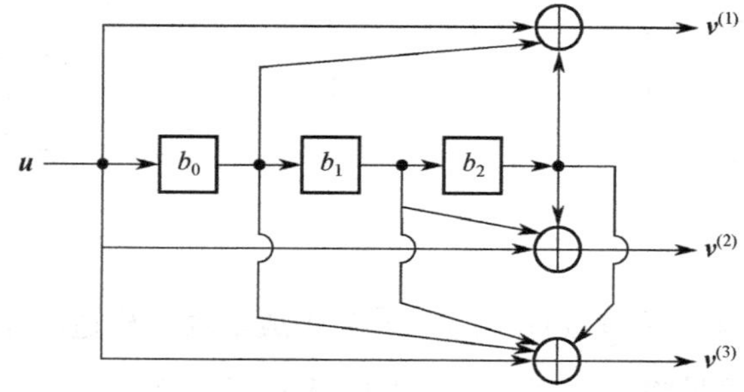

3．略。

4．略。

5.

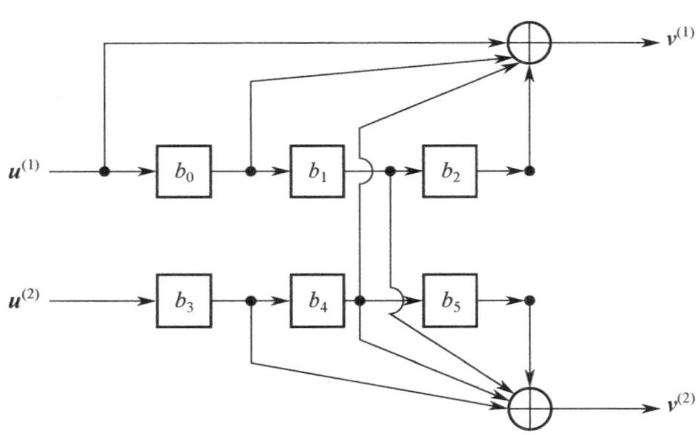

第 11 章习题答案

1. 根据定理 11-2，$R_1 \leqslant I(X_1;Y|X_2)$。当 X_2 确定时，X_1 和 Y 是一一对应的，所以 $I(X_1;Y|X_2)=H(X_1)$，所以 $R_1 \leqslant \max(H(X_1))=1$bit/符号；同理，$R_2 \leqslant \max(H(X_2))=1$bit/符号。$R_1+R_2 \leqslant I(X_1,X_2;Y)=H(Y)-H(Y|X_1,X_2)$。当 X_1 和 X_2 确定时，Y 是确定的，所以 $R_1+R_2 \leqslant H(Y)$。当 X_1 和 X_2 服从独立等概分布时，$H(Y)=1$，所以 $R_1+R_2 \leqslant 1$bit/符号。可见，模 2 和信道的容量域和例 11-3 中二址乘性信道是相同的。
2. 因为 X_2 是 X_1 的函数，所以有 $H(X_2|X_1)=0$。进一步，如果该函数是一一对应的，则有 $H(X_1|X_2)=0$，$H(X_1,X_2)=H(X_1)=H(X_2)$；如果该函数是多对一的，则有 $H(X_1|X_2)>0$，$H(X_1,X_2)=H(X_1)$。根据 Slepian-Wolf 定理可得相关信源编码的 Slepian-Wolf 域如下图所示。

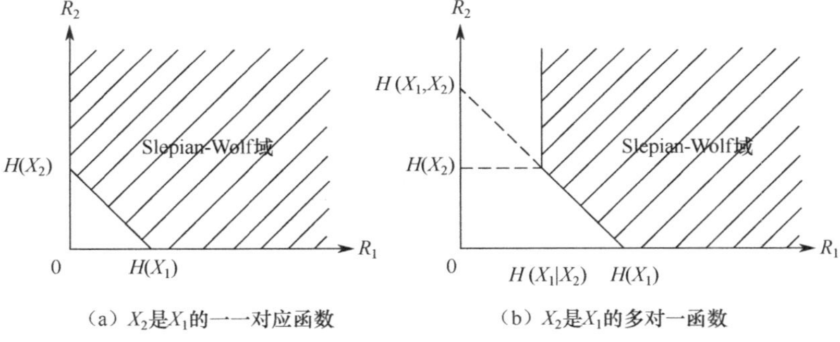

（a）X_2是X_1的一一对应函数　　（b）X_2是X_1的多对一函数

3. 根据题意可知，X_1 和 X_3 的联合概率分布和条件概率分布为

$$P(X_1,X_3)=\begin{matrix} & 0 & 1 \\ 0 & 1/4 & 1/4 \\ 1 & 1/4 & 1/4 \end{matrix},\quad P(X_1|X_3)=P(X_3|X_1)=\begin{matrix} & 0 & 1 \\ 0 & 1/2 & 1/2 \\ 1 & 1/2 & 1/2 \end{matrix}$$

由此可得 $H\left(X_1,X_3\right)=2$，$H\left(X_1|X_3\right)=H\left(X_3|X_1\right)=1$。根据 Slepian-Wolf 定理可得 Slepian-Wolf 域如下图所示。

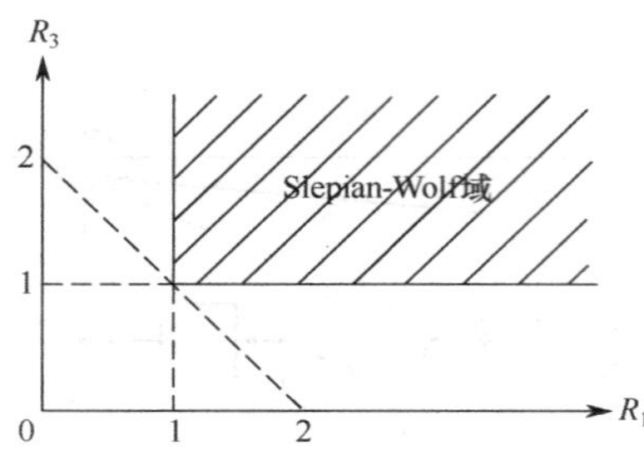

4．根据联合概率分布可知 X_1 和 X_2 的边缘概率分布和条件概率分布为

$$\begin{array}{c|cc} X_1 & 0 & 1 \\ \hline P(X_1) & 2/3 & 1/3 \end{array} \qquad \begin{array}{c|cc} X_2 & 0 & 1 \\ \hline P(X_2) & 1/3 & 2/3 \end{array}$$

$$P(X_2 \mid X_1) = \begin{matrix} & \begin{matrix} 0 & \quad 1 \end{matrix} \\ \begin{matrix} 0 \\ 1 \end{matrix} & \begin{bmatrix} 1/2 & 1/2 \\ 0 & 1 \end{bmatrix} \end{matrix}, \quad P(X_1 \mid X_2) = \begin{matrix} & \begin{matrix} 0 & \quad 1 \end{matrix} \\ \begin{matrix} 0 \\ 1 \end{matrix} & \begin{bmatrix} 1 & 1/2 \\ 0 & 1/2 \end{bmatrix} \end{matrix}$$

由此可得 $H\left(X_1,X_2\right)=1.585$，$H\left(X_1 \mid X_2\right)=H\left(X_2 \mid X_1\right)=2/3$，$H\left(X_1\right)=H\left(X_2\right)=0.918$。根据 Slepian-Wolf 定理可得 Slepian-Wolf 域如下图所示。

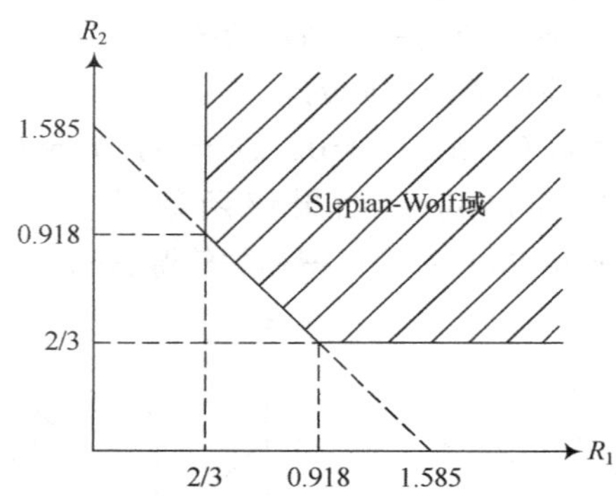

第 12 章习题答案

1．略。

2．5 棵子树的全局编码矢量分别为 $g(T_1)=\begin{bmatrix}1\\0\end{bmatrix}$，$g(T_2)=\begin{bmatrix}0\\1\end{bmatrix}$，$g(T_3)=\begin{bmatrix}0\\1\end{bmatrix}$，$g(T_4)=\begin{bmatrix}0\\1\end{bmatrix}$，$g(T_5)=\begin{bmatrix}1\\1\end{bmatrix}$。

3．路由编码和网络编码在对抗被动攻击（如窃听攻击）和主动攻击（如污染攻击）两方面表现出不同的特点[37]。

在对抗窃听攻击方面，网络编码优于路由编码。路由网络采用**存储—转发**的传输机制，网络节点只被允许转发数据包，不允许对收到的数据包做任何改动，因此链路上传输的数据和信源发出的数据是相同的，只要窃听者截获了链路上的数据包，就可以获得信源的消息，可见路由编码是一种**“所见即所得”**的传输方式。网络编码采用**存储—编—转发**的传输机制，即中间节点可以对收到的数据进行编码操作，产生新的数据向后继节点转发，因此网络链路上传输的数据并不是信源发出的原始数据，可见网络编码属于一种**“所见非所得”**的传输机制。下图对比了路由编码和网络编码两种机制，可见相对于路由编码，网络编码的保密性能更好。

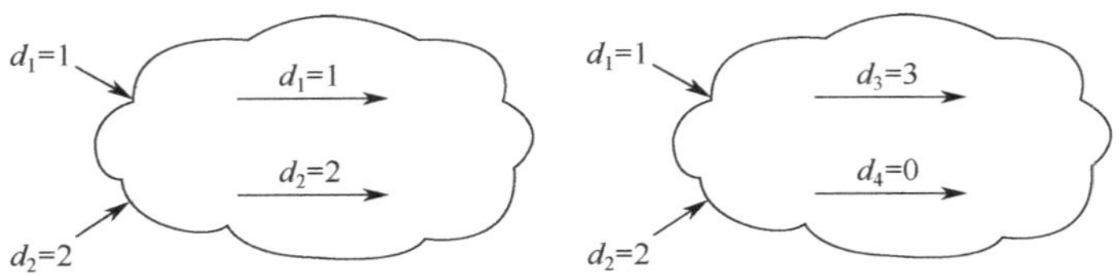

（a）在路由编码机制下，网络中传输的数据就是原始数据　（b）在网络编码机制下，网络中传输的数据不是原始数据

在对抗主动攻击方面，网络编码劣于路由编码。以污染攻击为例，当攻击者把脏数据包 P_1 注入网络时，路由编码会把脏数据限制在该包中，不会传播给其他数据包；网络编码由于采用数据包融合机制，因此会把脏数据传播给后续的数据包。

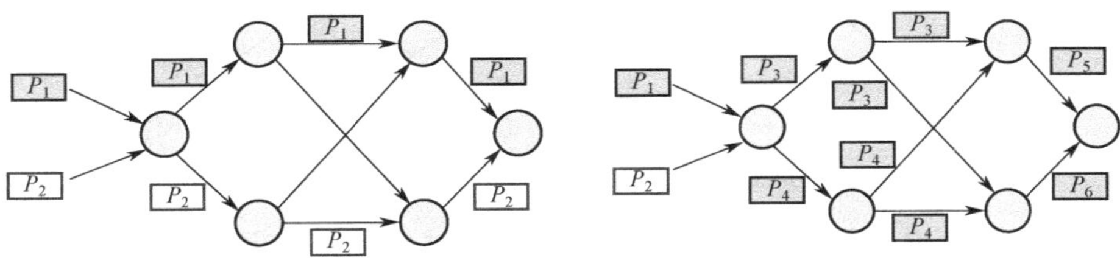

（a）在路由编码机制下，“脏”数据被限制在路由包中，不会传播给其他包　（b）在网络编码机制下，“脏”数据会传播给其他包

4．信源节点和每个信宿节点之间的最小割都等于 2，因此组播容量等于 2 符号/组播。该网络可以工作在 GF(2)上，编码方案如下图。

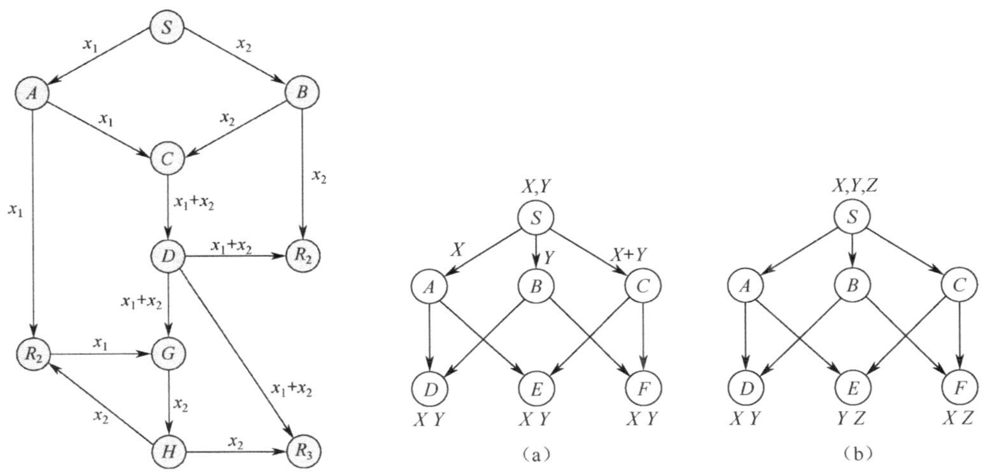

5．网络的通信模式是多种多样的，包括一重单播、多重单播、一重组播（单组播、组组播）、多重组播及由单播和组播混合在一起的混合模式。定理 12-1 只适用于一重组播路由网络，对于其他通信模式，即使满足信源到信宿的最小割条件，也不能保证一定存在线性网络编码算法，使得信源向信宿传输等于最小割数目的符号。下图（a）是一重组播路由网络，信源到 3 个信宿的最小割都等于 2，存在线性网络编码解；下图（b）和下图（a）拓扑相同，但通信模式不同，没有网络编码方案能满足下图（b）的通信需求。

第 13 章习题答案

1．略。

2．下图（a）依靠路由机制向 2 个信宿节点组播 2 个符号，达到了最小割限；下图（b）没有路由解，必须使用网络编码机制才能向 3 个信宿节点组播 2 个符号。

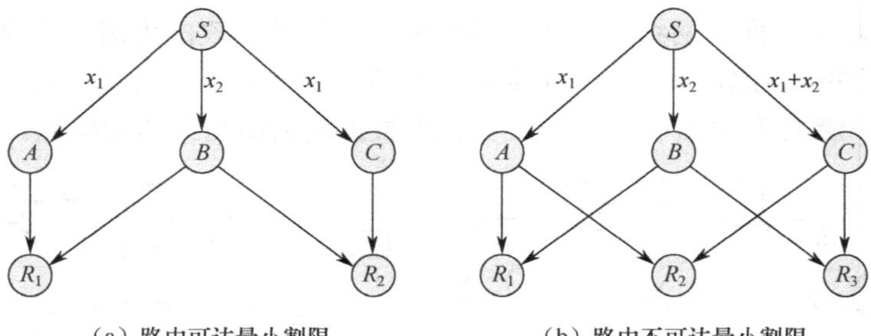

（a）路由可达最小割限　　（b）路由不可达最小割限

3．简单起见，只绘出部分缩减图和合并缩减图，通过分析这些图的最小割可以建立如下容量不等式，根据这些不等式可绘出对应的容量域图。

$$r_X \leqslant 2,\ r_Y \leqslant 2,\ r_Z \leqslant 2$$
$$r_X + r_Y \leqslant 3,\ r_Y + r_Z \leqslant 3,\ r_Z + r_X \leqslant 3$$
$$r_X + r_Y + r_Z \leqslant 3$$

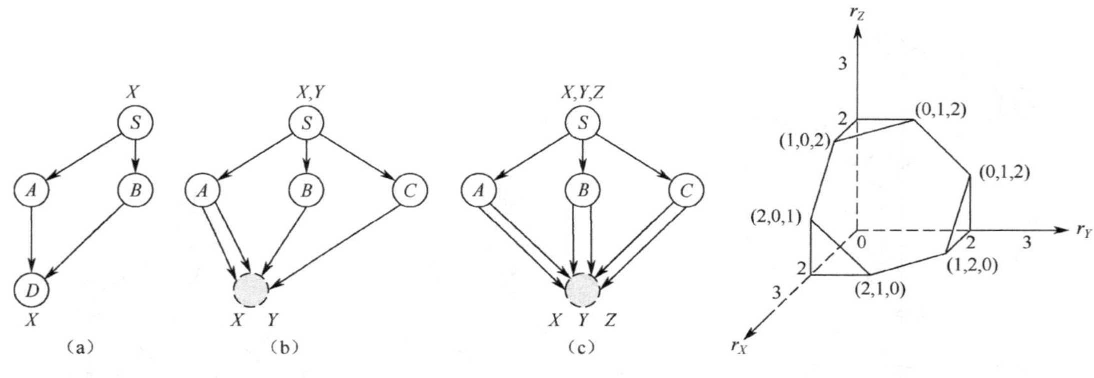

缩减图与合并缩减图　　容量域图

参 考 文 献

[1] 刘宴涛. 应用概率论基础[M]. 北京：北京理工大学出版社，2013.

[2] 傅祖芸. 信息论：基础理论与应用[M]. 第 4 版. 北京：电子工业出版社，2015.

[3] 傅祖芸. 信息论与编码学习辅导及习题详解[M]. 北京：电子工业出版社，2004.

[4] 朱雪龙. 应用信息论基础[M]. 北京：清华大学出版社，2001.

[5] 吴伟陵. 信息处理与编码[M]. 第 2 版. 北京：人民邮电出版社，2003.

[6] Thomas M. Cover, Joy A. Thomas. 信息论基础[M]. 北京：清华大学出版社，2003.

[7] Raymond W. Yeung. 信息论与网络编码 [M]. 北京：高等教育出版社，2011.

[8] 田宝玉，杨洁，贺志强，许文俊. 信息论基础[M]. 第 2 版. 北京：人民邮电出版社，2016.

[9] 田宝玉，杨洁，贺志强，许文俊，王晓湘. 信息论基础习题解答[M]. 北京：人民邮电出版社，2010.

[10] 陈运. 信息论与编码[M]. 第 2 版. 北京：电子工业出版社，2007.

[11] 冯桂. 信息论与编码[M]. 北京：清华大学出版社，2016.

[12] 曹雪虹，张宗橙. 信息论与编码[M]. 第 2 版. 北京：清华大学出版社，2009.

[13] 王新梅，肖国镇，纠错码：原理与方法[M]. 修订版，西安：西安电子科技大学出版社，2001.

[14] Garrett Birkhoff, Saunders Mac Lane. 近世代数概论[M]. 第 5 版. 北京：人民邮电出版社，2007.

[15] 冯克勤，廖群英. 有限域及其应用[M]. 大连：大连理工大学出版社，2011.

[16] Paul Garrett. 编码理论中的数学[M]. 北京：机械工业出版社，2005.

[17] R. k. Ahuja, R. L. Magnanti, J. B. Orlin. Network Flows[M]. Prentice Hall, 1993.

[18] C. E. Shannon. A Mathematical Theory of Communication[J]. The Bell System Technical Journal, 1948, 27(3)：379-423, 623-656.

[19] C. E. Shannon. Communication Theory of Secrecy Systems[J]. The Bell System Technical Journal, 1949, 28(4)：656-715.

[20] C. E. Shannon. Coding Theorems for A Discrete Source with A Fidelity Criterion[J]. IRE National Convention Record,1959, Part 4：142-163.

[21] C. E. Shannon. Two-way Communication Channels[C]. In Proc. 4th Berkeley Symp. Math. Stat. Prob. University of California Press, Berkeley, 1961：611-644.

[22] 刘宴涛，刘珩. 均匀分数路由网络容量域分析[J]. 电子学报，2018，46(8)：1876-1883.

[23] Yantao Liu, Yasser Morgan. Efficient Combination of Polynomial Time Algorithm and Subtree Decomposition for Network Coding[J]. Communications, IET, 2015，9(17)：2147-2152.

[24] 刘宴涛，王雪冰. 窃听攻击下子空间码安全性分析[J]. 计算机科学，2017，44(6A)：372-375.

[25] Yantao Liu, Yasser Morgan. Rate region of unicast routing networks[J]. Electronics letters, IET, 2016, 52(21)：1765-1767.

[26] R. Ahlswede, C. Ning, S. Y. R. Li, and R. W. Yeung. Network information flow[J]. IEEE Transactions on Information Theory, 2000，46(4)：1204-1216.

[27] S. Y. R. Li, R. W. Yeung, and C. Ning. Linear network coding[J]. IEEE Transactions on Information Theory, 2003, 49(2)：371-381.

[28] S. Jaggi, P. Sanders, P. A. Chou, M. Effros, S. Egner, K. Jain, et al. Polynomial time algorithms for

multicast network code construction[J]. IEEETransactions on Information Theory, 2005, 51(6)：1973-1982.
[29] R. Koetter, and M. Medard. An algebraic approach to network coding[J]. IEEE/ACM Transactions on Networking, 2003, 11(5)：782-795.
[30] H. Tracey, M. Medard, R. Koetter, D. R. Karger, M. Effros, S. Jun, et al. A Random Linear Network Coding Approach to Multicast[J]. IEEE Transactions on Information Theory, 2006, 52(10)：4413-4430.
[31] R. Koetter and F. R. Kschischang, Coding for Errors and Erasures in Random Network Coding, [J]. IEEE Transactions on Information Theory, 2008, 54(8)：3579-3591.
[32] Thakor S, Grant A, Chan T. Cut-set bounds on information flow[J]. IEEE Transactions on Information Theory, 2016, 62(4)：1850-1865.
[33] Liang X. Matrix games in the multicast networks: maximum information flows with network switching[J]. IEEE Transactions on Information Theory, 2006, 52(6)：2433-2466.
[34] R. Dougherty, C. Freiling, and K. Zeger. Achievable Rate Regions for Network Coding[J]. IEEE Transactions on Information Theory, 2015, 61(5)：2488-2509.
[35] Robert J. McEliece. Finite Fields for Computer Scientists and Engineerings[M]. Norwell, Massachusetts, USA: Kluwer Academic Publishers, 1987.
[36] John B. Fraleigh. A First Couse in Abstract Algebra[M]. 第 7 版. 北京：世界图书出版公司，2008.
[37] Yantao Liu. Yasser Morgan. Security against Passive Attacks on Network Coding System：A Survey[J]. Computer Networks, 2018，138(1)：57-76.
[38] 樊昌信，曹丽娜. 通信原理[M]. 第 6 版. 北京：国防工业出版社，2008.
[39] 曹志刚，钱亚生. 现代通信原理[M]. 北京：清华大学出版社，2005.
[40] 朱华，黄辉宁，李永庆，梅文博. 随机信号分析[M]. 北京：北京理工大学出版社，2002.
[41] 汪荣鑫. 随机过程[M]. 西安：西安交通大学出版社，2004.
[42] 刘宴涛，刘珩. 一种基于网络编码的云存储系统[J]. 计算机科学，2018，45(12)：293-298.
[43] 徐静. 基于层析成像及网络编码的拓扑推断研究[D]. 锦州：渤海大学，2016.
[44] Bernard Sklar. 数字通信：基础与应用[M]. 第 2 版. 北京：电子工业出版社，2002.
[45] 刘宴涛，王雪冰，秦娜. 无线自组网移动性建模技术[M]. 北京：电子工业出版社，2012.